Péter Horváth (Hrsg.)

Controlling und Finance Excellence

Herausforderungen und Best-Practice-Lösungsansätze

2006
Schäffer-Poeschel Verlag Stuttgart

Herausgeber:
Univ.-Prof. Dr. Péter Horváth
Aufsichtsratsvorsitzender der Horváth AG/Universität Stuttgart

Redaktion:
Dipl.-Kfm. techn. Elmar A. Dworski, M.B.A.
Doktorand der International Performance Research Institute gGmbH und Projektleiter
des Stuttgarter Controller-Forums

Bibliografische Information Der Deutschen Nationalbibliothek
Die Deutsche Nationalbibliothek verzeichnet diese Publikation in der Deutschen Nationalbibliografie;
detaillierte bibliografische Daten sind im Internet über < http://dnb.d-nb.de > abrufbar.

Gedruckt auf chlorfrei gebleichtem, säurefreiem und alterungsbeständigem Papier

ISBN-13: 978-3-7910-2564-3
ISBN-10: 3-7910-2564-3

© 2006 Schäffer-Poeschel Verlag für Wirtschaft · Steuern · Recht GmbH
www.schaeffer-poeschel.de
info@schaeffer-poeschel.de
Einbandgestaltung: Willy Löffelhardt
Satz: DTP + TEXT Eva Burri, Stuttgart, www.dtp-text.de
Druck und Bindung: Kösel, Krugzell, www.koeselbuch.de
Printed in Germany
September/2006

Schäffer-Poeschel Verlag Stuttgart
Ein Tochterunternehmen der Verlagsgruppe Handelsblatt

Vorwort

Das Jahr 2006 ist in vielerlei Hinsicht ein besonderes Jahr: Die Fußballwelt war zu Gast in Deutschland und jeder zeigte sich überrascht und angetan von der Aufbruchstimmung im Lande. Aber auch für das Stuttgarter Controller-Forum ist dieses Jahr etwas Besonderes: Seit nunmehr 20 Jahren treffen sich Verantwortliche aus den Bereichen Controlling und Finance, um in Stuttgart über aktuelle Entwicklungen und Herausforderungen zu diskutieren: Wie lassen sich die Effektivität und Effizienz des Finanzmanagements durch geeignete Controllinginstrumente verbessern? Welche Aufgaben sind bei der Harmonisierung und Standardisierung von Controlling und Finance zu bewältigen? Wie verändert sich hierdurch die Rolle der Controller?

Schließlich gilt in Unternehmen wie auf dem Fußballfeld: Eine erfolgreiche Mannschaft braucht nicht nur den Teammanager, verstanden als CEO, der die Aufstellung festsetzt, den Gegner analysiert und die Strategierichtung vorgibt. Sie braucht auch den Co-Trainer, den CFO, der die sportliche Leistung plant und überwacht, konkrete Kennzahlen im Kopf hat und den Grad der Zielerreichung – sei es auf dem Platz oder im Unternehmen – misst und kontrolliert. Er ist für die Steuerung und Strategieumsetzung auf dem Platz verantwortlich. Wie gut solche erstklassig abgestimmten Teams funktionieren können, hat sich am Beispiel Deutschland während der WM gezeigt.

Eine Voraussetzung sowohl für sportliche als auch wirtschaftliche Erfolge ist die ständige Verbesserung der eigenen Fähigkeiten, die Anpassung der Trainingsmethoden und die angemessene Reaktion auf aktuelle Herausforderungen. Die Autoren dieses Jubiläumstagungsbandes beschreiben im ersten Teil, worin sie die Herausforderungen und Entwicklungstrends in den Bereichen Controlling und Finance sehen – und wie die Reaktionen auf diese Trends aussehen könnten. Dabei ist das Branchenspektrum mit Berichten aus klassischen Industrieunternehmen über den Einzelhandel bis hin zum Profi-Fußballverein breit gefächert.

Best-Practice-Lösungen, wissenschaftliche Einschätzungen und spannende Praxisberichte erwarten Sie auch im zweiten Teil unter »IFRS und Corporate Governance«. Den Schwerpunkt bildet hier die Diskussion der Rechnungslegung nach internationalen Standards und der unterschiedlichen Erfahrungen mit der Harmonisierung des internen und externen Rechnungswesens.

Der dritte und vierte Teil dieses Tagungsbandes beschäftigt sich jeweils mit einer spezifischen Branche. Zunächst stehen die Finanzdienstleister im Mittelpunkt: Controlling und Finance Excellence werden hier aus verschiedenen Perspektiven beleuchtet. So wird sowohl die Sichtweise einer Landesbank wie auch diejenige eines Versicherungsunternehmens oder eines Finanzanalysten zu diesem Thema deutlich. Anschließend liegt der Fokus auf Unternehmen und Organisationen aus dem öffentlichen Bereich und der Frage, wie sie mit den aktuellen Anforderungen des Controllings und der finanziellen Steuerung umgehen.

Die Autoren lassen uns intensiv an ihren Ideen und Erfahrungen teilhaben. Dafür möchte ich allen meinen tiefsten Dank aussprechen – vor allem auch für ihre Mitarbeit und ihre Flexibilität bei der Erstellung dieses Tagungsbandes.

Mein ganz persönlicher Dank geht innerhalb der Redaktion an *Elmar A. Dworski*. Er hat mit viel persönlichem Einsatz und Engagement diesen Tagungsband vorangetrieben und immer den Blick für das Ganze behalten. Ebenfalls geht mein Dank an die Redaktionsmannschaft: *Julia Haag, Anke Oßwald* und *Florian Vetter*. Sie haben gemeinsam die sprachliche Überarbeitung vorgenommen und die Korrekturen eingearbeitet. Auch bei Frau Ass. jur. *M. Rollnik-Mollenhauer* vom Schäffer-Poeschel Verlag möchte ich mich bedanken. Sie unterstützte uns wie immer tatkräftig bei der Realisierung und war für die reibungslose Umsetzung verantwortlich.

Stuttgart im Juli 2006   Univ.-Prof. Dr. Péter Horváth

Inhaltsverzeichnis

Vorwort V

I.   Entwicklungstrends in Controlling und Finance

Ulrich Lehner
Trends in Controlling und Finance: Wert- und Werte-Orientierung   3

Paul A. Sharman
Strategic Finances. The Case for Management Accounting   19

Gerhard Roiss
Strategien, Prozesse und Performance Controlling für ein Wachstums-
unternehmen der Ölbranche   27

Bernd Gaiser
Die CFO-Agenda: Leistungssteigerung von Controlling- und Finanzprozessen   47

Andreas Guldin
Finance und Controlling im Einzelhandel. Das Spannungsverhältnis zwischen
globalisiertem Geschäft und dem Filialerfolg   61

Erwin Staudt
Finanzielle Steuerung einer Profisportorganisation. Das Projekt BalPlan
des VfB Stuttgart   75

Lothar Schauer/Christian van Wickeren
Strategisches Controlling für die moderne Unternehmenssteuerung.
Konzept, Praxis, Technologie   93

II.   IFRS und Corporate Governance

Christian Hebeler
Harmonisierung des internen und externen Rechnungswesens bei Henkel   111

Jürgen Vormann
Erfüllung heterogener Steuerungsanforderungen auf Basis eines nach IFRS
harmonisierten internen und externen Rechnungswesens.
Das neue Steuerungssystem der Infraserv Höchst-Gruppe   129

Peter Zattler/Uwe Michel
IFRS und Unternehmenssteuerung. Erfahrungen eines weltweit tätigen
nicht börsennotierten Unternehmens 145

Barbara E. Weißenberger
Integration der Rechnungslegung unter IFRS. Ergebnisse des Arbeitskreises
»Controller und IFRS« der International Group of Controlling 161

Carl-Christian Freidank
Controlling und Corporate Governance... 173

III. Controlling und Finance Excellence in der Finanzdienstleistungs- branche

Manuel Loos/André Coners
Industrialisierung von Banken: Erfolgsfaktor für Effizienz und Nachhaltigkeit.
Produktionsplanung und -steuerung bei der Citibank mit integrierten
Prozess-, Ressourcen- und Prozesskostenmodellen... 203

Rudolf Zipf
Performance Management bei der Landesbank Baden-Württemberg 221

Randolf von Estorff
Wertorientiertes Controlling bei der KarstadtQuelle Lebensversicherung AG 239

Markus Jost
Rolle des CFO in der strategischen Neuausrichtung der National Versicherung .. 251

Thorsten Broecker
Was kann der Bank-Controller von Analysten lernen? 261

IV. Controlling und finanzielle Steuerung im Public Management

Dietrich Budäus
15 Jahre New Public Management. Erfahrungen und Perspektiven 275

Volker Oerter
Controlling und Finanzen unter dem Druck der Haushaltskonsolidierung.
Der Lösungsansatz in Nordrhein-Westfalen – ein Praxisbericht........................ 287

Manfred J. Senden
Der integrative Ansatz des zentralen Controllings des DLR.
An den Schnittstellen von Unternehmensführung und Finanzen....................... 305

Bernd Landgraf
Neuorientierung des Konzerns ›Stadt Bielefeld‹. Finanzen und Controlling –
ein Erfahrungsbericht... 321

Wilhelm Lipp
Strategische Steuerung bei der Bundesbank.................................... 333

Theo Haldemann
Politische und betriebliche Steuerung mit dem Integrierten Aufgaben-
und Finanzplan 345

Manfred Bandmann/Hilmar Schmidt
Die Steuerung der Fusion der Berufsgenossenschaft der Bauwirtschaft.
Herausforderung und Chancen der Post-Merger-Integration 365

Autorenverzeichnis 375

I. Entwicklungstrends in Controlling und Finance

Trends in Controlling und Finance: Wert- und Werte-Orientierung

Prof. Dr. Ulrich Lehner*

1   Wertschaffung und zunehmende Transparenz der Berichterstattung

2   Controlling und Finance als Bausteine wertorientierter Unternehmensführung
    2.1   Controlling als systemgestaltendes Denkmodell
    2.2   Transparenz durch vereinheitlichte Rechnungslegungssprache
    2.3   Wertorientierte Steuerung und Koordination durch effektive Planungs-
          systeme
    2.4   Bedeutungsgewinn des Risikomanagements

3   Werte-orientiertes Controlling und Finance

Literatur

---

*   Prof. Dr. Ulrich Lehner, Vorsitzender der Geschäftsführung, Henkel KGaA, Düsseldorf.

1   Wertschaffung und zunehmende Transparenz der Berichterstattung

Controlling ist inzwischen fest in Wissenschaft und Praxis etabliert (vgl. *Horváth* 2006). Über die Trends in der Wissenschaft können Hochschulprofessoren besser urteilen. In diesem Beitrag werden Überlegungen aus der Praxis geäußert, insbesondere vor dem gemeinsamen Hintergrund von Controlling und Finance.

Nach meinem Verständnis ist Controlling die zielorientierte Steuerung des Unternehmens. Unternehmen weisen verschiedene Dimensionen auf: u. a. technische, soziale, informationelle und finanzielle. Aus finanzieller Sicht ist das Unternehmen ein Wert aufnehmendes, veränderndes und abgebendes System. Wert wird hier in Geldeinheiten gemessen und ist die dominierende Dimension aus Sicht der Eigentümer. Die finanzielle Sicht ist Gegenstand der finanziellen Steuerung des Unternehmens und insofern ist die finanzielle Steuerung des Unternehmens identisch mit dem Controlling des Unternehmens aus Eigentümersicht.

In den 90er Jahren wurde das Verständnis von Unternehmen als Wert schaffende Systeme durch den Shareholder-Value-Ansatz gefördert. Inzwischen wird der Ausdruck Shareholder Value immer häufiger durch Value Based Management, wertorientierte Unternehmensführung oder ähnliche Begriffe ersetzt. Dies ist keineswegs nur eine verbale Umschreibung des gleichen Sachverhalts, vielmehr wird darin auch eine gewisse Umorientierung in den Inhalten deutlich. Ziel der Optimierungsbemühungen im Rahmen der wertorientierten Unternehmensführung ist der innere Unternehmenswert, nicht in erster Linie der Börsenwert, der jedoch mit dem inneren Unternehmenswert hoch korreliert sein sollte (vgl. *Lehner/Beynio* 2000).

Die Wertschaffung von Unternehmen ist historisch sehr unterschiedlich gemessen worden (u. a. HGB, IAS oder DCF). Die zielführende Bestimmung des »inneren Unternehmenswertes« respektive des Börsenwertes kann in mehrere Teilschritte unterteilt werden (siehe Abb. 1). Die Strategien der einzelnen Geschäftsbereiche sowie die Strategien der geschäftsbereichsübergreifenden Funktionen (Finanzen, Personal, EDV) schlagen sich in den Büchern des Unternehmens in Form von Umsätzen, Ergebnissen, Vermögen, Eigenkapital und Fremdkapital nieder. In der Regel ist das in den Büchern ausgewiesene Eigenkapital nicht identisch mit dem Unternehmenswert. Dieser entspricht der Summe der mit dem Kapitalkostensatz diskontierten zukünftigen Zahlungsströme des Unternehmens. Und diese sind Gegenstand der finanziellen Steuerung des Unternehmens. Die finanzielle Steuerung reicht damit von der strategischen Ertragssteuerung bis zur operativen Liquiditätssteuerung. Ausgangsgröße jeglicher Wertsteigerung ist eine Strategie, die basierend auf der Erfolgsfaktorenanalyse, die Zukunftsfähigkeit der Geschäfte aufzeigt.

Der Börsenwert bildet sich aus den Einschätzungen des Aktienmarktes über die zukünftige Entwicklung des Unternehmens sowie über andere Einflussfaktoren außerhalb des Unternehmens (z. B. die Zinsentwicklung). Unter den Annahmen einer vollkommenen Transparenz aller Vorgänge im Unternehmen für die Financial Community müsste der Börsenwert der Aktien dem Unternehmenswert abzüglich der Schulden entsprechen. Eine offene Kommunikationspolitik ist die entscheidende Voraussetzung dafür, dass die Bewertung des Unternehmens an den Eigenkapitalmärkten zumin-

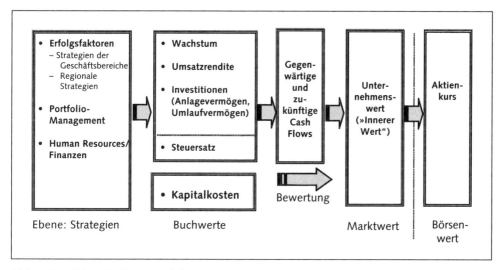

Abb. 1: Das Wertschaffungsmodell

dest langfristig nicht hinter dem Unternehmenswert zurück bleibt. Die Basis für eine offene Kommunikationspolitik ist die Fähigkeit des Unternehmens, alle relevanten Informationen zu erfassen und den wichtigsten Teilnehmergruppen (Stakeholdern) zur Verfügung zu stellen.

An diesem Prozess des Informationsaustausches sind insbesondere die folgenden Stakeholder beteiligt: Das Management, die Mitarbeiter, die Aktionäre, die Finanzanalysten, die Rating-Agenturen und Banken sowie die Presse (vgl. *Lehner* 2003, S. 210 ff.).

Das Zusammenwirken der Stakeholder, Aktionäre und des Managements ist Gegenstand des Corporate Governance Kodex als konsequente Fortsetzung der Shareholder-Value-Überlegungen. Danach ist unter Corporate Governance die verantwortungsbewusste und auf langfristige Wertsteigerung ausgerichtete Führung und Kontrolle eines Unternehmens als Grundvoraussetzung für nachhaltigen Erfolg im Wettbewerb zu verstehen.

Im engeren Sinne geht es hier um das Zusammenwirken von Aktionären, Aufsichtsrat und Vorstand. Oder allgemeiner: um das klassische Principal-Agent-Problem zwischen Eigentümern und Organen (vgl. *Lehner/Nicolas* 2005, S.1005 ff.). Mit dem TransPuG, dem Transparenz- und Publikationsgesetz, ist jetzt der Corporate Governance Kodex Entsprechenserklärungsobjekt. Nach § 161 AktG haben Vorstand und Aufsichtsrat einer börsenorientierten Gesellschaft eine so genannte Entsprechenserklärung abzugeben, in der sie bekannt geben, ob sie die Empfehlungen des Deutschen Corporate Governance Kodex eingehalten haben und einhalten werden, bzw. welche Abweichungen mit welchen Begründungen vorliegen. Sie geben damit eine Erklärung darüber ab, dass das Unternehmen im Sinne des Kodex »in control« ist. Die Voraussetzungen der finanziellen Steuerung sind danach auf der Meta-Ebene gegeben.

Eine Studie der Unternehmensberatung *McKinsey* hat gezeigt, dass eine gute Corporate Governance bis zu 20 % der Shareprice-Performance liefert.

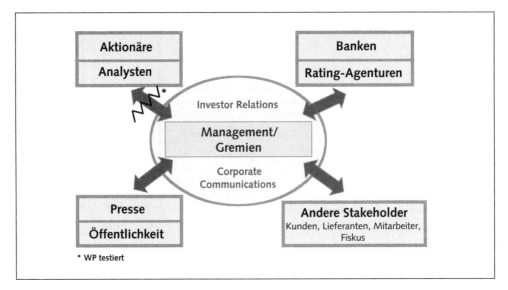

Abb. 2: Verzahnung der internen und externen Sicht

Insgesamt ist ein eindeutiger Trend zu stärkerer Zukunfts- und Strategieorientierung sowie vermehrter Verhaltenssteuerungsinformation festzustellen, sowohl die gesetzliche als auch die freiwillige Information betreffend. Ein weiterer Trend ist in der möglichst frühzeitigen Berichterstattung zu sehen.

Damit sind die Finanzmärkte eindeutig zur Spitze des Controllingsystems geworden, einem Steuerungssystem, das bei den finanziellen Zielen der Kapitalmärkte ansetzt und sich bis in die operativen Einzelzielsetzungen der einzelnen Unternehmensteile fortsetzt.

Die Erfüllung der gesetzlichen Informationspflichten ist das Minimum der Finanzkommunikation. Es gab eine Zeit, in der die Ertrags- und Finanzsituation selbst größerer Unternehmen allein dem Eigentümer und seinem Finanzexperten bekannt und ein gut gehütetes Geheimnis war. Kreditgeber sollten in keiner Weise Kontrollrechte oder gar Einflussmöglichkeiten erhalten. Deswegen war seitens des Unternehmers auch die Sicherheitenstellung auf Basis von Sachwerten angenehmer als die Sicherheitenstellung auf Basis von Informationen. Die Buchführungs- und Abschlusspflicht diente zunächst der Dokumentation der Geschäfte als Dispositionsgrundlage für den Eigentümer, der Beweisführung im Streitfall und als Grundlage der Besteuerung. Mit der Entwicklung der Kapitalgesellschaften – insbesondere der börsennotierten – trat die Informationsverpflichtung gegenüber Aktionären hinzu.

Die Fülle der gesetzlichen Informationspflichten ist heute gewaltig, in stetem Wandel und hat sich deutlich an den Interessen der Marktteilnehmer ausgerichtet. Diese orientieren sich heute deutlicher an den Anforderungen des Kapitalmarktes, insbesondere des US-amerikanischen Marktes. Wer am Kapitalmarkt teilnehmen will, muss das nach dessen Regeln tun.

Erst kürzlich sind mit den Gesetzen zur verbesserten Kontrolle und Transparenz im Unternehmen, den verschiedenen Gesetzen zur Förderung des Kapitalmarktes und den verschiedenen Kapitalanleger-Schutz-Gesetzen neue gesetzliche Anforderungen geschaffen worden. Vielfach stand das Interesse der Anleger unangemessen populistisch im Vordergrund, was den Abgleich anderer schutzwürdiger Interessen (z.B. Unternehmensmanagement) vermissen ließ.

Mit besonderem Interesse verfolgen wir hier Trends zu einer marktwertorientierten Bilanzierung in IFRS und US-GAAP. Die Erfüllung der handelsrechtlichen Berichterstattungspflichten gemäß IFRS/US-GAAP macht die Kommunikation mit internationalen Investoren einfacher. Nicht selten haben wir in Investoren-Gesprächen über pauschale Bewertungsabschläge aufgrund der nicht verstandenen oder auch nicht verstanden werden wollenden deutschen Rechnungslegungsvorschriften gehört.

Die handelsrechtlichen Informationspflichten unterliegen einem steten Wandel. Die strenge, eine stichtagsbezogene Inventur der Vermögens- und Schuldposten darstellende Bilanzierung ist durch die Lageberichterstattung und neuerdings durch die Risikoberichterstattung des KonTraG dynamisch zukunftsbezogen erweitert worden. Kürzlich wurde durch das Bilanzrechtsreformgesetz die Berichterstattung im Lagebericht um die Verpflichtung zu einer internationalen Gepflogenheiten entsprechenden MD&A (Management's Discussion & Analysis) erweitert.

Im Mittelpunkt der gesetzlichen Informationspflicht steht der Jahresabschluss, der nach Aufstellung durch den Vorstand, Prüfung durch den Abschlussprüfer und Prüfung durch den Aufsichtsrat binnen 90 Tagen nach Geschäftsjahresende mit dem Geschäftsbericht öffentlich zugänglich sein soll und dann auf der Hauptversammlung behandelt wird. Diese jährlich vorgesehene unternehmensbezogene Berichterstattung soll nach dem Corporate Governance Kodex durch Zwischenberichte zum Quartal angereichert werden, was heute übliche Praxis ist. Allerdings wird jetzt schon eine Prüfungspflicht für Zwischenabschlüsse diskutiert, was meines Erachtens zu weit geht.

Börsenorientierte Unternehmen sind ohnehin verpflichtet, neue Umstände bzw. Informationen gemäß § 15 WpHG unverzüglich zu veröffentlichen, die in ihrem Tätigkeitsbereich eingetreten und nicht öffentlich bekannt sind, wenn sie wegen der Auswirkung auf die Vermögens- oder Finanzlage oder auf den allgemeinen Geschäftsverlauf des Unternehmens geeignet sind, den Börsenpreis der »Aktie« erheblich zu beeinflussen. Hierbei wurde durch das Anlegerverbesserungsgesetz faktisch ein Gleichlauf von Insiderinformation einerseits und Ad-hoc-Publizität andererseits erreicht. Während bisher die Veröffentlichungspflicht an eingetretene bzw. eintretende Auswirkungen auf die Vermögens- und Finanzlage und den allgemeinen Geschäftsverlauf anknüpfte, reicht es künftig aus, dass die Insiderinformation den Emittenten unmittelbar betrifft. Auch Pläne und Absichten können hiernach eine Veröffentlichungspflicht auslösen. Somit wurde der Anwendungsbereich der Ad-hoc-Publizität erweitert, was sich künftig in einer steigenden Anzahl von Ad-hoc-Veröffentlichungen ausdrücken dürfte. Diese an Anlegerinteressen ausgerichteten Vorschriften machen die Arbeiten der Gremien untereinander und auch die Arbeit mit den betrieblichen Interessensvertretern nicht einfacher.

Die erhöhten gesetzlichen Transparenzanforderungen lassen die Grenzen zwischen interner und externer Berichterstattung verschwimmen. Zusätzlich freiwillig erbrachte

Informationen zur Unterstützung der wertorientierten Unternehmensführung, wie z. B. Erläuterungen zur Unternehmens- und Portfoliostrategie, forcieren diese Entwicklung. Um diesen Anforderungen der gesetzlichen und freiwilligen Information zur zielgerichteten Steuerung des Unternehmens und damit zur Steigerung des Unternehmenswertes gerecht zu werden, sind eine entsprechende Gestaltung von Controlling und Finance sowie ihre stärkere Verzahnung notwendig. Im Folgenden werden nach einer Darstellung des Controllingverständnisses als systemgestaltendes Denkmodell der Unternehmensführung die folgenden drei Trendbereiche exemplarisch herausgearbeitet: Transparenz durch vereinheitlichte Rechnungslegungssprache, wertorientierte Steuerung und Koordination durch effektive Planungssysteme sowie der Bedeutungsgewinn des Risikomanagements.

2   Controlling und Finance als Bausteine wertorientierter Unternehmensführung

2.1   Controlling als systemgestaltendes Denkmodell

Unter Controlling wird hier in einer prozessorientierten Betrachtung die zielgerichtete Steuerung/Regelung von betrieblichen Prozessen verstanden. Basierend auf einer betriebswirtschaftlichen Durchdringung der faktischen Abläufe (Physik/Chemie/Psychologie etc.) des Controlling-Objektes werden Prozesse abgebildet, geplant, in den Ist-Daten erfasst, einem Ist-Soll-Vergleich unterworfen und dann Maßnahmen zur Zielerreichung erarbeitet.

Es ist der für den Prozess verantwortliche Manager, der den Prozess zielorientiert steuert. Controlling ist damit die Steuerungsfunktion eines jeden Managers, und nicht des Controllers. Der Controller ist eine abgespaltene Managementfunktion. Der Zentral-Controller ist Koordinator und Methodengeber. Oder anders formuliert: Ein Unternehmen ist erfolgreicher, wenn es Manager hat, die ihre Arbeit ertrags- bzw. wertorientiert steuern, als das Unternehmen, das Controller hat, die dem Manager sagen, dass sie bei ihren Geschäften ertrags- bzw. wertorientiert handeln sollen. Wichtiger als die Existenz eines Controllers, ist die unternehmensweite Erkenntnis der Notwendigkeit des Controllings als systemgestaltendes Denkmodell, als Denkmodell im kybernetischen Sinne des Regelns. Im Mittelpunkt des Controllings steht die Planung und Berichterstattung als Basis der abweichungsorientierten Prozesssteuerung. Dies betrifft alle Teilbereiche, insbesondere das Unternehmen als Ganzes (vgl. *Lehner/Florenz* 2003).

Unternehmen werden größer, komplexer, globaler und damit schwerfälliger und intransparenter mit der Gefahr sich separierender Unternehmensteile, seien es Geschäftsbereiche, Tochtergesellschaften oder Funktionen. Es gilt die Erfahrung, dass Konzerne oder generell große Unternehmen Vorlaufkosten haben, die aus der notwendigen Koordination der Geschäftsbereiche und Funktionen herrühren. Diese fallen von selbst an! Die Vorteile aus dem Verbund, die Synergien müssen erst realisiert werden. Diese Gefahr muss uns bewusst sein und in der permanenten Suche nach Synergien angegangen werden. Dies ist eine Erfahrung, die bei allen Akquisitionen gemacht wird. Die zügige Realisierung der zumeist im Kaufpreis schon gezahlten Synergien ist daher notwendige Voraussetzung jeder erfolgreichen Akquisition.

Für ein komplexes System – wie ein Großunternehmen – in einer komplexen Umwelt mit einer Vielzahl verschiedener Störungstypen und Störzeitstrukturen ist eine Adaption in der verfügbaren Zeit im Allgemeinen nur möglich, wenn das System die Eigenschaft der Multistabilität besitzt (siehe Abb. 3). Der Zustand der Multistabilität eines Systems, als besondere Form der Stabilität, liegt vor, wenn ein System aus ultrastabilen Teilsystemen so zusammengekoppelt ist, dass diese Teilsysteme zeitweilig bzw. in bestimmter Weise unabhängig voneinander sind. Die einzelnen Teilsysteme führen für sich Teilanpassungen durch. Überschreiten die Verhaltensänderungen der Teilsysteme bestimmte Grenzwerte, dann treten sie in Beziehung zu neben- oder übergeordneten Systemen des Gesamtsystems. Dabei gilt als Grundsatz für die Organisation: Der nötige Umfang an Abstimmung, d. h. Kommunikation ist möglichst gering zu halten (vgl. *Lehner* 1991, S. 125 ff.).

Multistabile Systeme vollziehen die Anpassung an die Umwelt mit Hilfe einzelner Teilsysteme. Das multistabile System ist also nicht gezwungen, die Gesamtheit seiner Elemente mit der Gesamtheit der Umweltvariablen abzustimmen, sondern es kann die Adaption dadurch vollziehen, dass sich die Teilsysteme des multistabilen Systems mit relativ unabhängigen Teilsystemen der Umwelt abstimmen. Ich nenne hier als Stichworte der Systemgestaltung: Spartenorganisation, Strategische Geschäfteinheiten oder Profit Center, das heißt: eigenverantwortliche Ergebniseinheiten. Für den Controlling-

Verhaltens- formen Struktur- formen	Bewahrung angepasster Gleichgewichts-lagen	Totale Anpassung von Gleichgewichts-lagen	Partielle Anpassung von Gleichgewichts-lagen
Morpho-statische Systeme	Monostabile Systeme – Abschirmung – Inputselektion – Steuerung – Regelung – Mischlenkung	Ultrastabiles System	Multistabiles System
Morpho-genetische Systeme	Aequifinales System	Selbstorga-nisierendes System	Selbst-differenziertes System

Abb. 3: Kybernetische Strukturtypen für Unternehmen (*Krieg* 1971, S. 70)

Bereich sind es im Wesentlichen die folgenden beiden Systeme, die der Wertsteuerung dienen:

1. Ein weltweit einheitliches Planungs- und Berichtsystem mit einheitlicher Terminologie und einheitlichen Beurteilungskriterien für die betriebswirtschaftliche Beurteilung.
2. Ein System der personenorientierten Steuerungsmaßnahmen. Hierunter kann die Menge aller Gespräche/Besprechungen/Personalmaßnahmen, die der Wert-Ausrichtung dienen, verstanden werden.

Beide Systeme ergänzen sich. Zusammenfassend stelle ich fest: Grundregel für effizientes und effektives Controlling ist die Ausrichtung der Gesamtorganisation des Unternehmens auf »Ergebniseinheiten« und die Sicherstellung der Synergien.

Die Organisationsentscheidungen zur Struktur und zu den Prozessen sind die Vorlaufentscheidungen zur Objektsteuerung und stellen den Control-Rahmen dar. Bei sich verändernder Umwelt und neuen Unternehmenszielsetzungen/-strategien sind diese Entscheidungen zu überprüfen und gegebenenfalls neu zu treffen (morphogenetische Systeme).

2.2   Transparenz durch vereinheitlichte Rechnungslegungssprache

Die zielgerichtete Steuerung der betrieblichen Prozesse im Sinne der wertorientierten Unternehmensführung und die damit notwendige Koordination der organisatorischen Teilsysteme bedürfen unter Effizienzgesichtspunkten einer einheitlichen Sprache und Terminologie im Rechnungswesen. Voraussetzung für die Einheitlichkeit der Rechnungslegung und damit für die interne und externe Finanzkommunikation ist die Angleichung interner und externer Rechnungslegungssysteme, d. h. inhaltlich (z. B. Gewinndefinition) und systembezogen (z. B. Integration der IT-Infrastruktur). Wesentliche Motive für die Harmonisierungs- und Integrationsmaßnahmen im Rechnungswesen ergeben sich aus drei Komponenten: den Auswirkungen der Globalisierung, der Kritik an den praktizierten Formen des internen Rechnungswesens sowie aus der Notwendigkeit, Effizienzvorteile aus der Standardisierung der Prozesse und der weitergehenden Automatisierung der Finanz- und Rechnungswesensysteme zu erzielen. Angesichts der Globalisierung der Weltwirtschaft sind vor allem die verstärkte Internationalisierung der Geschäfte sowie die zunehmende Kapitalmarktorientierung treibende Kräfte für die Angleichung interner und externer Rechnungslegungssysteme. Die verstärkte Internationalisierung der Geschäfte durch Akquisitionen führt in der Regel zu einer steigenden Anzahl an Auslandsniederlassungen und internationalen Beteiligungen. Dies hat zwei Auswirkungen auf das Rechnungswesen: Einerseits steigt infolgedessen die Komplexität des Rechnungswesens in international tätigen Konzernen, da sich diese zwangsläufig mit den unterschiedlichen landesüblichen Rechnungslegungsvorschriften – etwa im Prozess der Due Diligence – sowie den praktizierten Formen des internen Rechnungswesens der erworbenen Unternehmen auseinandersetzen müssen. Andererseits besteht die Notwendigkeit eines effektiven rechnungswesenbasierten Instrumentariums zur Steuerung der globalen Aktivitäten. Die Verwendung einheitlicher Steuerungsgrößen und integrierter Rechnungssysteme ist deshalb schlicht der logische Schritt nach der Internationalisierung der Geschäfte.

Wie oben ausgeführt, hat die zunehmende Kapitalmarktorientierung im Sinne des Shareholder-Value-Ansatzes – neben der Umstellung auf internationale Rechnungslegungsstandards – auch dazu geführt, das Konzept einer wertorientierten Unternehmensführung einzuführen. Neben der Implementierung eines geeigneten Instrumentariums, mit dem sich die Veränderungen des Unternehmenswertes messen lassen, soll dieses System auch als zielkonformes Anreizsystem dienen, d. h. zu einer Verhaltenssteuerung im Sinne der Unternehmenswertsteigerung führen. Derartige Anreizsysteme erzielen dann bessere Ergebnisse, wenn sie auf einer möglichst verständlichen, einheitlichen und manipulationsunempfindlichen Zielgröße basieren (vgl. *Wurl/Kuhnert/Hebeler* 2001, S. 1370). Unterschiedlich definierte Periodenerfolge, wie in der traditionellen Ausgestaltung des Rechnungswesens üblich, stehen deshalb der Anreizverträglichkeit als Effizienzkriterium entgegen. Für die zielkonforme Unternehmenssteuerung ist es deshalb notwendig, das Zahlenwerk zu vereinheitlichen, um intern und extern die gleichen Informationen kommunizieren zu können. Nur so kann sichergestellt werden, dass die Entscheidungsträger das Unternehmen intern an den Zielen ausrichten, die mit den externen Interessengruppen, insbesondere der Financial Community, für das Unternehmen vereinbart sind.

Eine systemtechnische Standardisierung und Automatisierung der Prozesse im Finanz- und Rechnungswesen sowie die Integration der Konzernberichterstattungssysteme ermöglichen zudem die Realisierung von Kostenvorteilen. Die Konsolidierung einer meist historisch gewachsenen IT-Infrastruktur sollte dabei einen Schwerpunkt bilden.

Schließlich ist mit Blick auf das aktive Portfoliomanagement festzustellen, dass ein einheitliches Rechnungswesen als Grundlage für ein an Kennzahlen ausgerichtetes Controlling einen wesentlichen Erfolgsfaktor bei der Integration und Steuerung von Akquisitionen darstellt (vgl. *Lehner/Schmidt* 2000, S. 193). Einheitliche Prozesse und einheitliche Systeme im Rechnungswesen sind außerdem Garant für eine schnelle Unternehmensintegration.

Als Vorteile einer Vereinheitlichung des Rechnungswesens können daher festgehalten werden: die Anwendung konzernweit einheitlicher Berichtsinhalte und Kennzahlen und damit die Eindeutigkeit des Zahlenwerks, die zu einer besseren internationalen Verständlichkeit und Vergleichbarkeit führen, und in der Konsequenz die internationale Steuerung der Geschäfte und Tochtergesellschaften verbessern und das Controlling insgesamt vereinfachen und effektiver gestalten. Auf diese Weise kann eine aus kognitiver Sicht notwendige Vereinfachung des unternehmerischen Denkens und Handels – mit einheitlichen Aussagen intern und extern – erreicht werden (»one-number-principle«). Zusammenfassend ist festzustellen:

- Die Abschaffung kalkulatorischer Kostenarten ist die Voraussetzung für die Harmonisierung des internen mit dem externen Rechnungswesen.
- Eine zielkonforme Konzernsteuerung basiert auf intern und extern harmonisierten Berichtsinhalten.
- Integrierte Reporting-Systeme sind das Rückgrat einer effizienten Konzern- und Geschäftssteuerung.
- Die Eindeutigkeit des Zahlenwerks basierend auf internationalen Rechnungslegungsgrundsätzen ist die Grundlage für eine effektive Finanzkommunikation.

- Kostenvorteile im Finanz- und Rechnungswesen werden durch die Standardisierung, Automatisierung und Bündelung der Prozesse sowie durch die Integration einer historisch gewachsenen IT-Systemlandschaft erreicht.

Es bleibt anzumerken, dass die Entwicklungen und Regelungen nach IAS/IFRS als Basis für ein einheitliches Rechnungswesen inzwischen nicht nur eine erhebliche Breite und Dichte erreicht haben, sondern auch weiterhin mit Veränderungen bestehender Standards gerechnet werden muss. Für die Unternehmenssteuerung ist es daher von besonderer Bedeutung, die Weiterentwicklung der IFRS-Projekte intensiv zu beobachten und sich rechtzeitig auf eventuelle Neuerungen einzustellen. Dem Controlling kommt dabei eine besondere Aufgabe zu. Einerseits ist es mit den steigenden Anforderungen der Rechnungslegungsstandards IAS/IFRS konfrontiert, andererseits muss es die steigende Komplexität der Geschäftssteuerung bei zunehmender Dynamik der Märkte beherrschen. Dies führt dazu, dass sich das »klassische Controlling« nicht nur einer weiteren selbst verordneten Komplexitätsreduktion unterzieht (vgl. *Weber* 2004, S. 13 ff.) sondern immer mehr fundiertes Know-how im Bereich Rechnungslegung aufbauen muss. Beispiele hierfür sind die veränderte Goodwill-Bewertung (Impairment Test) und die grundsätzlich zunehmende »Fair Value«-Rechnungslegung. Weitere erhebliche Veränderungen für das »Zahlenwerk« des Controllings könnten sich auch durch die Initiative des IASB zur Neuregelung des Performance Reporting (Stichwort: Comprehensive Income) ergeben, eine Neugestaltung der Gewinn- und Verlustrechnung und damit indirekt eine Neudefinition des Gewinnbegriffs. Dem Controlling als systemgestaltendes Denkmodell kommt dabei die schwierige Aufgabe zu, die erreichte Einheitlichkeit des internen und externen Reportings auch in Zukunft sicherzustellen.

Es ist aber nicht nur die finanzielle Dimension des operativen Handelns Gegenstand der finanziellen Steuerung. Von zunehmender Bedeutung sind die Ergebniskomponenten Finanzergebnis und Steuern, die schlussendlich zum Jahresüberschuss, zur bottom-line, führen. Auch hier sind wir mit einer gewaltigen Änderung in der finanziellen Darstellung und einer neuen Fülle von Gestaltungsmöglichkeiten konfrontiert. Bei diesen bedeutenden Posten, wie auch durch die zunehmende Verbreitung von CTAs (Contractual Trust Agreement) zur Pensionsverpflichtungsfinanzierung besteht Controlling-Bedarf.

2.3 Wertorientierte Steuerung und Koordination durch effektive Planungssysteme

Für die wertorientierte Unternehmenssteuerung ist die Gestaltung des Messsystems auf Basis einheitlicher Rechnungsinhalte nur eine Komponente. Eine zweite ist die Gestaltung effektiver Systeme für die Unternehmensplanung. Nur eine effektive Unternehmensplanung kann die Realisierung angestrebter Unternehmenswerte über die im Wertschaffungsmodell (siehe Abb. 1) dargestellten Wirkungszusammenhänge sicherstellen. Insofern kann die Unternehmensplanung definiert werden als systematisch-methodischer, dabei informationsverarbeitender und zielorientierter Prozess der Erkenntnis und Lösung von Zukunftsproblemen auf allen Ebenen einer Unternehmung. Eine festzulegende Planungsphilosophie umfasst neben ihrer strategischen Komponente vor allem die aus der Strategie abgeleitete »structure«-Komponente und die dann definierte System-Komponente. Damit beinhaltet die Planungsphilosophie die Planungssystematik, die strategischen Unternehmensziele sowie die Sichtweise auf die Geschäftseinheiten, das heißt die Beschreibung der Planungsobjekte. Dagegen geht es bei der Planungsabwicklung um die methodische und organisatorische Gestaltung der Planung, insbesondere um die Verzahnung hierarchischer Planungsebenen. Darüber hinaus zählt zur Planungsabwicklung nicht nur die strukturierte gedankliche Vorbereitung von Entscheidungen, sondern auch ihre nachfolgende Realisierung, da Entscheidungen letztlich Handlungsalternativen zu Handlungen werden lassen (»strategy«, »structure«, »systems«).

Für die Umsetzung strategischer Ziele eignet sich in komplexen Großunternehmen ein dreistufiger Planungsansatz: strategische Planung, Langfristplanung und Kurzfristplanung. Die beiden letztgenannten Komponenten dienen dazu, strategische Entscheidungen inhaltlich und zeitlich für einzelne Planungsperioden, üblicherweise ein Jahr, zu operationalisieren. Der abschließende Schritt zur Verzahnung der drei Planungsebenen ist die Einigung beteiligter Hierarchie- und Verantwortungsbereiche auf einen festgelegten Jahresplan (Budget), der gleichzeitig die Basis für die Leistungsmessung der Verantwortungsträger bildet. Die Koordination der Vielzahl der für diesen Planungsansatz notwendigen Teilprozesse bedeutet – gerade in divisional organisierten und global tätigen Unternehmen eine große Herausforderung. Im Ergebnis führt der Planungsansatz meist zu einem komplexen, mehrmonatigen und damit ressourcenintensiven Planungsprozess, den es zu optimieren gilt (vgl. *Hebeler* 2005, S. 515 ff.). Eine zentrale Fragestellung ist dabei, das Verhältnis von Nutzen der Planung zu Ressourcenverbrauch angemessen auszutarieren. Die kritische Auseinandersetzung mit dem praktizierten Planungskonzept und den etablierten Planungsprozessen ist deshalb mit Blick auf die zunehmenden Anforderungen der Unternehmensumwelt hinsichtlich Komplexität und Dynamik notwendig. Dabei gilt es etwa – die abhängig von der Präferenz der Leitungsorgane praktizierte – Top-down- oder Bottom-up-Planung zu harmonisieren, um erfahrungsgemäß zeitaufwändige Planungsrunden zu minimieren. Oberstes Ziel bleibt die Verzahnung von strategischer Planung und Kurzfristplanung in den Ergebniseinheiten. Gegenüber einer iterativen Gegenstromplanung kann die Konvergenz zwischen Ober- und Teilzielen aller Geschäftseinheiten durch eine stringentere Top-down-Planung grundsätzlich besser realisiert werden. Die Stärkung der Top-down-Zielplanung mit Zielkaskadierung auf die unteren Planungseinheiten erfordert ferner eine optimale zeitliche Koordination, um eine eindeutige inhaltliche Kopplung der beiden Planungsebenen zu ermöglichen. Gerade für eine effiziente Unternehmensplanung ist anzumerken, dass eine Identität zwischen den Zielgrößen und den Kennzahlen in der Ist-Berichterstattung bestehen muss. Der Grad der Abstimmung extern und intern kommunizierter Ziele und Pläne ist somit ein wichtiges Kriterium für die Beurteilung der Güte der Unternehmensplanung.

2.4   Bedeutungsgewinn des Risikomanagements

Im Zuge der Globalisierung haben diversifizierte und international tätige Unternehmen zur Steuerung ihres Risikos – im Sinne ordnungsmäßiger Geschäftsführung – Risikoerfassungs- und Risikomanagementsysteme implementiert. Insofern dokumentieren die zu Beginn des Beitrags dargestellten gestiegenen Transparenzanforderungen auch in Bezug auf das Management von Unternehmensrisiken (insb. KonTraG) diesen Trend, der sich ohnehin endogen im Wettbewerb ergeben hat.

Zur Begründung des Gesetzes zur Kontrolle und Transparenz (KonTraG) führt der Gesetzgeber zu beobachtende Unternehmensrisiken und -zusammenbrüche auch auf »Schwächen und Verhaltensfehlsteuerungen im deutschen Unternehmenskontrollsystem des Aktienrechts und des Mitbestimmungsrechts« zurück. Diese Schwächen sollen im Rahmen des KonTraG vor allem durch die Verpflichtung des Vorstandes zur Einrichtung eines Frühwarn- und Kontrollsystems, durch eine Stärkung der Kontrollmöglichkeiten des Aufsichtsrates und durch Änderungen im Bereich der Abschlussprüfung gemindert oder beseitigt werden. Durch das KonTraG und die weiterführenden Gesetze wie Trans-PuG wird das Risikomanagementsystem eines Unternehmens gesetzlich institutionalisiert und zusätzlich Gegenstand der Abschlussprüfung. Über die festgestellten Risiken ist im Lagebericht der Gesellschaft grundsätzlich zu berichten (vgl. *Lehner/Schmidt* 2000, S. 261 ff.).

Im Sinne der oben beschriebenen »multistabilen Systeme« kann die Risikoidentifikation und die Risikoanalyse mit qualitativer Bewertung und quantitativer Messung von Einzelrisiken nur im unmittelbaren Zusammenhang der betrieblichen Leistungserstellung gesehen werden. Bei einem diversifizierten, transnationalen Unternehmen kann die auf Identifikation und Analyse aufbauende Risikosteuerung nur von den unternehmerisch vor Ort und in den Unternehmenseinheiten Verantwortlichen übernommen werden, da diese die Chancen und Risiken sachlich richtig am besten beurteilen können.

In einer solchen Unternehmensstruktur müssen beispielsweise handlungsbezogene Limitsysteme den Rahmen für einzelne Risikosteuerungsaktivitäten vorgeben. Den Teilsystemen im Unternehmen werden im Rahmen der Strategiedefinition sowie der quantitativen Konkretisierung in Form der lang- und kurzfristigen Planung von der Unternehmensführung Soll-Vorgaben auferlegt, so dass Abweichungen in den einzelnen Teilsystemen lokalisiert werden können. Die Abweichungsanalyse ist damit der Kernpunkt des Risikomanagements, insbesondere im Sinne eines Frühwarnsystems. Ziel ist es, dass bis zu einer gewissen Grenze Korrekturmaßnahmen in den einzelnen Teilsystemen selbst getroffen werden können, um die vorgegebenen Ziele zu erreichen. Es werden somit bei Planabweichungen, Fehlern oder exogenen Störungen autonome Teilanpassungen bspw. auf der Ebene der strategischen Geschäftseinheiten – entsprechend dem Ansatz multistabiler Systeme – durchgeführt. Überschreiten die Abweichungen allerdings ein festgelegtes Maß, werden andere übergeordnete oder alle Teilsysteme einbezogen, um das Gesamtsystem risikoadäquat zu steuern.

Damit diese Abweichungsanalysen durchgeführt werden können, sind entsprechende Berichtssysteme notwendig. Diese müssen in der Lage sein, entscheidungsorientiert und möglichst zeitnah im Anschluss an die abgeschlossene Periode die Management-Informationen bereit zu stellen. Die Feststellung der Abweichungen auf Basis der

Frühwarn- und Berichtssysteme, die Analyse der Differenzen, die Bewertung des entstehenden Risiko- und Chancenpotenzials sowie die Erarbeitung von Vorschlägen zur Risikobewältigung und Chancennutzung sind dann die Kernaufgaben des Controllings. Die hieraus gewonnenen Informationen liegen in Form von Dokumentationen auf den einzelnen Ebenen vor, da sie eine Rechenschaftsfunktion (Nachweis pflichtgemäßen Verhaltens) und eine Sicherungsfunktion (d. h. Einhaltung der Maßnahmen zur Risikosteuerung) erfüllen. Das KonTraG erfordert aber eine formale Zusammenfassung, um die Prüfbarkeitsfunktion durch den Wirtschaftsprüfer sicherzustellen.

Die Geschäftsführung legt im Rahmen ihrer individuellen marktorientierten Risikostrategie die Akzeptanz, die notwendige Verringerung oder die Vermeidung bzw. Umwälzung von Risiken (im Sinne einer Versicherung) fest. Die Kontrolle dieser Vorstandstätigkeit ist allerdings Aufgabe des Aufsichtsrates und nicht des Wirtschaftsprüfers. Dies scheint der Gesetzgeber erkannt zu haben, der den Abschlussprüfer allein dazu verpflichtet, die Existenz eines Überwachungssystems sowie Richtigkeit und Vollständigkeit der risikoorientierten Lagedarstellung der Unternehmen zu prüfen (Systemprüfung).

Die Tätigkeit des Abschlussprüfers sollte dabei nicht als lästige Pflicht verstanden werden, sondern vielmehr als Chance für das Unternehmen begriffen werden – unter Nutzung des unternehmensübergreifenden Know-how und des globalen Netzwerks des Wirtschaftsprüfers –, die Effizienz des Risikocontrollings und Risikomanagements zu steigern und evtl. Schwachstellen zu vermeiden bzw. auszumerzen. Insoweit dient auch ein starker bzw. gestärkter Wirtschaftsprüfer als eine außerhalb des Unternehmens stehende Kontrollinstanz mit öffentlicher Funktion zur Absicherung der Zukunftsfähigkeit des Unternehmens.

Auch die Rolle der internen Revision ist im Wandel begriffen. Früher wurde die interne Revision überwiegend als Instrument der Unternehmensführung verstanden und war beim Vorstandsvorsitzenden bzw. beim Finanzvorstand angebunden. Künftig dürfte sie verstärkt zur Unterstützung der Kontrollfunktion des Aufsichtsrats herangezogen werden.

Neben den Impulsen der Gesetzgebung hat hinsichtlich der inhaltlichen Einschätzung des Risikos auch der Marktprozess selbst mit den Ratingagenturen eine Institution geschaffen, die den Fremdkapitalgebern eine Einordnung des Unternehmens in eine Risikoklasse durch die Ratingeinstufung erlaubt. Dabei basiert das Rating auf einer weitergehenden Risikoprüfung als sie sich aus den Auflagen des KonTraG ergibt. Das Rating hat für die Unternehmen den Vorteil, dass das Ergebnis der Risikoprüfung in einer vergleichbaren Einstufung zusammengefasst wird, ohne dass wettbewerbssensitive Komponenten der Risikoanalyse veröffentlicht werden müssen.

3   Werte-orientiertes Controlling und Finance

Stand bisher die Berichterstattung über die finanzielle Lage des Unternehmens und die erwartete Entwicklung im Mittelpunkt der Betrachtung, so rückt ergänzend Führungsverhalten in den Fokus. Verhalten wird zum Gegenstand der Berichterstattung. Somit führt die Wert-Orientierung auch zu Werte-Orientierung und Werte-Orientierung schafft Wert. Der *Sarbanes-Oxley*-Act, der Corporate Governance Kodex oder auch Gesetze zum Anlegerschutz zielen vor allem darauf ab, wie ein Unternehmen Wertsteigerung betreibt. Die Vergangenheit hat gezeigt, dass eine einseitige Fokussierung auf Shareholder Value oder Kurzfristdenken in der Marktwirtschaft zu kurz greift. In diesem Licht wird Unternehmensethik zu einem wertschaffenden Instrumentarium moderner Unternehmensführung.

Unternehmensethik und damit werte-orientierte Unternehmensführung dienen als Bezugspunkt und Ordnungsrahmen für die aus den vielfältigsten Kulturkreisen kommenden Mitarbeiter eines international tätigen Unternehmens. Sie hat funktionalen Charakter und richtet das Handeln der Mitarbeiter, gerade in nicht oder nur schlecht definierbaren Situationen, auf die wesentlichen Elemente der Unternehmensstrategie aus, ohne dass es hierfür detaillierter Anweisungen bedürfte. Damit folgt die werte-orientierte Unternehmensführung der hier vorgestellten systemgestaltenden Logik des Controllings im kybernetischen Sinne, indem sie als immanente Handlungsorientierung eine jederzeitige Selbstjustierung auf die übergeordneten Zielsetzungen – insbesondere der nachhaltigen Wertsteigerung – sicherstellt. Aufgrund dieser Funktion besitzt Unternehmensethik einen nicht zu unterschätzenden Wert für den wirtschaftlichen Erfolg und damit die Zukunftssicherung des Unternehmens (vgl. *Lehner* 2004, S. 185 ff.).

»But how to make the elephant dance?« Neben der Ziel- und Strategiedefinition bedarf es eines über das Gesamtunternehmen gültigen, gemeinsam gelebten Wertesystems. Dieses sollte die Unternehmensvision, die wesentlichen Unternehmenswerte sowie einen Verhaltenskodex umfassen. Ist dieses Wertesystem definiert und in die Organisation getragen, muss das Controllingsystem die Verbreitung, den Bekanntheitsgrad und die Einhaltung erfassen und unterstützen. Hierzu gehört auch die Einrichtung von entsprechend gelagerten Anreizsystemen bzw. Sanktionsmechanismen. Die Verbreitung und Einhaltung kann beispielsweise durch regelmäßige Abweichungsanalysen der Teilsysteme (z. B. Compliance-Berichte von Landesgesellschaften oder der internen Revision) überprüft werden und falls notwendig können auf dieser Basis Verbesserungsmaßnahmen ergriffen werden. Ergänzend können regelmäßige Berichte auf der Gesamtunternehmensebene (z. B. Nachhaltigkeitsberichte) erstellt werden, um sowohl intern als auch extern über die Einhaltung des Wertesystems zu informieren. Ein weiterer Baustein der werte-orientierten Berichterstattung ist die eingangs beschriebene gesetzliche Verpflichtung des Vorstandes und des Aufsichtsrates eines Unternehmens (§ 161 AktG) zur Abgabe einer Entsprechenserklärung, die Auskunft über die Einhaltung der Empfehlungen des Deutschen Corporate Governance Kodex gibt. Für das werte-orientierte Controlling und Finance selbst gilt die Konkretisierung des Wertesystems dahingehend, dass die Kommunikation den Grundsätzen der Eindeutigkeit, Transparenz, Kontinuität und Glaubwürdigkeit folgen muss.

Insgesamt müssen wir also eine Umgebung schaffen, in der Werte verstanden und laufend verstärkt werden und werteorientiertes Handeln belohnt wird. Dies stützt die Reputation des Unternehmens und sorgt für einen Gleichklang mit den Werten der Kunden, Mitarbeiter, Aktionäre und anderer Stakeholder, von deren Wertschätzung unser wirtschaftlicher Erfolg abhängt. Damit ist nicht nur das Ergebnis unseres Handelns im wertorientierten Sinne, sondern auch die Art der Wertschaffung im werte-orientierten Sinne ausschlaggebend für den nachhaltigen Unternehmenserfolg in der Marktwirtschaft. So führt die Umsetzung von Wertorientierung zu Gemeinwohl; ganz dem Wesen der Marktwirtschaft folgend, wonach die Verfolgung von Eigeninteresse zu Gemeinwohl führt.

Literatur

Hebeler, C. (2005), Neugestaltung der Unternehmensplanung bei Henkel, in: Controlling, 17, 2005, 8/9, S. 515–522

Horváth, P. (2006),Controlling, 10. vollständig überarbeitete Auflage, München 2006

Krieg, W. (1971), Kybernetische Grundlagen der Unternehmungsgestaltung, Bern 1971

Lehner, U. (2004), Unternehmensethik als Steuerungsinstrument: Vision, Werte und Code of Conduct bei Henkel, in: *Brink, A./Karitzki, O.* (Hrsg.), Unternehmensethik in turbulenten Zeiten. Wirtschaftsführer über Ethik im Management, Bern 2004, S.185–207

Lehner, U. (1991), Controlling-Trends im Henkel-Konzern, in: *Horváth, P./Gassert, H./Solaro, D.* (Hrsg.), Controllingkonzeptionen für die Zukunft. Trends und Visionen, Stuttgart 1991, S. 125–141

Lehner, U. (2003), Finanzkommunikation und Corporate Governance, in: zfo, 72, 2003, 4, S. 210–219

Lehner, U./Beynio, W. (2000), Finanzkommunikation als Bestandteil der wertorientierten Unternehmensführung, in: *Siegwart, H.* (Hrsg.), Meilensteine im Management; Band IX: Corporate Governance, Shareholder Value & Finance, Basel 2000

Lehner, U./Florenz, P. (2003), Supply Chain Controlling bei Henkel, in: *Stölzl, W./Otto, A.*, Supply Chain Controlling in Theorie und Praxis, Wiesbaden 2003

Lehner, U./Nicolas, H. (2005), Corporate Governance – Handlungsbedarf beim Deutschen Modell, in: *Hungenberg, H./Meffert, J.* (Hrsg.), Handbuch Strategisches Management, Wiesbaden 2005, S. 1004–1016

Lehner, U./Schmidt, M. (2000), Risikomanagement im Industrieunternehmen, in: BFuP, 52, 2000, 3, S. 261–272

Lehner, U./Schmidt, M. (2000), Akquisitionsmanagement: Integration von Rechnungswesen und Controlling, in: *Picot, A. et al.* (Hrsg.), Management von Akquisitionen, Stuttgart 2000, S.181–193

Weber, J. (2004), Controlling einfach gestalten, Vallendar 2004

Wurl, H.-J./Kuhnert, M./Hebeler, C. (2001), Traditionelle Formen der kurzfristigen Erfolgsrechnung und der »Economic Value Added«-Ansatz – Ein kritischer Vergleich unter dem Aspekt der Unternehmenssteuerung, in: WPg, 54, 2001, 23, S. 1361–1372

Strategic Finances
The Case for Management Accounting

Paul A. Sharman*

1   Introduction

2   The Need for Change

3   Technology demands Change

4   Management Accounting in the 21st Century

5   GCAM or Something like It

6   Now more than ever

*   Paul A. Sharman, President/CEO, Institute of Management Accountants, Inc. (IMA®), Montrale, NJ. This article originally appeared in the October 2003 issue of Strategic Finance magazine. It is reprinted with permission of the Institute of Management Accountants (IMA®), Montrale, NJ, USA, www.imanet.org.

1   Introduction

Recent Surveys demonstrate the continuing frustration of senior managers in the United States with the lack of cost and resource management capability within their corporations. Now is the time to address this problem. A number of factors are converging that make it both urgent and feasible to transform the world of management accounting – asserting a more appropriate, influential role for qualified and disciplined accountants who are focused on serving organizations from the inside. A new of set of management accounting logic is emerging, directing attention toward a greater strategic role for management accountants.

Most important is the fact that the world authority on accounting, the International Federation of Accountants (IFAC), is pushing a new vision for management accounting premised on optimized deployment of resources. It's time for practicing management accountants to take up the challenge.

Critical to the success of management accounting are new ways to analyze and measure cost information as methods such as activity-based costing (ABC) still have not been widely adopted. One suggested approach, Resource Consumption Accounting (RCA), has been used by manufacturers in Europe for several decades but is new to the U.S. It is premised on, but not modeled on, flexible German cost accounting methods called Grenzplankostenrechnung or, more simply, GPK, and Prozesskostenrechnung, a style of activity-based costing. RCA has triggered the search for a meaningful made-in-the-U.S. approach to management accounting.

2   The Need for Change

As illustrated in past and current literature, the financial reporting mentality dominates accounting to the detriment of good management accounting. The result: Organizations have inadequate information with which to plan, monitor and control performance, and support enterprise decision making.

In their 1986 seminal book, Relevance Lost, *Robert S. Kaplan* and *H. Thomas Johnson* described how the emphasis on statutory financial reporting requirements had created a system that's both undeniable and unstoppable. Every quarter, accountants and their organizations are obliged to prepare and deliver reports to external parties. Yet there's no equivalent legal requirement for accountants to do even an effective job in providing managers with proper information with which to operate the business. An organization's need for relevant information is the driving force for change. This force, however, is muted by financial accounting concerns. Meanwhile, *Sarbanes-Oxley* (SOX), driven by the events at *MCI WorldCom, Enron, Barings Bank, Tyco,* and *Arthur Andersen,* has created even more demands for attention to financial reporting and governance.

Sections 302 and 404 make significant demands on CEOs and CFOs to ensure that the organizations they manage are properly controlled, that numbers and events are reported truthfully and reliably, and that they have taken steps to ensure that processes and controls are effective. While CEOs and CFOs have responsibility well beyond governance and reporting, they also have to satisfy the primary purpose of producing a competitive return on their stakeholders' interests. The combination of planning and running a competitive, responsible organization under conditions in which accountability clearly belongs to these executives demands that management accountants step up to their responsibility.

A 2003 *IMA* and *Ernst & Young* survey, which was featured in the July issue of Strategic Finance, demonstrates the frustration of roughly 2,000 CFOs and controllers with the current situation.

- 80 % reported that cost management is important to their organizations' strategic goals, but
- 98 % reported cost information is distorted (due to a large degree of emphasis on overhead allocation), and 80 % said implementing new cost management tools is of a low to medium priority.

Another survey in 2003, this one of 145 senior financial managers by the RCA interest group of the Consortium of Advanced Manufacturing-International (CAM-I), identified, among other findings:

- 80 % of U.S. organizations still use traditional costallocation systems.
- Only 23 % of respondents were satisfied with decisionsupport information.

Recent research also points to the lack of a comprehensive and robust cost accounting approach that engenders management's trust in decision-support information and delivers sustainable benefits:

Bain and Company report that their own recent survey demonstrates that activity-based costing (ABC) has been attempted by perhaps as many as 60 % of organizations in the United States but that only 20 % have sustained it. Therefore, the large majority of ABC implementations weren't sustained. Another survey by the RCA interest group of CAM-I demonstrated that only 30 of 145 respondents employ ABC. Perhaps the most interesting finding of both surveys is that 80 % of organizations continue to use old-style full-absorption standard costing, absorption, or full-absorption costing methods (i.e., traditional cost-allocation systems). This is interesting because the primary objective of ABC was to correct the distortion created by traditional cost allocation. If 60 % of organizations have tried ABC but most haven't replaced their traditional allocation system, then we must assume that there were insufficient reasons to make the change.

Many articles, books, and case studies address ABC. When viewed as a whole, it becomes possible to draw some insight on why ABC has not been sustained. A frequently cited reason is that ABC systems design was too complex. That may be true, but there are other things to be noted also.

In practice, ABC implementation has failed because:

- Software was not IT integrated. Accountants and operating managers want cost accounting to be part of their integrated general ledger, monthly reporting, analysis, performance measurement, and the associated network of operational systems. Small start-up companies developed ABC systems, generally in the late 1980s, as PC-based modeling tools. To this day they haven't been integrated enterprise-wide.

- ABC/M/B/P applications are generally not integrated into organization measurement and management systems. Central to managers going about their business is accountability for their actions. Accountability is accomplished by having managers develop a plan, act upon the plan, and then monitor their performance. Because ABC was largely deployed as a retrospective modeling analysis of prior-period results (often too late to be of any relevance), managers weren't required to use ABC logic as part of the planning process. Successful applications of ABC use it to do planning.
- Most applications have been implemented poorly. The most daunting problem has to be the lack of agreement of what ABC is and how it should be deployed. No institution took responsibility for developing standards for the development and deployment of ABC early in the process. Every consultant, software company, and author took it upon himself or herself to become »the« definitive source. Yet the most successful were the ones with the best connections, not necessarily the greatest experience and competence. It has been quite common to see the presidents of ABC software companies making presentations on the subject to define what they perceived as appropriate practices for ABC, and yet none of them had any management accounting experience. Writings are awash with advice on how to do and how not to do ABC. There's little consistency. Certainly, there hasn't been a serious process for the development, exposure, and creation of consensus of what represents good practice.

The frustrating part of ABC's lack of sustainment is that it remains a good and valid analytic methodology. The methodology needs to be incorporated into future management accounting practices, but in such a way as to overcome the causes of its lack of sustainment. Furthermore, all those managers in 60 % of the organizations who have already tried but failed to sustain ABC need a better solution.

Also, CFOs see implementing new cost management tools as a low to medium priority, perhaps because they don't see a viable professional source of employees to deliver the goods. As emphasis for this point, significant government departments are obliged to hire big consulting firms to undertake and maintain their activity-based costing systems because they believe this will provide a long-term cost accounting solution.

Why would CFOs be willing to commit funds to improve their cost management systems when the primary source of management accounting solutions in the U.S. appears to be consulting firms, whose projects are often very costly, unworkable, and unsustainable? (In fact, for a significant number of consulting firms, other than for their IT practices, much of the revenue comes directly from their cost management work.) The answer is that executives feel obliged to turn to sub optimal solutions because there's no coordinated long-term robust management accounting resource pool in the U.S. That being said, it's hard to blame the consulting firms who have simply capitalized on the lack of an authoritative management accounting profession in the U.S. Compare this to public accounting, where there's significant discipline for the development of methods, regulations, and certification. Meanwhile, in Britain, Canada, and Germany, public accountants and management accountants often work in separate departments on equal footing.

3   Technology demands Change

Increasing competition fueled by global growth and supply demands more sophistica-
ted management techniques. And the continued influence of computing and commu-
nications technologies is driving the need for more knowledgeable and professional
management practitioners. Too many organizations have spent hundreds of millions of
dollars to implement an ERP system only to discover that, over time, the application of
their old management accounting methodologies fails to meet the promised capability
on an expensive new IT engine. Of 3,000 *SAP* client organizations that use the cost
accounting modules in the U.S., we would be hard-pressed to find many that use much
of the software's cost or management accounting capability. In Germany, it's claimed
that 60 % of organizations use German Cost Accounting Methods (GCAM) discussed
earlier, the core of *SAP*'s management accounting system. This problem isn't limited
to *SAP*. *Microsoft Navision* has developed resource consumption modeling capability
also. The tools are emerging. Now all we need are informed management accounting
professionals to dictate how they will be developed and applied properly.

In the mid 1980s, *Johnson* and *Kaplan* recognized that management accounting had
failed to meet organization requirements. Relevance Lost was hailed as the beginning
of change for the better in the world of accounting. Sadly, the hoped-for change never
occurred, but not for lack of trying. Significant efforts have been made by organizations around the world to implement new cost and performance management tools.
These include activity based costing and the balanced scorecard, both of which were
strongly associated with *Kaplan*. Activity-based costing in particular was perceived to
be the solution to the management accounting needs of organizations. Yet, while each
methodology has its success stories, neither has achieved its potential. If anything, the
management accounting profession was sidetracked by the headlong gold rush that
ensued when consulting and software firms clambered to implement them.

At the same time these new methods were being deployed, there was a movement
in North American management accounting associations to distance themselves from
»accounting.« Efforts were made to place management accounting in a more strategic
framework, with emphasis on the management aspect. Moving to a strategic emphasis
was correct, but the need for accounting remains vital to organizations everywhere and
the need to place it in the broader context of management is critical since the details
of accounting – and management accounting in particular – are essential for effective
management. The management accounting professional associations missed the point.
What is required is inclusion rather than abandonment of accounting (i.e., a stronger
profession with disciplined and prescriptive methodologies). Provision of information
for operational, tactical, and strategic purposes that's consistent and draws on a single source is central to effective management accounting and to the development of a
strong profession. Just as financial accounting has the general ledger, management
accountants need to make use of the tools available to them, including operational,
quantitative data from ERP systems and properly developed and deployed methods
such as GCAM. It really is time that we seriously examined traditional cost allocation
and full-absorption accounting to assess their impact on organization performance.
Other methods such as GCAM should be promoted.

4   Management Accounting in the 21st Century

According to IFAC, things are changing in the environment in which management accountants serve. The degree of sophistication needed is much greater than it was in the mid-1980s. The opportunities for management accountants to advance are available for us:

* Information systems have advanced to the degree that accounting systems are deeply dependent on nonfinancial operating systems to function. Indeed, ERP systems are highly oriented to management accounting requirements, more so than we've experienced in the past.
* Analytical software permits data to be gathered, manipulated, projected, and reported in ways that were unimaginable 10 years ago.
* Emphasis on shareholder interest has shifted from prior-period profits to value creation premised on expected future cash value of inherent advantages.
* More dynamic, externally driven forecasting methods are replacing insensitive and misguided budgets.
* Decentering of accounting knowledge is happening as the financial impact of operational decisions is better understood by nonaccountants.
* Commercial orientation recognizes the need of managers to apply better and quantitative methods to simulate different profit scenarios.

Perhaps most important, accountants are recognizing the shift in management accounting. IFAC has changed its definition of management accounting in International Management Accounting Practice Statement (IMAPS) 1, »Management Accounting Concepts,« between the first issue in 1988 to its revised version in 1998. In its revised form, management accounting is provided a rich and complex set of guidance, the central theme of which is the idea of resource utilization.

Paragraph 28 of IMAPS 1 states: »Management Accounting refers to that part of the management process which is focused on organization resource use. Thus, it refers to managerial processes and technologies that are focused on adding value to organizations by attaining the effective use of resources in dynamic and competitive contexts.« IFAC has a complete definition of management accounting on its website at http://www.ifac.org/.

5   GCAM or Something like It

The profession also should look at GCAM, which, many people claim, overcome many traditional shortcomings of cost allocation. It's important to note that GCAM are well-founded German cost accounting approaches that emphasize the role of resources while drawing on the evolution of computing technologies and ERP systems.

In GCAM, proper modeling of resources is essential to good understanding of business economics. German cost accountants developed some essential concepts in the 1960s and 1970s that involved responsibility (cost) centers as the focal point of cost planning, cost control, and product costing to monitor and control organization efficiency. Within each center, costs are segregated by resource-consumption behavior characteristics, whether proportional to resource output or fixed. Different measures are employed to quantify resource-consumption characteristics, which might include things like machine hours or number of orders processed.

An important aspect of GCAM is the development and application of a well-designed multi-pool cost accounting system in an interrelated network of resource, activity, and object cost pools. For example, a cost pool would be established for major equipment categories whereby general ledger accounts are actually assigned to the resource cost pool rather than to activity cost pools as in ABC. Explicit and disciplined designation of resource cost pools facilitates proper calculation and application of capacity, as well as the isolation of cost of idle capacity that is treated as a business sustaining cost in product/service P&Ls. Finally, activities and other resource pools can be assigned to a resource cost pool, e.g., maintenance activities and building space assigned to a machine center in a simultaneous manner.

On top of this, a U.S. version of GCAM must include well-developed and disciplined practices in activity-based costing, the latest planning and forecasting techniques, and process management techniques to support *Sarbanes-Oxley*. Whatever happens, GCAM in the U.S. will become a work in progress, but it must be formalized with proper exposure processes and appropriate diligence.

Perhaps a caution is in order lest software companies and consulting firms become overly excited at the prospects of a new cash-spinning opportunity. A crucial aspect of energizing management accounting in the U.S. has to be the professional process with which proper standards of performance, exposure drafts, committees, and cer-tification are achieved. The process isn't for the fainthearted. What is proposed is a continuation of the journey that was launched by Relevance Lost. To be successful, industry, academic, government, and professional organizations need to pull together to launch a disciplined, sustainable, strong management accounting profession that has integrity and authority.

The management accounting profession must determine the appropriate positioning of properly qualified practitioners in organizations. The profession needs to breathe life into its research programs and to drive the methods management accountants will learn and apply in pursuit of their critical organizational role and responsibilities. IFAC has given us a starting point with the new definition of management accounting. Now we must develop the implementation and certification programs to support it. Academics and practitioners should be willing to step away from a system of constructs defined by financial reporting and move to establish a new set that is specific for ma-nagement accountants where it is recognized that regulatory compliance is necessary but insufficient.

6   Now more than ever

The gauntlet is down to everyone in the accounting profession, especially in the U.S., though professionals in other parts of the world will be affected and have a contribution to make. Never has the challenge been so stark and pertinent. The accounting profession in the U.S. and elsewhere has had to face itself in the mirror over the past few years in order to recognize itself as badly flawed. It's now clear that depending on regulatory, external reporting; financial reporting; and external audits and auditors is insufficient. It's time to bring accountability to where it belongs – to managers supported by a cadre of professional management accountants. The banking community is making headway with the Basel Accord. Examining and developing GCAM or something like it in North America is one initial step.

Ladies and Gentlemen, sign up and take up the challenge! Our management accounting profession is in disarray. Let's go to work.

Strategien, Prozesse und Performance Controlling für ein Wachstumsunternehmen der Ölbranche

Dr. Gerhard Roiss*

1   Einleitung

2   Die OMV Gruppe und die OMV Refining & Marketing GmbH heute

3   OMV im Wandel: Drei Phasen der Unternehmensentwicklung
     3.1   Phase 1: Privatisierung und erste Schritte im Ausland
     3.2   Phase 2: Schnelles Wachstum durch Internationalisierung
     3.3   Phase 3: Selektives Wachstum und konsequente Fortführung
            der Harmonisierung und Standardisierung

4   Strategien, Prozesse, Strukturen und Steuerungssysteme im Wandel
     4.1   Phase 1 – Strukturelle Grundlagen für schnelles Wachstum
     4.2   Phase 2 – Harmonisierung, Internationalisierung der Organisation
            und durchgängige Steuerung
     4.3   Phase 3: Konsequente Fortführung in der Zukunft

5   Schlussfolgerungen und Ausblick

---

*   Dr. Gerhard Roiss, Generaldirektor Stellvertreter, OMV Aktiengesellschaft, Wien.

1   Einleitung

Die Mineralölbranche ist seit jeher ein äußerst spannender und herausfordernder Wirtschaftszweig. Angefangen bei der risikobehafteten Suche nach immer knapper werdenden Rohölvorkommen und deren Förderung, über die komplexe Raffinierung des Rohöls zu hochwertigen Mineralölprodukten mit breiten Anwendungsfeldern bis hin zum Trading und dem Vertrieb gegenüber Großkunden und Tankstellengeschäft, das sich vom reinen Öl- und Kraftstoffverkauf immer mehr hin zu modernen Handels- und Dienstleistungsangeboten entwickelt.

Die *OMV* Gruppe als integrierter Mineralöl- und Gaskonzern bewegt sich heute in einem Umfeld stetiger Veränderung und zunehmender Wettbewerbsintensität. Dieses ist durch drei wesentliche Elemente gekennzeichnet: Erstens erfolgt in den letzten Jahren ähnlich wie in anderen Branchen eine zunehmende Konsolidierung, die dabei zu zwei wichtigen Typen von Unternehmen führt: Auf der einen Seite stehen die großen »Top Majors«, wie *British Petroleum, Exxon Mobil, Shell* etc. mit einem globalen Fokus und starker Ausrichtung auf economies of scale und scope, auf der anderen Seite die eher regional fokussierten »followers«, wie in Europa die *OMV, Statoil, Agip, MOL* etc. mit ausgeprägter Kundenorientierung und starkem lokalen Bezug. Zweitens ist eine zunehmende Trennung in fokussierte und integrierte Mineralölunternehmen zu verzeichnen. Während sich fokussierte Mineralölunternehmen auf einen spezifischen Teil der Wertschöpfungskette konzentrieren, generieren integrierte Mineralölgesellschaften ihren Vorteil aus der integrativen Optimierung der gesamten Wertschöpfungskette, begonnen bei der Exploration und Produktion, über den Raffineriebetrieb, über den eigenen systematischen Vertrieb von Mineralölprodukten über das Großkundengeschäft und ein eigenes Tankstellennetz bis hin zu einer Weiterverarbeitung der Produkte in der Petrochemie. Zum dritten ist die Mineralölbranche aufgrund der fortschreitenden Technologie und der limitierten Rohölressourcen auch immer mehr gezwungen, sich bisher branchenfremden Themen wie alternativen Energien zuzuwenden.

Der folgende Beitrag beschreibt die Entwicklung der *OMV Refining und Marketing GmbH*, dem sogenannten Downstreambereich der *OMV* Gruppe, von einer nationalen staatlichen Mineralölverwaltung hin zu einem international agierenden Konzern. In drei wichtigen Phasen werden die Wachstumsschritte und die damit verbundenen Herausforderungen an das Management der *OMV* dargestellt. Schließlich werden die notwendigen Antworten im Sinne von Veränderungen der Organisation, Prozesse und Steuerungsprinzipien/-systeme der *OMV* in diesen drei Phasen erläutert. Ein Ausblick schließt den Beitrag.

2   Die OMV Gruppe und die OMV Refining & Marketing GmbH heute

In den vergangenen 50 Jahren hat sich die *OMV* von einem Staatsbetrieb zum führenden integrierten Mineralöl- und Gaskonzern in Central Eastern Europe entwickelt. 1955 ging zunächst die *ÖMV*, die *Österreichische Mineralölverwaltung*, durch Abschluss des Staatsvertrags mit den Siegermächten des 2. Weltkriegs aus der *Sowjetischen Mineralölverwaltung* (*SMV*) hervor. In der *ÖMV* waren die nationale Rohölförderung und die bestehenden kleineren Raffinerien in Österreich gebündelt. Mit der in den 90er-Jahren begonnenden Internationalisierung wurde aus der *ÖMV* die *OMV* und in verschiedenen Phasen der Konsolidierung und des internationalen Wachstums ist bis heute, zuletzt durch den Erwerb der Mehrheit an der rumänischen Öl- und Erdgasgesellschaft *Petrom* im Dezember 2004 und der 34 % Beteiligung an der türkischen *Petrol Ofisi*, der führende Erdöl- und Erdgaskonzern Mittel- und Osteuropas entstanden. Die *OMV* fördert täglich rd. 340.000 boe Öl und Gas bei Reserven von rund 1,4 Mrd boe. Wir verfügen über eine Raffineriekapazität von 26,4 Mio t und betreiben ein Netz von nahezu 2.500 Tankstellen in 13 Ländern, zu denen jüngst durch den Einstieg bei *Petrol Ofisi* weitere 3.600 Tankstellen in der Türkei hinzugekommen sind. Ergänzend beschäftigt sich die *OMV* intensiv mit dem Thema alternative Energien.

National stellt die *OMV* Gruppe heute mit einer Marktkapitalisierung von rd. 14 Mrd. € und rd. 6.000 Mitarbeitern das größte börsennotierte Unternehmen Österreichs dar. Die OMV generiert einen Umsatz von rund 15,6 Mrd. € (2005) bei 2 Mrd. € EBIT. Über den Zukauf der *Petrom* Rumänien kommen hier derzeit weitere 45.000 Mitarbeiter hinzu, die ein EBIT von 0,6 Mrd. € (2005) erwirtschaften.

Der *OMV Konzern* ist dabei organisatorisch in *vier Vorstandsbereiche* gegliedert:
* Generaldirektion, Erdgas und Chemie,
* Exploration und Produktion,
* Finanzen und Service Netzwerk,
* Raffinerien, Marketing und Kunststoffe.

Rechtlich in eine *Holdingstruktur* gegliedert, sind unter der *OMV AG* als Finanzholding mit zentraler Managementfunktion die operativen Geschäfte als selbstständige GmbHs mit ihren zugehörigen Beteiligungen angegliedert.

Der im Folgenden näher betrachtete Bereich Raffinerien, Marketing und Kunststoffe, wird als eigenständige »*OMV Refining & Marketing GmbH*« (*OMV R&M*) geführt.

Die *OMV R&M* bündelt das gesamte sogenannte Downstreamgeschäft der *OMV*. Dieses setzt sich aus dem gesamten zweiten Teil der Wertschöpfungskette, begonnen mit der Beschaffung der notwendigen Rohöle im eigenen Konzern und extern, dem Raffineriebetrieb zur Produktion hochwertiger Mineralölprodukte, den beiden Vertriebswegen Großkunden (Commercial) und Tankstellen (Retail) sowie den unterstützenden Bereichen zusammen (siehe Abb.1).

Die Bereiche sind als selbstverantwortliches Business vollkommen international verantwortlich und haben direkten Durchgriff auf die Länder. Diese sind in ihren Geschäften vor Ort direkt den übergeordneten internationalen Business Units unterstellt.

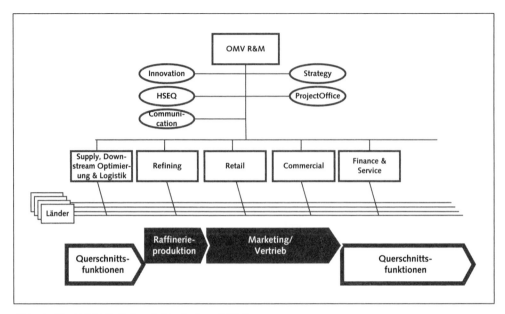

Abb. 1: Die *OMV Refining & Marketing* (2006)

Das Downstreamgeschäft ist im Vergleich zu den anderen Konzernbereichen durch zwei Merkmale, seine Komplexität und die Heterogenität der einzelnen Business Units, gekennzeichnet:

- Das *Raffineriegeschäft* besitzt durch seine vielfältigen technischen Einflussfaktoren im Produktionsprozess ein hohes Maß an Komplexität. So sind unterschiedlichste Rohölqualitäten so zu kombinieren und die Prozessparameter so festzulegen, dass im kontinuierlichen Produktionsprozess eine gleich bleibende Endproduktqualität gewährleistet ist. Die Entscheidung über die langfristige Raffineriekonfiguration führt durch die Kuppelproduktion zur nahezu fix festgelegten Zusammensetzung der End- produktanteile wie z. B. Benzin, Diesel, Heizöl, Bitumen etc. Durch kontinuierliche Optimierung der Produktionsprozesse, effiziente Projektabwicklung und standort- übergreifenden Know-how-Transfer sind hier economies of scale auszunutzen und eine kostenoptimale Produktion sicherzustellen. Dabei konkurrieren die Raffinerien in einem globalen Markt- und Technologieumfeld. Neben diesen technischen und betriebswirtschaftlichen Zielen ist im Raffineriebereich die Sicherheit und deren Management als prioritäres Ziel vor allem anderen von oberster Bedeutung.
- Der *Optimierungsbereich* stellt über mathematische Verfahren die standortüber- greifende Planung im Sinne des Ausgleichs von vorhandener Raffineriekapazität und der Nachfrage am Markt sicher. Ferner ist er neben der Logistik auch für die Rohölbeschaffung verantwortlich.
- Das *Großkundengeschäft* ist einerseits vom Preisdruck eines Commodity-Marktes auf Kundenseite geprägt. Andererseits steht der Großkundenvertrieb zunehmend vor der Herausforderung, maßgeschneiderte Kundenlösungen anzubieten, um sich

vom Wettbewerb abzuheben. Diese können durch Dienstleistungen erreicht werden, um die das Kernprodukt angereichert wird. Dabei erfordern die Vielzahl der Mineralölprodukte und die vielfältigen Einsatzmöglichkeiten der Produkte einen hohen Professionalitätsgrad des Vertriebspersonals in unterschiedlichen Branchen.

- Das *Tankstellengeschäft* ist ebenfalls in seiner Form von einer hohen Komplexität und Heterogenität geprägt. Unter einem enormen Konsolidierungs- und Kostendruck am Markt hat sich das Geschäft von einem reinen Kraftstoffvertrieb zu einem hochkomplexen Handelsweg an Shop- und Gastronomieangeboten entwickelt. Der Erfolg hängt hierbei stark von einer intelligenten Kombination internationaler Standardisierung und nationaler Differenzierung ab, um die Kundenwünsche bei akzeptablen Kosten optimal mit höchster Qualität zu befriedigen.

Aus den unterschiedlichen Geschäften wird deutlich, dass es einer Vielzahl unterschiedlichen Know-hows bedarf, um dieses integrierte Wertschöpfungssystem professionell und erfolgreich abzubilden. Dies lässt sich auch auf die Steuerungs- und Dienstleistungsfunktionen der Querschnittsbereiche, wie Einkauf, Supply Chain Management, Finanzen, Controlling, Strategie, Projektsteuerung etc. übertragen, die dieser Komplexität und Heterogenität ausreichend Rechnung zu tragen haben.

3 OMV im Wandel: Drei Phasen der Unternehmensentwicklung

Hinsichtlich der Internationalisierung der *OMV* lassen sich drei Phasen der Unternehmensentwicklung unterscheiden:
- *Phase 1 – 1980–2002:* Privatisierung und erste Schritte im Ausland;
- *Phase 2 – 2002–2006:* Schnelles Wachstum durch Internationalisierung;
- *Phase 3 – 2007–2010:* Selektives internationales Wachstum und Fokussierung.

Anhand dieser drei Entwicklungsschritte der *OMV R&M* wird im folgenden der Weg aufgezeigt, wie Strategie, Unternehmensstruktur und Steuerungssysteme parallel gewachsen sind, um der veränderten Geschäftssituation der *OMV R&M* ausreichend Rechnung zu tragen. Die Phasen sind nicht vollständig voneinander abgrenzbar, bieten jedoch eine hinreichende Struktur, die Veränderungen nachzeichnen zu können.

3.1 Phase 1: Privatisierung und erste Schritte im Ausland

Zunächst noch voll verstaatlicht, wurde erst 1982/83 die Privatisierung der *ÖMV* Gruppe vollzogen. Die Organisationsstrukturen waren dabei von großen Zentralbereichen mit Tendenzen zu Bereichsegoismen und bürokratischen »Mauern« gekennzeichnet. Innovation und Antrieb zum Wachstum entstand aus den Landesorganisationen heraus. Mit dem Erwerb der *Deutschen Marathon Petroleum GmbH*, Burghausen (Deutschland), erfolgte mit einem Raffinerie-Erwerb der erste Internationalisierungsschritt im Raffinerieberich, womit auch der Grundstein für eine weitere Expansion und Internationalisierung im Tankstellenbereich gelegt wurde.

Im Tankstellenbereich wurden zu dieser Zeit zunächst zahlreiche Vertriebstöchter in Österreich mit eigenen Marken unter dem *ÖMV*-Dach geführt. Die Marke *OMV* war hier noch nicht vorhanden. Erst 1990 wurde die erste *ÖMV*-Tankstelle in Österreich eröffnet. Sie war der Startpunkt für eine Konsolidierung im österreichischen Inland bei gleichzeitiger Expansion des Endkundengeschäfts ins Ausland, wo 1991 in Ungarn die erste Station eröffnet wurde. Bis 2002 folgten weitere Länder in Mittel- und Osteuropa, wie Deutschland, Tschechien, Slowakei, Slowenien und Italien (1991), Kroatien (1992), Rumänien, Bulgarien (1999), Serbien (2001) und Bosnien-Herzegowina (2002). Als logischer Schritt der Internationalisierung wurden 1995 Firmenname und Logo von *ÖMV* in *OMV* überführt.

Die Herausforderung aus Sicht des Managements und der Unternehmensführung in den frühen Anfangsjahren des externen Wachstums war neben dem Willen zu wachsen und zu internationalisieren vor allem die Sicherstellung notwendiger Freiräume und Strukturen, die ein schnelles und wirksames Wachstum auf den einzelnen Märkten zuließ. Ferner galt es, bürokratisierte Strukturen eines Verwaltungsbetriebs in effiziente und flexible Prozesse zu wandeln und eine Kulturveränderung bei der Belegschaft in Gang zu setzen. Ergänzend sollten parallel bereits erste Synergien und economies of scale und scope aus den Akquisitionen systematisch genutzt werden.

3.2   Phase 2: Schnelles Wachstum durch Internationalisierung

Die zweite Phase lässt sich aus strategischer Sicht durch ein ambitioniertes, aber klares, internationales Wachstumsziel der »Verdopplung der Größe« charakterisieren. So hatte sich das Management der *OMV* zum damaligen Zeitpunkt zum expliziten Ziel gesetzt, eine Marktführerschaft im mittleren Donauraum (»vom Schwarzwald bis zum Schwarzen Meer«) mit einem Marktanteil von 20 % bis 2008 zu erreichen und den Konzern zu einem internationalen integrierten Mineralölkonzern auszubauen.

Umgesetzt wurde dies im Downstreambereich primär durch zwei große Akquisitionen, die durch weitere Aufkäufe im Tankstellenbereich unterstützt wurden:

- Der 45 %-Einstieg im Raffinerieverbund *Bayernoil* (Deutschland) im Jahr 2003 trug zu einer Erhöhung der Raffineriekapazität von 13 auf 18,4 Mio. to bei.
- Die Akquisition beinhaltete ferner ein Tankstellenpaket von rd. 315 *Aral*-Tankstellen in Deutschland, Ungarn und der Slowakei. Diese mussten im Rahmen der Fusion mit *BP* aus kartellrechtlichen Gründen verkauft werden und vergrößerten bspw. das deutsche Tankstellennetz in einem Schritt von 80 auf rd. 390 Stationen.
- Die größte Akquisition im Rahmen der *OMV* Geschichte stellte die 2004 getätigte 51 %-Übernahme der rumänischen *Petrom* dar. Neben zwei Raffinerien, die die angestrebte Kapazitätsverdopplung auf schließlich 26,4 Mio. to sicherstellten, besaß die *Petrom* ferner ein Tankstellennetz in Rumänien von über 600 Stationen.

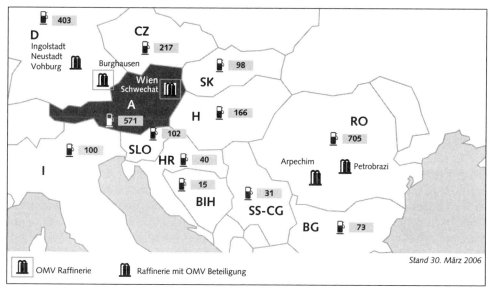

Abb. 2: Das *OMV*-Netz im mittleren Donauraum

Die Managementherausforderung in dieser Phase lag dabei vor allem in folgenden Bereichen:
- Aufbau und Nutzung eines Systems zur konsequenten Steuerung der Umsetzung der klar definierten Strategie;
- Internationale Harmonisierung der Prozesse zur schnellen Hebung von Synergiepotenzialen und als Grundlage für Standardisierung im Einsatz von IT-Systemen;
- Schaffung von Organisationsstrukturen, die eine echte internationale Steuerung des Geschäfts erlauben.

3.3   Phase 3: Selektives Wachstum und konsequente Fortführung der Harmonisierung und Standardisierung

Die dritte betrachtete Phase beschreibt die Zukunft der *OMV R&M* und die damit verbundenen Herausforderungen.

Die *OMV* hat sich für die kommenden Jahre eine klare Strategie vorgegeben, die, so glauben wir, weiterhin ein erfolgreiches Bestehen am Markt gewährleistet. So wollen wir unsere heute aufgebaute Stärke im Donauraum nutzen, um selektiv durch weitere Akquisitionen die Chance wahrzunehmen, intelligent zu wachsen. Dabei fokussiert sich die *OMV* auf den attraktiven »Wachstumsgürtel« der EU und deren potenziellen Beitrittskandidaten. Der erste Umsetzungsschritt war der erst kürzlich erfolgte 34 %- Einstieg bei *Petrol Ofisi*, die für das Marketing der *OMV R&M* die Grundlage für einen Eintritt in den türkischen Markt darstellt.

Aus Kundenperspektive im Tankstellengeschäft ist einerseits zu erwarten, dass sich derzeit noch sehr heterogene Kundenwünsche in Ost- und Westeuropa zunehmend weiter angleichen werden. Dies kommt einer weiteren Harmonisierung und Standardisierung des Angebots zwar entgegen, einen Wettbewerbsvorteil wird die *OMV* jedoch zukünftig nur erzielen, wenn sie weiterhin behutsam auch regionale Unterschiede in ihrem Angebot berücksichtigt. Dazu werden die Ansprüche der Kunden weiter steigen, was die Bereiche Servicequalität, Produkt- und Leistungsangebot an Tankstellen betrifft. So wird es eine Herausforderung für die *OMV* sein, diese noch frühzeitiger und besser zu erkennen und schnell und flexibel auf diese zu reagieren.

Aus Wettbewerbs- und Marktperspektive wird einerseits der Margendruck weiter steigen und die *OMV* zur stetigen Optimierung der Kosten über die gesamte Wertschöpfungskette herausfordern. Betrachtet man die europäische Mineralölbranche, so wird andererseits auch in Zukunft mit weiteren Konsolidierungen zu rechnen sein. Strategisch strebt die *OMV* hier neben der intelligenten Akquisition eine konsequente Nutzung der Vorteile einer integrierten Wertschöpfungskette an.

Das Management steht dabei vor der Herausforderung Strukturen zu schaffen, die einerseits eine schnelle Integration neuer Unternehmen zulässt, andererseits eine Stabilität und Steuerbarkeit des bestehenden Geschäfts sicherstellt. Ferner gilt es, die durch das bisherige Wachstum gewonnene Größe und die breite Internationalität so zu nutzen und über geeignete Steuerungssysteme zu lenken, dass kostenseitige Vorteile entstehen, ohne die Flexibilität unnötig einzuschränken.

4   Strategien, Prozesse, Strukturen und Steuerungssysteme im Wandel

Nachdem nun die einzelnen Entwicklungsphasen beschrieben und die Herausforderungen des *OMV R&M* Managements in den Phasen dargelegt wurden, sollen im Folgenden die bedeutendsten Strukturen, Systeme und Maßnahmen dargestellt werden, die ergriffen wurden. Es handelt sich dabei nicht um eine vollständige Aufzählung und Erläuterung, sondern vielmehr um eine selektive Darstellung. Dennoch soll sie die Möglichkeit geben, einen gewissen Einblick zu erhalten und das Zusammenspiel der einzelnen Komponenten und deren Wirkung im Ansatz zu verstehen.

4.1   Phase 1 – Strukturelle Grundlagen für schnelles Wachstum

Die Kernfelder der Aktivitäten in der Phase des frühen Wachstums und deren Wirkung sollen auf drei Gebiete fokussiert beschrieben werden: Organisationsstruktur, Produktionsplanung und Berichtswesen.

Organisatorisch lässt sich die *OMV* in der frühen Internationalisierungsphase als traditioneller Stammhauskonzern charakterisieren. So war die Organisation zunächst primär auf das inländische Österreichgeschäft ausgerichtet. Die Auslandstöchter wur-

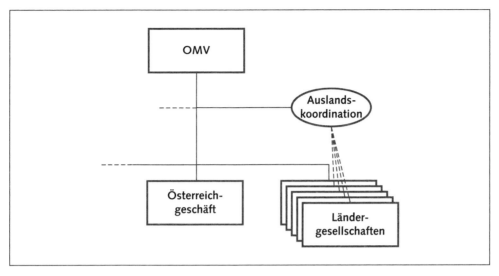

Abb. 3: Organisation der *OMV* in der frühen Internationalisierungsphase

den lose direkt durch die Geschäftsführung gesteuert und mit Hilfe einer Stabsstelle »Auslandsgeschäft« unterstützend koordiniert (siehe Abb. 3).

Diese lose Kopplung hatte einerseits den Vorteil, dass die Landesgesellschaften durch ihre Autonomie als Keimzellen der Innovation und kleine überschaubare Geschäftseinheiten frei agieren konnten, während die Zentrale ihre traditionellen, eher schwerfälligen verwaltungsorientierten Prozesse noch nicht abgelegt hatte. Letzteres bot dem Management wiederum die Möglichkeit, erste Schritte zur fokussierten Restrukturierung und Optimierung der Zentralbereiche und des traditionellen Österreichgeschäfts anzugehen. So waren zu Beginn ca. 500 Mitarbeiter in den zentralen Verwaltungsbereichen angesiedelt, die bis heute auf eine Expertengruppe von 50 Mitarbeitern reduziert wurde. Problematisch an dieser losen Kopplung der Landesgesellschaften jedoch war, dass Steuerungseingriffe mit zunehmender Internationalisierung schwieriger wurden und nur mit abnehmender Intensität erfolgen konnten. Die lose Kopplung hatte im Raffineriebereich zur Folge, dass eine *standortübergreifende Produktionsplanung* über die beiden Raffineriestandorte in Burghausen (Deutschland) und Schwechat (Österreich) noch nicht stattfand.

Das Reporting der Auslandstöchter hatte passend zur losen Steuerung eher informatorischen Charakter. In der Anfangszeit beschränkte sich das Reporting primär auf eine Kombination zwischen Jahres- bzw. Quartalsabschlüssen und ergänzenden übergreifenden Monatsreports der Landes-Geschäftsführungen. Detaillierte Steuerungsinformationen auf operativ-taktischer Ebene waren kaum enthalten. Als eines der Vorreiterunternehmen in Österreich führte die *OMV* seinerzeit ein wertorientiertes Management ein, welches eine systematische Steuerung aller Investitionen unter Berücksichtigung klarer Verzinsungsaspekte sowie eine hohe Shareholder-Orientierung sicherstellt.

4.2   Phase 2 – Harmonisierung, Internationalisierung der Organisation und durchgängige Steuerung

Die zunehmende Internationalisierung der *OMV* und das angestrebte Wachstumsziel erforderten aus Sicht des Managements eine systematische Weiterentwicklung der Strukturen, Prozesse und Systeme. Im Folgenden werden die Maßnahmen der jüngeren Vergangenheit in vier Blöcken vorgestellt:

- Weiterentwicklung der Organisationsstrukturen mit dem Ziel der verbesserten Ergebnisorientierung und stärkeren zentralen Steuerung;
- Internationale Prozess-Standardisierung und ERP-Harmonisierung zur Effizienzsteigerung und Komplexitätsreduktion;
- Vollintegriertes Supply Chain Management und internationale Produktionsoptimierung;
- Integriertes Steuerungssystem.

4.2.1 Organisationsstruktur

Um den veränderten Rahmenbedingungen Rechnung zu tragen, wurde 2002 zunächst die Organisationsstruktur der *OMV* durch eine breit angelegte Reorganisation angepasst. Dabei wurde die eher funktionale Stammhausstruktur durch eine internationale divisionale Holdingstruktur abgelöst. Die einzelnen Geschäftseinheiten Exploration & Production, Refining & Marketing, sowie Gas wurden in eigenständigen GmbHs ausgegründet und unter dem Dach einer Finanzholding mit Richtlinienkompetenzen zusammengefasst. Servicebereiche wie IT, Buchhaltung, HR Services etc. wurden organrechtlich in einer eigenen Gesellschaft, der *OMV Solutions* gebündelt.

Innerhalb der *OMV Refining & Marketing GmbH* wurde 2003 die Divisionalstruktur, wie sie heute besteht (siehe Abb. 1) in ihren Grundzügen eingeführt. Die Geschäfte Refining, Commercial und Retail werden dabei als eigenständige Profitcenter gesteuert und um Querschnittsbereiche ergänzt. Dabei sind zwei wesentliche Aspekte von Bedeutung:

- Mit der Zielsetzung einer verbesserten Kundenorientierung und ergebnisorientierten Steuerung wurden in einem zweiten Schritt auch innerhalb der Business Units Retail und Commercial kunden- bzw. serviceorientierte Profit Centers gebildet. Im Großkundengeschäft sind hier bspw. die Bereiche Aviation (Flughäfen/Fluggesellschaften), Bau/Industrie oder Wiederverkäufer zu nennen. Zur Sicherstellung einer internationalen Steuerung werden diese um zentrale Steuerungs-/Serviceeinheiten ergänzt, wie z. B. im Tankstellengeschäft ein internationales Marketing oder eine Netzplanung auf internationaler Ebene. Diese haben entweder einen klar definierten Servicecharakter gegenüber den Geschäften auf internationaler bzw. nationaler Ebene oder aber eine klare Richtlinienkompetenz.
- Zur besseren Steuerung der 13 Länderorganisationen wurden drei sogenannte Cluster als übergreifende Steuerungseinheiten gebildet. Diese sind nicht zwingend mit einer zusätzlichen organisatorischen Ebene verbunden, verbinden aber Länder mit ähnlichen Merkmalen. So werden Länder mit ähnlichen Markt-/Wettbewerbsstrukturen

bzw. Reifegrad des Geschäftes, Supply-Regionen in Clustern zusammengefasst und strategisch wie operativ als Einheit gesteuert.

4.2.1 Prozessstandardisierung und ERP-Harmonisierung

Neben den strukturorganisatorischen Maßnahmen innerhalb *OMV R&M* wurde 2004 das internationale Projekt »*IRIS*« (»**I**nternationale **R**&M **i**ntegrierende **S**ystemlandschaft«) aufgesetzt. Historisch bedingt hatte *OMV R&M* in den einzelnen Ländern sehr unterschiedlich gestaltete Prozesse, die zudem von verschiedenen operativen IT-Systemen unterstützt wurden. Ähnliche Geschäftsfälle wurden damit in verschiedenen Ländern unterschiedlich abgewickelt. IT-technische Änderungen mussten nicht nur in einem System sondern in allen umgesetzt und nachgezogen werden. Dies hatte zur Folge, dass Kennzahlen aus dem System über die Länder nur bedingt vergleichbar waren und vielfach erst manuell vergleichbar gemacht werden mussten. Ebenso führte diese Heterogenität in der Abwicklung zu einer erhöhten Managementkomplexität und erschwerte es, bestimmte Supportprozesse länderübergreifend zu bündeln und damit Skaleneffekte und Synergien zu nutzen.

Erklärtes Ziel des Vorhabens ist es, signifikante Einsparungen durch eine Standardisierung ausgewählter Prozesse und eine internationale Harmonisierung der ERP-Systeme zu erzielen.

In einem ersten Schritt hierzu wurde ein allgemein gültiges Prozessmodell für *OMV R&M* erarbeitet (siehe Abb. 4). Dieses Prozessmodell, welches detailliert alle *R&M*-Prozesse auf vier Ebenen konkretisiert und beschreibt, stellt die Grundlage dar, ein gemeinsames Verständnis und eine einheitliche Sprache über die Ländergesellschaften und Organisationseinheiten hinweg zu schaffen.

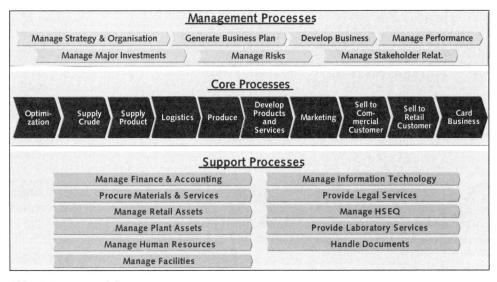

Abb. 4: Prozessmodell

Auf Basis dieser Grundlage wurden alle Prozesse einer Analyse unterzogen und systematisch zwei Prozesskategorien zugeordnet (siehe Abb. 5):

- Als *Commodity-Prozesse* wurden solche Prozesse definiert, die *OMV R&M* keinen spezifischen Wettbewerbsvorteil gegenüber der Konkurrenz bieten und eher generellen Charakter haben. Commodity-Prozesse können entweder einer systematischen Make-or-buy-Entscheidung unterzogen werden oder aber, sofern eine *OMV*-interne Durchführung sinnvoll scheint und keine rechtlichen Rahmenbedingungen entgegenstehen, international einheitlich definiert werden.
- Als *Intelligence-Prozesse* wurden solche Prozesse definiert, die erfolgskritisch für das *OMV*-Geschäft sind und/oder einen Wettbewerbsvorteil der *OMV* gegenüber dem Wettbewerb begründen. Es ist daher nicht möglich Intelligence-Prozesse durch Outsourcing extern zu beziehen. Sollten nationale Besonderheiten vorliegen, müssen diese i. d. R. beibehalten werden, um einen Wettbewerbsvorteil nicht einzubüßen.

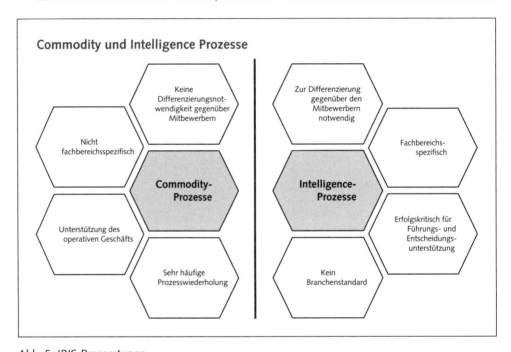

Abb. 5: *IRIS*-Prozesstypen

Diese Prozesseinteilung stellte die Grundlage für eine systematische internationale Standardisierung von Prozessen dar, die bisher aus der historischen Struktur heraus eher dezentral gewachsen waren. Parallel zur Implementierung der neuen Prozesse in den Landesgesellschaften erfolgt die Vereinheitlichung der *SAP*-ERP-Systemlandschaft. So wurde basierend auf den Standardprozessen ein einheitlicher Systemkern erstellt, der schrittweise, ergänzt um weitere landesspezifische Besonderheiten in allen *OMV R&M*-Ländern eingeführt wird. Hiermit wird sichergestellt, dass Commodity-Prozesse in allen Ländern einheitlich auf einem standardisierten System durchgeführt werden und Effizienzvorteile vor allem bzgl. der Wartung und Weiterentwicklung der System-landschaft ausgeschöpft werden. Ferner fördert das Prozessmodell eine systematische Auseinandersetzung und den Austausch von best practices über Landesgrenzen hinweg. Schließlich stellt das Prozessmodell auch die Grundlage dar, weitere Akquisitionen schnell und strukturiert in die bestehende *OMV R&M*-Organisation einzubinden. Mit dem Roll-out in Deutschland begonnen, werden bis spätestens 2010 alle übrigen Länder im einheitlichen System geführt.

4.2.1 Ganzheitliche Optimierung und Steuerung der R&M-Wertschöpfungskette

Mit dem Wachstum und der Expansion um weitere Raffineriestandorte und Vertriebs-gebiete stiegen die Herausforderungen an eine integrierte Planung, Optimierung und Steuerung der Angebots- und Nachfragesituation über Bereichsgrenzen hinweg. Dieser musste durch eine organisatorische Struktur Rechnung getragen werden. Die Supply-Chain-Organisation innerhalb der separaten Business Unit »Downstream Optimierung und Supply« war logisches Resultat hin zu einem übergreifenden Supply Chain Ma-nagement (siehe Abb. 1 und 6).

Die so geschaffene Struktur hat die Aufgabe, strategisch wie operativ die über-greifende Planung und Steuerung sicherzustellen. Dabei lassen sich zwei Ebenen unterscheiden:

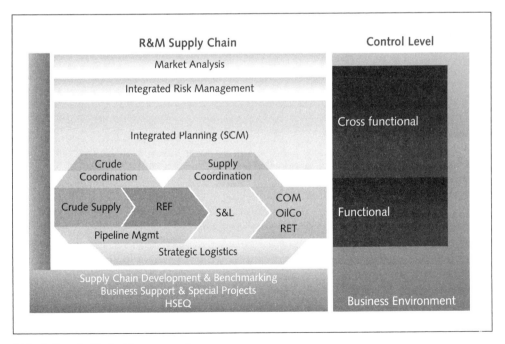

Abb. 6: Supply Chain Management

- Sicherstellung einer integrierten Planung der Produktion und der Beschaffung von Rohöl über alle Standorte hinweg sowie kontinuierliche Optimierung und Steuerung des Gesamtsystems auf Basis der durch die Vertriebseinheiten prognostizierten Nachfragesituationen;
- Garantie einer ausreichenden Produktenbereitstellung für die Vertriebsbereiche unter Berücksichtigung einer aktiven Margenoptimierung und kontinuierlichen Abweichungsmanagements.

Umgesetzt wird dies durch eine integrierte Betrachtung aller relevanten Steuerungsgrößen sowie durch die Abbildung dieser in entsprechenden übergreifenden IT-Systemen (siehe Abb. 7).

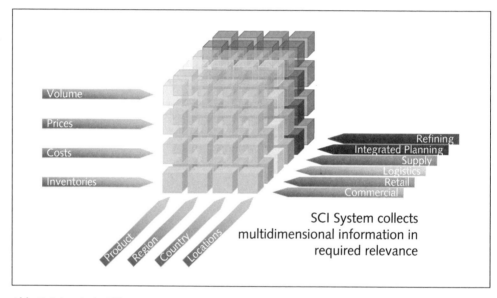

Abb. 7: Integrierte SCI

4.2.1 Integriertes Steuerungssystem

Mit zunehmender Größe wurden auch Systeme und Konzepte für eine konsequente Steuerung und Umsetzung der strategischen Zielvorgaben notwendig. Dabei soll im Folgenden exemplarisch auf folgende zwei Schwerpunkte eingegangen werden, die ineinandergreifend eine systematische Steuerung der *OMV R&M* sicherstellen:
- strategische Steuerung und Strategieimplementierung über Balanced Scorecards und Projektsteuerung;
- Reporting und taktisch-operative Steuerung über Management Cockpits.

Balanced Scorecard und Projektsteuerung

Zur Sicherstellung der klaren Kommunikation und systematischen Implementierung der Strategie hat sich die *OMV* Gruppe auf Gesamtkonzernebene wie auch innerhalb von *OMV R&M* schon frühzeitig entschieden, das Instrument der Balanced Scorecard (BSC) einzusetzen. Entwickelt von *Kaplan/Norton* an der *Harvard Business School*, stellt die BSC die 20–25 wichtigsten strategischen Ziele dar (Strategy Map) und verknüpft diese mit konkreten Messgrößen, Zielwerten und Maßnahmen. Diese Ziele leiten sich typischerweise aus Fragestellungen ab, die den vier klassischen Perspektiven der BSC zugeordnet werden:

- Was wollen wir finanziell erreichen?
- Wie positionieren wir uns im Markt?
- Wie steuern wir unsere internen Prozesse?
- Welche Qualifikationen brauchen unsere Mitarbeiter?

Im Mittelpunkt der finanziellen Perspektive steht bei der *OMV* die Verpflichtung zur deutlichen Steigerung des Unternehmenswertes. Wesentlicher Treiber aus der Perspektive des Marktes sind eine Verdoppelung der eigenen Größe sowie aus Sicht der internen Prozesse und Organisation eine konsequente Ausrichtung der Konzernstrukturen auf das geplante Wachstum. Der gezielte Aufbau von Schlüsselqualifikationen in der Perspektive der Mitarbeiter ist unbedingte Vorraussetzung für die Erreichung dieser übergeordneten Ziele. Bei der Ausgestaltung der BSC ist für die *OMV* wichtig, nur die Ziele in der BSC aufzunehmen, die hochgradig wettbewerbsentscheidend sind. Nicht jedem Bereich steht somit zwingend eine eigene Perspektive zu. Faktoren, die isoliert von der Strategie quasi »unter Kontrolle« bleiben sollen, Hygienefaktoren des Geschäfts, werden mit Hilfe anderer Berichtsformen beobachtet.

Die in der *OMV R&M*-BSC betrachteten strategischen Ziele werden konsequent in weitere BSCs auf die einzelnen Business Units innerhalb von *OMV R&M* heruntergebrochen. Dabei erfolgt eine weitere bereichs-/geschäftsspezifische Konkretisierung der Strategie bei gleichzeitiger Ausrichtung auf die übergeordneten Unternehmensziele. Die Bereichs-BSCs können ferner dazu dienen, konkrete Mitarbeiterziele innerhalb der Bereiche zu formulieren.

Eng verbunden mit dem Einsatz der BSC ist das im *R&M*-Bereich eingerichtete Project Office. Dieses nutzt die BSC, um die zur Strategieimplementierung notwendigen Projekte systematisch zu steuern. So können zur Messung der KPIs strategischer Ziele ergänzend strategisch wichtige Projekte gemessen und Lücken in der Strategie identifiziert werden. Durch weitere Steuerungsmaßnahmen, wie z. B. die Durchsetzung von Projekt-Minimalstandards, die Überprüfung strategischer Projekte anhand von Project Assessments oder ein übergreifendes Project Reporting unterstützt das Project Office alle Bereiche in der effizienten Umsetzung der notwendigen Maßnahmen.

Erfolgsfaktor für die BSC innerhalb *OMV R&M* ist die konsequente Einbindung des Instruments in den strategischen und operativen Planungsprozess. Sie hilft, über die Strategy Map eine einheitliche Kommunikation über Bereichsgrenzen hinweg sicherzustellen und konfliktäre Zielbeziehungen im Rahmen der Strategie systematisch aufzudecken und zu einer Konsensfindung zwischen verschiedenen Bereichen beizutragen.

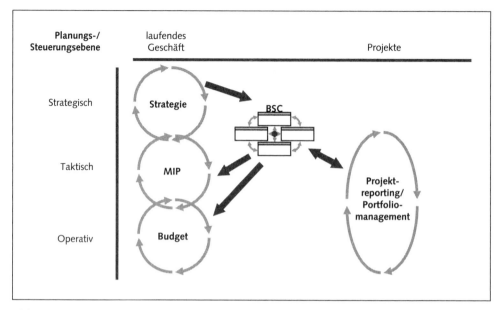

Abb. 8: Steuerungszyklus und BSC

Management Cockpits

Die länderübergreifenden Prozess- und IT-Systemharmonisierungen (Projekt *IRIS*)
stellen auch die Grundlagen für eine einheitliche länderübergreifende geschäftsprozess-
orientierte Steuerung dar. Durch die Bereitstellung so genannter »Management Cockpits« auf Basis der Standardsoftware *Dynasight* und *SAP BW* sollte die Möglichkeit
geschaffen werden, über eine einfache webbasierte Oberfläche dem Management auf
Business-Unit-Ebene alle notwendigen Steuerungsinformationen zeitgerecht auf einen
Blick bereitzustellen. Lag der Reportingfokus in der Vergangenheit auf Finanz- und
Volumenzahlen, sollte mit Hilfe von ausgewogenen Kennzahlensystemen eine höhere
Transparenz und Managementrelevanz der Informationen geschaffen werden. Voraus-
setzung dafür waren die Schaffung einer einheitlichen standardisierten länderüber-
greifenden Struktur (Inhalt, Gestaltung, Definition) sowie eine verbesserte Daten- und
Kommentarqualität. Hierbei wurden die zu integrierenden Informationen anhand der
Unternehmens- und Bereichsziele strategieorientiert abgeleitet und in verschiedenen
Kategorien (z. B. Finanzen/Bereichsergebnis, Mengeninformationen, Kennzahlen/
Kernerfolgsgrößen) zusammengefasst, um eine einheitliche ausgewogene Struktur zu
realisieren. Ist-Zahlen, Zielwerte und Abweichungen können bereichsspezifisch auf
einen Blick erfasst und über ein »Drill Down« innerhalb des Cockpits konkretisiert
und analysiert werden, ohne dass hierzu auf weitere Berichts- und Analysesysteme
zugegriffen werden muss (siehe Abb. 9).

Bei der gerade fertig gestellten Erstimplementierung des Systems in Deutschland und
Österreich zeichnen sich bereits signifikante Verbesserungen hinsichtlich Zeit, Kosten
und Qualität ab. So konnten Reportingprozesse und damit auch Entscheidungsprozesse

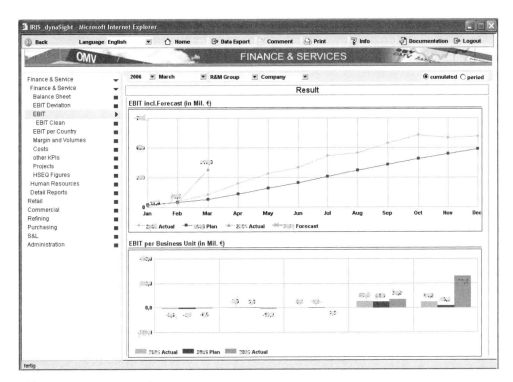

Abb. 9: Management Cockpit

signifikant beschleunigt werden. Die Kosten konnten über eine Verringerung des Datenerhebungs- und -abstimmungsaufwands sowie über die Realisierung von Effizienzpotenzialen durch Prozessstandardisierung und Durchgängigkeit interner und externer Informationen signifikant gesenkt werden. Durch die Reduktion der Fehleranfälligkeit, die einheitliche Datenhaltung sowie die Bereitstellung mehrdimensionaler Steuerungsparameter (finanzielle und nicht-finanzielle) konnte gleichzeitig die Reportingqualität signifikant erhöht werden.

4.1 Phase 3: Konsequente Fortführung in der Zukunft

Als Antwort des Managements auf die kommenden Herausforderungen der *OMV R&M* gilt es, die begonnenen Maßnahmen konsequent flächendeckend zu implementieren, um eine ausreichende integrative und zentrale Steuerung sicherzustellen. Dies birgt jedoch auch die Gefahr, durch zu starken Einfluss der Zentrale die ursprüngliche Innovationskraft und Flexibilität der einzelnen Landesgesellschaften zu stark einzuschränken. Es gilt daher Maßnahmen zu setzen, die einerseits im Sinne eines »Glocal«-Gedankens globale Synergien nutzen (»global«) und gleichzeitig die regionale Kundenorientierung auf der Vertriebsseite behalten (»local«), wie zum Beispiel:

- **Aufbau einer internationalen Hub-Struktur:** Mit zunehmendem Reifegrad der *OMV R&M* Organisation gilt es, weitere Kosten- und Kompetenzvorteile auf internationaler Ebene zu nutzen. Dies kann durch eine selektive Auflösung der rein zentralen internationalen Steuerung von einem zentralen Head Office heraus erfolgen. Hierzu können in Form einer polyzentrischen Struktur international dezentral verteilte Verantwortungsbereiche aufgebaut werden, die vorrangig aus Kosten- und Kompetenzaspekten heraus gebildet werden.
- **Verstärkte Nutzung von Shared Service Centern und Outsourcing/ Offshoring an Dritte:** Die internationale Struktur kann ferner zur Bündelung von Serviceaktivitäten in international verteilten Shared Service Centern genutzt werden. Dies ermöglicht es, bei internationaler Bündelung des Know-hows Kostenvorteile durch economies of scale bei gleichzeitiger Nutzung der am besten geeigneten Mitarbeiter zu realisieren. Ergänzend kann auf Basis des *OMV R&M*-Prozessmodells das Kerngeschäft systematisch hinterfragt werden und nicht zum Kerngeschäft gehörende Bereiche im Sinne einer Fokussierung selektiv ausgelagert werden.
- Als Fortführung der webbasierten Management Cockpits sowie weiterer bestehender webbasierter Tools, wie ein Enterprise Project Management Tool, Collaboration-Tools, Intranetportal, Reiseservice, Trainingsprogrammbuchung etc. gilt es in einem nächsten Schritt, die Möglichkeiten der *eTechnologien* systematisch zu analysieren und zielführend zur Harmonisierung und internationalen Integration einzusetzen.

5   Schlussfolgerungen und Ausblick

Die Ausführungen machen deutlich, wie sich die *OMV* im Bereich Refining & Marketing einer systematischen Veränderung unterzogen und international weiterentwickelt hat. Die neue Strategie 2010 gibt hier ebenso den Weg weiter vor:
- Förderkapazität von heute 338.000 boe/d auf 500.000 boe/d;
- Raffineriekapazitäten von heute 540.000 boe/d auf bis zu 500.000 zusätzliche boe/d;
- Anzahl Tankstellen von heute 2.451 auf über 3.000 (inkl. *Petrom*) bzw. über 6.000 mit weiteren Akquisitionen;
- Anzahl Viva Shops von heute 813 auf 1.400.

OMV R&M stand und steht weiterhin vor der stetigen Herausforderung, ein komplexes heterogenes Geschäft flexibel und effektiv zu steuern. Strategie und Marktumfeld stehen dabei kontinuierlich im Wandel zwischen Aktion und Reaktion, zwischen Polarität und Verzahnung:
- So nutzt die *OMV* konsequent die Erweiterung der EU mit ihrer Ostwärts-Bewegung und deren Wachstumschancen, wobei sie in der Vergangenheit immer schneller als die EU gewachsen ist (z. B. Rumänien, Türkei, Ukraine). Standen zu Beginn eher kleinere Märkte (Bosnien, Slowenien etc.) im Fokus, die durch schnelles Handeln und Innovationskraft erschlossen wurden, stehen nun zunehmend große Märkte im

Mittelpunkt (z. B. Türkei). Die Strategie, entlang des mittel- und osteuropäischen Wachstumsgürtels zu wachsen, gibt dabei klar den Weg vor.

- Im Gegenzug zu Wachstumspotenzialen und der Marktherausforderung im Osten zeichnet sich von Westen her eine Gegenbewegung ab, die sich auf zweierlei Art darstellt. Einerseits schrumpfen traditionelle Märkte als Auswirkung technologischen Fortschritts (z. B. PKW-Kraftstoffverbrauch) und öffentlicher Abgaben- und Reglementierungspolitik. Andererseits entstehen für integrierte Mineralöl-/Gaskonzerne wie die *OMV* Herausforderungen durch völlig neue Technologien, wie biogene Kraftstoffe und andere alternative Energien.
- Auf Geschäftsseite steht einerseits das traditionelle Raffineriegeschäft mit überschaubaren Standorten, welches mit großen Mengen und hohen Investitionen im Millionen-Euro-Bereich und derzeit hohen Rohölpreisen seine eigenen Besonderheiten und Mechanismen hinsichtlich Steuerung und Risikomanagement besitzt und sich mit anderen globalen Produktionsbetrieben vergleichen lässt.
- Auf der anderen Seite steht das Tankstellengeschäft der *OMV*, welches mit geringen Margen im Cent-Bereich, großen Filialnetzen mit über 6.000 Tankstellen und einer hoher Komplexität von über 3.000 Shopartikeln ein völlig anderes Handlungs- und Steuerungskonzept benötigt, das sich eher an ein Handelsunternehmen anlehnt.

Hierbei wird auch die hohe Bedeutung der Unternehmenskultur deutlich, die als Aufgabe hat, diese heterogenen Felder auf Ebene der Mitarbeiter im Sinne eines »One-company«-Gedankens zu integrieren. So ist einer der wichtigsten Erfolgsfaktoren neben einer systematischen Konzeption und konsequenten Umsetzung vor allem die Qualifikation und Entwicklung der Mitarbeiter. Sie müssen Wandel und Veränderung, Widersprüchlichkeiten und Unterschiede als Chance und nicht als Bedrohung verstehen und mit dieser positiv umgehen. So gilt es auch, neue Fähigkeiten, wie beispielsweise die Post-Merger-Kompetenz entwickeln, um Zukäufe schnell und erfolgreich in den bestehenden Konzern zu integrieren. Die Mitarbeiter müssen hierzu systematisch begleitet werden und ausreichende Aufmerksamkeit und Bedeutung auch im Rahmen von Strategien, Prozessen und Steuerungssystemen erhalten.

Die CFO-Agenda: Leistungssteigerung von Controlling- und Finanzprozessen

Dr. Bernd Gaiser*

1   Die Herausforderung: Effektivität und Effizienz in der CFO-Organisation erhöhen

2   Rahmenkonzept zur Leistungssteigerung von Controlling- und Finanzprozessen

3   Ausgewählte Top-Themen auf der CFO-Agenda
    3.1   Effizienter durch Bündelung von Controlling- und Accounting-Aufgaben
    3.2   Effektiver durch Neuausrichtung von Planung und Budgetierung

Literatur

*   Dr. Bernd Gaiser, Sprecher des Vorstands, Horváth AG, Holding von Horváth & Partners Management Consultants, Stuttgart.

1 Die Herausforderung: Effektivität und Effizienz in der CFO-Organisation erhöhen

Die Bereiche der kaufmännischen Geschäftsführer und Finanzvorstände sind derzeit im Umbruch. Vor 10 Jahren reichte es noch, die Finanzzahlen zu berichten, Finanzierungsfragen zu klären, den jährlichen Wirtschaftsplan vorzulegen und das Personal möglichst friktionslos zu verwalten. In der ersten Hälfte dieses Jahrzehnts übernahmen sie oft die Rolle des Treibers bei Kostensenkungsprogrammen ressourcenintensiver Bereiche. Seit rund 2 Jahren ist eine neue Phase angebrochen. Nachdem die CFOs von anderen Effizienzsteigerung und Wertbeitrag eingefordert haben, stehen sie nun selbst dieser Forderung gegenüber. »Rationalisiert die Rationalisierer«, »Industrialisiert Controlling und Accounting durch Standards und Automation« fordern immer mehr geschäftsnahe Bereiche. Und auch die CFOs nehmen Ineffizienzen im eigenen Bereich wahr. Außerdem sehen die Managerkollegen in der Unternehmensspitze sowie deren Aufsichts- und Beiräte den CFO immer mehr als den Kopiloten für den CEO, der die entscheidungsrelevanten Informationen zur Verfügung stellt, ein integriertes Steuerungssystem von der Strategieplanung über die Budgets, das Reporting bis zu den Incentive-Systemen auf die Beine stellt und am Laufen hält, sowie mit modernen Finanzierungskonzepten Investitionsspielräume schafft. Als Berater des Managements soll der CFO mit seiner Mannschaft über reine Abweichungsanalysen hinaus den operativen Einheiten auch Maßnahmenempfehlungen geben und den Umsetzungsfortschritt verfolgen.

Auf der Agenda der CFOs stehen vor allem die Finanz- und Controllingprozesse mit den Zielen, deren Effizienz zu steigern und mit dem richtigen Leistungsprogramm die Effektivität zu erhöhen und damit mehr zum Unternehmenserfolg beizutragen. Zur Effektivität gehören vor allem Qualitätsanforderungen wie die höhere Sicherheit, Zuverlässigkeit und Entscheidungsrelevanz der bereitgestellten Informationen sowie die Konformität des Zahlenwerks zu internationalen Standards. Zugleich besteht die Anforderung, die Prozesszeiten zu verkürzen. Erwartet werden vor allem verkürzte Planungs- und Forecastzyklen als Reaktion auf die Marktdynamik, ein schnelleres Reporting sowie flexible Ad-hoc-Analysen.

Die Verbesserung und Erweiterung der Finanz- und Controllingservices geht meistens mit Effizienzsteigerungsprogrammen einher. Es geht dabei nicht primär darum, dass die Mitarbeiter schneller und mehr arbeiten. Deren Arbeitsinhalte sollen sich von der Datenaufbereitung hin zur intelligenten Entscheidungsunterstützung verlagern. Das CFO-Panel von *Horváth & Partners* hat gezeigt, dass die Controller immer noch rund zwei Drittel ihrer Zeit für die klassische Datenaufbereitung verwenden (vgl. *Michel/ Esser* 2006, S. 22) – ein herausragendes Effizienzsteigerungspotenzial, das durch IT-Automatisierung und verbesserte Abläufe und Methoden zu heben ist. Dieses Panel mit derzeit mehr als 180 Unternehmen aus unterschiedlichen Branchen zeigt auch, dass die Kosten des Finanzbereichs bei deutschen Unternehmen im Durchschnitt bei 1 % des Umsatzes liegen. Die besonders Effizienten begnügen sich mit 0,6 %, die teuersten Finanz- und Controllingeinheiten kosten mehr als 3 % vom Umsatz. Im Einzelfall sind die Daten natürlich nach Unternehmensgröße und Branche zu gewichten.

2   Rahmenkonzept zur Leistungssteigerung von Controlling- und Finanzprozessen

Finance Excellence kann nicht erreicht werden, wenn Controlling- und Finanzprozesse nur sequenziell unter die Lupe genommen und optimiert werden. Die Schnittstellen zwischen den Prozessen Planung, kurzfristige Erfolgsrechnung, Reporting, diversen Buchhaltungsprozessen etc. sind so mächtig, dass zunächst prozessübergreifende Festlegungen getroffen werden müssen. Bei zahlreichen Projekten von *Horváth & Partners* zur Leistungssteigerung der CFO-Organisation hat sich das Rahmenkonzept in Abbildung 1 bewährt.

Bei einer Transformation des Finanz- und Controllingbereichs sollten die Prozesse in einem ersten Schritt nach ihrer Funktion unterschieden werden. Dienen sie der übergeordneten Konzern- bzw. Gesamtunternehmensführung wie z. B. die Wahrnehmung von Governance-Aufgaben oder die Ausübung von Anteilsrechten bei Tochtergesellschaften, sind sie in der Regel in der Zentrale angesiedelt. Sie gehören quasi zum Pflichtrepertoire und werden bei Transformationen kaum in Frage gestellt.

Des Weiteren wird zwischen wertsteigernden Prozessen und Transaktionsprozessen unterschieden. Die wertsteigernden Prozesse sorgen für den eigentlichen Business Impact des CFO-Bereichs für die operativen Einheiten. Dazu gehört z. B. die Beratung bei Investitionsentscheidungen, die kennzahlengestützte Beurteilung der Innovationsfähigkeit, etc. Spezielles Know-how, das meist je operativer Einheit unterschiedlich ist, wird dazu benötigt. Daher sind viele dieser Prozesse den Geschäftsbereichen zugeordnet. In den wertsteigernden Prozessen entsteht der Output des CFO-Bereichs, der aufgrund der Tatsache, dass dort alle zahlengestützten Informationen des Unternehmens zusammenlaufen, als »Unique Selling Proposition« erwartet wird.

Die Transaktionsprozesse sind unterstützende Prozesse, mit denen das Unternehmen im Unterschied zu den wertsteigernden Prozessen keine Differenzierung im Wettbewerb erreichen kann. Dazu gehört z. B. die Debitoren- und Kreditorenbuchhaltung, die Reisekostenabrechnung etc. Da diese Prozesse nicht geschäftsbereichsspezifisch sind, können Economies of Scale durch Zentralisierung, Verlagerung und/oder durch ein Outsourcing erreicht werden.

Die möglichen Ansätze zur Steigerung der Prozess-Performance zeigt Abbildung 2 anhand der Controlling- und Finanzprozesse.

Wesentlich ist, dass eine zeitlich befristete Prozesstransformation durch Restrukturierung oder durch eine klassische Prozessoptimierung meist nur kurzfristig zu hoher Prozess-Performance führt. Gerade für ressourcenintensive und strategisch bedeutende Prozesse ist parallel ein Prozesssteuerungssystem einzurichten, das die Prozess-Performance laufend misst und Ziele und Verantwortlichkeiten regelmäßig zum Thema macht. So können u. a. sich wieder einschleichende Ineffizienzen nach der Transformation frühzeitig erkannt werden. Die Basis für das Management der Finanz- und Controllingprozesse bildet das Prozessmodell. Es ist für den CFO das Handwerkszeug ebenso wie für den Schriftsteller Papier und Bleistift. Abbildung 3 zeigt das Prozessmodell, das im o. g. CFO-Panel die Diskussionsbasis bildet. Es ist dem Zweck entsprechend branchenübergreifend gültig und kann im Einzelfall unternehmensspezifisch adaptiert werden.

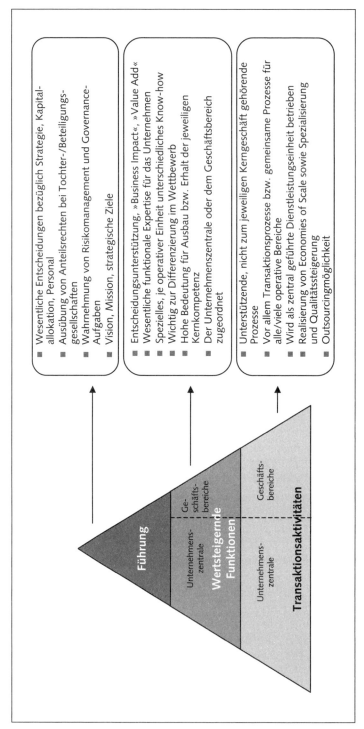

Abb. 1: Rahmenkonzept zur Transformation des Finanzbereichs

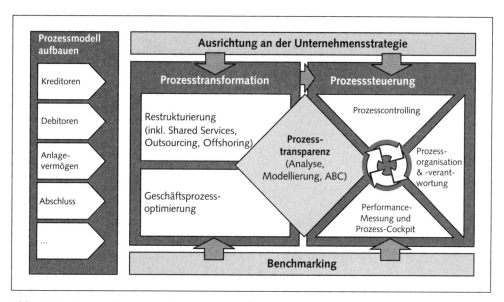

Abb. 2: Ansätze zur Steigerung der Prozess-Performance

Wenn Hauptprozesse, wie sie in Abbildung 3 beschrieben sind, in Teilprozesse aufgegliedert und mit Ressourcen- und Zeitbedarfen hinterlegt sind, kann eine fruchtbare Diskussion über Optimierungsmöglichkeiten entstehen.

Viele Finanz- und Controllingprozesse aus Abbildung 3 sind eng miteinander verknüpft. Es ist nicht neu, dass z. B. die Kostenrechnung Daten der Buchhaltung braucht oder dass das Reporting strukturgleich zur Planung sein muss. Neu hingegen ist, dass durch die Internationale Rechnungslegung nach IAS/IFRS ein integriertes Rechnungswesen sowohl für die Zwecke der Kosten- und Leistungsrechnung als auch für die Zwecke der externen Rechnungslegung möglich ist. Endlich können einheitliche Kenngrößen intern wie extern für das Reporting und zur Unterstützung laufender Managemententscheidungen verwendet werden. Auf aufwändige Überleitungsrechnungen, die kaum jemand versteht, kann verzichtet werden. Bei den meisten Programmen zur Leistungssteigerung der Finanz- und Controllingprozesse ist die Harmonisierung des internen mit dem externen Rechnungswesen der Auslöser und wesentliche Quelle für Effektivitäts- und Effizienzverbesserung bzw. eine wichtige Voraussetzung dafür. Die Harmonisierung betrifft das Steuerungskonzept, Methoden und Instrumente, die Prozesse und die Organisation, die Datenbasis sowie das IT-Konzept (vgl. *International Group of Controlling* 2006). Abbildung 4 beschreibt das vielfältige Optimierungspotenzial durch die Harmonisierung.

Neben der Harmonisierung von externem und internem Rechnungswesen sind die neuen Möglichkeiten der IT-Unterstützung ein wesentlicher Treiber für die Leistungssteigerung der Controlling- und Finanzprozesse im Gesamten. Den jüngsten Qualitätssprung hat die IT durch eine noch höhere Integration von operativer Transaktionsebene (ERP, OLTP), Datenspeicherungsebene (Data Warehouse), Datenbereitstellungsebene (Data Mart), und Präsentationsebene (Portal) erreicht.

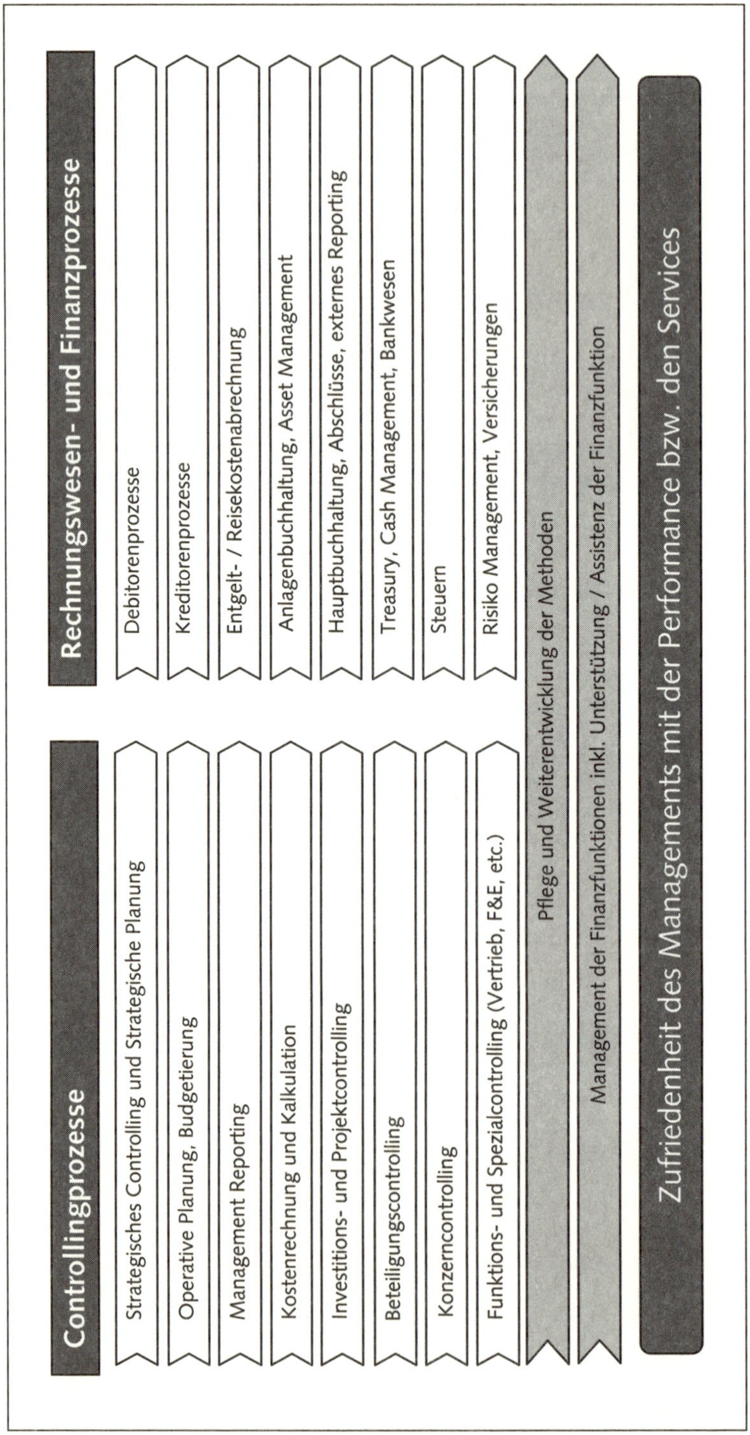

Abb. 3: Prozessmodell im *Horváth & Partners* CFO-Panel

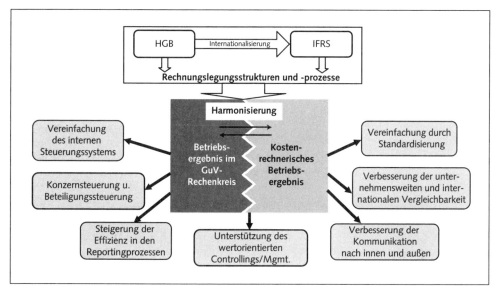

Abb. 4: Optimierungspotenzial durch Harmonisierung von internem und externem Rechnungswesen

3   Ausgewählte Top-Themen auf der CFO-Agenda

Gemäß dem Anlass dieses Artikels, dem 20. *Stuttgarter Controller-Forum*, sind im Folgenden nur die Top-Themen des CFOs vertieft, die auch einen engen Arbeitsbezug zum Controller haben. Andere derzeit wichtige Themen für den CFO sind neue Finanzierungskonzepte und das Risikomanagement, auf die hier nicht weiter eingegangen wird.

3.1   Effizienter durch Bündelung von Controlling- und Accounting-Aufgaben

Die Frage der organisatorischen Bündelung von bestimmten Controlling- und Accounting-Aufgaben, nämlich aus den oben beschriebenen Transaktionsaktivitäten, ist v. a. in größeren CFO-Organisationen ein Thema erster Priorität. Das Ob wird oft gar nicht mehr in Frage gestellt, vielmehr das Wie: Klassisch zentralisiert? In einem Shared Service Center? Mit Offshoring? Oder gar Outsourcing getoppt durch einen Offshore-Standort? »Bratislava, Bangalore oder doch lieber Berlin?« ist in manchen Unternehmen der Diskussionsstoff auf den Bürogängen.

Der klare Trend zur Bündelung von manchen Transaktionsaktivitäten in Controlling- und Accounting-Organisationen resultiert zum einen aus dem Effizienzdruck auf die CFO-Organisation und zum anderen aus den beschriebenen neuen Möglichkeiten der

Harmonisierung des internen und externen Rechnungswesens durch internationale Rechnungswesenstandards (One Number Principle). Moderne IT-Systeme erleichtern diesen Trend zusätzlich.

Unsere Erfahrung zeigt, dass in der Tat stark standardisierbare Controlling- und insbesondere Accounting-Prozesse mit hohem Transaktionsvolumen und geringer externer Kundenorientierung in komplexen Unternehmen mit großem Nutzen in Shared Service Units zusammengeführt werden können. Wichtig ist, dass es sich hierbei nicht um wettbewerbsrelevante Prozesse der Business Units, sondern um Unterstützungsprozesse handelt. Die heute am häufigsten in Shared Service Units überführten Controlling- und Accounting-Prozesse sind Debitoren- und Kreditorenbuchhaltung, Anlagenbuchhaltung, Reisekostenabrechung, Hauptbuchhaltung, Kostenrechnung, Cash Management und externes Berichtswesen.

Kostensenkungspotenziale durch Bündelung von Aufgaben in Shared Service Units liegen meistens bei 15–40 %. Die 40 % können in der Regel nur in Verbindung mit einem Offshoring erreicht werden. Neben den Kostenvorteilen bestehen für die Business Units weitere Vorteile durch Risikominimierung bei Technologieänderungen, Komplexitätssenkung bei schwankenden Transaktionsvolumina, freie Ressourcen für die Kernaufgaben und vielfach auch eine höhere Verlässlichkeit und Qualität durch hohe Standardisierung und Spezialisierung im Shared Service Center. Shared Service Center kombinieren die Vorteile der Zentralisierung und Dezentralisierung in den in Abb. 5 genannten Punkten.

Das Shared Service Center an einem räumlich nahen Inlandsstandort kann auch nur der erste Schritt sein. Sind die Prozesse eingeführt und stabil, starten häufig Überlegungen eines Offshoring oder Outsourcing. Diese sind in jedem Einzelfall sorgfältig mit Kosten-, Qualitäts- und Risikoszenarien zu prüfen. Die hochgesteckten Erwartungen an ein Business Process Outsourcing der Finanzprozesse und die Versprechungen von

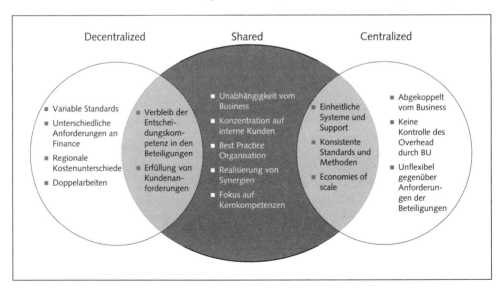

Abb. 5: Vorteile von Shared Service Centern

IT-orientierten Dienstleistern konnten bis heute in vielen Fällen nicht erfüllt werden. Unsere Erfahrung beim Offshoring und Outsourcing von Finanzprozessen zeigt, dass oft Zeitbedarf und Ressourcenaufwand für die Stabilisierung der Prozessqualität deutlich unterschätzt werden. Die Themen Offshoring und Outsourcing sind sehr landes-, prozess- und unternehmensspezifisch zu behandeln. Sie würden den begrenzten Rahmen dieses Beitrags sprengen.

Dass das Thema organisatorische Trennung der Finance-Funktionen in wertsteigernde Funktionen und Transaktionsaktivitäten gerade topaktuell ist, zeigte eine Befragung bei einem Treffen der Teilnehmer des genannten CFO-Panels im Juni 2006. Ca. zwei Drittel der rund 70 anwesenden Unternehmen kann sich die organisatorische Trennung entweder für die nächsten 2–3 Jahre vorstellen oder hat diese bereits geplant oder umgesetzt.

Der isolierte Blick auf die Aufgabenbündelung von einzelnen Controlling- und Accounting-Prozessen wie die Debitorenbuchhaltung wäre zu eng. Da Controlling- und Accounting-Prozesse sehr enge Schnittstellen zueinander haben, ist darüber hinaus ein Helikopterblick auf die Prozesse sinnvoll, die zu einer wirksamen Beraterrolle des CFOs und Controllers führen. Dabei sind auch die Übergänge zwischen den Prozessen unter die Lupe zu nehmen.

Ein Beispiel für die Ankopplung von Accounting und Controlling zeigt Abbildung 6. Der darin abgebildete innovative Ansatz ist für viele große, dezentralisierte Unternehmen geeignet, die Effektivität und Effizienz der Accounting- und Controllingprozesse zu steigern.

Kern von Abbildung 6 ist die Bündelung von einzelnen Accounting- und Controlling-prozessen in einem Service Center Reporting. Dort werden Aktivitäten organisatorisch zusammengeführt, die bei dezentraler Wahrnehmung die meisten Ressourcen binden und kaum Kernprozesse der Beratung der Business Units zulassen. Konkret übernimmt das Service Center Reporting die Verifizierung und Plausibilitätsprüfung der durch das Ac-

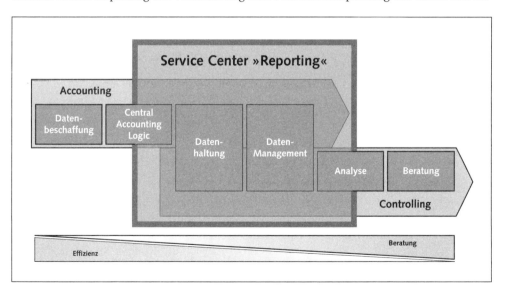

Abb. 6: Das Service Center als Schnittstelle zwischen dem Accounting- und Controlling-Prozess

counting übermittelten Daten, die Aufbereitung der Daten in Standard Reports sowie die Beantwortung von Ad-Hoc-Anfragen. Das Accounting verantwortet in der in Abbildung 6 beschriebenen Prozesskette vor allem die Erfassung der Geschäftsvorgänge im IT-System. Das Controlling, i. d. R. dezentral business-nah in den Geschäftsbereichen angesiedelt, konzentriert sich auf die Analyse und Aufbereitung der Daten für das Management und berät das Management bei strategischen und operativen Entscheidungen.

Bei der praktischen Umsetzung dieses Konzeptes gibt es rein technisch-organisatorische Herausforderungen und Herausforderungen des Change Managements. Change Management ist vor allem gefragt, den Übergang von traditionellen Controllern zur Rolle des »Reporters« im Service Center einerseits und zur Rolle des beratungsintensiven »neuen« Controllers andererseits zu erleichtern. Der »Reporter« hat deutlich weniger Kundenkontakt. Neue Skillprofile sind die Folge.

3.2   Effektiver durch Neuausrichtung von Planung und Budgetierung

Die Planung hat naturgemäß mehr Gestaltungsspielräume als die Ist-Erfassung im Rechnungswesen. Der Prognostiker hat es daher immer schwerer als der Historiker. Ergänzend zu diesem zeitlosen Statement steht die Planung gerade derzeit in vielen Unternehmen vor großen Veränderungen. Sie ist das Betätigungsfeld, bei dem die Effektivität und der Business Impact der CFO-Organisation besonders deutlich spürbar werden kann.

Der CFO als oberster Planungsmanager kümmert sich um die Prozesse der strategischen Planung, operativen Planung und der Budgetierung sowie um deren Verbindung. Bei der Weiterentwicklung der strategischen Planung werden neue Prozesse gesucht, die die Kreativität für wettbewerbsdifferenzierende Geschäftsideen anstoßen (vgl. *Gaiser* 2004), und es werden Mechanismen verankert, die eine schnelle und effektive Strategieumsetzung ermöglichen (vgl. *Gaiser/Greiner* 2004). Bedenkt man, dass 70 % der Unternehmen sagen, dass sie eine ähnliche Strategie wie ihre Wettbewerber verfolgen (vgl. *Horváth & Partners* 2005, S. 10), dann gewinnt die Qualität der Strategieumsetzung eine besondere Bedeutung. Strategy Maps und Balanced Scorecard mit ihren laufenden Weiterentwicklungen (vgl. *Horváth & Partners* 2004a, *Kaplan/Norton* 2006) sind ohne Zweifel die wichtigste konzeptionelle Quelle für eine effektive Strategieumsetzung.

Die operative Planung und Budgetierung steht in den meisten Unternehmen weit oben auf der Veränderungsagenda. Sie steht hart unter Beschuss. Der gestandene Unternehmensführer *Jack Welch*, ehemals CEO von *General Electric* drückte es hart und sicher überzogen aus: »The budget is the bane of corporate America«. *Bob Lutz*, früher Vice Chairman von *Chrysler* bezeichnet Budgets als ein »tool of repression«. Ähnliches bekamen wir im Rahmen unserer zahlreichen Unternehmenskontakte in den letzten Jahren zu hören: »In zwei Nächten etwas auf Papier schreiben, ist besser als 6 Monate geplant!«, oder: »Planung ist zu einem jährlichen Ritual verkommen – etwas für Bürokraten!«

Was sind die wesentlichen Kritikpunkte? Die herkömmliche operative Planung und Budgetierung ...

- ... ist schnell veraltet! Die Budgets werden von der Wirklichkeit immer wieder überholt. Für Branchen mit hoher Veränderungsgeschwindigkeit ist schon nach wenigen Monaten im neuen Geschäftsjahr die Plan/Ist-Abweichung kaum zu interpretieren, da die Planzahlen auf nicht mehr aktuellen Prämissen beruhen.
- ... bindet zu viele Ressourcen! Experten schätzen, dass 10 % bis 20 % der Arbeitszeit im Management und oft gar mehr als 50 % im Controlling durch Planung und Budgetierung gebunden werden. Dieser Ressourcenaufwand wäre akzeptabel, wenn gleichzeitig ein angemessener Nutzen erkennbar wäre. Dem ist aber zumeist nicht so!
- ... ist entkoppelt von der Unternehmensstrategie! In der Strategie haben nichtmonetäre Ziele und weiche Faktoren wie z. B. die Innovationsfähigkeit eine hohe Bedeutung. Im Gegensatz dazu ist die operative Planung und Budgetierung meist rein finanziell ausgerichtet. Statt das Verhalten auf (mittelfristige) strategische Ziele auszurichten, schaut jeder in der Organisation auf die Budgeterreichung zum letzten Monat des Geschäftsjahres. Genau so, als ob die Organisation an diesem Tag aufhören würde zu existieren. Insbesondere jene Anreizsysteme, die auf die jährliche Budgeterreichung ausgerichtet sind, verstärken diesen Effekt.
- ... ist ein nutzloser Verhandlungsschaukampf! Gemeint ist, dass mit Ausnahme der Shareholder alle versuchen, die Ziele flach zu halten, um bei einer Übererfüllung einen höheren Bonus zu bekommen. Maßvolles Übererfüllen milder Ziele gilt als der Königsweg für den Einzelnen – nicht für das Unternehmen. Ein durchaus verständliches Verhaltensmuster, wenn die Anreizsysteme mit den Budgets gekoppelt sind.

Wie wird heute die operative Planung und Budgetierung als Antwort auf die genannten Kritikpunkte gestaltet? Die im Folgenden beschriebenen Ansatzpunkte fassen wir mit dem Begriff Advanced Budgeting zusammen. Advanced Budgeting ist eine praxistaugliche, effiziente und effektive Form von derzeit innovativer Planung und Budgetierung (vgl. *Horváth & Partners* 2004b). Hier liegt allerdings kein »Kochrezept« für Unternehmensplanung vor, das in jeder Situation 1:1 umzusetzen ist. Es ist vielmehr ein Anstoß, das eigene, passgenaue »Menue« zu gestalten. Planungssysteme sind und bleiben unterschiedlich. Veränderungsgeschwindigkeit, Unternehmensgröße, Branche, Historie etc. bestimmen die Ausgestaltung effizienter und effektiver Systeme. Ein internationaler Halbleiterhersteller wird Planung und Budgetierung weiterhin anders gestalten als ein lokaler Zementhersteller.

Nun zu den wesentlichen Komponenten eines Advanced Budgeting, die zu einer Verbesserung der Planungseffektivität und -effizienz führen. Sie sind in Abbildung 7 dargestellt. Unternehmen mit hocheffektiven und -effizienten Planungssystemen haben in der Regel diese Veränderungen durchlaufen oder sind gerade dabei dies zu tun.

An dieser Stelle kann nicht auf alle Einzelpunkte eingegangen werden (zur umfassenden Beschreibung siehe *Horváth & Partner* 2004b). Lediglich ein Punkt, die Rollierende Planung, soll hier vertieft werden, da in diesem Punkt die Anpassung der operativen Planung an die wachsende Marktdynamik besonders deutlich zum Ausdruck kommt.

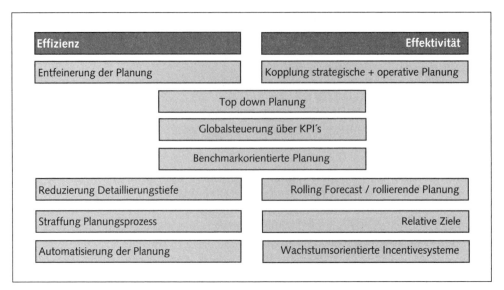

Abb. 7: Die wichtigsten Gestaltungselemente moderner Planungssysteme

Abbildung 8 beschreibt die grundsätzliche Technik der Rollierenden Planung. Statt der jährlichen Planung des folgenden Geschäftsjahres und Fixierung der Ziele für 12 Monate wird bei der Rollierenden Planung mehrmals, i. d. R. jedes Quartal, geplant und dabei stets eine Periode, eben i. d. R. ein Quartal, ergänzt. Das erste Quartal wird detaillierter geplant als die weiteren.

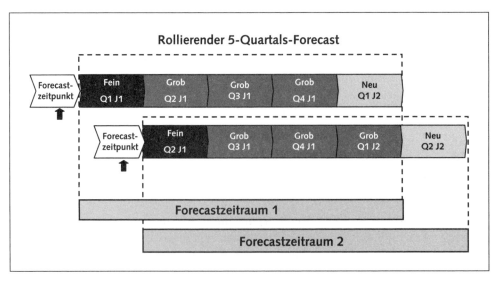

Abb. 8: Prinzip des Rollierenden Forecasts bzw. der Rollierenden Planung

Mit einer Rollierenden Planung können Ziele an neue Randbedingungen wie bessere oder schlechtere Marktbedingungen angepasst werden. Ziele gewinnen dadurch Akzeptanz im Führungsprozess. Plan/Ist-Vergleiche in Reports werden nicht mehr mit dem Argument vom Tisch gewischt, dass die Planzahlen, die vor (z. B.) 15 Monaten fixiert wurden, von völlig anderen Rahmenbedingungen ausgingen. Wichtig ist, dass der gerade in Unternehmen mit hoher Veränderungsgeschwindigkeit des Umfelds sehr sinnvolle Ansatz der Rollierenden Planung nicht bedeutet, dass eben statt einmal im Jahr jetzt viermal im Jahr geplant wird und sich der Aufwand vervielfacht. Unsere Erfahrung ist, dass bei einem gut konzipierten Übergang zur Rollierenden Planung der Planungsaufwand insgesamt reduziert werden kann, da mit dem Übergang in die Rollierende Planung i. d. R. eine Entfeinerung der Planungsinhalte, z. B. weniger Kostenarten und Kostenstellen, einhergeht. Dadurch dass häufiger geplant wird, ist meist die ursprüngliche hohe Granularität nicht mehr erforderlich. Aufwandsreduzierend wirken auch moderne IT-Systeme, die den rollierenden Planungsprozess komfortabel unterstützen.

Von der Rollierenden Planung nun wieder zurück zum gesamten Bündel an Maßnahmen zur Leistungssteigerung der Planungsprozesse. Welche Effekte treten ein, wenn die oben beschriebenen Grundsätze eines effektiven und effizienten Planungssystems umgesetzt werden? Abbildung 9 gibt eine Antwort.

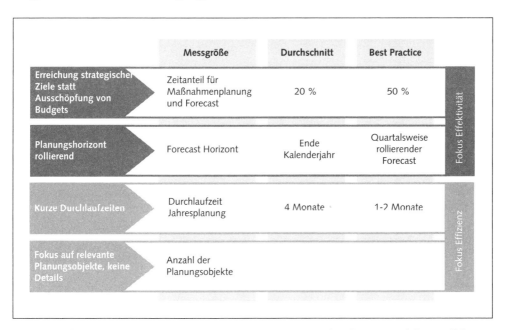

Abb. 9: Maßnahmen zur Effizienz- und Effektivitätssteigerung der Planung und deren Effekte

Die Ergebnisse in Abbildung 9 stammen aus einer Recherche von *Horváth & Partners*, bei der wesentliche Parameter der Best-Practice-Planungssysteme mit dem Durchschnitt verglichen wurden. Dem Leser obliegt die Einordnung des eigenen Unternehmens.

Literatur

Gaiser, B. (2004), Strategische und operative Steuerung verbinden, in: *Horváth, P.* (Hrsg.), Werte schaffen – Werte managen, Stuttgart 2004, S. 35–52

Gaiser, B./Greiner, O. (2004), Anbindung der operativen Planung an die strategische Planung mit der Balanced Scorecard, in: *Horváth & Partners* (Hrsg.): Beyond Budgeting umsetzen, Stuttgart 2004

Horváth & Partners (Hrsg.) (2005), Balanced-Scorecard-Studie 2005, Ergebnisbericht, Competence Center Strategic Management & Innovation, Stuttgart 2005

Horváth & Partners (Hrsg.) (2004a): Balanced Scorecard umsetzen. 3. vollst. überarb. Auflage, Stuttgart 2004

Horváth & Partners (Hrsg.) (2004b), Beyond Budgeting umsetzen. Erfolgreich planen mit Advanced Budgeting, Stuttgart 2004

International Group of Controlling (Hrsg.) (2006), Controller und IFRS: Konsequenzen für die Controlleraufgaben durch die Finanzberichterstattung nach IFRS, Weißbuch der *IGC*-Arbeitsgruppe, Freiburg u. a. 2006

Kaplan, R. S./Norton, D. P. (2006), Alignment. Mit der Balanced Scorecard Synergien schaffen. Aus dem Amerikanischen von *Horváth, P./Gaiser, B./Steffens, D.*, Stuttgart 2006

Michel, U./Esser, J. (2006), Wohin entwickelt sich der Finanzvorstand?, in: Frankfurter Allgemeine Zeitung, 27.02.2006, Nr. 49, S. 22

Finance und Controlling im Einzelhandel
Das Spannungsverhältnis zwischen globalisiertem Geschäft und dem Filialerfolg

Dr. Andreas Guldin*

1   Controlling und Finanzen folgen der Strategie eines Unternehmens

2   Grundmuster der Unternehmensstrategien im Einzelhandel

3   Strategische Grundmuster und ihre Auswirkungen auf Controlling und Finance im Einzelhandel

4   Globalisierung des Geschäftsbetriebs und ihre Auswirkungen auf Controlling und Finance im Einzelhandel

5   Fazit und Ausblick

Literatur

*   Dr. Andreas Guldin, stellvertretender Geschäftsführer Finanzen, Tengelmann Warenhandelsgesellschaft KG, Mülheim a. d. R.

1   Controlling und Finanzen folgen der Strategie eines Unternehmens

»Structure follows Strategy« – dies gilt auch für die Beziehung von Finance und Controlling als Sammelbegriffe von Management- und Steuerungsfunktionen sowie für die darin zur Anwendung kommenden Methoden und Instrumente und der Strategie von Unternehmen im Einzelhandel.

Von daher ist in der Relation zwischen Finance/Controlling zur Unternehmensstrategie im Einzelhandel im Grundsatz nichts wirklich Neues zu entdecken und der Einzelhandel ist insofern auch keine Ausnahme gegenüber anderen Industrien, in der konkreten Ausprägung gibt es jedoch einige Besonderheiten (*Buchner* 2003). Diese Besonderheiten sind, und so ist es letztlich auch konzeptionell richtig, naturgemäß von den dynamischen Marktprozessen, welche die Branche »Einzelhandel« beachtens- und berichtenswert beeinflussen, geprägt, und sollen im Folgenden auch Gegenstand der Darstellung von »Best Practice« sein, wobei einschränkend zu erwähnen ist, dass »Best Practice« immer nur eine Momentaufnahme darstellen kann und damit auch ein Blitzlicht auf jene Bereiche wirft, die noch der Entwicklung und Verfeinerung bedürfen.

Abgeleitet aus »Structure follows Strategy« lässt sich leicht modifiziert sagen: »Finance and Controlling follow Strategy«. Von daher baut der nachfolgende Beitrag auf einigen zentralen Merkmalen der Strategien von Einzelhandelsunternehmen auf; hieraus abgeleitet werden entsprechende Anforderungen an Finance/Controlling in Form von Management-Prozessen, aber auch spezifischen Methoden.

Dies alles ist vor dem Kontext einer zunehmenden Globalisierung der Branche zu verstehen, wobei die Globalisierung letztlich auf allen Ebenen der Wertschöpfung – Sourcing, Supply Chain, Vertrieb und auch Administration – stattfindet. Abschließend erfolgt eine zukunftsorientierte Synopse für Finance/Controlling als Fachgebiet und Management-Funktion im Einzelhandel – dies abgeleitet aus eben der Analyse genuiner Strategien im Einzelhandel, der Grundcharakteristika der Methoden und Instrumente, die derzeitig und künftig zunehmend durch den Kontext der Globalisierung geprägt sind.

2   Grundmuster der Unternehmensstrategien im Einzelhandel

Die Entstehungsgeschichte von Einzelhandelsunternehmen ist i. d. R. immer gleich: Irgendwo auf der Welt hat ein Mensch oder ein Team von Menschen eine Idee, welche Waren man in welcher Form und in welcher Umgebung an andere Menschen verkaufen könnte. Es entsteht der erste »Laden«, wie es im Händlerjargon so schön heißt, und dies kann, muss aber keineswegs, bereits mit dem unternehmerischen Willen verknüpft sein, hieraus eine Kette von Läden zu machen.

Analytisch betrachtet ist für die gesamte kaufmännische Steuerung eines Handelsunternehmens das genuine Wachstumsmodell für den Einzelhandel entscheidend, das sich aus den drei Komponenten »Märkte beibehalten«, »Märkte erschließen« und »Märkte verlassen« zusammensetzt. So definiert ist Wachstum der Saldo von Wertveränderungen – und dies können Top- wie Bottom Line-Kennzahlen sein – auf bestehender (»Märkte beibehalten«), auf neuer (noch zu schaffender oder gerade erst geschaffener) und auf künftig nicht mehr genutzter Verkaufsfläche.

Dabei ist der wichtigste Faktor für Einzelhandelswachstum die Vervielfältigung von Verkaufsflächen, das Wachstumsprinzip von Einzelhandelsunternehmen ist wohl am besten mit »More of the Same« zu bezeichen, d. h. es gilt aus einem einmal gefundenen, erfolgreichen Kern (»dem ersten Laden«), möglichst unter Verbesserung der operativen Abläufe und daraus resultierend der relativen Wettbewerbsfähigkeit (insbes. Kostenvorteil durch Economies of Scale and Scope), eine Vervielfältigung dieses Kerns durchzuführen. Man könnte auch von einer Art »Zellteilung« sprechen, denn es gilt auch eine möglichst hohe Gleichartigkeit der Zellen sicherzustellen, ebenso steigt aber auch die Mutationswahrscheinlichkeit mit der Rate der Zellteilungen.

Das »More of the Same«-Prinzip widerspricht keineswegs Anpassungsmechanismen aufgrund lokaler Besonderheiten, es verdeutlicht vielmehr eine der strategischen Kernpunkte: Anpassungen von Produkten und Abläufen an lokale Besonderheiten sind einerseits notwendig für die Marktakzeptanz, andererseits erhöhen sie die Komplexität der Abläufe und mindern damit die Effizienz der Abläufe. Ein zu niedriges Maß an lokaler Anpassung führt ggf. zur Ablehnung durch den Markt (so verkauft »man« in Italien kein Olivenöl aus Griechenland und sei es auch qualitativ besser), ein zu hohes Maß mindert die Wettbewerbsfähigkeit aufgrund der damit verbundenen erhöhten Kosten.

Dieses Wachstumsmodell, welches bei mangelhafter Ausführung auch rasch ein Schrumpfungsmodell i. S. der Wertveränderung wird (sprich es kommt zum Werteverfall, nicht zum Wertezuwachs), gibt die Strukturen und Methoden von Controlling und Finanzen vor und definiert auch den Erfolg der dort verwendeten Methoden/Instrumente: Nur wenn die drei Wachstumskomponenten präzise erfasst und mit hinreichend hoher Präzision prognostiziert werden können, kann ein Handelsunternehmen nachhaltig existieren. Hierfür ist die Balance zwischen den drei Komponenten ganz zentral und strategisch von hoher Bedeutung, worauf später noch genauer eingegangen wird.

3 Strategische Grundmuster und ihre Auswirkungen auf Controlling und Finance im Einzelhandel

Für das konzeptionelle Verständnis und die Ableitung von Anforderungen an Prozesse und Methoden von Controlling und Finanzen im Einzelhandel ist ergänzend zu den drei Wachstumskomponenten die Vorstellung hilfreich, dass ein Einzelhandelsunternehmen sich konzeptionell am besten als eine Matrix »Ware x Standort« beschreiben lässt. Der Zeilenfaktor »Ware« gliedert sich dann in die verschiedenen Warengruppen (z. B. im LEH: Milchprodukte, Gemüse, etc.; im Textilhandel: Herrenbekleidung, Damenbekleidung, etc.) und der Spaltenfaktor bildet die Filialen ab, so dass jede Zelle beschreibt, in welcher Filiale welche Ware vorhanden ist, und spalten- sowie zeilenseitige Aggregationen erlauben dann die »Filialsicht« respektive die »Warensicht«.

Es sei angemerkt, da dies eine konzeptionelle Sichtweise ist, in der Einzelhandelspraxis der Datenerfassung und –verarbeitung wird dieses Prinzip nach der Erfahrung des Autors keineswegs durchgängig auch so umgesetzt, vielmehr gibt es Brüche in der Erfasssung und Zuordnung, so dass häufig nur Submatrizen vorliegen. Aus der Kombination der Wachstumskomponenten und der Matrix »Standorte x Ware« ergeben sich gewisse Grundcharakteristika für Controlling und Finanzen in der Einzelhandelspraxis:

A. **Granularität:** Die Granularität des Geschäftsmodells steuert die Tiefe der Controlling-Instrumente, wobei die »Filiale« als Wertschöpfungsnukleus zu sehen ist. Von daher sind für eine werthaltige Unternehmenssteuerung die Steuerungs-, Informations- und Planungsprozesse so auszurichten, dass mehr »ein Beutel von kleinen Goldkörnern« (tausender Filialen) und weniger ein monolithischer, großer »Goldklumpen« erfasst wird.

   Es gilt, jede Filiale (jedes »Goldkörnchen«) mit ihrem wertbildenden Geschäftsbetrieb hinreichend präzise und in entsprechender Häufigkeit (»der Kunde kauft täglich ein«) zu erfassen. Das Matrix-Konzept aufgreifend gilt letztlich die gleiche Aussage auch auf Basis der Artikel im Warenbereich, was zu einer doppelten Granularität führt. In der Praxis dominiert, bezogen auf die Zergliederung des Unternehmens in Teilbestandteile, die Filialsicht.

B. **»Filialtauglichkeit«:** Instrumente des Controllings, seien es der Klassiker »mehrstufige Deckungsbeitragsrechnung« oder auch ganzheitlichere Methoden der Geschäftsbetriebssteuerung wie die Balanced Scorecard, müssen »filialtauglich« sein, d. h. der gesamte Geschäftsbetrieb eines Einzelhandelsunternehmens muss ebenso damit steuerbar sein wie der einzelne Betrieb einer Filiale. Dieses Bottom-up-Prinzip mag auch eine gewisse Erklärung dafür sein, dass Einzelhandelsunternehmen in der Historie nicht immer Vorreiter innovativer Controlling-Methoden waren, denn die Filialtauglichkeit bedingt

   i.   Einfaches Handling (»Tägliches Monitoring«),

   ii. Klarheit durch Beschränkung auf das Wesentliche (»Jeder muss es verstehen können«),

   iii. Persönliche Nutzen in der Anwendung (»Was habe ich zu verantworten?«),

   iv. Vergleichbarkeit über die Zeit und andere Einheiten hinweg,

   v.   Robustheit im Sinne einer sehr geringen Fehleranfälligkeit, Korrekturen und Unbenutzbarkeit (Down Time)

   der Instrumente.

   Etwas bildlicher ausgedrückt: Tausende Filialleiter/innen müssen in der Lage sein, täglich entsprechende Kennwerte aufzunehmen, um hieraus ihre operative Steuerung vornehmen zu können, als Team müssen sie in der Lage sein, über das Gleiche zu sprechen und dementsprechend gemeinschaftliche Handlungen abzuleiten, dies in verschiedenen Ländern mit verschiedenen Sprachen und in unterschiedlichen (Geschäfts-)Kulturen, und dies mit sehr unterschiedlicher persönlicher Vorbildung und persönlichen Talenten.

C. **»Artikeltauglichkeit«:** Ergänzend zur »Filialtauglichkeit« bedarf es auch einer »Artikeltauglichkeit« i. S. einer aus Warensicht möglichst granularen Steuerung. Dem Matrix-Konzept für den Einzelhandel folgend bedarf es als Pendant zur filialorientierten Sichtweise eine ebensolche feingliedrige Betrachtungsweise der Warenseite. Die Anforderung ist somit eine artikelgenaue Steuerung des Warenflusses, beginnend bei der wertmäßigen Planung eines Warenartikels beim Sourcing, beim Einkaufen und dem Verkaufen bis hin zur Verfolgung des Ortes, an dem sich der Artikel befindet und durch welche Aktivitäten er physisch bewegt wird. Dies impliziert eine starke Prozesssicht auf die Abläufe, so dass gerade über den Blickwinkel »Ware« und »Supply Chain« die Bewertung von Effizienz durch prozesskostenorientierte Methoden die klassische Deckungsbeitragsrechnung, welche unter dem Filialblickwinkel häufig Anwendung findet, flankiert werden kann.

D. **Aggretation und Drill-Down-Struktur:** Für die Steuerung eines filialisierten Einzelhandelsunternehmens bedarf es insofern einer logischen Drill-Down-Struktur in der Erfassung und Aggregation von Daten, d. h. von der Top-Ebene, dem Unternehmen, muss ein Hinabsteigen über z. B. Länder, Regionen bis hin zu Filialen möglich sein. Gleiches gilt auch für die Warenseite (Artikel, Warengruppe, Warenkategorie, etc.). Dies führt durchaus zu beachtlichen Datenvolumina, die sich aus der Grundstruktur eines Einzelhandelsunternehmens logisch ergeben. Ein Unternehmen mit 1.000 Filialen, dass bei 10.000 Artikeln über das gesamte Jahr (= ca. 300 Verkaufstage) den Abverkauf verfolgen will, verfolgt 300 x 1.000 x 10.000 = 3 Mrd. Datenpunkte und hat dabei nur einen einzigen Kennwert und den auch nur über ein einzelnes Jahr verfolgt. Dieses einfache Rechenbeispiel führt rasch zu dem Spannungsfeld, dass das, was konzeptionell sinnvoll ist, keineswegs gängige Anwendungspraxis ist, weil die Mächtigkeit der hierfür notwendigen IT-Systeme bezüglich Performance und Skalierbarkeit hohe Investitionen bedingt, so dass in der Anwendungspraxis meist nur »Teillösungen« des konzeptionellen Optimums anzutreffen sind.

E. **Datenvergleiche »Same versus Same« und »Same versus Different«:** Das Geschäftsprinzip »More of the Same« erfordert zwei Typen von Datenvergleichen: (i) »Same versus Same«, d. h. Vergleiche zwischen Filialen, zwischen Abteilungen, zwischen Warengruppen relativ zu aktuellen Vorjahres- und Budgetzahlen, sowie (ii) »Same versus Different«, d. h. Vergleiche zwischen Filialen, Warengruppen etc., die nicht mehr als »gleich« anzusehen sind, weil z. B. eine Filiale umgebaut wurde, Warengruppen in der räumlichen Ausdehnung innerhalb von Filialen verändert oder gezielt (z. B. durch Werbung) hervorgehoben wurden. In diesen Vergleichstyp sind auch Vergleiche von »Neu vs. Alt« einzuordnen, d. h. der Vergleich, ob z. B. neu eröffnete Filialen erfolgreicher sind bezüglich eines Kennwertes als bereits seit Jahren betriebene Filialen. Dementsprechend sind die Key-Performance-Indicators (KPIs) im Einzelhandel auch meist auf die Vergleichbarkeit des Vergleichbaren hin ausgerichtet, so sind »klassische« Kenngrößen wie Umsatz pro Quadratmeter oder Gewinn pro Quadratmeter dazu angetan, die Entität »Filiale« auf eine Metrik herunterzubrechen (»Granularitätsprinzip«), die es erlaubt, Filialen an unterschiedlichen Standorten mit unterschiedlichen Größen und Zuschnitten miteinander zu vergleichen.
Von daher sind die Key-Performance-Indicators im Einzelhandel zum einen dazu bestimmt, den Geschäftsbetrieb einer Filiale zum Zweck der operativen Steue-

rung möglichst gut abzubilden, ebenso müssen sie auch geeignet sein, etwaige Quervergleiche wie dargelegt zu ermöglichen, was durch Kennwerte wie z. B. (i) Umsatzleistung/Rohertrag pro Quadratmeter, (ii) Umsatzleistung/Rohertrag pro Mitarbeiterstunde oder (iii) »Filialgewinn«/DB einer Filiale vor Kosten der zentralen Administration (z. B. Einkauf, Verwaltung, etc.) und vor Finanzierungs- und Investitionskosten (EBITDA) erreicht wird.

Zum anderen müssen die KPIs auch der Aggregationsstufe des Unternehmens genügen, so dass z. B. Wertentwicklungen, sei es z. B. durch Residualgrößen wie Economic Value Added oder Financial Ratios, die bezogen auf verwendetes Kapital entsprechende Returns aufzeigen, geplant und gemessen werden können. Dazu ergänzend bedarf es auf dieser Ebene auch der Spezifizierung von Marktanteilsentwicklungen, der Kundenzufriedenheit (-loyalität), aber auch der Effizienz und Effektivität interner Arbeitsprozesse (vgl. *Kaplan/Norton* 2001). Dies kann, muss aber nicht in Form eines sytematisiert-holistischen Ansatzes einer Balanced Scorecard erfolgen, in jedem Fall wird aber die enge Verbindung zur Unternehmensstrategie deutlich bzw. ist zwingend erforderlich.

F. **»Analyse till Paralysed«:** Verknüpft man beispielsweise die sich konzeptionell ergebenden Datenvolumina mit den Anforderungen an »Drill-Down« und »Vergleichsebenen«, so wird rasch deutlich, dass Datenanalysen effizient nur mit erheblicher systemtechnischer Unterstützung und entsprechenden Architekturen gestaltet werden können. Dazu ergänzend gilt es auch, den operativen Bereich von zeitraubenden und sophistizierten Analysen frei zu halten, denn ein Filialleiter nutzt in der Regel die Controlling-Instrumente für eine sehr operative Steuerung seines täglichen Geschäftes. Das notwendige hypothesenorientierte Testen von Daten, um Handlungsentscheidungen für den Geschäftsbetrieb anhand von empirischen Daten zu ermöglichen, erfolgt nicht zuletzt auch aufgrund der notwendigen fachlichen Expertise zentralisiert.

Dementsprechend müssen Controlling-Instrumente einerseits für die »Peripherie« (»Filiale«, »Artikel«), andererseits aber für eine durch Datenanalytik getriebene Heuristik mit Entscheidungscharakter tauglich sein. Von daher sind IT-Architekturen und Datenbankstrukturen für die Umsetzbarkeit dieser Datenanalytik entscheidend; nicht immer sind diese aber aufgrund der damit verbundenen hohen Investitionskosten im Handel gerade bei mittelständisch geprägten Unternehmen verbreitet.

G. **»Time is Money« – Verlaufscharakter von Wertsteigerung/-vernichtung:** Handel ist in hohem Maße durch den Verlaufscharakter von Warenangebot und Warennachfrage geprägt, was sich wiederum in zwei Laufrichtungen der Ware niederschlägt, nämlich (i) vom Lieferanten über den Handel hin zum Kunden und (ii) vom Handel wieder zurück zum Lieferanten (oder der Abfalltonne). Nur die Vorwärtsrichtung »hin zum Kunden« ist wertschöpfend, die Rückwärtsrichtung zurück zum Lieferanten ist wertvernichtend, sie wird aber nur dann beschritten, wenn die Ware nicht vom Kunden nachgefragt wird.

Von daher lassen sich konzeptionell operativ in der Kombination von Menge x Artikelbreite zwei Fehlertypen unterschieden. Beim Fehler 1. Art war das Warenangebot relativ zur Nachfrage zu groß, mit der Folge einer wertmäßig erfassbaren Minderung des Warenbestandes (»alte« Ware verliert an Wert, da die Wahrscheinlichkeit des Abverkaufs mit dem Zeitverlauf abnimmt – bis hin zu Null, wenn die Ware aufgrund von physischem Verfall, insbes. bei Lebensmitteln, nicht mehr verwendbar ist), der Fehler 2. Art ist die Nicht-Befriedigung noch vorhandener Nachfrage, weil die angebotene Menge eines bestimmten Artikels zu gering war.

Dabei sind Handelsunternehmen typischerweise danach ausgerichtet, den Fehler 1. Art zu vermeiden, weil dieser wertmäßig auch erfassbar ist, mit der Folge, den Fehler 2. Art implizit in Kauf zu nehmen. Typische Einkaufsstrategien sind dann eher breite Sortimente, denn man hat von allem etwas und das jeweilige »Bisschen« wird auch verkauft, die verbleibende Menge ist pro Artikel gering (weil man ja auch geringe Mengen eingekauft hat).

Wiewohl die dargelegten Charakteristika ein Bild einer eher klassischen Budgetierung, Planung und Steuerung zeichnen mögen, ist man im Einzelhandel auch nicht mehr der Meinung, dass je exakter und detaillierter geplant wird, desto verlässlicher seien die Zahlen und umso besser könne die Zielerreichung sichergestellt werden (vgl. *Guldin* 2006).

Ganz im Gegenteil, die dargelegten Anforderungen machen es gerade erforderlich, Aspekte wie (i) Komplexitätsreduzierung bei Detailplanungen, (ii) Integration von operativer mit strategischer Planung, (iii) Ausrichtung der Kennwerte an relativen Größen bezogen auf das Unternehmen selbst wie auch und vor allem gegenüber dem Markt sowie (iv) ein hohes Maß an taktischer Handlungsflexibilität (Re-Allokation von Ressourcen bei Bedarf) und entsprechender Früherkennungsmechanismen zunehmend in der Controlling/Finance-Praxis aufzunehmen und umzusetzen.

Die Punkte (i) bis (iv) sind sicherlich in den Konzeptkreisen »Advanced Budgeting« und auch »Beyond Budgeting« anzusiedeln (vgl. *Gleich/Hofmann/Leyk* 2006), so dass

		Warenmenge pro Artikel	
		Niedrig	Hoch
Artikel-vielfalt	Niedrig	»Sold out«	Mega-Seller...... aber, was ist, wenn es der falsche Artikel ist
	Hoch	»Es kann nichts passieren .... wir haben von allem etwas da«	(zu) hohe Kapitalbindung und Gefahr hoher Restbestände

Fehler 1. Art:
Angebot übersteigt die Nachfrage
Bestandsabschläge in den Büchern

• **H/N Case:** Für den einzelnen Artikel nicht gravierend (geringe Stückzahl)

• **N/H Case:** Für den einzelnen Artikel gravierend (hohe Stückzahl)

Fehler 2. Art:
Nachfrage wird nicht befriedigt
»Leerverkauf« – nicht in den Büchern erkennbar

• **H/N Case:** nicht erkennbar

• **H/N Case:** nicht erkennbar/bestreibar
• (Verweis auf »Ausweichartikel«)

Abb. 1: »Time is Money« und die Auswirkungen auf den Wareneinkauf im Einzelhandel die genannten Grundcharakteristika von Einzelhandelsunternehmen eindeutig für die Annäherung der praktischen Arbeit in Planung und Steuerung der Unternehmen an die neueren Entwicklungen des Controllings spricht. Dies wird in der Praxis zunehmend ergänzt durch die erkannte Notwendigkeit, auch nicht-finanzielle Kenngrößen über z. B. Kunden, Lieferanten, Mitarbeiter und interne Arbeitsabläufe (Stichwort: Balanced Scorecard) zur operativen, vor allem aber für die strategische, nachhaltig wertorientierte Steuerung (vgl. *Guldin* 2006) zu nutzen.

Zusammenfassend verdeutlicht Abbildung 2 die konzeptionelle Struktur des »Drill-Down«-Prinzips zur Planung, Steuerung und Informationsgewinnung/-bereitstellung in Abhängigkeit der üblichen Organisationsstruktur eines international tätigen Einzelhandelsunternehmens.

Abschließend sei an dieser Stelle auf die drei Wachstumskomponenten innerhalb des Einzelhandels hingewiesen. In Abbildung 3 ist ein schematisches Beispiel dieses Themas dargelegt. Anhand der Kenngröße EBIT zeigt der Vergleich der Unternehmen A und B im Jahr 1, dass beide Unternehmen per Saldo gleich gut sind und beim ertragsbezogenen Vergleich der Marktsegmente häufig sogar die Einschätzung vertreten wird, dass Unternehmen B schlechter aufgestellt sei, da dort die »Exit-Märkte« bereits kritisch i.S. des negativen Ergebnisbeitrages sind, die »Neuen Märkte« im Vergleich zu Unternehmen A weniger gute Leistungen erbringen und Unternehmen B somit im Wesentlichen von seinen »Bestehenden Märkten« abhängig sei.

Das Beispiel zeigt im zeitlichen Verlauf das genaue Gegenteil. Die Gesamtperformance von Unternehmen B ist im Jahr 5 erheblich besser als bei Unternehmen A, dies einzig

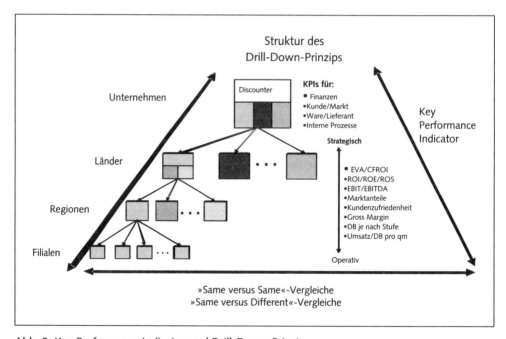

Abb. 2: Key Performance Indicator und Drill-Down-Prinzip

durch die Entwicklung der »Exit-Märkte«, denn die Veränderungsparameter bei den anderen beiden Marktkomponenten wurden hier gleich gewählt. Während Untenehmen B sich aus seinen »Exit-Märkten« tatsächlich verabschiedet hatte (und keine neuen aufgebaut hat), versäumte es Unternehmen A hier entsprechend zu handeln, mit dem Gesamtergebnis, dass trotz Behauptens in den bestehenden Märkten und trotz erheblicher Verbesserung des EBIT in den neuen Märkten das Unternehmens-EBIT gegenüber dem Jahr 1 um 30 % geschrumpft ist. Die Ertragskraft des Unternehmens wurde durch den fehlenden/rechtzeitigen Exit aus Märkten erheblich geschmälert.

Wertentwicklung aus dem Dreier-Mix der Marktentwicklungen

EBIT-Werte	Jahr 1				Jahr 5			
	Bestehende Märkte	Neue Märkte	»Exit« Märkte	Gesamt	Bestehende Märkte	Neue Märkte	»Exit« Märkte	Gesamt
Unternehmen A	70	20	10	100	70	50	-50	70
Unternehmen B	100	10	-10	100	100	40	0	140

- Dynamik in der Klassifizierung ist zu beachten
  - »Neue Märkte« werden zu »bestehende Märkte«
  - »Bestehende Märkte« werden zu »Exit Märkte«
- Die hohe werttreibende Bedeutung von »Exit«wird häufig unterschätzt, der Mgtment-Fokus der Unternehmensentwicklung liegt zumeist auf »Neue Märkte«

Abb. 3: Wertentwicklung und die drei Komponenten des Wachstums

Ein weiteres Beispiel für die »Kunst des Exits« mag dies noch weiter verdeutlichen. So bewegen sich beispielsweise die kapitalisierten Miet-/Leasingkosten für tausende Filialen durchaus im €-Milliardenbereich und bei Schließung von Filialen bei verbleibendem Mietobligo (»Exit«) verbleiben hohe Belastungen (ergebniswirksame Rückstellungen sowie dann der Cash-Abfluss im Verlauf der Jahre) für das Handelsunternehmen. Von daher bedarf es einer wertorientierten Steuerung der drei bisweilen sehr verschiedenen Marktkomponenten, denn ein »Exit-Game« verläuft i. S. der Finanzierungsnotwendigkeiten und Risiken deutlich anders als ein »Growth-Game«. Hierauf sind die Instrumente von Controlling und Finance auszurichten, nur bei entsprechender Passungsgenauigkeit für diese spezifischen strategischen Facetten kann auch eine solide Steuerung erfolgen. Dies setzt zunächst einmal die Auftrennung des Geschäftsfeldes in jene drei Komponenten voraus, was aufgrund der üblicherweise monolithischen Betrachtung von Kosten, Erträgen, aber auch Bilanzpositionen in der Praxis nicht leicht umsetzbar ist. Ohne jedoch die drei Wachstumskomponenten separat zu behandeln, sind entsprechende Schwerpunktbildungen für die finanzielle und manageriale Ressourcenallokation kaum möglich. Dabei zeigt die Erfahrung, dass zum einen die Bedeutung der »Exit-Märkte« für die Gesamtperformance eines Unternehmens oft unterschätzt wird, zum anderen wird die Bedeutung der »Neuen Märkte« überschätzt.

Erklärbar mag dies mit einem »Optimismus-Aktionismus«-Bias sein, d. h. Manager neigen dazu, dass, wenn sie selbst Dinge anpacken und beeinflussen können, dass es dann nicht so schlimm kommen wird, denn »man« (in diesem Fall sie selbst) muss ja nur richtig anpacken. Dies erklärt auch die Freude an den »Neuen Märkten« und die Abneigung, sich aus kritischen Märkten zu verabschieden, denn in beiden Fällen muss man ja nur »richtig anpacken«, dann wachsen die »Neuen Märkte« entsprechend gut und die kritischen Märkte entwickeln sich hin zum Besseren.

4   Globalisierung des Geschäftsbetriebs und ihre Auswirkungen auf Controlling und Finance im Einzelhandel

Die Globalisierung des Einzelhandels findet auf allen Ebenen der Wertschöpfung statt – dem Warensourcing/-einkauf, dem Vertrieb der Waren, in der Supply Chain sowie auch im Vertrieb. Historisch betrachtet war der erste Schritt der Einkauf von Waren aus i. d. R. Niedriglohnländern, diesem ersten Teilschritt folgte dann via Überwindung von Zeit und Raum für Daten ein standortbezogenes »Outsourcing«, so dass bestimmte Funktionen im Ablauf eines Handelsgeschäftes in Ländern mit niedrigerem Lohnniveau erfüllt werden konnten. Schließlich erfolgte die Ausweitung der Vertriebsschienen in neue, ausländische Märkte hinein, die je nach geographischer Lage dann als international oder global zu bezeichnen sind. Mit Referenz zum Klassiker des Controllings, einer mehrstufigen DB-Rechnung, sind in Abbildung 4 entsprechend Trends im Einzelhandelsmanagement in Sachen »Globalisierung« dargelegt (fett gedruckte Stichworte). Hieraus wird deutlich, dass »Globalisierung« auf nahezu allen Stufen angreift und für die künftige Erwirtschaftung der Erträge von hoher Bedeutung sein wird.

Jedes Unternehmen wird bezogen auf »Vertrieb« und »Produkt« seine Positionierung auf der Skala »Regional – Global« finden und finden müssen. Für diese Positionierungsnotwendigkeit bedarf es der Unterstützung durch Methoden des Controllings und Finance, in dem die Paramater »Risiko« und »Return« in entsprechende Verhältnisse gesetzt werden. Hier bedarf es sowohl in der Phase der Entscheidungsfindung als auch in der konkreten Planung und Steuerung entsprechender Vorgehensweisen, wobei hierfür typischerweise zunächst singuläre Analysen mit entsprechenden Parameteranpassungen wie z. B. Cost of Capital in Abhängigkeit des Ortes des Investments oder WACC in Abhängigkeit der Finanzierung durch Kredite in Landeswährungen verwendet werden. Darüber hinaus gehende Modellierungen, z. B. von Value at Risk in Abhängigkeit der Varianzen einschlägiger Parameter sowie auch Wechselwirkungen aufgrund von empirisch belegbaren Korrelationen zwischen den Parametern, mögen hier empfehlenswert sein, bewegen sich aber nach Kenntnis des Autors in der Praxis sicherlich »at the forefront«.

In Abbildung 5 wird verdeutlicht, dass die Positionierung »Regional – Global« mit praktischen Management-Entscheidungen verknüpft ist, so dass Controlling und Finance sich weniger, wie oben dargelegt, konzeptionell über die Methodik als über die

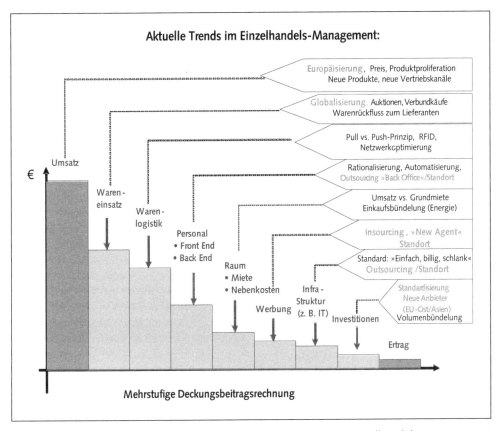

Abb. 4: Wie erwirtschaftet man Gel – oder aktuelle Trends im Einzelhandels-Management und deren Einfluss auf Deckungsbeiträge

konkrete Fragestellung, wie z.B. »Lohnt sich Private Label (Eigenmarke) für uns?«, in den Gestaltungs- und Managementprozess einbringt. Über eine solche konkrete Management-Fragestellung kommend, sollten dann Controlling und Finance die entsprechenden Handlungsempfehlungen methodisch klar ableiten können, wobei dieses Beispiel auch verdeutlicht, dass die bloße Binnensicht womöglich nicht ausreichend ist, sondern entsprechende Marktdaten zur Evaluation unbedingt heranzuziehen sind.

5   Fazit und Ausblick

»Controlling und Finance follow Strategy« – dies war die Eingangsüberlegung zu der Frage, welches Spannungsfeld sich einerseits durch den zunehmend globaleren Geschäftsbetrieb und andererseits durch die Steuerungserfordernisse auf der Filialebene ergibt.

Filialebene und Analytik: Zweifelsohne bedarf es einer klaren funktionalen Trennung in den Aktivitäten: Je transaktionaler die zu nutzenden Daten sind, desto einfacher

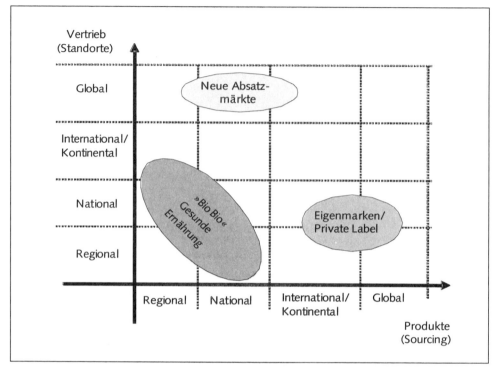

Abb. 5: Regional bis Global bei Vertrieb und Produkten im Einzelhandel

muss das Handling sein und umso eher können Abstriche an die Anforderung einer analytisch getriebenen Flexibilität der Datenzusammenfassung gemacht werden. Für strategische Fragestellungen bedarf es einer hohen Flexibilität in der sachlogischen Datenaggregation, die von Spezialisten mit entsprechendem Ausbildungshintergrund betrieben werden muss.

Dazwischen sind solcherlei Systeme anzusiedeln, die es erlauben, intelligente Vorauswertungen dem jeweiligen Funktionsexperten (z. B. einem Einkäufer) vorzugeben, d. h. es werden nur Abweichungen oder auffällige Werte präsentiert und müssen bearbeitet werden, die Masse der unauffälligen Daten folgen dann einem vorgegebenen Handlungs- und Verarbeitungsmuster. Dies ist die analytische Grundkonzeption, in der Praxis sind jedoch vielfältig »Einzellösungen« anzutreffen, d. h. es bestehen für spezifische Aufgabenstellungen entlang der Wertschöpfungskette entsprechende Spezialsysteme, die helfen, genau diese Fragestellung zu bearbeiten. Dies erschwert das Controlling »aus einem Guss«, d. h. die fehlende Integrationsfähigkeit wird häufig durch »Brückenlösungen« (*Excel* ist hier ein beliebtes Tool) kompensiert.

Spezialwissen: Die Trennung in der Bearbeitung wird unterstützt durch die zwingende Notwendigkeit der »Breitentauglichkeit« von Instrumenten und andererseits einer zunehmenden Komplexität in Steuerungsfragen in den durch die Globalisierung getriebenen Management-Prozessen – so sind »Value at Risk«-Analysen für Filial- und

Regionen-Controller oder gar operative Funktionsträger sicherlich zu komplex und das Spezialwissen für diese Methodik muss bei wenigen Experten bleiben. Andererseits brauchen diese Experten bei der Bearbeitung entsprechender Fragestellungen einen engen und intensiven Kontakt mit den operativen Kräften vor Ort – sonst könnten entsprechende Risikoparameter nicht eingeschätzt und in ihren Interaktionen nicht sachgerecht modelliert werden (vgl. *Guldin* 2000).

Kommunikation zwischen Finance/Controlling und Linienmanagement: Dies bedarf einer organisatorischen Unterfütterung, d. h. eine projektbezogene, interdisziplinäre Zusammenarbeit zwischen Controlling- und Finance-Spezialisten und den operativ verantwortlichen Managern ist entscheidend für die erfolgreiche Unterstützung des Managements in der Unternehmenssteuerung durch Controlling/Finance. Dabei ist der »educational effort«, also der Aufwand, sich wechselseitig zu verstehen – ohne dabei in einen »L'art-pour-l'art-Debattierclub« zu degenerieren – nicht zu unterschätzen und bedarf der entsprechenden Strukturierung entlang der Themenfelder wie »Planung/Budgetierung«, »Investitionen: Entscheidung, Verfolgung, Review«, »Steuerung des aktuellen Geschäftsjahres«, aber auch bei der mittel- und langfristigen Strategiefindung.

Risikomanagement: Dies ist auch im Verbund mit entsprechendem Risikomanagement der Unternehmen zu sehen, denn mit einer zunehmenden Verbreiterung der Basis von Vertrieb und Produkten ergeben sich neben bereits bekannten und durch Marktangebote strukturier- und mitigierbare Risiken (z. B. Währungen, Commodity-Preise) auch idiosynkratische Risiken wie z. B. Vertrags- und Eigentumsrechte oder Verbraucherschutz (vgl. *Guldin* 2000).

Forecasting: Gerade die dargelegten Ausführungen zu dem Saldo der drei Wachstumskomponenten für Einzelhandelsunternehmen verdeutlichen im Kontext der Globalisierung die Notwendigkeit, sich verstärkt mit der zukünftigen Entwicklung von Märkten und der damit verbundenen Wertschaffung/-vernichtung auseinander zu setzen. Von daher ist der Themenbereich »Forecasting« für den Handel und seine Funktionsbereiche Controlling/Finanzen nicht erst seit Basel II von essentieller Bedeutung, denn hiernach werden Allokationen von Mitteln vorgenommen, die im Positiven wie Negativen zukunftgestaltend sind.

Literatur

Buchner, H. (2003), Welche Planung passt zu Ihrem Unternehmen?, in: *Horváth, P./Gleich, R.* (Hrsg.), Neugestaltung der Unternehmensplanung, Stuttgart 2003, S. 103–109

Gleich, R./Hofmann, S./Leyk, J. (2006), Planungs- und Budgetierungsinstrumente, Freiburg 2006

Guldin, A. (2006), Unternehmensplanung im Einzelhandel: Wie können Ganzheitlichkeit und Details verknüpft werden?, in: *Gleich, R./Hofmann, S./Leyk, J.* (Hrsg.), Planungs- und Budgetierungsinstrumente, Freiburg 2006, S. 171–188

Guldin, A. (2000), Risikomanagement im Handel, in: *Dörner, D./Horváth, P./Kagermann, H.* (Hrsg.), Praxis des Risikomanagements, Stuttgart 2006, S. 681–718

Kaplan, R.S./Norton, D.P. (2001), The Strategy-Focused Organization, Boston 2001 (Deutsch: Stuttgart 2001)

Finanzielle Steuerung einer Profisport-organisation
Das Projekt BalPlan des VfB Stuttgart

Erwin Staudt*

1   Einführung

2   Besonderheiten im Profifußball
    2.1   System Profifußball
    2.2   Ökonomische Besonderheiten der Branche Profifußball

3   Strategische Steuerung im Profifußball

4   Die Balanced Scorecard als theoretisches Konstrukt

5   Die Entwicklung von BalPlan (Balanced Scorecard Planning System)
    beim VfB Stuttgart
    5.1   Schritt 1: Workshop auf mittlerer Unternehmensebene
    5.2   Schritt 2: Entwicklung von Kennzahlen mit Abteilungsleitern und Vorstand
    5.3   Schritt 3: Berücksichtigung branchenspezifischer Adaptionen und Ergänzung
          von Funktionen
    5.4   Schritt 4: IT-Umsetzung

6   Fazit

Literatur

*   Erwin Staudt, Präsident VfB Stuttgart 1893 e. V., Stuttgart.

1   Einführung

»Unternehmen allein über Finanzzahlen zu führen, gleicht dem Verfolgen eines Fußballspiels via Anzeigentafel« (*Weber et al.* 1997, S. 12).

Dieses einleitende Zitat impliziert eine unbefriedigende Ausgangssituation, die sich im Verlauf dieses Beitrages durch die Annäherung der Balanced Scorecard (BSC) an den Profifußball verändern wird.

Fußball und Profit – für viele Funktionäre war das lange ein Widerspruch in sich (vgl. *Väth* 1994, S. 62). Der exorbitante Anstieg der TV-Vermarktungsrechte, die Sponsoring- und Merchandisingaktivitäten und vieles mehr haben die Situation der Branche Profifußball verändert. Im Zuge fortschreitender Kommerzialisierung im Profifußball entwickeln sich die Bundesligaclubs zu vermeintlich professionell geführten Wirtschaftsunternehmen, die sich mit Reformen ihrer Strukturen und Strategiefindungsprozessen auseinanderzusetzen haben. Dabei werden häufig Programme und Strategien formuliert, die aber in der Realität des operativen Geschäfts nur halbherzig »gelebt« werden und die die einzelnen Geschäftsbereiche nicht gebührend miteinander verbinden können. Woher kommt im *Profifußball* die Bereitschaft zu Veränderungen und zur professionellen Entwicklung?

Um Profifußballorganisationen zielgerecht steuern zu können, müssen Planung, Informationssystem, Kontrolle, Personalführung und Organisation optimiert und innerhalb des Managementprozesses aufeinander abgestimmt werden (vgl. *Haas* 2002, S. 6). Inwieweit ist eine *strategische Steuerung* im Profifußball überhaupt sinnvoll?

Robert S. Kaplan (Professor an der *Harvard Business School*) und *David P. Norton* (damaliger Berater bei *KPMG*) entwickelten zu Beginn der 90er Jahre mit der Balanced Scorecard ein Konzept (vgl. *Kaplan/Norton* 1992; 1997; 2001), das als praktisches Steuerungsinstrument zur Planung und Kontrolle der Strategieumsetzung gilt (vgl. *Ackermann* 2000, S. 11). Das Konzept erlaubt es Unternehmen, langfristig angelegte Visionen und Strategien wirkungsvoll in Aktionen umzusetzen. Hervorzuheben ist dabei ihr integrativer Charakter, der als Brücke zwischen Strategiefindung und Strategieumsetzung fungiert (vgl. *Horvath/Gaiser* 2000, S. 17 f.). *Ist die Balanced Scorecard ein geeignetes Instrument für die Branche Profifußball?*

2   Besonderheiten im Profifußball

2.1   System Profifußball

Das System Profifußball (vgl. Abb. 1) muss aufgrund der kommerziellen Entwicklung der vergangenen Jahre und der sehr heterogenen Akteure mittlerweile als ein komplexes ökonomisches Gebilde betrachtet werden.

Um die Bedürfnisse der einzelnen Akteure erfüllen zu können, betreiben die Fußballunternehmen eine spezielle Produktdifferenzierung. Der primäre Output (vgl. *Haas* 2002, S. 25 ff.) ist das Ergebnis der eigentlichen Fußballproduktion, die Leistungserbringung

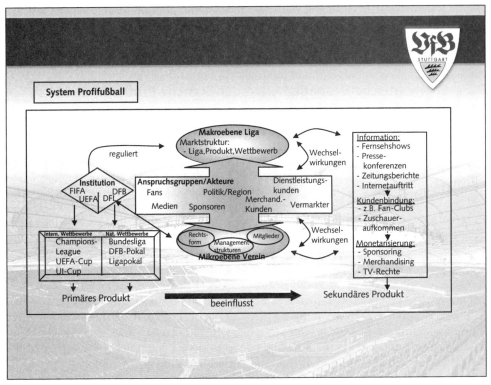

Abb.1: Das System Profifußball und seine Leistungsbeziehungen (Quelle: eigene Darstellung, inspiriert durch *Dörnemann* (2002, S. 61), *Haas* (2002, S. 26))

durch die einzelnen angestellten Lizenzspieler. Alle übrigen angebotenen Produkte, die maßgeblich durch den Erfolg des primären Outputs beeinflusst werden, können als sekundärer Output bezeichnet werden. Diese einzelnen sekundären Produkte (z. B. Merchandising, Stadionzuschauer, TV-Rechte), die in Form von Sachgütern oder Dienstleistungen umgesetzt werden, stellen die Haupteinnahmequellen der Vereine dar und weisen interdependente Bezüge auf (vgl. *Hübl/Swieter* 2002, S. 18 ff.).

Die Differenzierung des primären Produkts liegt aber nicht alleine im Einflussbereich der Vereine, daher ist der Autonomiegrad (vgl. *Erning* 2000, S. 95) der Fußballunternehmen auch geringer als der der meisten anderen Konsumgüteranbieter.

So ist das einzelne Fußallunternehmen bezüglich der Ausrichtung innerdeutscher Wettbewerbe (1. und 2. Fußballbundesliga, DFB-Pokal, DFB-Ligapokal, DFB-Supercup) vom Zentralverband DFB und dessen ausgegliedertem Ligaverband abhängig, der Zentralverband wiederum überträgt die Kompetenzen für die internationalen Wettbewerbe (Champions-League, UEFA-Pokal, UI-Cup) an die UEFA und die FIFA.

Die einzelnen Akteure weisen einige Interaktionen und Verflechtungen auf. Auf eine ausführliche Beschreibung aller Interaktionen (vgl. dazu *Dörnemann* 2002, S. 84 ff.) möchte ich im Folgenden nicht detaillierter eingehen. Es gilt aber festzuhalten, dass die einzelnen Fußballunternehmen durch die vielfältigen Interaktionen und Verflechtungen bei ihrer jeweiligen Ziel- und Entscheidungsfindung mehrere Anspruchsgruppen berücksichtigen müssen.

2.2 Ökonomische Besonderheiten der Branche Profifußball

Die ökonomische Betrachtung der Fußballunternehmen weist einige Besonderheiten im Vergleich zu klassischen Wirtschaftunternehmen auf, die es gilt im Folgenden aufzuzeigen.

Während Unternehmen beispielsweise ihren Gewinn u. a. dadurch steigern können, dass sie ihre Konkurrenz vom Markt verdrängen, ist der einzelne Fußballprofiverein auf die Existenz und die Kooperation seiner Konkurrenz angewiesen, damit das Produkt hergestellt und vermarktet werden kann (vgl. *Frick* 1999, S. 145 ff.). Denn kein Verein kann das Produkt »Fußballbundesligaspiel« alleine anbieten, dazu bedarf es der Gemeinschaftsproduktion von je zwei Mannschaften.

Der Verein befindet sich trotz vorhandener Abhängigkeiten dennoch in einer Wettbewerberposition. In der Literatur wird an dieser Stelle häufig die Metapher des so genannten Rattenrennens beschrieben. Für die Fußballbundesliga haben *Franck/Müller* (1997, S. 7) das Problem der Ranginterdependenz beschrieben: »Der Anteil der Clubs an den Einnahmen (TV-Rechte, u. a. Vermarktung) korreliert mit dem Abschneiden in der Liga. Somit kann kein Teilnehmer eine bessere Platzierung (also ein größeres Käsestück) erreichen, ohne mindestens einen anderen auf einen schlechter dotierten Platz zu verdrängen«.

Die Notwendigkeit der Gemeinschaftsproduktion bezieht sich jedoch nicht nur auf ein einzelnes Spiel, sondern auch auf den Zusammenschluss zu einer Liga. Die Fußballbundesliga genießt eine Monopolstellung. Denn gäbe es unverbunden nebeneinander operierende Ligen, würde das Produkt an Wert verlieren und die Erlöse dementsprechend geringer ausfallen. Für die Liga sind spezifische Determinanten von entscheidender Bedeutung, um das Interesse der Fans und Sponsoren sicherzustellen. Eine gewisse Unkalkulierbarkeit (Unsicherheit des Spielausgangs), kurzfristige Spannungselemente, eine dichte Wettbewerberintensität zwischen den Konkurrenten und die Unsicherheit des Saisonausgangs kennzeichnen besondere Produkteigenschaften des Unterhaltungsprodukts »Fußball« (vgl. *Frick* 1999, S. 145 ff.).

Um sich einen Zugang zur Liga bzw. zum Markt zu verschaffen, gilt es die Markteintrittsbarrieren zu berücksichtigen. Die sportlichen Barrieren ergeben sich unmittelbar aus den Auf- und Abstiegsregeln. Die wirtschaftlichen Eintrittsbarrieren bestehen einerseits aus den »spezifischen Investitionen«, die ein Verein vornimmt, um die sportliche Qualifikation zu realisieren (z. B. Ausgaben für Spieler, Trainer und Managementmaterial), und andererseits aus dem Lizenzierungsverfahren, das der Ligaverband jede Saison durchführt (vgl. *Erning* 2000, S. 102 ff.).

Betrachtet man die Produkterstellung aus sportlicher Perspektive, so handelt es sich bei der Fußballbundesliga um ein zweistufiges Produktionssystem. Während auf Clubebene innerhalb der ersten Stufe die Bereitstellung und Vorbereitung der Inputfaktoren (Spieler, Trainer etc.) erfolgt, wird mit der zweiten Stufe, dem Meisterschaftsspiel, das eigentliche vermarktungsfähige Wettkampfprodukt erzeugt (vgl. *Kipker* 2001, S. 20).

Nähert man sich dem Produkt Profifußball aus dem allgemeinen Blickwinkel der Gütertheorie, so muss man differenzieren. Es gibt einerseits Elemente, wie bspw. der Besuch eines Bundesligaspiels, die den Profifußball als privates Gut darstellen. Andererseits weisen Infrastrukturvorleistungen der öffentlichen Hand (z. B. Straßenneubau zu Stadien, Polizeipräsenz während Bundesligaspielen) darauf hin, dass der Profifußball Charakteristika eines öffentlichen Guts aufzeigt (vgl. *Erning* 2000, S. 56 ff.).

Zusammengefasst kann festgestellt werden, dass der Profifußball ein komplexes, multidimensionales wirtschaftliches Gut darstellt, dessen Gesamtproduktion von Angebot und Nachfrage abhängt.

3 Strategische Steuerung im Profifußball

Inwieweit finden gegenwärtig die Implementierung eines strategischen Steuerungsprozesses und die explizite Definition von Strategien in den Vereinen der Bundesliga statt? Eine vollständige und vergleichende Analyse des strategischen Planungsverhaltens aller 18 Bundesligisten wurde bislang noch nicht durchgeführt. *Dörnemann* und *Kopp* (2001, S. 486 f.) konnten im Rahmen ihrer Studie bei fünf Bundesligisten des oberen Drittels jedoch keine längerfristig orientierte strategische Planung identifizieren. So existieren zwar strategische Überlegungen, die in Sitzungen thematisiert werden, einen formalen Rahmen, in dem strategische Pläne festgehalten und deren Erreichung regelmäßig überprüft wird oder Instrumente verwendet werden, lässt sich nur rudimentär identifizieren. Auch wenn die sportlichen Erfolge von Unsicherheiten gekennzeichnet sind und nur bedingt geplant werden können, so ist es umso entscheidender, mit Hilfe eines strategischen Steuerungsinstrumentes die möglichen Ursachen der Missstände aufzuzeigen, die auf den sportlichen Erfolg negativen Einfluss zeigen. Es ist daher dringend erforderlich, über den sportlichen Erfolg hinaus in allen Bereichen des Vereins klare Unternehmensziele zu formulieren und zu dokumentieren, die in Form von Strategien und Aktionen konkretisiert umgesetzt werden. Nur mit Hilfe eines geeigneten Steuerungsinstruments innerhalb des Vereins ist es möglich, den ganzheitlichen Managementprozess zu betreuen und die strategische Zielerreichung zu kontrollieren. Verbirgt sich aber gerade hinter der Balanced Scorecard das geeignete Steuerungsinstrument für den Profifußball?

Nachdem erste Ansatzpunkte für die Relevanz einer Balanced Scorecard als strategisches Steuerungsinstrument erörtert wurden, gilt es im Folgenden in aller Kürze die Theorie der BSC darzustellen.

4   Die Balanced Scorecard als theoretisches Konstrukt

Das Konzept der Balanced Scorecard (BSC) wurde von *Robert S. Kaplan* und *David P. Norton* Anfang der 90er Jahre in Zusammenarbeit mit zwölf US-amerikanischen Topunternehmen entwickelt und als neuartiges strategisches Steuerungssystem veröffentlicht (vgl. *Kaplan/Norton* 1992, 1997).

Anlass für die Entwicklung der BSC war die Überzeugung, dass der alleinige Zugriff auf monetäre Kennzahlen Organisationen an zukünftigen wertschöpfenden Tätigkeiten hinderte: »The financial measures tell some, but not all, of the story about past actions and they fail to provide adequate guidance for the actions to be taken today and the day after to create future financial value«. Primäres Ziel der Balanced Scorecard ist es, die Strategieumsetzung in Unternehmen zu unterstützen und das Engagement der Mitarbeiter auf die Strategie und die Vision des Unternehmens auszurichten (vgl. *Kaplan/Norton* 2001, S. 7). Dabei fungiert das Instrument als Bindeglied zwischen operativer und strategischer Planung (vgl. *Horvath/Kaufmann* 1998, S. 46 ff.). Eine Balance sollte dabei zwischen »kurzfristigen und langfristigen Zielen, monetären und nicht-monetären Kennzahlen, zwischen Spätindikatoren und Frühindikatoren sowie externen und internen Performance-Perspektiven« gefunden werden (vgl. *Kaplan/Norton* 1997, S. VII). Damit setzt die Balanced Scorecard mit einem »völlig neuen Steuerungsverständnis« an, das zu einer »höheren Transparenz des Leistungserstellungsprozesses« beiträgt und damit eine »effektivere Steuerung« ermöglicht (vgl. *Scherer* 2002, S. 13).

Innerhalb der Grundstruktur (vgl. Abb. 2) der Balanced Scorecard nach *Kaplan/Norton* (2001, S. 8 ff.; dies. 1997, S. 23 ff.) werden auf der Basis einer festgelegten Strategie und einer klaren Vision strategische Ziele aus vier verschiedenen Perspektiven abgeleitet. Die Ziele, welche durch finanzielle und nicht-finanzielle Kennzahlen konkretisiert werden, sind durch Ursache-Wirkungsketten miteinander verbunden und werden mit Zielwerten versehen. Für die einzelnen Ziele werden strategische Aktionen (bzw. Maßnahmen) erarbeitet, welche die Zielerreichung sicherstellen sollen (vgl. *Gaiser/Greiner* 2002, S. 199).

Mit einer *Vision* wird ein richtungweisendes Zukunftsbild eines Unternehmens entworfen, das die langfristige Ausrichtung des Unternehmens verdeutlicht und hilft, ein gemeinsames Grundverständnis aufzubauen (vgl. *Kaplan/Norton* 2001, S. 66). Die Vision sollte dabei nicht mit dem klassischen Leitbild verwechselt werden, welches die gesamte Identität des Unternehmens beschreibt und mittels eines Mottos u. a. als externes Marketinginstrument verwendet wird.

Kaplan und *Norton* (2001, S. 69) gehen in ihrem Entwurf der BSC davon aus, dass die *Strategie* eine Hypothese sei, die es gilt in der Organisation zu verinnerlichen und an den vorhandenen Ressourcen auszurichten. Sie weisen darauf hin, dass innerhalb der Organisation alle bestehenden und zukünftig ungewissen Veränderungen zu berücksichtigen sind.

Die Bestimmung der *strategischen Ziele*, die sich aus der Vision und der Strategie ableiten und somit als die entscheidenden und erfolgskritischen Ziele des Unternehmens gelten, bildet den Ausgangspunkt aller weiteren Aktivitäten bei der BSC-Erstellung. Der Ansatz des Instrumentes zeichnet sich u. a. dadurch aus, dass die strategischen Ziele jeweils einer konkreten Betrachtungsweise, der sog. Perspektive zugeordnet werden.

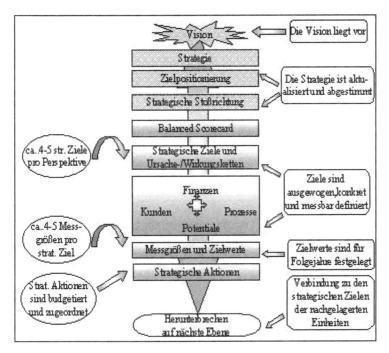

Abb. 2: Komponenten der BSC (vgl. *Gaiser/Greiner* 2002, S. 199, stark modifiziert)

Dadurch soll ein einseitiges Denken bei der Ableitung und der Verfolgung der Ziele verhindert werden (vgl. *Horváth & Partner* 2001, S. 11).

Im Verlaufe der Studien von *Kaplan* und *Norton* (1997, S. 24 ff.) haben sich folgende vier Perspektiven herauskristallisiert:

Die *finanzielle Perspektive*, die eine besondere Rolle in der Ebenenanordnung einnimmt, zeigt an, ob die Implementierung der Strategie zur Ergebnisverbesserung beiträgt. Mit der Finanzperspektive müssen einerseits die finanziellen Ergebnisse gemessen werden, die von der strategischen Ausrichtung der Unternehmung erwartet werden. Andererseits sind die finanziellen Kennzahlen auch die Ergebniskennzahlen der anderen Perspektiven.

Im Fokus der *Kundenperspektive* stehen Zufriedenheit und Rentabilität der Kunden. Dabei wird angenommen, dass ein Erfolg am jeweiligen Markt langfristig nur durch Produkte und Dienstleistungen erreicht werden kann, die den Bedürfnissen der Kunden entsprechen.

Die *interne Geschäftsprozessperspektive* klärt ab, bei welchen Prozessen Hervorragendes geleistet werden muss, um die Kunden zu begeistern. Voraussetzung ist, dass das Management die erfolgskritischen Prozesse im Unternehmen identifiziert hat.

Die vierte Perspektive der Balanced Scorecard, die *Lern- und Entwicklungsperspektive*, beschreibt die Infrastruktur, die notwendig ist, um die Ziele der ersten drei Perspektiven zu erreichen. Dabei wird besonders die Notwendigkeit von Investitionen in die Zukunft betont. Drei Hauptkategorien werden dabei unterschieden: Qualifizierung von Mitarbeitern, Leistungsfähigkeit des Informationssystems sowie Motivation und Zielausrichtung der Mitarbeiter.

Der Aufbau der Balanced Scorecard muss nicht in jedem Fall die genannten vier Perspektiven umfassen, obwohl dieser Aufbau in der Regel am weitesten verbreitet ist. Die Autoren sehen die gewählten Perspektiven lediglich als eine »Schablone«, die aber nicht als »Zwangsjacke« zu verstehen ist (vgl. *Kaplan/Norton* 1997, S. 33). D. h. je nach Themenbereich und Situation kann hinsichtlich der Anzahl und der Namensgebung flexibel reagiert werden.

In einer »richtig konstruierten BSC« sollte die Strategie als eine Kette von *Ursache-Wirkungsbeziehungen* ausgedrückt werden (vgl. *Kaplan/Norton* 1997, S. 144). Die Ursache-Wirkungsbeziehungen (u. a. mit Wenn-dann-Aussagen) stellen das Hypothesensystem zur Strategie dar und können sowohl innerhalb einer Perspektive als auch zwischen den Scorecard-Ebenen vorliegen. Die Ursache-Wirkungsketten beschreiben dabei, wie ein strategisches Ziel zu erreichen ist und wie es innerhalb eines Unternehmens verankert ist und leisten damit einen wertvollen Beitrag zur Operationalisierung der Strategien. Im Laufe der Strategieumsetzungsdiskussion ist die Kette zu einem Netz der Zielbeziehungen zu erweitern (strategy maps), deren laufende Überprüfung einen Lernprozess abbildet.

Damit die in den vier Perspektiven abgeleiteten strategischen Ziele konkretisiert und operationalisiert werden können, bedarf es eines *Kennzahlensystems*. Die alleinige Fokussierung auf finanzielle und damit vergangenheitsorientierte Kennzahlen soll mit Hilfe der Balanced Scorecard überwunden werden. »Wenn wir Zukunft messen wollen, müssen wir jene Prozesse analysieren, die in die Zukunft führen« (*Friedag/Schmidt* 2000, S. 47). Die Kennzahlen (bzw. Messgrößen) der Balanced Scorecard lassen sich in zwei Kategorien von Kennzahlen, in Ergebniskennzahlen (Spätindikatoren) und Leistungstreiber (Frühindikatoren), untergliedern. In beiden Kennzahlenkategorien sind sowohl kurz- als auch langfristige Ziele abzubilden, um eine Balance zwischen Zukunft und Gegenwart herzustellen.

Erst durch die Vorgabe von Zielwerten für jedes strategische Ziel und die dazugehörigen Kennzahlen gewinnt die Balanced Scorecard ihre Steuerungsrelevanz. Dabei gestaltet es sich als Herausforderung, das richtige Anspruchsniveau zwischen Ansporn und Demotivation zu finden (vgl. *Horváth & Partner* 2001, S. 51).

Im letzten Schritt der BSC-Erarbeitung werden *strategische Aktionen* erarbeitet. Die Aktionen sind konkrete Maßnahmen zur Umsetzung der Strategie und zur Erreichung der gesetzten Ziele. Die Formulierung solcher Aktionen ist umso einfacher, je konkreter die strategischen Ziele heruntergebrochen und in Kennzahlen und Zielwerten gefasst sind (vgl. *Kaplan/Norton* 1997, S. 222 ff.).

5 Die Entwicklung von BalPlan (Balanced Scorecard Planning System) beim VfB Stuttgart

Die Auswahl des theoretischen Konstrukts Balanced Scoercard als Basis für das Projekt BalPlan (vgl. Abb. 3) wurde gezielt nach den Anforderungen eines Profifußballclubs ausgewählt. Welche Zielvorstellungen wurden nun konkret mit der Einführung von BalPlan verfolgt und warum konnten diese gerade beim *VfB Stuttgart* mit dem Balanced Scorecard System umgesetzt werden? Durch die Strukturreform, die der *VfB Stuttgart* mit drei hauptamtlichen Vorstandsressorts vollzogen hatte, wurden ideale Voraussetzungen für die Umsetzung des Vorhabens geschaffen.

Eine zentrale Zielsetzung, die der Verein mit der Einführung von Bal Plan verfolgt, ist, dass die strategischen Ziele und die Vision des Clubs operationalisiert und umgesetzt werden können. Darüber hinaus sollen Simulationen und Szenarienbildungen den Verein in die Lage versetzen, den Planungshorizont und den notwendigen Investitionskorridor valide darstellen zu können. BalPlan sollte sowohl als ein Controlling-Instrument, mit dem die Analyse eigener Prozesse und Standortbestimmungen durchgeführt werden kann, als auch als ein Steuerungstool zur strategischen Ausrichtung des Unternehmens aufgefasst werden. Neben vielfältiger Analyse- und Auswertungsmöglichkeiten sollte

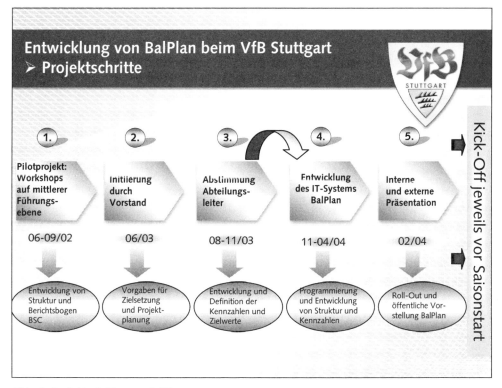

Abb. 3: Projektschritte von BalPlan

BalPlan jederzeit eine schnelle Informationsverteilung innerhalb des Unternehmens leisten können. Durch die gemeinsame Erarbeitung der Kennzahlen und Festlegung der Zielwerte erhoffen sich die Verantwortlichen darüber hinaus intensive Kommunikationsmechanismen und eine unternehmensweite Identifikation mit der strategischen Ausrichtung.

5.1 Schritt 1: Workshop auf mittlerer Unternehmensebene

Zu Beginn des Projekts stellte sich zunächst die Frage, in welcher personellen Konstellation eine Balanced Scorecard beim *VfB Stuttgart* entwickelt werden kann. In Verbindung mit einer Scorecard-Entwicklung und -implementierung wird in der Literatur auf Gremien hingewiesen, wie z.B. Lenkungsausschuss, Kernteam und erweitertes Team, Arbeitsgruppen sowie Ideenwerkstätten (vgl. *Horvath & Partner* 2001, S. 79). Die Gremien des *VfB Stuttgart* haben sich dazu entschlossen, zunächst mit der zweiten Führungsebene (Abteilungsleitern) ein Pilotprojekt mit Workshops zu initiieren, um die Notwendigkeit und die Geeignetheit dieses Instruments herauszustellen. In der Literatur wird zudem ein generelles Pilotprojekt befürwortet. *Horváth* und *Gaiser* (2000, S. 24) konstatieren, dass ein Unternehmen, welches nicht den idealtypischen Weg der Top-down-Einführung gehen möchte, durch eine Pilotierung mit der zweiten oder dritten Führungsebene die Zweckmäßigkeit des Konzeptes testen kann, um letztendlich bei einem Roll-out eine vorzeigbare Erfolgsstory präsentieren zu können.

Innerhalb dieser beiden Workshops wurde ein erster Berichtsbogen entwickelt, den es aber zu konkretisieren galt. Zuvor wurde eine gemeinsame Vision formuliert, die als Basis für die Ableitung und die Entwicklung der strategischen Ziele fungierte.

Vision 2002:
Wir wollen unser Bundesligateam zu einer sportlichen Größe entwickeln, um nationale und internationale Erfolge zu erringen. Deshalb gilt es eine konsequente Jugendförderung in die sportliche Ausrichtung zu integrieren. Die Wirtschaftlichkeit stellt dabei die Basis für den sportlichen Erfolg. In diesem Zusammenhang soll der Verein mit der Erkennung und Minimierung des unternehmerischen Risikos wirtschaftliche Aktivitäten aufbauen. Als langjähriger Traditionsverein soll der Verein seine Kundenorientierung ausbauen und verstärkt als Werbeträger und Imagefaktor für die Region fungieren.

5.2 Schritt 2: Entwicklung von Kennzahlen mit Abteilungsleitern und Vorstand

Auf Basis der Ergebnisse der Workshops wurde in einem zweiten Schritt damit begonnen in enger Abstimmung mit den zuständigen Verantwortlichen für die jeweiligen Abteilungen branchenspezifische Kennzahlen zu erarbeiten.

Bei der Erarbeitung der Kennzahlen wurde deutlich, dass zwischen »führungsrelevanten« und »abteilungsrelevanten« Kennzahlen unterschieden werden muss. Das Projektteam hat sich dazu entschlossen, unter Berücksichtigung eines folgenotwen-

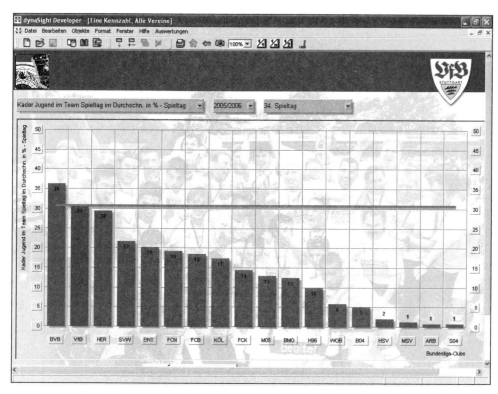

Abb. 4: Kennzahl: Jugendspieler, die im Lizenzspielerkader zum Einsatz kommen

digen Roll-outs alle relevanten Kennzahlen aufzunehmen und den Abteilungsleitern vorzustellen.

So werden in der Finanzperspektive bspw. Umsatzkennzahlen, Liquidität, Verschuldungsgrad oder die Etat-Effizienz gemessen. Neben den monetären Kennzahlen werden aber auch die so genannten »Soft facts« mit berücksichtigt. Mit der Kennzahl »Jugendspieler im Lizenzkader« (vgl. Abb. 4) wird gemessen, wie viele Spieler aus der eigenen Jugend im Lizenzspielerkader zum Einsatz kommen. Dabei wird in zwei Auswahlvarianten unterschieden. Zum einen wird die prozentuale Anzahl ausgewertet, zum anderen wird die Vereinszugehörigkeit der Spieler berücksichtigt (mit 17 und 18 Jahren: 1 Punkt mit 16/15:2 Punkte usw.).

Mit der Auswertung des täglichen Pressespiegels innerhalb der Kundenperspektive in die Rubriken »positive« und »negative« Meldungen für die Unternehmensführung, den Bereich Sport und sonstige Abteilungen wird die Presseabteilung und die Dependenz der Anspruchsgruppe »Journalisten« berücksichtigt.

Insgesamt wurden entlang der vorgegebenen vier Perspektiven 130 Kennzahlen erarbeitet, von denen 30 Kennzahlen für die oberste Führungsebene als steuerungsrelevante Informationen dienen.

Neben den klassischen Funktionen der strategischen Zielwertbildung und des Berichtsbogens werden in BalPlan auch die sportlichen Wettbewerber berücksichtigt. Mit der Darstellung der absoluten Personalausgaben (und dem Verhältnis Personalausgaben/Umsatz) werden bspw. die einzelnen Vereine analysiert und einem Vergleich ausgesetzt.

5.3 Schritt 3: Berücksichtigung branchenspezifischer Adaptionen und Ergänzung von Funktionen

Im ursprünglichen Konzept von *Kaplan/Norton* wird zunächst davon ausgegangen, dass eine Balanced Scorecard eine bereits formulierte Strategie voraussetzt. Innerhalb der Profivereine wird die fehlende Strategie oft mit der Unsicherheit und Unplanbarkeit des sportlichen Erfolgs begründet. Daher entwickeln sich die strategischen Handlungsprogramme auch eher emergent (vgl. *Scherer* 2002, S. 11) und sind den meisten Verantwortlichen als solche gar nicht explizit bewusst. Eine der zentralen Modifikationen, die es bei der Anwendung und Entwicklung einer BSC im Profifußball zu berücksichtigen gilt, ist die zeitliche und intellektuelle Aufmerksamkeit für die Suche und die Entwicklung der Strategie (vgl. *Galli/Wagner* 2002, S. 280). Deshalb gilt es festzuhalten, dass im Profifußball die BSC-Einführung als integraler Bestandteil der Strategieentwicklung- und implementierung stattfinden muss. Es ist wichtig das Themenfeld Strategie im Profifußball zu positionieren. Gerade die Darstellung der Strategie, der unternehmensweite Kommunikationsprozess und der Versuch, das Wissen über eine erfolgreiche Strategieumsetzung in einer verständlichen Form zu bündeln, wird mit Hilfe der BSC transparent.

Bei der Auswahl und Anordnung der Perspektiven gab es im Vergleich zu den von *Kaplan/Norton* publizierten Perspektiven Finanzen, Kunden, Prozesse und Potenziale branchenspezifische Änderungen (vgl. Abb. 5). Die sportlichen Ziele eines professionell geführten Vereins sind mit oberster Priorität und in der perspektivischen Anordnung als nicht kommutabel einzustufen, da bereits im Leitbild verkündet wird: »Ohne sportlichen Erfolg ist alles nichts«. Alle weiteren Perspektiven (Finanzen, Kunden, Mitarbeiter/Organisation) werden an dieser obersten Perspektive entlang ausgerichtet.

Im Profifußball ist im Vergleich zum klassisch gewinnorientiert denkenden Unternehmen ein differenziertes Zielsystem hervorzuheben. Die Verantwortlichen im professionellen Fußball verfolgen duale Zielsetzungen. Zwei Erfolgskomponenten sind für das strategische Verhalten relevant. Konkret sind dies der sportliche und der wirtschaftliche Erfolg. Dabei wirken die sportliche und wirtschaftliche Durchsetzungsfähigkeit komplementär.

Spannend wird es zu beobachten, ob in Folge der Branchenentwicklung die finanziellen Ziele im Profifußball zukünftig eine komplanare Berücksichtigung finden.

Mit der Umbenennung der Perspektive Mitarbeiter/Organisation an Stelle der Perspektive Prozesse bei *Kaplan/Norton* wurde gezielt der Fokus der Neu- und Reorganisation der internen Abläufe ins Auge gefasst.

Neben der Erarbeitung der BSC mit den klassischen Perspektiven, strategischen Zielen und Maßnahmen wurde im Verlauf des Projekts deutlich, dass BalPlan eine weitere entscheidende Funktion beinhalten sollte. Es wurden Kennzahlen zusammengefasst,

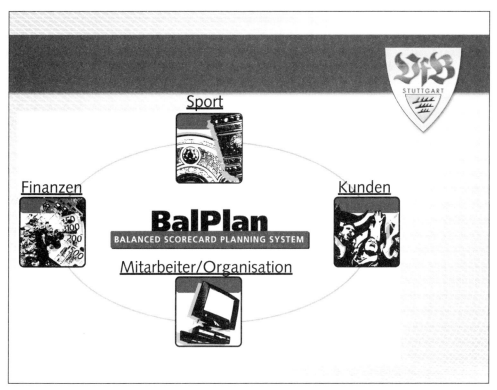

Abb. 5: Perspektiven in BalPlan

die jederzeit in verschiedenen Szenarien (vgl. Abb. 6) den sportlichen Erfolg in direkte monetäre Auswirkungen messen können. Dem Verein ist es nun möglich, die drei Indikatoren TV-Vergütung (je nach Tabellenplatz werden pro Spieltag Gelder zugewiesen), Zuschauereinnahmen und Prämienausschüttung zu berechnen und zu planen bzw. simulieren. In einem weiteren Szenario kann durch die Kombination verschiedener Finanzkennzahlen das wichtige Themenfeld Kaderplanung abgedeckt werden. In diesem Segment wird das Zusammenspiel zwischen strategischer und operativer Planung den Anforderungen eines modernen Steuerungsinstruments gerecht.

5.4   Schritt 4: IT-Umsetzung

Um das Instrument BSC und deren Ziele wirkungsvoll zu unterstützen, ist eine adäquate IT-Unterstützung in Form einer Business-Intelligence-Anwendung unerlässlich. Ausgehend von dem Verständnis, dass Business Intelligence (BI) den Prozess beschreibt, fragmentierte Unternehmens- und Wettbewerbsdaten in handlungsgerichtetes Wissen über die internen und externen Handlungsfelder zu transformieren (vgl. *Weber/Grothe/Schäffer* 1999, S.9), handelt es sich hier um ein typisches Anwendungsfeld.

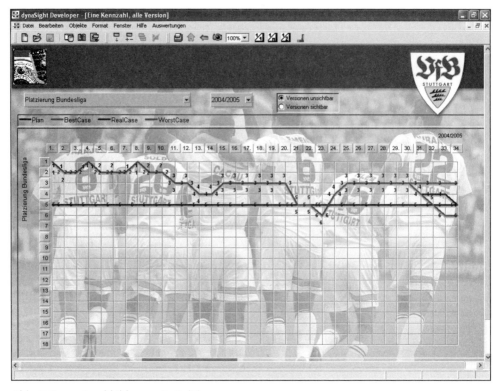

Abb. 6: Szenarienabbildungen in BalPlan

Die spezifischen Anforderungen der zu entwickelnden Lösung können entsprechend der für BI-Systeme typischen Gliederung in Datenaufbereitung, speicherung und –präsentation (vgl. *Gluchowski* 2001, S.6) wie folgt beschrieben werden:

- **Datenaufbereitung:** Im Gegensatz zu den meisten Business-Intelligence-Anwendungen ist die automatisierte Anbindung von operativen Vorsystemen nicht erforderlich. Ein Großteil der Basisinformationen muss erstmalig und individuell erfasst werden, wie das Beispiel der Kennzahl »Jugendspieler im Lizenzkader«, die für alle Bundesligisten aufgrund von Spielberichtsbögen erhoben wird, zeigt. Aus diesem Grund ist die schnelle und flexible manuelle Eingabe von Daten mit der Möglichkeit der Vorverarbeitung oberstes Ziel.
- **Datenspeicherung:** Mit dem Aufbau einer eigenen Datenbank soll zunächst die konsistente und dauerhafte Speicherung der Informationen sichergestellt werden. Zusätzlich ist eine klare Auswertungsorientierung erforderlich, indem Kennzahlenbäume nach verschiedenen Dimensionen/Merkmalen ausgewertet werden können. Die Speicherung von operativen bzw. transaktionsorientierten Massendaten ist dagegen nicht erforderlich.
- **Datenpräsentation:** Aufgrund der Verbindung des abzubildenden Instruments der BSC und dem Top-Management als direkte Anwender des Systems, ergeben sich die

Anforderungen eines klassischen Executive Information Systems (EIS), wie hoher Bedienerkomfort, überwiegend grafische Darstellung, leichte Interpretierbarkeit der Daten, Ausnahmeberichte, Drill-Down-Möglichkeiten etc. (vgl. *Back-Hock/Rieger* 1990, S.172f.).

Aufgrund der ermittelten Anforderungen wurde die multidimensionale Datenbank *TM1* der Firma *Applix* für den Bereich der Datenspeicherung eingesetzt. In dieser OLAP-Datenbank sind alle Kennzahlen abgelegt. Die vorbereitende Aufbereitung und die Befüllung der Datenbank erfolgt mit *Excel*. Hier stehen bereits leistungsfähige Funktionen »out of the box« zur Verfügung. Die Datenpräsentation erfolgt über eine benutzerfreundliche grafische Oberfläche auf Basis von *inSight* der Firma *Arcplan*. Nach verhältnismäßig kurzer Implementierungszeit war eine vollständig funktionsfähige Applikation einsatzfähig. Die zukünftige Skalierbarkeit und Erweiterung von BalPlan ist aufgrund der eingesetzten Werkzeuge damit sichergestellt.

6   Fazit

Die Entwicklung von BalPlan beim *VfB Stuttgart* ist noch nicht vollständig abgeschlossen und dennoch kann man zum jetzigen Zeitpunkt bereits resümieren, dass ein solches Steuerungsinstrument einen Profifußballverein bereichert. Durch den kombinierten Einsatz der *genannten* Instrumente stehen die entscheidungsrelevanten Informationen auf Knopfdruck zur Verfügung. Durch den Berichtsbogen (klassische Ampeldarstellung) in BalPlan erhält der Vorstand regelmäßige Entscheidungsvorlagen, die zu mehr Disziplin und Verbindlichkeiten führen (vgl. Abb. 7). Somit sind die Führungsverantwortlichen des *VfB Stuttgart* jederzeit in der Lage, schnell und flexibel auf neue Situationen reagieren zu können. Dies ist gerade für die Branche Profifußball, die einem dynamischen und turbulenten Umfeld ausgesetzt ist, von entscheidender Bedeutung. *Knust* und *Pfohl* unterstützen diese These, indem sie die Balanced Scorecard als einzigartige Gelegenheit beschreiben, um »eine Infrastruktur für die Beherrschbarkeit des Wandels zu entwickeln« (*Knust/Pfohl* 1998, S. 273).

Durch die Bündelung aller Bereiche in einem System wird neben der Transparenz die Kommunikation maßgeblich gefördert. Bisher unabhängige Bereiche diskutieren aufgrund der hinterlegten und nachvollziehbaren Rechenregeln und einer gemeinsamen Definition über die gleichen Kennzahlen und erkennen somit besser Zusammenhänge und Abhängigkeiten. Zusätzlichen können mit dem neuen Steuerungsinstrument BalPlan durch die Kreuzung von bereits vorhandenen Informationen neue Erkenntnisse generiert werden.

Trotz des Bewusstseins, dass letztendlich nur der sportliche Erfolg zählt und zählen wird, ist der *VfB Stuttgart* durch die Einführung von BalPlan auf dem Weg seinem Ziel, den sportlichen und wirtschaftlichen Erfolg nachhaltig zu sichern, einen weiteren großen Schritt nähergekommen. Damit befindet sich der *VfB Stuttgart* in einer Vorreiterrolle im bezahlten Fußball.

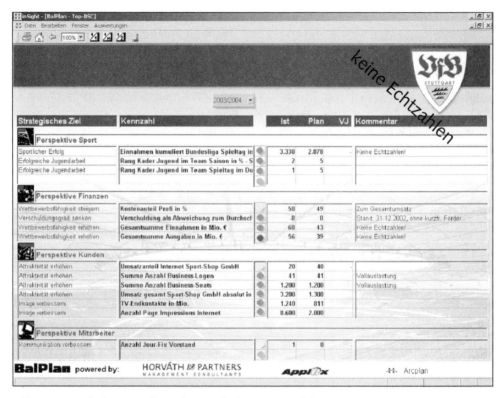

Abb. 7: Beispielhafte Darstellung des Berichtsbogens in BalPlan

Um den Ball, der mit dem Anfangszitat in das Feld der Wissenschaft gespielt wurde, aufzunehmen, bleibt Folgendes abschließend festzuhalten: Profifußballunternehmen mit einer Balanced Scorecard zu führen, gleicht dem Verfolgen eines Fußballspiels in einer gut ausgebauten, multifunktionsfähigen Fußballarena, in der die Anzeigentafel lediglich zur grafischen Unterstützung dient.

Literatur

Back-Hock, A/Rieger, B. (1990), Executive Information Systems, in: *Mertens, P.* (Hrsg.), Lexikon der Wirtschaftsinformatik, Berlin, Heidelberg, u. a. 1990, S.172–173

Dörnemann, J. (2002), Controlling für Profi-Sport-Organisationen, München 2002

Dörnemann, J./Kopp, J. (2000), Mit Controlling an die Tabellenspitze? Eine kritisch-konstruktive Analyse des Ausbaustandes betriebswirtschaftlicher Steuerungssysteme in der deutschen Fußball-Bundesliga, in: Controller Magazin, 25, 2000, 6, S. 484–489

Erning, J. (2000), Professioneller Fußball in Deutschland – eine wettbewerbspolitische und unternehmensstrategische Analyse, Essen 2000

Frick, B. (1999), Kollektivgutproblematik und externe Effekte im professionellen Teamsport: Spannungsgrad und empirische Befunde, in: *Horch, H.-D./Heydel, J./Sierau, A.* (Hrsg.), Professionalisierung im Sportmanagement, Aachen 1999, S. 144–160

Friedag, H. R./Schmidt, W. (2000), Balanced Scorecard – mehr als ein Kennzahlensystem, 2. Auflage, Freiburg i. Br., Berlin, München 2000

Gaiser, B./Greiner, O. (2002), Strategische Steuerung: Von der Balanced Scorecard zur strategiefokussierten Organisation, in: *Gleich, R./Möller, K./Seidenschwarz, W./Stoi, R.* (Hrsg.), Controllingfortschritte, München 2002, S. 193–222

Galli, A./Wagner, M. (2002), Zur Anwendbarkeit einer Balanced Scorecard im Sportverein, in: *Scherer, A.G./Alt, J.M.* (Hrsg.), Balanced Scorecard in Verwaltung und Non-Profit-Organisationen, Stuttgart 2002, S. 265–282

Gluchowski, P. (2001), Business Intelligence – Konzepte, Technologien und Einsatzgebiete, in: *Hildenbrand, K.* (Hrsg.), HMD Praxis der Wirtschaftsinformatik 222, Heidelberg 2001, S. 5–15

Haas, O. (2002), Controlling der Fußball-Unternehmen – Management und Wirtschaft in Sportvereinen, Berlin 2002

Horváth & Partner (Hrsg.) (2001), Balanced Scorecard umsetzen, Stuttgart 2001

Horváth, P./Gaiser, B. (2000), Implementierungserfahrungen mit der Balanced Scorecard im deutschen Sprachraum – Anstöße zur konzeptionellen Weiterentwicklung, in: Sonderdruck aus Betriebswirtschaftliche Forschung und Praxis 2000, 1, S. 17–36

Horváth, P./Kaufmann, L. (1998), Balanced Scorecard – ein Werkzeug zur Umsetzung von Strategien, in: Harvard Business Manager, 20, 1998, 5, S. 39–49

Hübl, H./Swieter, D. (2002), Fußball-Bundesliga: Märkte und Produktbesonderheiten, in: *Hübl, L./Peters, H. H./Swieter, D.* (Hrsg.), Ligasport aus sportökonomischer Sicht, Aachen 2002, S. 13–72

Kaplan, R. S./Norton, D. P. (1992), The Balanced Scorecard: Measure That Drive Performance, in: Harvard Business Review, 70, 1992, 1, S. 71–79

Kaplan, R. S./Norton, D. P. (1997), Balanced Scorecard. Strategien erfolgreich umsetzen, aus dem Amerikanischen von *Péter Horváth*, Stuttgart 1997

Kaplan, R. S./Norton, D. P. (Hrsg.) (2003), Die Strategie-Fokussierte Organisation. Führen mit der Balanced Scorecard, aus dem Amerikanischen von *Petér Horváth*, Stuttgart 2003

Kipker, I. (2002), Die ökonomische Strukturierung von Teamsportwettbewerben, Aachen 2002

Knust, P./Pfohl, M. (1998), 11. Stuttgarter Controller-Forum: Das neue Steuerungssystem des Controllers: Von der Balanced Scorecard bis US-GAAP, in: Die Betriebswirtschaft, 58, 1998, 2

Scherer, A. G. (2002), Besonderheiten der strategischen Steuerung in Öffentlichen Institutionen und der Beitrag der Balanced Scorecard, in: *Scherer, A.G./Alt, J.M.* (Hrsg.), Balanced Scorecard in Verwaltung und Non-Profit-Organisationen, Stuttgart 2002, S. 3–25

Väth, H. (1994), Profifußball – Zur Soziologie der Bundesliga, Frankfurt/Main, New York 1994

Weber, J./Hamprecht, M./Goedel, H. (1997), Integrierte Planung – nur ein Mythos, in: Harvard Business Manager, 19, 1997, 3, S. 9–13

Weber, J./Grothe, M./Schäffer, U. (1999), Business Intelligence; Advanced Controlling, Schriftenreihe der WHU Koblenz, Lehrstuhl Controlling & Logistik, Band 13, Vallendar 1999

Strategisches Controlling für die moderne Unternehmenssteuerung

Konzept, Praxis, Technologie

Lothar Schauer/Christian van Wickeren*

1   Einleitung

2   Die FIDUCIA Gruppe

3   Strategische Unternehmenssteuerung bei der FIDUCIA
    3.1   Modernisierung des strategischen Controllings: Umstieg auf Business Intelligence
    3.2   Neue Lösung, alte Handhabung
    3.3   Automatisiertes Controlling – strategisch und in gewohnter Struktur

4   Umdenken auf Prozessebene: Verursachergerechte Produktergebnisrechnung
    4.1   Factory-Konzept: Preistransparenz für interne Leistungen
    4.2   Prozesskostenanalyse mit SAS Activity-Based Management
    4.3   Paradigmenwechsel – Schritt für Schritt

5   Controlling als erfolgskritische Führungsaufgabe
    5.1   Der Controller als strategischer Management-Berater
    5.2   Neue Anforderungen an Finanzmanagementlösungen: Integration, Analyse, Prognose, Flexibilität und Kontrolle
    5.3   SAS Financial Intelligence als integrierter Bestandteil der Plattform SAS9

Literatur

---

*   Lothar Schauer, Bereichsleiter Unternehmenssteuerung, FIDUCIA IT AG, Karlsruhe; Christian van Wickeren, Manager Competence Center Financial Intelligence, SAS Deutschland, Heidelberg.

1   Einleitung

Die *FIDUCIA IT AG*, einer der zehn größten IT-Dienstleister in Deutschland, hat ein neues Controllingsystem für die strategische Unternehmenssteuerung aufgebaut. Mit Unterstützung des Beratungsunternehmens *NetCo Consulting GmbH* (*NetCo*) und des Softwareanbieters *SAS* entstand eine moderne Lösung für das Ziel- und Risikocontrolling sowie für die verbrauchsorientierte Produktergebnisrechnung. Diese Lösung schafft Transparenz über Kostenstrukturen und unterstützt Vorstände und andere Führungskräfte bei der Steuerung der Unternehmensziele – und stärkt so die Position der *FIDUCIA* im hart umkämpften Markt für IT-Dienstleistungen. Die *FIDUCIA* folgt damit der Erkenntnis, dass Controller heute als strategische Berater des Managements und nicht mehr als reine Zahlenlieferanten fungieren müssen. Unterstützung erhält das Controlling dabei von modernen Business-Intelligence-Lösungen für das Finanzmanagement. Diese helfen dabei, Prozesse zu automatisieren und schaffen unternehmensweit Finanztransparenz. Damit verhelfen sie Controllern zum nötigen Freiraum, um sich den Herausforderungen an ihre neue Rolle zu stellen: die Wertschöpfung steigern, Kostentreiber identifizieren, neue Potenziale erschließen.

2   Die FIDUCIA Gruppe

Mit rund 3.456 Mitarbeitern zählt die *FIDUCIA* Gruppe zu den größten Fullservice-IT-Dienstleistern in Deutschland. Das Unternehmen mit Sitz in Karlsruhe bietet seinen Kunden aus Industrie, Handel und Verwaltung Rechenzentrums-Dienste an, entwickelt Software für Finanzdienstleistungsunternehmen und erstellt IT-Lösungen und -Services für zahlreiche Kunden aus Industrie, Handel, Dienstleistung und Verwaltung. Mit »*agree*« hat die *FIDUCIA* das am meisten verbreitete Bankenanwendungssystem in Deutschland. Zu den Kunden der *FIDUCIA* gehören unter anderem circa 810 *Volksbanken* und *Raiffeisenbanken* mit einer Bilanzsumme von mehr als 325 Milliarden Euro.

Die *FIDUCIA* betreut zum Beispiel über 51,3 Millionen Kundenkonten bei den *Volksbanken* und *Raiffeisenbanken*. Über die Systeme des IT-Dienstleisters laufen jährlich mehr als 3,28 Milliarden Buchungsposten. Das Unternehmen betreut über 100.000 Arbeitsplätze, betreibt 16.100 Server im 7x24-Stunden-Betrieb und trägt die Verantwortung für 24.000 SB-Geräte, 11.100 Geldausgabeautomaten sowie 12.050 Kontoauszugsdrucker.

3 Strategische Unternehmenssteuerung bei der FIDUCIA

Strategisches Controlling für die Unternehmenssteuerung wird im *FIDUCIA* Konzern seit jeher groß geschrieben. Der IT-Dienstleister betreibt seit Jahren ein ausgeklügeltes System für das strategische unternehmensweite Berichtswesen, das sowohl Prozesse als auch Unternehmensziele und -risiken äußerst detailliert abbildet und einordnet. Im Monatszyklus liefert diese unter Federführung des Bereichs »Unternehmenssteuerung« betriebene Eigenentwicklung Schnappschüsse des Erreichungsgrads der Unternehmensziele – und zwar sowohl aus der Gesamtunternehmensperspektive als auch aus Sicht von Bereichen und Abteilungen. Die technische Basis hierfür ist eine selbst entwickelte und stetig weiter verbesserte *Lotus Notes* Datenbank, die Informations-, Signal- und Kommunikationsmedium zugleich ist.

Zugriff auf dieses eigenentwickelte Datenbanksystem haben die Vorstandsmitglieder der *FIDUCIA* sowie Führungskräfte auf Bereichs- und Abteilungsleiterebene. Außerdem arbeiten zahlreiche Mitarbeiter im Auftrag ihrer Vorgesetzten mit dem System – dies sind insgesamt etwa 2.000 Nutzer. Ein weiterer wichtiger Punkt in der heutigen Steuerung der *FIDUCIA* ist Transparenz. Jede Führungskraft hat Einblick in alle Ziele des Unternehmens – sowohl bereichs- als auch abteilungsübergreifend.

Bezeichnung	übergeord. Dokument	Jan	Feb	Mär	Apr	Mai	Jun	Jul	Aug	Sep	Okt	Nov	Dez
B.UST.3 Ausbau der vorhandenen Steuerungssysteme	->[U05]												

Abb. 1: Darstellung Zielbewertungssignale im Jahresverlauf

Alle Ziele werden auf einer Übersichtsseite zentral dargestellt. Von hier ausgehend können dann per Drill-down die zugrunde liegenden Daten weiter selektiert und überprüft werden: Inwieweit sind die Ziele erreicht? Welche Zielerreichung ist gefährdet oder sogar unmöglich? Worin liegen die Gründe dafür?

Die monatlichen Controllingberichte in der *FIDUCIA* haben eine zweigeteilte Darstellungsstruktur: Der Verlauf und der aktuelle Erreichungsgrad von Zielen oder Planwerten werden in Form von Tabellen und Kurven sowie Ampeln und Zeigern dargestellt. Diese Angaben werden seitens des Controllings zusätzlich individuell strategisch kommentiert. Ziel der Monatsreports ist es, Entscheider nicht nur mit bloßen Zahlen, sondern mit strategischen Bewertungen ihrer Ziele und Risiken zu unterstützen. Diese Bewertungen erfolgen nach vier festgelegten Kriterien, nämlich: Situation, Grund, Maßnahmen, Prävention. Nicht zuletzt dank dieses einheitlichen Musters ist das Controlling bei der *FIDUCIA* in der Lage, seine Aufgabe als interne Beratungsinstanz schnell, aktuell und strategisch zu erfüllen. Zudem führen die Mitarbeiter der Unternehmenssteuerung monatlich Gespräche mit Bereichs-, Abteilungs- und Projektleitern, bei denen eben-

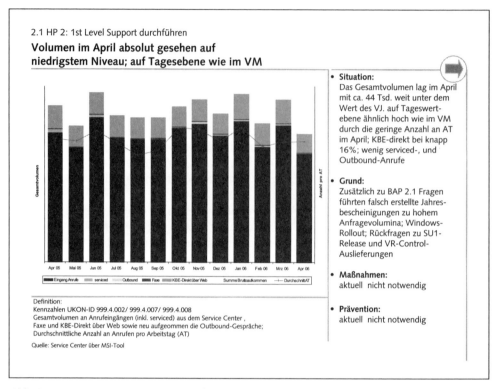

2.1 HP 2: 1st Level Support durchführen

Volumen im April absolut gesehen auf niedrigstem Niveau; auf Tagesebene wie im VM

- **Situation:**
  Das Gesamtvolumen lag im April mit ca. 44 Tsd. weit unter dem Wert des VJ. auf Tageswertebene ähnlich hoch wie im VM durch die geringe Anzahl an AT im April; KBE-direkt bei knapp 16%; wenig serviced-, und Outbound-Anrufe

- **Grund:**
  Zusätzlich zu BAP 2.1 Fragen führten falsch erstellte Jahresbescheinigungen zu hohem Anfragevolumina; Windows-Rollout; Rückfragen zu SU1-Release und VR-Control-Auslieferungen

- **Maßnahmen:**
  aktuell nicht notwendig

- **Prävention:**
  aktuell nicht notwendig

Definition:
Kennzahlen UKON-ID 999.4.002/ 999.4.007/ 999.4.008
Gesamtvolumen an Anrufeingängen (inkl. serviced) aus dem Service Center , Faxe und KBE-Direkt über Web sowie neu aufgeommen die Outbound-Gespräche; Durchschnittliche Anzahl an Anrufen pro Arbeitstag (AT)

Quelle: Service Center über MSI-Tool

Abb. 2: Auszug Monatsreport – Beispiel Callvolumen in der Kundenbetreuung

falls die jeweilige Zielerreichung im Fokus steht sowie die Frage, wie sich die Ziele am effektivsten erreichen lassen.

3.1 Modernisierung des strategischen Controllings: Umstieg auf Business Intelligence

Als Plattform für das Controllingsystem der *FIDUCIA* diente bislang eine *Lotus Notes* Datenbank. Hier wurden die Reports von den Mitarbeitern der Unternehmenssteuerung per Hand eingestellt. Auch die Integration der Leistungsdaten aus *SAP* und *Excel* erfolgte manuell. Daten aus dem Finanzcontrolling, das dem Bereich Finanz- und Rechnungswesen zugeordnet ist, ließen sich nicht automatisiert einbeziehen. Diese Lücken waren für die *FIDUCIA* die Hauptgründe, sich nach einer neuen Lösung umzusehen; denn es lag auf der Hand, dass sich mit dem bisherigen System die Unternehmenssteuerung nur schwer ausbauen oder gar perfektionieren ließ. Gefordert war vielmehr ein Controllingsystem, das als Management-Cockpit funktioniert und Führungskräften einen echten Überblick über sämtliche Prozesse, Ziele und Risiken verschafft, für die sie verantwortlich sind. Man erhoffte sich mehr Möglichkeiten zur zukunftsgerichteten

Steuerung des Unternehmens, nicht zuletzt, um auch Synergiepotenziale aus der 2003 erfolgten Fusion der *FIDUCIA* mit der *rbg* (*Rechenzentrale Bayerischer Genossenschaften eG*) zuverlässig zu identifizieren und auszuschöpfen. Selbstverständlich sollten die Daten automatisch und aktuell in die Lösung fließen – und dies unterstützt durch Funktionen für die Sicherung der Datenqualität. Zudem sollten künftig auch Zahlen aus dem Finanzcontrolling integriert werden, um die Perspektive für die Unternehmenssteuerung zu erweitern. Ein weiterer äußerst wichtiger Punkt: Bis dato erlaubte das System nur weitgehend standardisierte Monatsreports; Ad-hoc-Reporting und Abfragen zu übergreifenden Themen waren nur mit großem organisatorischen Aufwand möglich, aber dringend erforderlich.

Kurzum: Die *FIDUCIA* wollte auf Reporting mit einer echten Business-Intelligence-Lösung umsteigen. Gleichzeitig sollte die bestehende Struktur des Reportings erhalten bleiben – und vor allem die gewohnt leichte Bedienbarkeit, wie man sie von *Lotus Notes* kannte. Denn die Anwenderfreundlichkeit war einer der wichtigsten Faktoren für den Erfolg der bisherigen Lösung. So waren verschiedene Versuche, ein neues Controllingsystem aufzusetzen, in der Vergangenheit nicht zuletzt an den Anforderungen der *FIDUCIA* an Bedienerkomfort und intuitive Nutzung gescheitert. Aus diesem Grund kam auch eine Ausweitung des im CRM verwendeten *SAP*-Systems auf das Controlling nicht in Frage. Hier hatte man bereits erlebt, wie schwierig der Betrieb einer Lösung ist, die von den Fachanwendern zwar akzeptiert wird, bei der aber andere Nutzer große Probleme mit der intuitiven Bedienung haben. Deshalb war man auf der Suche nach einem System, mit dem wirklich alle Anwender einfach umzugehen verstehen.

Um das Projekt umzusetzen, wandte sich die *FIDUCIA* an ein versiertes Business-Intelligence-Beratungshaus – die Frankfurter *NetCo Consulting GmbH*, die auf betriebswirtschaftliche Business-Intelligence-Systeme spezialisiert ist. Gemeinsam erarbeiteten die *FIDUCIA* und *NetCo* ein Anforderungskonzept. Darin wurde festgelegt, welche Kriterien erfüllt sein müssen, damit das Controlling seine Funktion als strategischer Berater im Unternehmen noch besser ausüben kann. Dieses Konzept, das die strategische Position des Controllings deutlich heraushebt, wird heute bei der *FIDUCIA* Punkt für Punkt umgesetzt, nicht zuletzt gefördert vom Vorstandsvorsitzenden *Michael Krings*, denn das Controlling ist bei der *FIDUCIA* die Beratungsinstanz für das Management. Der Controller hat also nicht nur die Rolle eines Lieferanten von Informationen, sondern er wirkt aktiv und partnerschaftlich am Prozess der Ziel- und Entscheidungsfindung des Managements mit.

3.2   Neue Lösung, alte Handhabung

Auf Basis des zusammen mit *NetCo* erstellten Kriterienkatalogs fiel die Entscheidung schnell: Das neue Controlling-System sollte auf Basis der Lösungssuite *SAS Financial Intelligence* entstehen. Unter diesem Begriff fasst *SAS* Lösungen für die Prozesskostenanalyse (*SAS Activity-Based Management*), für die ganzheitliche Unternehmenssteuerung und Darstellung von Kennzahlensystemen (*SAS Strategic Performance Management*) und für die Konsolidierung und Planung von Finanzkennzahlen (*SAS Financial Management*), d. h. alle notwendigen Komponenten für das unternehmensweite Performance Management, zusammen. Für die Lösungen des weltgrößten Business Intelligence-Anbieters *SAS* sprach nicht zuletzt die Flexibilität, dank der sich die neue Lösung in Aufbau und Logik an die bestehende anlehnen ließ. Außerdem ist *SAS* bekannt für seine exzellenten Funktionen zur Sicherung der Datenqualität – für die *FIDUCIA* ebenfalls ein sehr wichtiges Kriterium. Weiterhin punktete *SAS* mit seiner flexiblen OLAP-Technologie, die neue Sichten auf bestehende Daten erlaubt, sowie der Möglichkeit, dass der Fachbereich, ohne Hilfe der IT-Abteilung, bestimmte Analysen selbst einrichten kann.

Nachdem die Entscheidung im Januar 2006 gefallen war, startete ein Projektteam aus Mitarbeitern von *FIDUCIA*, *NetCo* und *SAS* mit der Planung und Umsetzung der neuen Reporting-Lösung. In der ersten Projektphase wurde *SAS Strategic Performance Management* (*SAS SPM*) eingeführt. Die bewährte Reporting-Grundstruktur blieb dabei weitgehend erhalten – sie wurde dank der neuen Möglichkeiten mit *SAS SPM* erweitert: Die Anwender haben Zugriff auf eine Intranetseite, die ihnen Warnmeldungen und Trends übersichtlich auf einen Blick darstellt. Von dieser aus können dann einzelne Reports aufgerufen werden. Neu ist der Aspekt der Business-Analyse: Anders als bei der alten Lösung sind heute auch Ad-hoc-Reports vorgesehen.

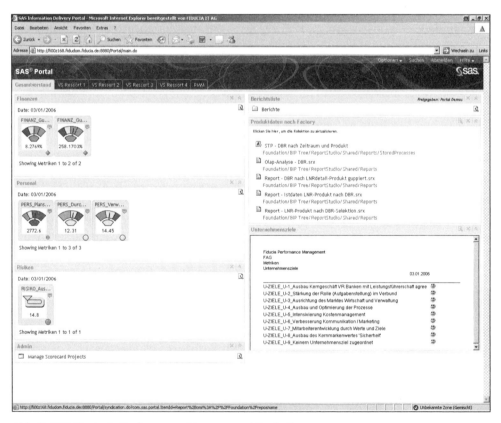

Abb. 3: *SAS Strategic Performance Management* Cockpit

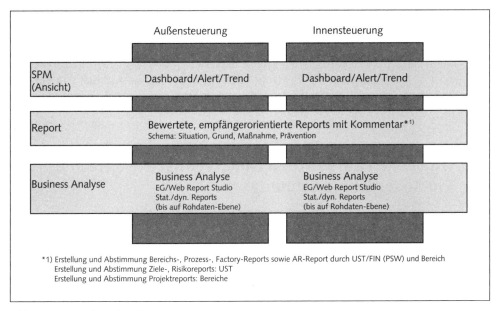

Abb. 4: Report-Grundstruktur

3.3 Automatisiertes Controlling – strategisch und in gewohnter Struktur

Dank SAS SPM läuft die Datenbereitstellung für die Unternehmenssteuerung jetzt komplett automatisiert. Dafür fließen die Daten aus unterschiedlichen Quellen – wie SAP-Daten, Excel-Daten oder Peregrine-Systemdaten – nach einem neu entwickelten Kennzahlensystem in einem zentralen SAS Data Warehouse zusammen. Spezielle Funktionen zur Datenintegration in SAS SPM sorgen hier für reibungslose Extraktions-, Transformations- und Ladeprozesse und sichern darüber hinaus die Datenqualität. Mit dem Data Warehouse als unternehmensweit einheitlicher Datenbasis und den Datenqualitätsfunktionen in SAS hat das Unternehmen hier eine deutliche Verbesserung gegenüber der Vorgängerlösung erzielt.

Die Darstellung der Reports erfolgt in gewohntem Layout über SAS Web Report Studio. Die Anwender finden die für sie wichtigen Informationen hier übersichtlich aufbereitet. Dabei werden in der ersten Ebene vor allem die Ziele und Prozesse dargestellt, deren Risikograd besonders hoch beziehungsweise deren Zielerreichung im kritischen Bereich liegt. Über gewohntes Drill-down können die Anwender dann weiter in die Daten vordringen und sich Ursachen und Zusammenhänge vor Augen führen. Selbstverständlich ist die Kommentarebene weiterhin in der Controllinglösung enthalten, so dass die Anwender die ihnen bekannte Struktur wieder finden. Allerdings werden ihnen jetzt deutlich mehr Informationen zur Verfügung gestellt.

Zudem bringt das neue System eine deutliche Arbeitsentlastung für den Bereich Unternehmenssteuerung bei der FIDUCIA. Mussten die Mitarbeiter hier bisher einen großen Teil ihrer Zeit für das Einspielen und Aufbereiten der Daten verwenden, so können sie sich heute ganz auf ihre strategische Beratungsfunktion konzentrieren. Im Gegensatz zu früher sind außerdem auch zukunftsgerichtete Simulationen möglich. Die Mitarbeiter im Controlling haben zum Beispiel die Möglichkeit, komplexe »What-if«-Szenarien durchzuspielen und zu simulieren, wie sich bestimmte strategische Entscheidungen unternehmensweit auswirken würden.

4   Umdenken auf Prozessebene: Verursachergerechte Produktergebnisrechnung

Das neue Management-Cockpit der *FIDUCIA* ist aber nicht nur Ausgangspunkt für das Ziel- und Risikocontrolling des Unternehmens. Parallel dazu baute die *FIDUCIA* mit *SAS* außerdem eine neue Lösung zur Produktergebnisrechnung auf, mit der man den Schritt von der pauschalen Verrechnung von Gemeinkosten hin zu einer verbrauchsorientierten Kalkulation vollziehen will. Von diesem Paradigmenwechsel erhofften sich die Verantwortlichen im Bereich Unternehmenssteuerung einen Zuwachs an Kosten- und Preistransparenz im Produktmanagement – und damit verbunden ein neues, marktorientiertes Bewusstsein für Ressourcen und Preisstrukturen.

4.1   Factory-Konzept: Preistransparenz für interne Leistungen

Die bestehende Produktergebnisrechnung bei der *FIDUCIA* konnte dies nicht leisten, da Gemeinkosten hier nicht verbrauchsorientiert zugeordnet wurden. Supportkosten, IT-Kosten oder Kosten aus der Anwendungsentwicklung und andere Kostenblöcke mussten deshalb weitgehend über feste Schlüssel in die Produktkosten hineingerechnet werden. Berechnungsgrundlage waren jeweils die mit einem Produkt erzielten Umsätze. Das hatte zur Folge, dass beispielsweise Produkte mit hohem Support- oder Anpassungsaufwand, die niedrige Umsätze erzielten, weniger Gemeinkosten tragen mussten als andere Produkte, die im Hinblick auf die Entstehungskosten effizienter arbeiteten.

Um seine Preisstrukturen transparenter und vor allem flexibler zu gestalten, entwickelte der Bereich Unternehmenssteuerung das so genannte Factory-Konzept. Dafür löste man die bisherige Struktur auf, die aus Einzelkosten, direkten Produktkosten, Vertriebs- und Unternehmensgemeinkosten bestand, und überführte diese in ein neues System mit einzelnen Organisationseinheiten, die »endkundenwirksame« Leistungen erbringen. Diese Operationseinheiten heißen Factories, sie fungieren also als unternehmensinterne »Fabriken«, die Leistungen bündeln, weiterverarbeiten und an das Produktmanagement weiter verkaufen. Die Factories arbeiten als Cost Center, und ihnen werden die jeweiligen Einzelkosten und direkten Kosten unmittelbar zugeordnet und berechnet. Die verschiedenen Produktverantwortlichen im Unternehmen kaufen im nächsten Schritt die Leistungen von den Factories ein, die sie für ihre jeweiligen Produkte benötigen. Damit wird der bisherige Gemeinkostenblock weitgehend aufgelöst.

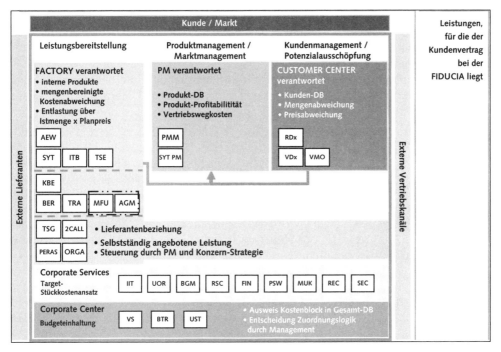

Abb. 5: Das Factory-Konzept

Verbleibende Gemeinkosten fallen demnach im Corporate Center und in den Corporate Services, d. h. den unternehmensweit zur Verfügung gestellten Dienstleistungen (z. B. Personal), an. Da auch die Corporate Services möglichst verursachungsgerecht auf die Factories bzw. Produkte verrechnet werden, verbleiben nur die Kosten des Corporate Centers als »echte« Gemeinkosten und damit als zu erwirtschaftender Soll-Deckungsbeitrag.

4.2   Prozesskostenanalyse mit SAS Activity-Based Management

Für die Umsetzung des Factory-Konzepts entschied sich die *FIDUCIA* ebenfalls für eine Lösung von *SAS*. Mit *SAS Activity-Based Management* (*SAS ABM*) lassen sich Kostenblöcke verursachungsgerecht auf die einzelnen Produkte und Leistungen eines Unternehmens umlegen. So entsteht ein konzernweites, aussagekräftiges Gesamtbild von der Kostenstruktur der Prozesse und Produkte. Mit diesem Wissen können Unternehmen ihre Produkte und Produktpreise strategisch planen, überwachen und steuern. Hierfür stehen Analyse- und Reporting-Funktionen zur Verfügung: multidimensionale Analysen der wichtigsten Kostenträger und Kostenverursacher, Reports und Analysen über Profitabilität sowie Prozessdaten und Kostendaten aus verschiedenen Perspektiven. Die Daten in der *SAS ABM* Lösung der *FIDUCIA* stammen aus den *SAP*-Systemen des

Unternehmens. Die Entscheidung pro *SAS* fiel nicht zuletzt aufgrund der Anwenderfreundlichkeit des Systems, mit dem auch Laien oder sporadische Nutzer problemlos intuitiv arbeiten können. Deshalb kam eine reine Reporting-Lösung auf *SAP*-Basis für die *FIDUCIA* nicht in Frage.

Innerhalb von nur vier Wochen sprachen die Mitarbeiter der Unternehmenssteuerung mit sämtlichen Produktverantwortlichen und Factory-Leitern im Unternehmen. In diesen ersten Planungsrunden legte man gemeinsam interne Produkte fest und einigte sich auf ein Kennzahlensystem, nach dem die Messgrößen später in die Leistungsverrechnung einfließen sollten. Das Ergebnis war ein neues – nach dem IT-Standard ITIL aufgesetztes – Kennzahlensystem, das sämtliche Prozesse und Produkte der *FIDUCIA* transparent abbildet – und das die Akzeptanz aller Beteiligten genießt. Einigkeit ist an dieser Stelle besonders wichtig, denn schließlich ist das Kennzahlensystem die Grundlage für die künftige Kostenbelastung und -entlastung sämtlicher Bereiche und Abteilungen. Zudem legte das Projektteam neue Prozesse fest, nach denen Kennzahlen regelmäßig auf Notwendigkeit, Aussagekraft oder Steuerungstauglichkeit überprüft werden. So wird das System stets aktuell gehalten.

4.3   Paradigmenwechsel – Schritt für Schritt

Mit dem Umstieg auf die verbrauchsorientierte Produktergebnisrechnung erlebt die *FIDUCIA* nun einen echten Paradigmenwechsel. Die Produktmanager greifen künftig nicht mehr wie bisher auf einen scheinbar unerschöpflichen Leistungspool zu, sondern sie kaufen – wie auf dem freien Markt – Leistungen ein, die sie zu marktfähigen Produkten bündeln müssen. Selbstverständlich ist dies ein Prozess und keine Umstellung, die von einem Tag auf den anderen erfolgen kann. Im ersten Schritt will die *FIDUCIA* mit *SAS* Activity-Based Management interne Kalkulationen durchführen, um die bisherige Kostenverrechnung und die daraus resultierenden Preise zu überprüfen und zu analysieren. Aus diesen Erfahrungen sollen dann im nächsten Schritt Veränderungen an der Preisstruktur abgeleitet werden. *SAS Activity-Based Management* bietet hierfür eine Vielzahl an Möglichkeiten. Einerseits lassen sich die Kosten für vorgegebene Service Levels zuverlässig bestimmen, andererseits ist es aber auch möglich, Service Levels auf bestimmte Zielpreise hin zu definieren. Um Kosten zu senken und damit die Profitabilität zu steigern, ließe sich – wenn organisatorisch möglich – beispielsweise der Support für ein bestimmtes IT-Produkt von 7x24 auf 5x12 senken. Dank dieser Möglichkeiten erhalten die Produktmanager und die Factory-Verantwortlichen ein neues betriebswirtschaftliches Steuerungsinstrument, das die Wettbewerbsfähigkeit der *FIDUCIA* deutlich stärkt.

Fazit
Die *FIDUCIA* ist in Sachen Controlling und Steuerung konzeptionell und strategisch bereits von einer sehr guten Basis aus ins Projekt gestartet. Da die Anforderungen an Informationen weiter gewachsen sind und die Verbindung von Finanzkennzahlen und anderen Kennzahlen zur besseren Transparenz über die Zusammenhänge nicht aus einem System darstellbar waren, musste eine einheitliche Lösung gesucht werden.

Darüber hinaus wurde das bisherige Reporting vorwiegend auf Monatsebene erstellt. Ad-hoc-Reports oder Reports zu übergreifenden Themen konnten nicht ohne weiteres erzeugt werden.

SAS hat hierzu einen Werkzeugkasten zur Verfügung gestellt, mit dem es möglich war, in sehr kurzer Zeit aus unterschiedlichen Datenquellen eine Kennzahlenstruktur zu entwickeln und diese über eine Steuerungsebene zu visualisieren. Während des Projektverlaufes wurde deutlich, dass mit der BI-Funktionalität von *SAS* die Ablösung der historisch gewachsenen, heterogenen Informationsdarstellung effizient vereinheitlicht werden kann – und dies bei einem günstigen Kosten-Nutzen-Verhältnis, so dass die Total Cost of Ownership gering gehalten werden.

Heute hat die *FIDUCIA* ein unternehmensweites strategisches Controllingsystem, das sich methodisch und technologisch auf dem neuesten Stand befindet. Die Controller im Bereich Unternehmenssteuerung können damit ihre Funktion als strategische Berater des Managements noch besser ausüben als bisher.

5 Controlling als erfolgskritische Führungsaufgabe

5.1 Der Controller als strategischer Management-Berater

Dass Controlling längst nichts mehr mit buchhalterischer Erbsenzählerei zu tun hat, ist längst auch in Führungsetagen bekannt. Vielmehr sieht man Controlling heute als funktionsübergreifendes Führungsinstrument, das das leitende Management bei der strategischen Unternehmenssteuerung unterstützt: Es hilft der Unternehmensführung dabei, eventuelle Problembereiche organisationsweit möglichst frühzeitig zu erkennen und entsprechend zu agieren. Controller sollen einen Finanzüberblick über sämtliche Vorgänge erhalten und durch Prognosen herausfiltern, wie sich der Unternehmenswert – auch durch fachfremde Strategien beispielsweise in Personalpolitik oder Projektmanagement – maximieren lässt.

Zudem müssen sich Unternehmensführungen auf ihre Controller verlassen, wenn es darum geht, die Menge an alten wie neuen Regelungen und Kontrollen des Gesetzgebers zu berücksichtigen, vom Bilanzkontrollgesetz (BilKoG) bis zu den International Finance Reporting Standards (IFRS). Dabei liegt die Verantwortung für die Richtigkeit sämtlicher mit der Bilanzierung verbundenen Prozesse allein bei den Chief Financial Officers (CFOs). Vorbei sind also die Zeiten, in denen Finanzverantwortliche in ihren Reports die Erfolge ihres Unternehmens allein rückblickend darzustellen hatten. Sie stehen vielmehr vor der Herausforderung, enorme Datenvolumina aus dem gesamten Unternehmen einheitlich zusammenzuführen und für die Bilanzierungen den Vorschriften entsprechend aufzubereiten. Der moderne CFO ist daher strategischer Managementberater und Rechtsberater zugleich und mitverantwortlich für die Gesamtunternehmensperformance (vgl. Vortrag von *David Schwerbrock*, Stuttgarter Controller Forum 2005, http://www.controller-forum.com/2005/).

Vor diesem Hintergrund wird der Ruf der CFOs nach unternehmensweiter Transparenz immer lauter: Bei sinkenden Ressourcen und Sparzwang auch in Finanzabteilungen steigen die Erwartungen und Anforderungen an deren Leistungen. Um Kostentreiber im Unternehmen frühzeitig zu erkennen und dem Management konkrete Empfehlungen für die strategische Ausrichtung zu geben, muss das Controlling eine ganz neue Perspektive einnehmen: weg von »Soll« und »Haben« hin zur Gesamtsicht der unternehmerischen Ziele und zu deren laufender, nachhaltiger Überprüfung. Kurz: Der moderne Controller sieht sich mit ganz neuen Fragestellungen konfrontiert: Wie entwickelt sich der Markt in den nächsten Jahren und wie ist das Unternehmen hier positioniert? Wo stecken verborgene Risiken und wie können sie minimiert werden? Welche Investitionen in Personal und Unternehmensstruktur sind notwendig – welche kosten nur Geld, bringen aber keines ein? Antworten darauf kann nur eine unternehmensweit integrierte Finanzmanagementlösung liefern. Die herkömmlichen Instrumente für Bilanzierung und Finanzmanagement sind in der Regel nur fehlerträchtige Insellösungen, die Business- und Finanzinformationen aus den einzelnen Abteilungen zusammenführen. Mögliche Probleme dabei: Mehrere IT-Systeme laufen in den Fachabteilungen parallel, was die Konsolidierung und das Management von Daten erschwert. Zudem verlassen sich viel CFOs auf ERP-Systeme, mit denen zuverlässige Prognosen nicht möglich sind. Die Folge: Es existiert keine unternehmensweit standardisierte, konsolidierte und kontrollierte Datenbasis auf Grundlage entsprechender Metadaten. Bereichsübergreifende Analysen und unternehmensweite Berichte sind damit unmöglich. Außerdem stützen sich strategische Entscheidungen allein auf rückblickende Informationen etwa über die Umsatzentwicklung und untergraben sich damit selbst.

5.2   Neue Anforderungen an Finanzmanagementlösungen: Integration, Analyse, Prognose, Flexibilität und Kontrolle

Controlling ist auf unternehmensübergreifende, zukunftsgerichtete, strategisch relevante Informationen angewiesen. Einzelne Tools für das Berichtswesen reichen nicht aus, um die Prozesse der Rechnungslegung für diese Anforderungen transparent genug zu machen. Ein CFO braucht strategisch-analytische Lösungen, die eine unternehmensweite, konsistente Gesamtsicht auf alle Vorgänge liefern; zuverlässige Analyseinstrumente, um die aktuelle Unternehmensleistung aus mehreren Blickwinkeln zu beleuchten und Wechselwirkungen zwischen den verschiedenen Unternehmensbereichen zu erkennen.

Dies alles können nur innovative Business-Intelligence-Lösungssuites wie *SAS Financial Intelligence* liefern, die sich durch besondere Integrations-, Analyse- und Prognosefähigkeiten auszeichnen. *SAS Financial Intelligence* ist dabei eines der umfassendsten Business-Intelligence-Lösungsportfolios für das Finanzwesen überhaupt (vgl. *Butler Group*, Technology Audit: SAS Financial Intelligence 2006). Die drei Lösungskomponenten von *SAS Financial Intelligence* greifen automatisiert über vorgefertigte Schnittstellen auf sämtliche Informationen aus dem operativen Geschäft aller Unternehmenseinheiten zu – auf Daten aus ERP- und Finanzbuchhaltungssystemen genauso wie aus Fachanwendungen oder externen Quellen –, so dass eine einheitliche Datenbasis entsteht. Die Datenqualität wird durch ausgefeilte Verfahren gesichert, da alle Daten auf Fehler, Inkonsistenzen und Doppelungen untersucht und entsprechend bereinigt werden. Indem die Finanzmanagementlösungen bestehende Altsysteme und

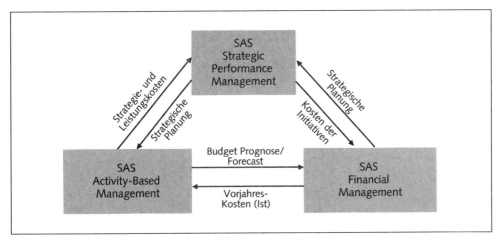

Abb. 6: Strategieorientiertes Performance Management

Einzellösungen mit umfassenden Werkzeugen für Planung, Prognose, Reporting und Kostenmanagement verbinden, übertrifft ihre Leistung traditionelle Kalkulationstabellen, selbst programmierte Anwendungen oder buchungsorientierte Rechnungslegungssysteme. *SAS Financial Intelligence* schafft so unternehmensweite Transparenz in den Finanz- und Performance-Daten. Die Lösungskomponenten sind einzeln oder im Gesamtpaket einsetzbar. Im Gesamtpaket ermöglicht *SAS Financial Intelligence* ein ganzheitliches strategieorientiertes Performance-Management.

SAS Financial Management hilft Finanzverantwortlichen, unternehmensweite Finanzdaten zuverlässig zu konsolidieren und zu analysieren, die Finanzstrategie des Unternehmens zu planen sowie Analyse- und Planungsergebnisse einfach in die erforderlichen Reports zu übertragen. *SAS Financial Management* ist damit eine der wenigen Software-Lösungen, die eine echte Integration von Planung und Ist-Konsolidicrung sowie Reporting bietet. Weit entwickelte Analyseverfahren ermöglichen dabei kosten- und bedarfsorientierte Prognosen und einen Vergleich zu alternativen »What-if«-Szenarien. Controller können abteilungsübergreifend zuverlässige Statements für eine zukunftsgerichtete Unternehmensplanung und Budgetierung abgeben.

Außerdem beschleunigt *SAS Financial Management* die Finanzprozesse mit der Automatisierung der entsprechenden Formular- und Vorlagenerstellung deutlich. Darüber hinaus sorgt die Financial Intelligence Lösungssuite für Flexibilität im Rechnungswesen: Ob HGB, IAS oder US-GAAP – Unternehmen können parallel in einem einzigen System nach den unterschiedlichen gesetzlichen oder internen Vorgaben bilanzieren. Indem alle Kernprozesse des Finanzwesens, zum Beispiel die Zwischengewinn-Eliminierung, die Kapitalkonsolidierung oder die Währungsumrechnung, in *SAS* automatisiert sind, ist es möglich, dass jede Tochtergesellschaft, jede Abteilung ihre eigenen Berichtsstandards anwendet.

Damit CFOs dem Management fundierte Handlungsempfehlungen geben können, liefert *SAS Financial Intelligence* zusätzlich eine Performance-Management- und eine

Activity-Based-Management-Komponente. Prozessorientiertes Performancemanagement, wie es *SAS Strategic Performance Management* unterstützt, hilft den Entscheidungsträgern in Unternehmen beim Entwickeln und Umsetzen nachhaltig erfolgreicher Strategien: Es misst, bewertet und visualisiert ständig sämtliche Unternehmensprozesse – und schärft auf diese Weise das Bewusstsein für die strategische Bedeutung der einzelnen Vorgänge bei allen Beteiligten. Sie können jederzeit und in Sekundenschnelle genau die Leistungsdaten abrufen, die sie für ihre Arbeit benötigen. Dadurch sind sie in der Lage, rechtzeitig gegenzusteuern, wenn eine Entwicklung nicht im Einklang mit der Gesamtunternehmensstrategie steht.

SAS Activity-Based Management ermöglicht schließlich eine exakte Kalkulation, Zuordnung und Modellierung der Kosten, die mit bestimmten Geschäftsfeldern oder Produktlinien verbunden sind. Auf diese Weise lassen sich Kostenstrukturen auf Produkt- oder Dienstleistungsebene, auf Kunden- oder Segmentebene und mit Blick auf den Verkaufskanal profitabler gestalten.

Eine solche bereichs- und abteilungsübergreifende Analyse der Prozesse und der Kosten setzt voraus, dass unternehmensweite Prozessdaten aus heterogenen operativen Systemen verknüpft, konsolidiert, analysiert und verständlich aufbereitet werden.

5.3 SAS Financial Intelligence als integrierter Bestandteil der Plattform SAS9

Mit *SAS9*, einer unternehmensübergreifenden durchgängigen Plattform, die sämtliche Systeme, Prozesse und Steuerungs- sowie Reportingaufgaben zusammenführt, hat *SAS* hier einen Standard gesetzt: Diese Enterprise-Intelligence-Plattform integriert alle Schritte zur »Wissensproduktion« – von der Extraktion und Qualitätssicherung der Daten über das Warehousing, die Analyse und Prognose bis hin zum Reporting, zur Visualisierung und Informationsverteilung. So entsteht eine korrekte, kohärente und gesicherte Informationsbasis, auf deren Grundlage jeder Entscheider im Unternehmen seine eigenen Geschäftsprozesse an der Gesamtstrategie messen und sie daran ausrichten kann. Dass unternehmensweit mit einer identischen Informationsbasis gearbeitet wird, stellen ein standardisiertes Metadatenmanagement und einheitlich definierte Kennzahlen sicher – bei exponentiell steigenden Datenmengen, immer komplexeren und vielfältigeren Fragestellungen, einer wachsenden Zahl von Anwendern. Im Zentrum steht dabei der *SAS* Grundsatz »BI für Alle«: Fachanwender mit unterschiedlichen Anforderungen und Kenntnissen können aus ihrer gewohnten Umgebung heraus über intuitiv bedienbare Benutzeroberflächen selbstständig alle für ihre Aufgaben nötigen Informationen abrufen sowie diese zu Reports, Analysen und Prognosen zusammenstellen. Die Mitarbeiter aus den Fachabteilungen sind so in der Lage, schneller und effizienter auf aktuelle Entwicklungen zu reagieren. Dabei steht der CFO beratend zur Seite, da er sich schnell einen Gesamtüberblick über das Zusammenwirken sämtlicher Prozesse verschaffen kann. Und: Die Experten aus der IT-Abteilung werden von zeitraubenden Routinetätigkeiten entlastet.

Literatur

Schwerbrock, D. (2005), Vortrag auf dem Stuttgarter Controller Forum 2005, http://www.controller-forum.com/2005/, Abruf am 30.06.2006

Butler Group (2006), Technology Audit: SAS Financial Intelligence 2006

II. IFRS und Corporate Governance

Harmonisierung des internen und externen Rechnungswesens bei Henkel

Dr. Christian Hebeler*

1   Einführung

2   Anforderungen an das Rechnungswesen bei Henkel

3   Historie der Harmonisierung des internen und externen Rechnungswesens
    bei Henkel
    3.1   Traditionelle Ausgestaltung der Rechnungswesensysteme
    3.2   Konzeptionelle Harmonisierung des internen und externen Rechnungs-
          wesens
    3.3   Integration der Berichterstattungssysteme
    3.4   Vereinheitlichung der Prozesse im Finanz- und Rechnungswesen

4   Effizienzvorteile eines harmonisierten Rechnungswesens

5   Fazit und Ausblick

Literatur

*   Dr. Christian Hebeler, Leiter Financial Controlling, Henkel KGaA, Düsseldorf.

1   Einführung

Die Komplexität und Vielfalt der betrieblichen Rechnungssysteme, von der steuerrechtlichen Gewinnermittlung über die Konzernrechnungslegung bis hin zu den verschiedenen Formen des wertorientierten Performance Measurement, erscheinen mitunter wenig transparent. Eine Rationalisierung des betrieblichen Rechnungswesens, die *Erich Kosiol* bereits vor über 50 Jahren explizit forderte (vgl. *Kosiol* 1999, S. 15), ist deshalb schon aus Gründen der Wirtschaftlichkeit eine faszinierende Idee. Fraglich bleibt jedoch, ob eine derartige Rationalisierung, so zum Beispiel durch die Angleichung interner und externer Rechnungssysteme, die im Extremfall zu einem »Einheitsrechnungswesen« führen würde, zweckmäßig ist, zumal grundsätzlich gilt, dass unterschiedliche Rechnungszwecke nur durch unterschiedliche Rechnungssysteme erfüllt werden können (vgl. *Schneider* 1997, S. 33). Im Einklang mit diesem Grundsatz ging die historische Entwicklung des betrieblichen Rechnungswesens in Deutschland deshalb eher in die andere Richtung, d. h. in die der Gestaltung differenzierter Rechnungssysteme. So wurde das interne Rechnungswesen als notwendiges Pendant zur externen Rechnungslegung entwickelt, um die Unzulänglichkeiten des letzteren im Hinblick auf unternehmerische Entscheidungsprobleme zu kompensieren. Diese klassische Zweiteilung der betrieblichen Erfolgsrechnung, die letztlich auf *Eugen Schmalenbach* zurückgeht und noch bis in die jüngste Zeit als gesicherte Erkenntnis der deutschen Betriebswirtschaftlehre galt, wird jedoch zunehmend – zumindest in der Unternehmenspraxis – aufgegeben.

Ihren Ursprung hat diese Entwicklung der Harmonisierung respektive Integration interner und externer Rechnungssysteme im pragmatischen Vorgehen der *Siemens AG*, die im Jahr 1992 ankündigte, fortan auf eine separate Betriebsergebnisrechnung zu verzichten und die externe Rechnungslegung als Grundlage für die Unternehmenssteuerung zu nutzen (vgl. *Ziegler* 1994, S. 175 ff.). Seit dieser Zeit wird die wissenschaftliche Auseinandersetzung mit den Möglichkeiten einer Harmonisierung von internem und externem Rechnungswesen intensiv geführt (vgl. exemplarisch *Pfaff* 1994, S. 1065 ff., *Küting/Lorson* 1998, S. 483 ff., *Schweitzer/Ziolkowski* 1999, S. 2 ff., *Hebeler* 2003, S. 275 ff.). Nach dem Inkrafttreten des Kapitalaufnahmeerleichterungsgesetzes (KapAEG) vom 20. April 1998 sowie der Folgegesetzgebung (vgl. *Kümpel* 2006, S. 311), die gemäß EU-Verordnung ab dem 1. Januar 2005 im Konzernabschluss kapitalmarktorientierter Unternehmen zur Anwendung der IAS/IFRS verpflichtet (vgl. *Ernst* 2004, S. 25 ff.), sind inzwischen vor allem viele börsennotierte und international tätige Konzerne dazu übergegangen, ihr zumeist auf der Basis internationaler Rechnungslegungsvorschriften harmonisiertes Konzernrechnungswesen zur Unternehmenssteuerung zu verwenden (vgl. auch *Horváth/Arnaout* 1997, S. 254 ff., *Pellens/Tomaszewski/Weber* 2000, S. 1830).

Auch *Henkel* ist diesen Weg gegangen und hat während der letzten Jahre die inhaltliche Ausgestaltung interner und externer Rechnungssysteme konsequent auf Basis der IAS/IFRS harmonisiert sowie die prozessuale und systemtechnische Abwicklung der Erstellung und des Reporting interner und externer Daten des Rechnungswesens integriert. In den folgenden Ausführungen werden zunächst die Anforderungen an die internen und externen Rechnungssysteme bei *Henkel* für diese Veränderung herausgearbeitet. Im Folgenden wird der Weg von der traditionellen dualen Ausgestaltung zu einem integrierten Rechnungswesen vorgestellt. Schließlich wird im Rahmen einer ex-post Betrachtung dargelegt, welche Erfahrungen *Henkel* bei der Umsetzung eines integrierten Rechnungswesens gesammelt hat und welche Effizienzvorteile erzielt wurden.

2 Anforderungen an das Rechnungswesen bei Henkel

Die Kriterien für die Charakterisierung und Systematisierung der betrieblichen Rechnungssysteme, beispielsweise Adressatengruppe, Rechnungszweck, Zeitbezug oder Wiederholungscharakter der Rechnung, sind zahlreich (vgl. *Hebeler* 2003, S. 45 ff.). Nach dem beabsichtigten Informationsempfänger wird zwischen internem und externem Rechnungswesen unterschieden. Insofern orientiert sich das gesetzlich geregelte externe Rechnungswesen vorrangig an den Informationsanforderungen der Adressaten außerhalb des Unternehmens (z. B. Anteilseigner, Analysten oder Gläubiger), während das interne Rechnungswesen der Unternehmensleitung relevante Informationen zur Geschäftssteuerung liefern soll. Das externe Rechnungswesen hat einerseits eine Rechenschaftslegungs- und Zahlungsbemessungsfunktion aufgrund handels- und steuerrechtlicher Verpflichtungen und andererseits eine immer wichtigere Informationsfunktion, nicht zuletzt durch die wachsenden Anforderungen der Kapitalmärkte (vgl. *Lehner* 2004, S. 10 f.). Die Aufgaben des internen Rechnungswesens liegen vor allem in der Entscheidungsunterstützung und der Verhaltenssteuerung.

Für *Henkel* hat die zweckmäßige Ausgestaltung des Rechnungswesens eine doppelte Funktion, einerseits die Anforderungen einer kapitalmarktorientierten Berichterstattung im Sinne einer wirksamen Finanzkommunikation und andererseits die Anforderungen zur Geschäftssteuerung zu erfüllen. Die externe Rechnungslegung als Teil der Finanzkommunikation (vgl. ausführlich *Lehner* 2004, S. 1 ff.) hat als (Minimal-)Ziel die Erfüllung der gesetzlichen Informationspflichten. Dabei hat der große Umfang der gesetzlichen Regelinformationen in den letzten Jahren deutlich zugenommen, wie das Beispiel der Risikoberichterstattung nach KonTraG zeigt. Insbesondere aber orientiert sich die Vielzahl aufzubereitender Informationen an den Anforderungen der kapitalmarktorientierten Berichterstattung nach IAS/IFRS, in deren Mittelpunkt die gesetzlichen Informationspflichten des Konzernabschlusses stehen, der durch weitere Zusatzangaben (z. B. Kapitalflussrechnung, Segmentberichterstattung) ergänzt wird. Mit Blick auf eine wirksame Finanzkommunikation gilt es, nicht nur qualitativ hochwertige Abschlüsse nach IAS/IFRS zu erstellen, sondern auch eine schnelle Berichterstattung (Stichwort: Fast Close) an die Kapitalmarktteilnehmer am Ende einer Rechnungsperiode sicherzustellen. Das Quartal als separate Abrechnungsperiode gewinnt dabei zunehmend an Bedeutung gegenüber dem Geschäftsjahr.

Mit Bezug auf die Anforderungen einer zielkonformen Geschäftssteuerung an das Rechnungswesen ist zu sagen, dass im Mittelpunkt der internen Berichterstattung eine nach dem Umsatzkostenverfahren aufgestellte, aber wesentlich tiefergegliederte interne Ergebnisrechnung steht, die als mehrstufige Deckungsbeitragsrechnung aufgebaut ist. Die interne Ergebnisrechnung ist etwa für die Zwecke des Markenartikelgeschäfts so ausgestaltet, dass diese über den Ausweis mehrerer Zwischenergebnisse (d. h. Produktdeckungsbeiträge, Ergebnisbeiträge und betriebliche Ergebnisse) geeignet ist, verschiedene umsatzabhängige und fixe Kostenblöcke zu trennen. Weitgehend umsatzabhängige Kosten für die Ergebnissituation einzelner Produkte und Produktgruppen sind z. B. Erlösminderungen, Herstellkosten, Frachten, während die fixen Kostenblöcke nach der von einer Verantwortung für die Gesamtkosten bestimmten Ergebnissituation der strategischen Geschäftseinheiten, Ressorts und schließlich der Unternehmensbereiche abzubilden sind. Die Ausgestaltung einer derartigen Ergebnisrechnung erfordert klar festgelegte Kostenrechnungsprinzipien, die weitestgehend eine verursachungsgerechte Zuordnung oder aber zumindest eine solche nach dem Tragfähigkeitsprinzip erlauben. Darüber hinaus erfordert das interne Rechnungswesen nicht nur die periodische Ist-Berichterstattung, sondern auch Informationen zur Planung. Mit Bezug auf das Rechnungswesen sind hier die Planungs- und Jahreserwartungswertrechnungen (Forecasting) gemeint (vgl. *Hebeler* 2005, S. 517), die in der Struktur der Ist-Ergebnisrechnung erstellt werden.

Für ein wirksames Controlling der Geschäftsaktivitäten ist die strukturelle Ausgestaltung der Berichterstattung im internen Rechnungswesen (Management Reporting) von zentraler Bedeutung, d. h. die Berichtsanforderungen der externen Rechnungslegung (HB II) an die Tochtergesellschaften müssen sinnvoll mit den Anforderungen der Managementstruktur (z. B. Geschäftsbereich) verknüpft werden. Letztere ergeben sich aus den Marktbearbeitungsanforderungen des Produktportfolios. Die interne Steuerung erfolgt nicht nur auf Segmentebene (Geschäftsbereich), sondern auch auf der Ebene der Ressorts, der strategischen Geschäftseinheiten (SGE) und auf »Produktgruppenebene«, d. h. Sub-SGE. Darüber hinaus ist es notwendig, teilweise Parallelhierarchien zur Legal Entity-Sicht einzuführen, um die zum Teil historisch oder akquisitionsbedingt gewachsenen unterschiedlichen Anforderungen der Geschäftsbereiche an die interne Berichterstattung umzusetzen, z. B. Trennung von Import und Export oder spezielle regionale Vertriebsverantwortlichkeiten. Wie im externen Reporting kommt der Aktualität der internen Berichterstattung hohe Bedeutung zu, d. h. die schnelle Verfügbarkeit der Monatszahlen hat eine hohe Priorität. Bei *Henkel* hat das Management Reporting am dritten Arbeitstag jedes Monats zu erfolgen. Die Daten werden am vierten Arbeitstag für Analysen im Konzernberichterstattungssystem bereitgestellt.

Zusammenfassend bleibt festzuhalten, dass im Rahmen der kapitalmarktorientierten Berichterstattung das Management dafür Sorge zu tragen hat, dass die erforderlichen Reportingsysteme zur Informationsversorgung etabliert sind, um die festgelegte Berichterstattung inhaltlich und zeitlich zu gewährleisten. Diese Festlegung betrifft insbesondere die Frage, was über die gesetzlichen Anforderungen hinaus an den Kapitalmarkt berichtet werden soll bzw. welche Berichterstattung intern zur Geschäftssteuerung zusätzlich zu erfolgen hat.

3 Historie der Harmonisierung des internen und externen Rechnungswesens bei Henkel

3.1 Traditionelle Ausgestaltung der Rechnungswesensysteme

Bis in die Mitte der 1990er Jahre wurde *Henkel* mit Hilfe eines dualen Rechnungslegungs- und Informationssystems gesteuert (vgl. ausführlich *Berndt* 2006, S. 168 f.). Die finanzielle Planung und Kontrolle der Unternehmensaktivitäten stützte sich auf die Daten des externen Rechnungswesens, das zu dieser Zeit allein nach den jeweiligen nationalen Vorschriften bzw. Standards erfolgte und das über die durch viele Wahlrechte flexibel gestalteten Vorschriften des HGB harmonisiert wurde. Die externe Rechnungslegung war bis dahin in hohem Maße steuerlich orientiert. Die operative Planung und Kontrolle der laufenden Geschäftstätigkeiten erfolgten anhand der Daten des internen Rechnungswesens, das nach eigenen, sogenannten »betriebswirtschaftlichen Regeln« durchgeführt wurde. Das interne Rechnungswesen war mit dem externen Rechnungswesen nur lose durch Übergangskonten verbunden (klassisches Zweikreis-System). Die operative Steuerung der einzelnen Produkte bzw. Produktgruppen sowie der strategischen Geschäftseinheiten, Ressorts und Unternehmensbereiche wurden als eine rein interne Angelegenheit betrachtet. Die interne Rechnungslegung orientierte sich somit allein an »Betriebswirtschaftlichen Grundsätzen«, die eine sachzielorientierte Ausrichtung hatten und eine optimale Nutzung der bereitgestellten Sachmittel sowie die betriebliche Substanzerhaltung – entsprechend der traditionellen Kostenrechnungsphilosophie – als vorrangige Ziele ansahen. Im Mittelpunkt der internen Berichterstattung stand – und steht heute noch – eine nach dem Umsatzkostenverfahren aufgestellte, mehrstufig gegliederte interne Ergebnisrechnung. Dieses Gliederungsschema stellte einen pragmatischen Lösungsansatz dar, der sowohl der in den 1960er Jahren populären Steuerungsphilosophie des »Direct Costing« als auch den praktischen Bedürfnissen nach einer umfassenden Kostenkontrolle gerecht werden wollte (vgl. *Berndt* 2006, S. 172).

Die Eigenständigkeit der internen Ansatz- und Bewertungsregeln war am größten beim Anlagevermögen. Für die Abschreibungen wurde die jeweils betriebswirtschaftliche Nutzungsdauer ermittelt, die auf statistisch hochgerechnete Wiederbeschaffungskosten der einzelnen Anlagegruppen angewendet wurde. Ansatzunterschiede zum externen Rechnungswesen ergaben sich auch bei geringwertigen Vermögensgegenständen und bei Großreparaturen, die intern aktiviert und über mehrere Jahre abgeschrieben wurden. Außerdem ergaben sich aufgrund der abweichenden Anlagekosten bei den Herstellkosten der Erzeugnisse Unterschiede zum externen Rechnungswesen.

Aus der obigen Darstellung ist leicht zu erkennen, dass die Abstimmung zwischen externem und internem Abrechnungskreis nur an wenigen Nahtstellen erfolgen konnte. Es war auch schwierig, eine enge Verbindung zwischen der finanziellen und der operativen Steuerung des Unternehmens herzustellen. Zur Kontrolle des internen Abrechnungskreises hatten zumindest zum Jahresende die Umsatzerlöse mit denen des externen Rechnungswesens übereinzustimmen. Dies ließ sich in der Regel mit vertretbarem Aufwand in relativ kurzer Zeit erreichen, obwohl es nicht immer einfach war, die zeitlichen Buchungsunterschiede auszugleichen. Dies galt insbesondere für einige ausländische Tochterunternehmen, bei denen die beiden Abrechnungskreise organisatorisch zu stark voneinander getrennt waren. Für die vierteljährliche externe Berichterstattung des Konzerns wurde im Fall von Differenzen den intern ermittelten Umsatzerlösen der Vorrang gegeben, um zeitaufwendige Abstimmungsprozesse zu vermeiden. Schwieriger war die plausible Abstimmung zwischen dem internen »Brutto-ergebnis« und dem extern ermittelten »Betrieblichen Ergebnis«. Die Überleitungsrechnung erfolgte nach der Formel:

> **Bruttoergebnis**
> + Kalkulatorische Zinsen
> + Kalkulatorische Abschreibungen
> – Bilanzielle Abschreibungen
>
> + /–Sonstige Abgrenzungen
> _____
> = **Betriebliches Ergebnis**

Das Problem lag dabei vor allem in der Identifizierung und Erklärung der »Sonstigen Abgrenzungen«, die bei komplexen Unternehmen mit mehreren Geschäftstätigkeiten und Dienstleistungsfunktionen sehr mühselig war. Für die Quartalsberichterstattung wurde nur das im externen Abrechnungskreis ermittelte »Betriebliche Ergebnis« zu Grunde gelegt. Besonders schwierig gestaltete sich die Erklärung der »Sonstigen Abgrenzungen« im Planungsprozess, da hierfür keine detaillierten Buchungsunterlagen zur Verfügung standen (vgl. *Berndt* 2006, S. 176).

3.2 Konzeptionelle Harmonisierung des internen und externen Rechnungswesens

Aus heutiger Sicht lag der Keim für eine Änderung des internen Abrechnungssystems bereits im Jahr 1985, als der Prospekt für die erstmalige Börsennotierung der Vorzugsaktien der *Henkel* KGaA einen ersten – freiwillig veröffentlichten – HGB-Weltabschluss des gesamten Konzerns enthielt (vgl. *Berndt* 2006, S. 176). Dieser Weltabschluss entsprach zwar noch nicht den heutigen Vorstellungen von Einheitlichkeit bei Ansatz und Bewertung, z. B. aufgrund unterschiedlicher Abschreibungsmethoden beim Anlagevermögen, unterschiedlicher Verbrauchsfolgen bei Vorräten und unterschiedlicher Intensität der Rückstellungsbildung, er blieb aber im Rahmen der Wahlrechte des HGB. Nach dem Börsengang im Oktober 1985 begann, durch den Zufluss finanzieller Mittel initiiert, eine Phase immer größer und internationaler werdender Unternehmensakquisitionen. Insbesondere durch den Erwerb US-amerikanischer Unternehmen kam auch neues abrechnungstechnisches Gedankengut in das eigene Unternehmen. Die Rechnungslegung dieser Unternehmen basierte ausschließlich auf Einkreissystemen mit historischen Wertansätzen. Eine Abkoppelung des internen Rechnungswesens vom externen durch unterschiedliche Ansatz- und Bewertungsregeln wurde in den erworbenen Unternehmen nicht praktiziert. In den akquirierten Unternehmen wurden auch Ansätze von Wiederbeschaffungskosten für die Produktkalkulation nicht als besonders hilfreich angesehen, da die Verkaufspreise – nach ihrem Verständnis – aus der Wettbewerbssituation am Markt festzulegen waren und weniger aus einer kostenorientierten Preiskalkulation.

Dieses »neue Denken« im internen Rechnungswesen wurde durch zahlreiche weitere internationale Akquisitionen (z. B. dem US-amerikanischen Klebstoffspezialisten *Loctite*) bis in die zweite Hälfte der 1990er Jahre noch verstärkt (vgl. *Berndt* 2006, S. 176). Ein weiterer Nachteil des deutschen Zweikreis-Systems wurde dabei deutlich. Es stellte sich als sehr schwierig und mühevoll heraus, Ergebnisinformationen über einzelne Produkte und Produktgruppen der zu erwerbenden Geschäfte mit denen von *Henkel* zu vergleichen, insbesondere aufgrund der unterschiedlichen Herstellkostenermittlung. Durch die Anzahl und Größe der Akquisitionen gewann auch die Behandlung der erworbenen Geschäftswerte eine immer größere Bedeutung. In den ersten Jahren bis 1992 erfolgte eine ergebnisneutrale Verrechnung gegen die Rücklagen des Konzernabschlusses, wie es der damals vorherrschenden Praxis und der Wahlrechtsmöglichkeit des HGB entsprach. Ab 1993 wurden dann erworbene Geschäftswerte im Konzernabschluss aktiviert und über die geschätzte Nutzungsdauer ergebniswirksam abgeschrieben. Da eine derartige Abschreibung in den internen Ergebnisrechnungen zunächst nicht vorgenommen wurde, vergrößerten sich die Unterschiede zwischen dem externen betrieblichen Ergebnis und dem internen Bruttoergebnis immer mehr. Folglich gestalteten sich die Analyse der Unterschiede und deren Erklärung deutlich schwieriger und verursachten bei der Unternehmensleitung und im Gesellschafterausschuss zunehmend Fragen nach einem sachgerechten und zweckmäßigen Steuerungssystem. Im Jahr 1995 wurden die kritischen Stimmen immer lauter, die eine Angleichung des internen Rechnungswesens an die externen Regeln und die Aufgabe der praktizierten internen Ergebnisrechnung als stufenweise Vollkostenrechnung unter Einbeziehung kalkulatorischer Zinsen für die Geschäftssteuerung forderten. Förderlich für diese Idee war die Tatsache, dass sich die Unternehmensleitung in stark zunehmendem Maße gegenüber den Kapitalmärkten öffnete und sich mit Shareholder-Value-Zielen identifizierte.

Der wesentlichste Diskussionspunkt zu Beginn der Überlegungen über die Vereinheitlichung der externen und internen Rechnungslegungsgrundsätze war die Forderung nach Ersatz der kalkulatorischen Anlageabschreibungen auf der Basis von Wiederbeschaffungskosten durch lineare bilanzielle Abschreibungen auf der Basis historischer Anschaffungs- oder Herstellungskosten. Die Lösung bestand nach langwierigen Diskussionen in der Entwicklung einer konzerneinheitlichen Abschreibungstabelle mit weltweit gleicher Nutzungsdauer je Anlagetyp und deren Anwendung von Beginn der Inbetriebnahme des Anlagegegenstandes an, d. h. auch rückwirkend bei bereits vorhanden Anlagen (vgl. *Berndt* 2006, S. 181). Die Geschäftsführung stimmte im Frühjahr 1996 dem Vorschlag für eine Änderung der internen Berichterstattung und deren Angleichung an die externe Rechnungslegung zu. Damit wurde der Ansatz kalkulatorischer Zinsen vollständig aufgegeben. An die Stelle des internen Bruttoergebnisses trat das intern und extern einheitlich definierte Betriebliche Ergebnis (EBIT). Ferner wurde als neue einheitliche Steuerungsgröße ein System von Kapitalrenditen eingeführt, dessen wesentlichste operative Kennzahl die EBIT-Rendite auf das betriebliche Nettovermögen war. Dieses Kapitalrenditesystem wurde später durch die Einführung eines wertorientierten Performance-Measurement-Systems basierend auf EVA® und ROCE ergänzt (vgl. ausführlich *Dinter/Swoboda* 2001, 272 ff.).

Die neue Struktur der harmonisierten Ergebnisrechnung sowie die weiteren Neuregelungen wurden in die Konzernrichtlinie zur Berichterstattung und Bilanzierung eingearbeitet und erstmalig mit der Planung des Jahres 1997 angewendet (vgl. *Berndt* 2006, S. 182 f.). Ferner wurde im Jahr 1997 auf der Grundlage einer Machbarkeitsstudie zur Anwendung internationaler Rechnungslegungsgrundsätze – unter Einbeziehung der Konzernwirtschaftsprüfer – entschieden, erstmalig für das Geschäftsjahr 1997 einen Konzernabschluss nach IAS aufzustellen, der jedoch weiterhin den Regelungen des HGB entsprach, ein sogenannter »dualer Abschluss«. Seither bilden die IAS/IFRS die Grundlage für die einheitliche Bilanzierung und Berichterstattung bei *Henkel*.

Im Ergebnis wurde die in Abbildung 1 dargestellte Harmonisierung des Konzernrechnungswesens erreicht, die zu einer Vereinheitlichung der internen und externen Steuerungsinformationen führt. Struktur und Inhalt der internen Ergebnis- und Vermögensrechnung – sogenannter E6 und E7 – entsprechen den auf der Basis von IAS/IFRS ermittelten HB II-Informationen, die Grundlage für die Erstellung des Konzernabschlusses sind. Somit sind der Umsatz und das betriebliche Ergebnis (EBIT) der Geschäftseinheiten im E6 in Summe mit den Werten der Gesamtfirma in der externen GuV-Rechnung identisch. Ferner entsprechen auch die jeweils auf Profit Center zum Teil über Schlüssel verteilten operativen Vermögenswerte (E7) in Summe den bilanziellen Größen. Weiterhin ist anzumerken, dass die externe Segmentberichterstattung – in der Aufteilung nach Geschäftsbereichen und Regionen – als Teil des Konzernabschlusses

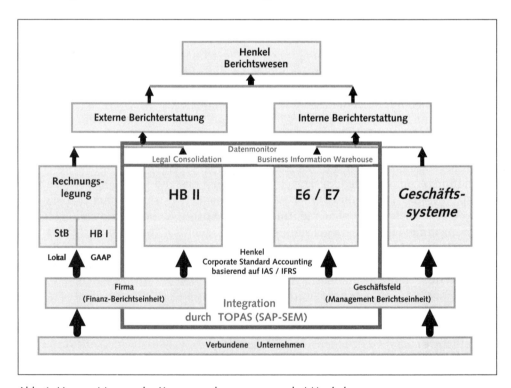

Abb. 1: Harmonisierung des Konzernrechnungswesens bei *Henkel*

vollständig aus den internen Steuerungsinformationen aufbereitet wird (Management Approach).

Im Jahr 2005 erfolgte eine weitere Angleichung der internen und externen Ergebnisrechnung. So war bis dato aufgrund der unterschiedlichen Zuordnung der Herstellungskostenkomponenten in der Kostenaufteilung der internen Ergebnisrechnung ein Vergleich der Margenentwicklung mit der externen Gewinn- und Verlustrechnung nicht möglich. Veränderungen des »Bruttoergebnisses vom Umsatz« bzw. Gross Profit (= Umsatz – Kosten der umgesetzten Leistungen) in der externen GuV-Rechnung konnten geschäftsspezifisch nicht unmittelbar erläutert werden. Durch eine Änderung der Zeilenfolge in der internen Ergebnisrechnung wurde dies nunmehr ermöglicht, da die Kostenzeile Beschäftigungsabweichung in den Produktdeckungsbeitrag einbezogen wird. Schließlich ist zu ergänzen, dass auch das Zahlenwerk in den Geschäftssystemen (vgl. Abb. 1) den einheitlichen Rechnungslegungsgrundsätzen entspricht. Im Unterschied zum E6 – Berichtsebene ist dort die strategische Geschäftseinheit – wird in diesen Systemen eine detaillierte Produkt-/Artikeldeckungsbeitragsrechnung bis zum sogenannten Gross Profit II, d. h. nach Abzug der Herstellkosten (Gross Profit I) und Werbung bereitgestellt.

3.3   Integration der Berichterstattungssysteme

Der konzeptionellen Harmonisierung des internen und externen Rechnungswesens mit IAS/IFRS sollte mit dem Projekt *TOPAS* die notwendige effiziente IT-Infrastruktur für die Konzernberichterstattungssysteme folgen (vgl. Abb. 1). Der Status Anfang des Jahres 2003 war, dass das interne und externe Konzernreporting entkoppelt auf zwei unterschiedlichen Systemen erfolgte. Die monatliche Berichterstattung der internen Ergebnis- und Vermögensrechnung (E6/E7) der Tochtergesellschaften an den Konzern erfolgte mit einem Host-System, die Datenverarbeitung mittels SAP-EIS (C/S). Die Bereitstellung der Daten auf Konzernebene war ebenfalls Host-basiert. Die quartalsweise externe Berichterstattung der HB II-Daten über sogenannte A-B-Soft-Formulare sowie deren Verarbeitung im eigenentwickelten Konzernkonsolidierungsprogramm *ALKOSY* wurden auf einem *AS400*-System abgewickelt. Ziel des Projektes *TOPAS* war es, nicht nur die systemtechnische Erfassung interner und externer Rechnungswesendaten zu integrieren, sondern insgesamt die IT-Infrastruktur für das Reporting und die Konzernsteuerungssysteme effektiver zu gestalten. Insofern lag dem Projekt *TOPAS* die Vision zugrunde, ein geschlossenes Systemkonzept für die Management Berichterstattung, die externe Rechnungslegung sowie für Planung und Controlling zu implementieren. Die Notwendigkeit der Bereitstellung einer verbesserten, möglichst integrierten globalen IT-Infrastruktur für das Konzernrechnungswesen beruht vor allem auf der Erkenntnis, dass inkonsistente Strukturen und Daten, eine hohe Methodenvielfalt und IT-Komplexität sowie eine fehlende umfassende Integration der Systeme zahlreiche Ineffizienzen und damit Kostennachteile schaffen. Das Ziel, die IT-Infrastruktur weiterzuentwickeln, wurde deshalb grundlegender und weiter gefasst. Es ging darum, den Datenfluss bei *Henkel* international zu standardisieren und für die Zwecke des Controllings und des Rechnungswesens konzernweit auf einer einheitlichen Systemarchitektur durchzuführen, d. h. die Systemfunktionen Eingabe, Verarbeitung und Ausgabe der Daten sollten möglichst aus einer »Hand« oder zumindest durch eine flexible Anbindung von Vorsystemen über intelligente Schnittstellen realisiert werden. Voraussetzung für die Realisierung einer Lösung ist jedoch zunächst die Umsetzung eines zentralen Datenpools. Die einheitliche, zentrale Datenhaltung bedeutet auch eine Erhöhung der Qualität der Daten, denn die Beachtung der Konzernbilanzierungsrichtlinie kann besser gewährleistet werden, insbesondere durch die Möglichkeit im System Validierungsregeln zu hinterlegen. Kern des *TOPAS*-Systems ist der Datenmonitor (vgl. Abb. 2), der als einheitliches Erfassung-, Verarbeitungs- und Auswertungssystem dient und eine konsistente Datenbasis gewährleistet, d. h. einerseits zur Konzernkonsolidierung (*SAP-BCS*) und andererseits für das Management Reporting (*SAP-BW*). Der Datenmonitor zeigt ferner den Status des Datenmeldeprozesses aller Berichtseinheiten mittels eines Ampelkonzeptes, d. h. aller im Konsolidierungskreis einbezogenen Tochtergesellschaften, und erlaubt den zentralen Einheiten sowohl ein effektives Monitoring, etwa zur Einhaltung von Berichtsterminen, als auch im Bedarfsfall eine inhaltliche Unterstützung, da bei fehlgeschlagener Validierung entsprechende Bilanzierungs- oder Ausweisprobleme im System angezeigt werden. So können Fehler bei der Datenerfassung durch die verantwortlichen Personen schnell erkannt und beseitigt werden. Insbesondere ermöglicht diese Vorgehensweise ein frühzeitiges

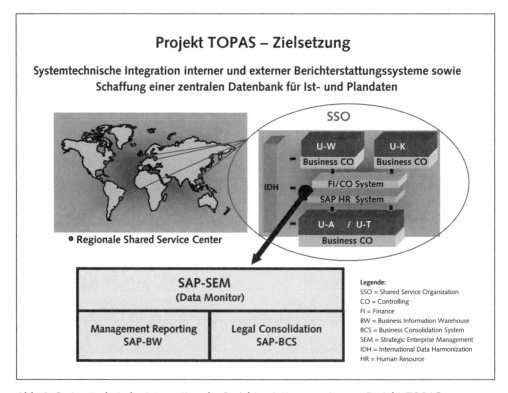

Abb. 2: Systemtechnische Integration der Berichterstattungssysteme – Projekt *TOPAS*

Erkennen von Fehleinträgen direkt an der Informationsquelle, senkt damit die Fehlerbehebungskosten und erhöht die Prozesseffizienz insgesamt. Das Gesamtkonzept *TOPAS* zur Gestaltung integrierter Reporting-Systeme mit einer zentralen Datenbank ist in Abbildung 2 dargestellt.

Darüber hinaus ist festzuhalten, dass die Berichterstattung der bottom-up erstellten Jahreserwartungswerte (Year-end Forecasts) im April (E1) und im Oktober (E2) wie auch die Kurzfristplanung in der gleichen Struktur wie die Ist-Berichterstattung im System *TOPAS* erfolgt (vgl. *Lehner/Schmidt* 2003, S. 488 f.). Im Sinne einer effizienten Unternehmenssteuerung ermöglicht das bei *Henkel* implementierte Business Information Warehouse umfangreiche Auswertungsmöglichkeiten (z. B. Plan-Ist-Vergleiche), d. h. durch die Möglichkeit multidimensionaler Datenanalysen über Web- und *Excel*-basierte Benutzeroberflächen sowie über ein Management Cockpit. Auf den zentralen Datenpool können alle operativen und funktionalen Einheiten entsprechend einem hinterlegten Berechtigungskonzept online zugreifen, um Auswertungen zu starten. Alle notwendigen Funktionen, wie Rechenlogik für Verdichtungen, Währungsumrechnungen und Konsolidierungen, sind im System hinterlegt. Auf diese Weise kann eine dezentrale Datenhaltung ersetzt werden und eine Kostensenkung erzielt werden. Der Prozess der Datenaufbereitung im Konzernrechnungswesen sowie die Frequenz des Reportings sind in Abbildung 3 dargestellt.

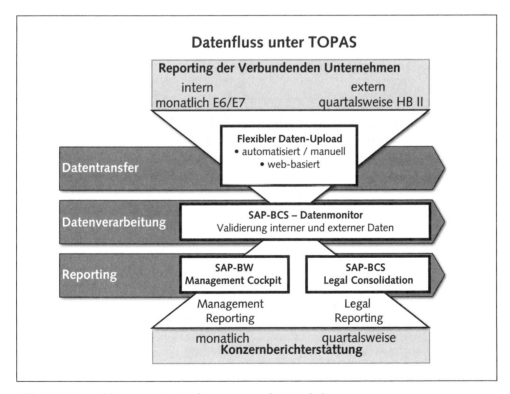

Abb. 3: Datenmeldeprozesse im Rechnungswesen bei *Henkel*

Verbundene Unternehmen können entweder automatisiert über *SAP*-Schnittstellen die Daten aus den lokalen ERP-Systemen oder – in der Regel bei kleineren Gesellschaften – die Daten mittels *EXCEL*-erstellten Uploadfiles nach *TOPAS* transferieren. Die systemtechnische Überprüfung (Validierung) gleicher Daten des internen und externen Rechnungswesens, beispielweise zwischen interner Ergebnisrechnung und externer GuV-Rechnung, wurde bei der Entwicklung und Verwendung von *TOPAS* fest verankert. Der umfassende Validierungskatalog im System der Berichterstattung nach IAS/IFRS stellt eine hohe Datenqualität der berichteten Monats- und HB II-Abschlüsse sicher.

Im Rahmen des Gesamtkonzeptes *TOPAS* war es auch ein Ziel, die jeweiligen Datenströme zur »Befüllung« von TOPAS zu harmonisieren (vgl. Abb. 2). Der erste Schritt zur Vereinheitlichung der weltweiten Datenströme (IDH) kann durch eine regionale »Shared Service Organization« (SSO) erreicht werden. Bezogen auf die Datenverarbeitung ist dabei beabsichtigt, nicht nur die Vielzahl der unterschiedlichen IT-Systeme weltweit zu reduzieren, sondern die Prozesse unter Berücksichtigung von Best Practices zu standardisieren. In den jeweiligen Regionen werden dann für die einzelnen Verbundenen Unternehmen in den verschiedenen Ländern zentrale IT-Dienstleistungen im Bereich Rechnungswesen und Controlling zur Verfügung gestellt. Das Vorgehen von *Henkel* in diesem Zusammenhang ist Teil des nächsten Abschnitts.

3.4   Vereinheitlichung der Prozesse im Finanz- und Rechnungswesen

Parallel zur Integration der internen und externen Konzernberichterstattung mit dem Projekt *TOPAS* strebte und strebt *Henkel* auch die Vereinheitlichung der Prozesse im Finanz- und Rechnungswesen auf der Ebene der Verbundenen Unternehmen durch das *SSO*-Projekt an. Diese derzeit bei *Henkel* – zunächst in Europa und Nordamerika – umgesetzte Vereinheitlichung der Finance & Accounting-Prozesse (vgl. ausführlich *Köster* 2005, S. 120 ff.) wurde im Jahr 2000 aus der Notwendigkeit heraus eingeleitet, dass die Marktgegebenheiten eine überarbeitete Organisationsstruktur erforderten. Diese Neuorientierung der bis dahin länderweisen Organisationsstruktur bei *Henkel* in Europa verfolgte das Ziel, die einzelnen Länderorganisationen mit bis dato selbstständiger Geschäfts- und funktionaler Verantwortung in eine einzige stringente Gesamtorganisation mit globalen Verantwortlichkeiten zu überführen. Oberste Maxime dieser Neugestaltung ist die Orientierung an den Kundenbedürfnissen sowohl für die operativen Geschäfte als auch für die administrativen Funktionen, da diese in den Bereichen Finanzen, Logistik, Einkauf, Personal, Recht, IT und Kommunikation entsprechende Dienstleistungen für die operativen Einheiten erbringen (vgl. *Schmidt/Hebeler* 2005, S. 265). Kernelemente dieser Neuorganisation sind ein stärker harmonisiertes Produkt/Service-Portfolio sowie eine Aufbauorganisation mit Berichtslinien, die zwar wie bisher den lokalen, stärker indes jedoch dem internationalen Bezug der Funktion Ausdruck geben (vgl. *Köster* 2005, S. 125). Vorteile dieses Ansatzes, der die Harmonisierung, die Standardisierung und das Networking stärkt, liegen zum einen in der Vermeidung duplizierter Anstrengungen in den Ländern und Geschäften und zum anderen in der Möglichkeit, durch stärkere Vereinheitlichung und internationale Abstimmung etwa durch eine höhere Automatisierung und das Erreichen von Skaleneffekten die operativen Kosten – insbesondere im Finanzbereich – zu reduzieren.

Der Ausgangspunkt des *SSO*-Projektes war deshalb die Überlegung, in der Region Westeuropa mit 16 Ländern, die Komplexität von 85 Verbundenen Unternehmen, 87 Produktionsstandorten sowie 37 Verwaltungsstandorten deutlich reduzieren zu können und zu müssen. Auf Ebene der Prozesse wurden die *Henkel*-Aktivitäten zu dieser Zeit durch 26 unterschiedliche IT-Systeme unterstützt, von denen 16 *SAP*- und 10 Legacy-Systeme waren – eine überaus heterogene Struktur. Aufgabe war es, die funktionalen Prozesse durch Vereinfachung, Vereinheitlichung und Optimierung über die operativen Unternehmensbereiche und Ländergrenzen hinweg als Shared Services zu konzipieren. Folgerichtig war es, die Finanzfunktion in den lokalen Einheiten in mehrfacher Hinsicht anzupassen. Erstens musste die lokale Funktion direkt an die entsprechende funktonale Einheit in der Zentrale in Düsseldorf berichten. Zweitens hatte die lokale Finanzfunktion in enger Abstimmung mit der Konzernfinanzfunktion zusammenzuarbeiten. Drittens wurden speziell die Rechnungsweseneinheiten Teil einer Shared-Service-Organisation in jenen Regionen, in denen die Systeme und Rahmenbedingungen eine solche Struktur zuließen. Ziel war die Gestaltung einer Prozessorganisation für die Kernfunktionen des Finanz- und Rechnungswesens, die auf der Ebene der Verbundenen Unternehmen unter *Henkel Financial Services* gebündelt sind. Die vier Hauptprozesse (vgl. *Köster* 2005, S. 121) sind Order-to-cash (Debitorenbuchhaltung), Purchase-to-pay (Kreditorenbuchhaltung), General Accounting (externe Rechnungslegung) sowie Financial Controlling (Kostenrechnung und Management Reporting). Auf der Ebene der Tochtergesellschaften zeigt sich die Harmonisierung des internen und externen Rechnungswesens sowie dessen systemtechnische Integration in der Verzahnung der Prozesse General Accounting und Financial Controlling in einem zentralen *SAP FI/CO*-System. So bilden die im externen Rechnungswesen auf der Basis eines einheitlichen Kontenplans gebuchten Werte zum einen die Grundlage für deren Verrechnung im Prozess Financial Controlling, d. h. im Rahmen der Kostenstellen- und Kostenträgerrechnung sowie für die Profit-Center-Rechnung, nach deren Struktur das monatliche Management Reporting nach *TOPAS* erfolgt. Zum anderen stimmt aufgrund der dargestellten inhaltlichen Harmonisierung der Rechnungssysteme die Summe der Profit-Center-Ergebnisse mit dem externen Ergebnis der Gesellschaft überein.

Bis Ende 2007 wird die Komplexität der Prozesse im Finanz- und Rechnungswesen weiter reduziert werden. Im Ergebnis werden in Europa aus 37 Verwaltungseinheiten acht sogenannte Lead Administrations geformt, in denen die Prozesse gebündelt sein werden. An die Stelle von 26 IT-Rechnungswesensysteme wird eine einheitliche *SAP FI/CO*-Plattform treten. Diese Konsolidierung der IT-Systeme sowie die Harmonisierung und Standardisierung der Prozesse im Finanz- und Rechnungswesen unterstützen damit wesentlich das Ziel des Unternehmensbereichs Finanzen, auf der Ebene der Tochtergesellschaften im Fremdvergleich qualitäts- und kostenoptimale Dienstleistungen zur Verfügung zu stellen.

4   Effizienzvorteile eines harmonisierten Rechnungs- wesens

Die wesentlichen Motive für die bisher umgesetzten Harmonisierungs- und Integrationsmaßnahmen im Rechnungswesen ergaben sich aus drei Komponenten: Den Auswirkungen der Globalisierung, der Kritik an den praktizierten Formen des internen Rechnungswesens sowie aus der Notwendigkeit, Effizienzvorteile aus der Standardisierung der Prozesse und der weitergehenden Automatisierung der Finanz- und Rechnungswesensysteme zu erzielen. Angesichts der Globalisierung der Weltwirtschaft waren für *Henkel* die verstärkte Internationalisierung der Geschäfte sowie die zunehmende Kapitalmarktorientierung treibende Kräfte für die Angleichung interner und externer Rechnungssysteme. Die verstärkte Internationalisierung der Geschäfte durch Akquisitionen führte zu einer steigenden Anzahl an Auslandsniederlassungen und internationalen Beteiligungen. Dies hatte zwei Auswirkungen auf das Rechnungswesen: Einerseits stieg infolgedessen die Komplexität des Rechnungswesens im Konzern, da sich *Henkel* zwangsläufig mit den unterschiedlichen landesüblichen Rechnungslegungsvorschriften – etwa im Prozess der Due Diligence – sowie den praktizierten Formen des internen Rechnungswesens der erworbenen Unternehmen auseinandersetzen musste und muss. Andererseits bestand die Notwendigkeit eines effektiven rechnungswesenbasierten Instrumentariums zur Steuerung der globalen Aktivitäten. Die Verwendung einheitlicher Steuerungsgrößen und integrierter Rechnungssysteme war deshalb ein logischer Schritt nach der Internationalisierung der Geschäfte.

Die zunehmende Kapitalmarktorientierung im Sinne des Shareholder-Value-Ansatzes, hat neben der Umstellung auf internationale Rechnungslegungsstandards auch dazu geführt, das Konzept einer wertorientierten Unternehmensführung einzuführen. Neben der Implementierung eines geeigneten Instrumentariums, mit dem sich die Veränderungen des Unternehmenswertes messen lassen, soll dieses System auch als zielkonformes Anreizsystem dienen, d. h. zu einer Verhaltenssteuerung im Sinne der Unternehmenswertsteigerung führen. Derartige Anreizsysteme führen dann zu besseren Ergebnissen, wenn sie auf einer möglichst verständlichen, einheitlichen und manipulationsunempfindlichen Zielgröße basieren (vgl. *Wurl/Kuhnert/Hebeler* 2001, S. 1370). Unterschiedliche Periodenerfolge, wie in der traditionellen Ausgestaltung des Rechnungswesens, stehen deshalb der Anreizverträglichkeit als Effizienzkriterium entgegen. Aus diesem Grund ist die Ermittlung und der Ausweis von EVA® – das bei *Henkel* implementierte operative wertorientierte Performance-Measurement-System – vollständig in die monatliche Berichterstattung integriert und kann aus der Zeilenstruktur der Ergebnis- und Vermögensrechnung unmittelbar abgeleitet werden (vgl. *Dinter/Swoboda* 2001, S. 275).

Die Kritik an den traditionell praktizierten Formen des internen Rechnungswesens, besonders an der Berücksichtigung kalkulatorischer Kosten, führte bei international akquirierten Unternehmen zu Verständnis- und Akzeptanzproblemen. Mit Bezug auf die Kostenarten- und Kostenträgerrechnung sind im neuen System die Herstell(ungs)kosten einheitlich definiert, kalkulatorische Abschreibungen und Zinsen nicht mehr angesetzt, sowie gleiche Verbrauchsfolgebewertungen angewendet. Diese Angleichung der Rechnungssysteme war ein wichtiger Meilenstein für *Henkel*, zumal die in Deutschland entstandene Kostenrechnung und ihre Terminologie im internationalen und speziell im angloamerikanischen Umfeld wenig verbreitet sind. Bei Unternehmensakquisitionen ist nun durch das neue System eine bessere vergleichende Beurteilung der Rechnungsobjekte (z. B. Produktdeckungsbeiträge) möglich. Aus genannten Gründen wurden im Bereich Kostenrechnung weitere Vereinfachungen eingeleitet. Neben der beschriebenen Angleichung interner und externer Kostenansätze wurde auch eine Vereinfachung in den Abrechnungsstrukturen angestrebt. Gewachsene, zu detaillierte Abrechnungsstrukturen erhöhen erfahrungsgemäß die Komplexität nicht nur in der Ist-Abrechnung, sondern gerade im Planungs- und Budgetierungsprozess. Zeitraubende Diskussionen über gerechte Kostenallokationen in der Planung und auch im Rahmen der laufenden Abweichungsanalyse waren deshalb nicht selten die Folge (vgl. *Hebeler* 2005, S. 517). Gerade zum Thema Planung ist anzumerken, dass eine Identität zwischen den Zielgrößen und den Kennzahlen in der Ist-Berichterstattung bestehen muss. Für die zielkonforme Unternehmenssteuerung war es deshalb ebenfalls wichtig, das Zahlenwerk zu vereinheitlichen und intern und extern die gleichen Planinformationen kommunizieren zu können. Nur so kann sichergestellt werden, dass die Entscheidungsträger das Unternehmen intern an den Zielen ausrichten, die mit den externen Interessengruppen, insbesondere der Financial Community, für das Unternehmen vereinbart sind. Der Grad der Abstimmung extern und intern kommunizierter Ziele und Pläne ist somit ein wichtiges Kriterium für die Beurteilung der Güte der Unternehmensplanung.

Die durchgeführte systemtechnische Standardisierung und Automatisierung der Prozesse im Finanz- und Rechnungswesen sowie die Integration der Konzernberichterstattungssysteme waren notwendig und Voraussetzung für die Erzielung von Kostenvorteilen. Die Konsolidierung der historisch gewachsenen IT-Infrastruktur bildet dabei eine Schwerpunktaktivität. Dadurch können nicht nur laufende Betriebskosten gesenkt, sondern grundsätzlich durch die Vermeidung von mehrfachem Entwicklungs- und Wartungsaufwand für die gleiche Anwendung die zukünftigen operativen Kosten der Finanzaktivitäten reduziert werden. Positive Effekte aus der höheren Automatisierung der Abläufe und das Erreichen von Skaleneffekten tragen ebenfalls zu einer Kostensenkung bei.

Schließlich ist mit Blick auf das aktive Portfoliomanagement von *Henkel* festzustellen, dass ein einheitliches Rechnungswesen als Grundlage für ein an Kennzahlen ausgerichtetes Controlling einen wesentlichen Erfolgsfaktor bei der Integration und Steuerung von Akquisitionen darstellt (vgl. *Lehner/Schmidt* 2000, S. 193). Einheitliche Prozesse und einheitliche Systeme im Rechnungswesen sind zudem Garant für eine schnelle Unternehmensintegration.

Zusammenfassend können als Vorteile gegenüber der früheren Vorgehensweise im Rechnungswesen festgehalten werden: die Anwendung konzernweit einheitlicher Berichtsinhalte und Kennzahlen und damit die Eindeutigkeit des Zahlenwerkes, die zu einer besseren internationalen Verständlichkeit und Vergleichbarkeit führen, und in der Konsequenz die internationale Steuerung der Geschäfte und Tochtergesellschaften verbessern und das Controlling insgesamt vereinfachen und effektiver gestalten.

5   Fazit und Ausblick

Im vorliegenden Beitrag wurde der Weg der *Henkel KGaA* zu einem integrierten Rechnungswesen vorgestellt. Durch die Vereinheitlichung der externen und internen Informationssysteme konnte eine Vereinfachung des unternehmerischen Denkens und Handels – mit einheitlichen Aussagen intern und extern – erreicht werden (»one-number-principle«). Als Fazit aus den gesamten Umstellungen im Rechnungswesen ist zusammenfassend festzustellen:

- Die Abschaffung kalkulatorischer Kostenarten ist die Voraussetzung für die Harmonisierung des internen mit dem externen Rechnungswesen.
- Eine zielkonforme Konzernsteuerung basiert auf intern und extern harmonisierten Berichtsinhalten.
- Integrierte Reporting-Systeme sind das Rückgrat einer effizienten Konzern- und Geschäftssteuerung.
- Die Eindeutigkeit des Zahlenwerkes, basierend auf internationalen Rechnungslegungsgrundsätzen, ist die Grundlage für eine effektive Finanzkommunikation.
- Kostenvorteile im Finanz- und Rechnungswesen werden durch die Standardisierung, Automatisierung und Bündelung der Prozesse sowie durch die Integration einer historisch gewachsenen IT-Systemlandschaft erreicht.

Abschließend bleibt anzumerken, dass die Regelungen nach IAS/IFRS als Basis für ein einheitliches Rechnungswesen inzwischen nicht nur eine erhebliche Regelungsbreite und -dichte erreicht haben, sondern auch weiterhin mit Veränderungen bestehender Standards gerechnet werden muss. Für die Unternehmenssteuerung ist es daher von besonderer Bedeutung, die Weiterentwicklung der IFRS-Projekte intensiv zu beobachten und sich rechtzeitig auf eventuelle Neuerungen einzustellen. Dem Controlling kommt dabei eine besondere Aufgabe zu. Einerseits ist es mit den steigenden Anforderungen der Rechnungslegungsstandards IAS/IFRS konfrontiert, andererseits muss es die steigende Komplexität der Geschäftssteuerung bei zunehmender Dynamik der Märkte beherrschen. Dies führt dazu, dass sich das »klassische Controlling« nicht nur einer weiteren selbstverordneten Komplexitätsreduktion unterziehen (vgl. *Weber* 2004, S. 13 ff.), sondern immer mehr fundiertes Know-how im Bereich Rechnungslegung aufbauen muss. Beispiele hierfür sind die veränderte Goodwill-Bewertung (Impairment Test) und die grundsätzlich zunehmende »Fair Value«-Rechnungslegung. Weitere erhebliche Veränderungen für das »Zahlenwerk« des Controllings könnten sich auch durch die Initiative des IASB ergeben, das Performance Reporting (Stichwort: Comprehensive Income) neu zu regeln, eine Neugestaltung der Gewinn- und Verlustrechnung und damit indirekt eine Neudefinition des Gewinnbegriffs. Dem Controlling bei *Henkel* kommt dabei die schwierige Aufgabe zu, die erreichte Einheitlichkeit des internen und externen Reportings auch in Zukunft sicherzustellen.

Literatur

Bernd, H. (2006), Auswirkungen von IFRS auf die Unternehmenssteuerung bei *Henkel* in: *Franz, K.-P./Winkler, C.* (Hrsg.): Unternehmensteuerung und IFRS, München 2006, S. 167–195

Dinter, H.-J./Swoboda, M. (2001), Operative Performance-Messung im Shareholder-Value-Konzept von Henkel, in: *Freidank, C.-Ch./Mayer, E.* (Hrsg.): Controlling-Konzepte, 5. Auflage, Wiesbaden 2001, S. 247–285

Ernst, C. (2004), Die Wahlrechte der EU-Verordnung zur IAS-Anwendung und Umsetzungsmöglichkeiten in Deutschland, in: *Baetge, J.*: Übergang der Rechnungslegung vom HGB zu den IFRS, Düsseldorf 2004, S. 25–41

Hebeler, Ch. (2003), Harmonisierung des internen und externen Rechnungswesens – US-amerikanische Accounting-Systeme als konzeptionelle Grundlage für deutsche Unternehmen?, Wiesbaden 2003

Hebeler, Ch. (2005), Neugestaltung der Unternehmensplanung bei Henkel, in: Zeitschrift Controlling, 19, 2005, 8/9, S. 515–522

Horváth, P./Arnaout, A. (1997), Internationale Rechnungslegung und Einheit des Rechnungswesens, in: Controlling, 11, 1997, 4, S. 254–269

Kosiol, E. (1999), Bilanzreform und Einheitsbilanz: Grundlegende Studien zu den Möglichkeiten einer Rationalisierung der periodischen Erfolgsrechnung, 3. Auflage, Gernsbach 1999

Köster, H. (2005), Vereinheitlichung der Finance & Accounting Prozesse bei Henkel, in: *Horváth, P.* (Hrsg.), Organisationsstrukturen und Geschäftsprozesse wirkungsvoll steuern, Stuttgart 2005, S. 117–129

Kümpel, T. (2006), Von der nationalen zur internationalen Rechnungslegung, in: WISU 35, 2006, 3, S. 311–314

Küting, K./Lorson, P. (1998), Konvergenz von internem und externem Rechnungswesen: Anmerkungen zu Strategien und Konfliktfeldern, in: WPg, 51, 1998, 11, S. 483–493

Lehner, U./Schmidt, M. (2000), Akquisitionsmanagement: Integration von Rechnungswesen und Controlling, in: *Picot, A.* et al. (Hrsg.): Management von Akquisitionen, Stuttgart 2000, S. 181–193

Lehner, U./Schmidt, M. (2003), Überlegungen zur Neugestaltung der Planung bei Henkel, in: *Horváth, P./Gleich, R.* (Hrsg.): Neugestaltung der Unternehmensplanung, Stuttgart 2003, S. 469–493

Lehner, U. (2004), Rechnungslegung als Teil der Finanzkommunikation, in: *Baetge, J.*: Übergang der Rechnungslegung vom HGB zu den IFRS, Düsseldorf 2004, S. 1–24

Pellens, B./Tomaszewski, C./Weber, N. (2000), Wertorientierte Unternehmensführung in Deutschland, in: DB, 53, 2000, 37, S. 1825–1833

Pfaff, D. (1994), Zur Notwendigkeit einer eigenständigen Kostenrechnung, in: ZfbF, 46, 1994, 12, S. 1065–1084

Schmidt, M./Hebeler, Ch. (2005), Controlling in der Henkel-Gruppe, in: ZfCM, 49, 2005, 4, S. 264–267

Schneider, D. (1997), Betriebswirtschaftslehre, Band 2: Rechnungswesen, 2. Auflage, München u. a. 1997

Schweitzer, M./Ziolkowski, U. (1999), Interne Unternehmungsrechnung: aufwandsorientiert oder kalkulatorisch, ZfbF-Sonderheft 42, Düsseldorf 1999

Weber, J. (2004), Controlling einfach gestalten, Vallendar 2004

Wurl, H.-J./Kuhnert, M./Hebeler, Ch. (2001), Traditionelle Formen der kurzfristigen Erfolgsrechnung und der »Economic Value Added«-Ansatz – Ein kritischer Vergleich unter dem Aspekt der Unternehmenssteuerung, in: WPg, 54, 2001, 23, S. 1361–1372

Ziegler, H. (1994), Neuorientierung des internen Rechnungswesens für das Unternehmenscontrolling im Hause Siemens, in: ZfbF, 46, 1994, 2, S. 175–188

Erfüllung heterogener Steuerungsanforderungen auf Basis eines nach IFRS harmonisierten internen und externen Rechnungswesens

Das neue Steuerungssystem der Infraserv Höchst-Gruppe

Jürgen Vormann*

1   Einleitung

2   Entstehungsgeschichte, Arbeitsgebiete und Strategie der Infraserv Höchst

3   Ableitung der Anforderungen an das Steuerungssystem der Infraserv Höchst

4   Darstellung und Diskussion ausgewählter Einzelthemen im Rahmen der Implementierung des Steuerungssystems

5   Zusammenfassung

Literatur

---

*   Jürgen Vormann, Vorsitzender der Geschäftsführung der Infraserv GmbH & Co. Höchst KG, Frankfurt am Main.

1   Einleitung

»Das, was in der Bilanz steht, interessiert mich nicht; und das, was mich interessiert, steht nicht in der Bilanz.«

(Carl F. Zimmerer)

Die oben angeführte, von *Carl F. Zimmerer* während eines Vortrages an der Westfälischen-Wilhelms-Universität Münster Mitte der 80er Jahre getätigte Äußerung bezog sich auf die Frage, welche Relevanz publizierten Jahresabschlussinformationen eines Unternehmens im Rahmen der Unternehmensbewertung zukomme. Die Äußerung *Zimmerers* beinhaltete damals umso mehr Brisanz aus Rechnungslegungssicht, als sie die seinerzeit bevorstehende Umsetzung der 4., 7. und 8. EG-Richtlinie in deutsches Recht bereits antizipierte. Indirekt zielte diese Äußerung jedoch auch ab auf die zum damaligen Zeitpunkt bereits seit mehr als drei Jahrzehnten intensiv geführten Diskussionen über die Vorteilhaftigkeit moderner Systeme der Teilkosten- und Bruttoerfolgsrechnung und die Unzulänglichkeiten der bisherigen traditionellen Vollkostenrechnungssysteme im Rahmen der Informationsbereitstellungsfunktion des internen Rechnungswesens.

Auch heute, mehr als zwanzig Jahre später, stellt sich diese Frage in unverminderter Form, und zwar allen in der Zwischenzeit geführten Diskussionen über die unterschiedlichen Rechnungslegungsphilosophien und -systeme zum Trotz. Warum ist das so?

Vordergründig – und primär im Hinblick auf die externe Rechnungslegung – steht dabei zwangsläufig die Frage nach den Adressaten der Rechnungslegung bzw. der Aufgabenstellung an das Rechnungslegungssystem am Ausgangspunkt aller zunächst theoretischen Überlegungen (vgl. *Pellens* 1997, S. 1) und damit – stark verkürzt – insbesondere die Frage, ob eher die angloamerikanische Kapitalmarktperspektive des Shareholder Value oder aber die eher kontinentaleuropäische Perspektive des Gläubigerschutzes im Vordergrund stehen solle (für eine sehr gute Übersicht über die unterschiedlichen Bilanztheorien vgl. *Coenenberg* 2003). Gleichzeitig spielen jedoch eine Reihe weiterer Gründe eine entscheidende Rolle für die historische Unterschiedlichkeit der einzelnen Rechnungslegungssysteme, so z. B. sozioökonomische Faktoren, ordnungspolitische und rechtliche Rahmenbedingungen sowie das jeweilige Steuersystem (a. a. O., S. 17 ff.).

Darüber hinaus, und in der relevanten Literatur bisweilen nicht in ausreichender Form systematisch und gesamthaft aufgearbeitet, spielen auch die unterschiedlichen Geschäftsmodelle der rechnungslegenden Unternehmen aus unterschiedlichen Branchen eine entscheidende Rolle bei der Beantwortung der Frage, welchen betriebswirtschaftlichen Anforderungen Rechnungslegungssysteme zu genügen haben, auch und insbesondere im Hinblick auf die internen Kostenrechnungs- und Steuerungssysteme.

Vor diesem Hintergrund erscheint es mir notwendig, unter dem Stichwort der Harmonisierung der Rechnungslegung mindestens zwei relevante Dimensionen zu differenzieren: Zum einen die auf die jeweilige dominierende Kapitalmarktsicht sich beziehende Harmonisierung der internationalen Rechnungslegungsprinzipien und zum anderen die auf zusätzlichen mikroökonomischen Steuerungsanforderungen aufbauende Harmonisierung von externem und internem Rechnungswesen, bezogen auf eine Wirtschaftsbranche.

Im Rahmen der vorliegenden Arbeit werde ich im Folgenden versuchen, beide Dimensionen der Harmonisierung vor dem Hintergrund der spezifischen Anforderungen des Industriedienstleisters *Infraserv GmbH & Co. Höchst KG* (im Folgenden: *Infraserv Höchst* oder verkürzt *ISH*) zu beleuchten und Ansätze für die zum Ende des Jahres 2006 anstehende Neuausrichtung der Rechnungslegung aufzuzeigen.

2 Entstehungsgeschichte, Arbeitsgebiete und Strategie der Infraserv Höchst

Die *Infraserv Höchst* (*ISH*) entstand in der zweiten Hälfte der 90er Jahre als Betreibergesellschaft für den gleichnamigen *Industriepark Höchst* (*IPH*) im Rahmen der Umstrukturierung der *Hoechst AG*, weg von einem Stammhauskonzern traditioneller Prägung, hin zu einer Strategischen Management Holding, mit klar gegeneinander abgegrenzten Arbeitsgebieten, die jeweils als rechtlich selbständige Teilkonzerne unterhalb der *Hoechst AG* organisiert wurden. Im Zuge dieser Neustrukturierung wurde es gleichzeitig erforderlich, für die jeweilige Werksinfrastruktur der Mehrheit der elf deutschen Werke der *Hoechst AG* eine ebenfalls neue Struktur zu finden, da diese zum einen in der Regel von mehreren der neu geschaffenen Teilkonzerne gleichzeitig genutzt wurde und insofern eine eindeutige Zuordnung dieser Aktivitäten zu einem der neuen Teilkonzerne grundsätzlich unmöglich war. Zum anderen war es im Rahmen der auch für die Teilkonzerne angestrebten Fokussierung auf die jeweiligen Kernaktivitäten aus konzernstrategischen Gründen nicht zielführend, die Werksinfrastrukturen mit den operativen Aktivitäten erneut zu vermischen.

Vielmehr hatte das neue Organisations- und Geschäftsmodell für die Standort-Infrastrukturaktivitäten – das schließlich später an nahezu allen Standorten implementierte sogenannte »*Infraserv*-Modell« – denselben Anforderungen zu genügen, die auch für alle anderen Arbeitsgebiete postuliert wurden: Erstens war im Rahmen der neuen Konzernstruktur eine klare und transparente Trennung zwischen den jeweils nach eindeutig definierten operativen und strategischen Kriterien abgrenzbaren Einzelaktivitäten anzustreben, um zweitens – darauf aufbauend – klare Verantwortlichkeiten des jeweiligen Managements im Hinblick auf die Umsatz- und Ergebnisentwicklung dieser Teileinheiten festlegen zu können. Drittens war diese neue Konzernstruktur eine der Grundvoraussetzungen zur Erhöhung der Flexibilität, um aus Sicht des Konzern-Managements ein aktives Portfolio-Management betreiben zu können. Schließlich war es viertens – insbesondere für die in der Vergangenheit nicht immer nach Markt- und Wettbewerbskriterien geführten Infrastruktureinheiten (ehemalige Ressortstruktur) – notwendig, den heilsamen Druck des Wettbewerbs auch in diese Einheiten – und damit in die ehemals »geschützten« Standorte der *Hoechst AG* hineinzubringen. Dadurch wurden die operativen Teilkonzerne zu Kunden dieser neuen Standort-Betreibergesellschaften und hatten damit alle Möglichkeiten, in einem Kunden-Lieferanten-Verhältnis die Standort-Infrastrukturen nach ihren jeweiligen Bedürfnissen kunden- und bedarfsgerecht zu beeinflussen. Gleichzeitig wurden die an diesen Standorten tätigen operativen Teilkonzerne mit ihren entsprechenden Infrastruktur-Nutzungsanteilen zu Miteigentümern der Standortbetreibergesellschaften, d. h. sie wurden auf diese Weise mit in die Pflicht und in die Verantwortung für die Weiterentwicklung der Standortinfrastrukturen genommen.

Die Geburtsstunde der *Infraserv Höchst* lässt sich formal datieren auf den 01. Januar 1997. Zu diesem Zeitpunkt entstand das Unternehmen als rechtlich selbständige Tochtergesellschaft unter dem Dach des *Hoechst-Konzerns*, zunächst als reine Grundstücks- und Immobiliengesellschaft, in die sämtliche Grundstücke und Gebäude des alten Stammwerks der seinerzeitigen *Hoechst AG* in Frankfurt-Höchst im Wege der Sacheinlage eingebracht wurden. Dies war jedoch lediglich der erste Schritt auf dem Weg zu einem hochspezialisierten Industriestandortbetreiber in der heutigen Prägung. Zum 01. Januar 1998 wurden in einem weiteren Schritt alle übrigen Infrastrukturaktivitäten der *Hoechst AG* für das Stammwerk Höchst, einschließlich der zugeordneten Mitarbeiter dieser Bereiche, in die Gesellschaft eingebracht, sodass das Geschäftsjahr 1998 das erste echte Geschäftsjahr der *Infraserv Höchst* darstellt.

Heute, nach einer Reihe von Portfolio-Bereinigungen sowie nach einer signifikanten Restrukturierung, umfasst das Geschäftsportfolio der *Infraserv Höchst* alle aus Sicht eines integrierten Standortbetreibers notwendigen Arbeitsgebiete für ein bedarfsgerechtes Infrastrukturangebot für Standortkunden aus der Chemie- und Pharmabranche sowie der verwandten Prozessindustrien, die in der nachfolgenden Übersicht dargestellt sind:

Die *Infraserv Höchst* ist die größte der 1998 entstandenen *Infraserv*-Gesellschaften aus dem alten *Hoechster* Konzernumfeld. Sie betreibt heute als »großes mittelständisches

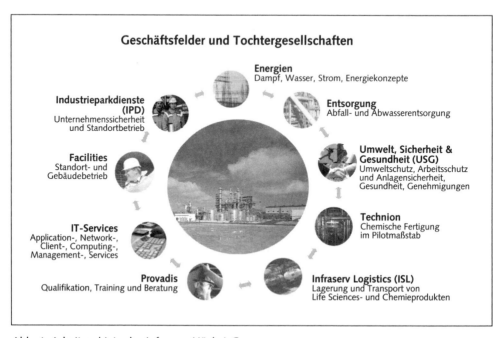

Abb. 1: Arbeitsgebiete der *Infraserv Höchst-Gruppe*

Industriepark Höchst 2005

Fläche	460 ha
davon freie, voll erschlossene Fläche	60 ha
Gebäude	> 850
Unternehmen im IPH	> 80
Mitarbeiter*	ca. 22.000
Investitionen in 2005	340 Mio. €

Infraserv Höchst Gruppe zum 31.12.2005

Anzahl Mitarbeiter:	3.041
Umsatzerlöse in 2005:	812 Mio. €
Investitionen in 2005:	44,3 Mio. €

* Stammpersonal + Fremdpersonal aller am Standort tätigen Unternehmen

Abb. 2: *Industriepark Höchst* und *Infraserv Höchst* – Zahlen und Fakten

Unternehmen« den *Industriepark Höchst*, einen der größten und bedeutendsten Chemie- und Pharma-Standorte Europas.

Nach mehr als acht Jahren an Erfahrung im Markt kann man heute sagen, dass sich das *Infraserv*-Modell erfolgreich bewährt hat. Dieses Modell wurde zwischenzeitlich vielfach kopiert. So haben bespielsweise die *Bayer AG* mit der *Bayer Industries Services* und die *Degussa AG* mit der *Infracor Marl* oder dem *Industriepark Wolfgang-Hanau* ähnliche Infrastrukturbetreiber-Modelle implementiert. Mittlerweile sind in der *Fachvereinigung Industrieparks* des Verbandes der Chemischen Industrie mehr als 40 Standortbetreibergesellschaften organisiert (für eine gute Gesamtübersicht über dieses Thema vgl. *Bergmann/Bode/Festel/Hauthal* 2004).

Aus Sicht der *Infraserv Höchst* hat sich damit die seit rund 2 Jahren verfolgte Drei-Säulen-Strategie »Effizienzsteigerung, Fokussierung, Wachstum« bewährt, die im Rahmen eines einmal jährlich zu durchlaufenden »Strategischen Management-Prozesses« permanent im Markt überprüft und weiterentwickelt wird.

Aus Sicht der Standortkunden der *Infraserv Höchst* ist es dabei entscheidend, dass sie – ausgehend von einer wettbewerbsfähigen und permanent weiteroptimierten Kostenstruktur des Standortdienstleisters *Infraserv Höchst* – die benötigten Standortdienstleistungen zu wettbewerbsfähigen Preisen in Anspruch nehmen und darüber hinaus bei Bedarf auch auf echte externe Alternativen zurückgreifen können: Heute stehen rund 70 % des Geschäftsvolumens der *Infraserv Höchst* im freien Wettbewerb mit externen Dienstleistern.

Aus unternehmerischer Sicht der *Infraserv Höchst* ist es demgegenüber wichtig, dass – aufbauend auf einem bedarfsgerechten und wettbewerbsfähigen Industriedienstleistungsportfolio – in den vergangenen Jahren aufgrund der stark prosperierenden Ent-

Abb. 3: Geschäftsstrategie der *Infraserv Höchst*

wicklung der Standortkunden im *Industriepark Höchst* signifikant internes Wachstum bei den angebotenen Industriedienstleistungen generiert werden konnte. So wurden im Zeitraum 2000 bis 2005 rund 2,3 Mrd. € von den Standortunternehmen im *Industriepark Höchst* investiert (dies entspricht im Durchschnitt in etwa dem doppelten jährlichen Investitionsvolumen, verglichen mit den investitionsstärksten Jahren der *Hoechst AG*), was zu einem zunehmenden Wertschöpfungs- und damit auch Industriedienstleistungsvolumen geführt hat. Darüber hinaus werden von der *Infraserv Höchst* auch zunehmend Geschäfts- und damit Wachstumspotenziale außerhalb des *Industrieparks Höchst* erschlossen. So werden derzeit bereits rund 30 % des Umsatzes der *Infraserv Höchst* mit Kunden außerhalb des Industrieparks generiert.

3 Ableitung der Anforderungen an das Steuerungssystem der Infraserv Höchst

Parallel zu der Ausgliederung der Infrastrukturaktivitäten der *Hoechst AG* wurden 1998 zunächst auch die *Hoechster* Rechnungslegungssysteme durch die *Infraserv Höchst* weitestgehend übernommen. Trotz einer schrittweisen Weiterentwicklung sowie einer stärkeren Anpassung an die spezifischen Besonderheiten eines Industrie-Dienstleisters in den nachfolgenden Jahren wurde im Rahmen des Strategieentwicklungsprozesses seitens der Geschäftsführung die Notwendigkeit einer Neuausrichtung und grundsätzlichen Überarbeitung der Rechnungslegungs- und Steuerungssysteme festgestellt.

Diese Notwendigkeit resultierte zum einen aus der zunehmenden Verbreitung der internationalen Rechnungslegungsstandards in Deutschland und den aktuellen Diskussionen über die internationale Harmonisierung der Rechnungslegungsvorschriften (vgl. hierzu *Franz/Winkler* 2006, S. 1 f.). Obwohl de jure nicht dazu verpflichtet, sprechen doch eine Reihe der nachfolgend darzulegenden Argumente für eine freiwillige Anwendung der International Financial Reporting Standards (IFRS) durch die *Infraserv Höchst*. Darüber hinaus – und aus Sicht der Geschäftsführung ungleich wichtiger – gibt es zum anderen einen deutlichen Handlungsbedarf, das bisherige Kostenrechnungs- und Steuerungssystem, welches in der Form einer Plankostenrechnung auf Vollkostenbasis ausgeprägt ist, stärker auf die spezifischen Besonderheiten der sehr heterogenen Arbeitsgebiete der *Infraserv Höchst* auszurichten und gleichzeitig deutlich entscheidungsorientierter zu gestalten.

Daher möchte ich im Folgenden die Anforderungen an das neue Steuerungssystem der *Infraserv Höchst* aus drei unterschiedlichen Perspektiven ableiten:

Kapitalmarktsicht: Diese Perspektive ist de jure für die *Infraserv Höchst* als »nicht kapitalmarktorientiertes Unternehmen« derzeit grundsätzlich irrelevant, würde sie doch nicht unter die entsprechende EU-Verordnung zur Anwendung internationaler Rechnungslegungs-standards fallen (vgl. Art. 4 der EU-VO Nr. 1606/2002; ausführlich z. B. *Hayn/Graf/Waldersee* 2004, S. 3 ff.). Gleichwohl wird es nach meiner festen Überzeugung aufgrund der faktischen Dominanz der angloamerikanischen Kapitalmarktsicht im Rahmen der internationalen Harmonisierung auf Dauer zu einer Angleichung der für europäische Unternehmen verpflichtend anzuwendenden Rechnungslegungsvorschriften in enger Anlehnung an die US-GAAP kommen. Die International Financial Reporting Standards stellen eine weitgehende Annäherung an die US-GAAP dar und sollten – auch auf freiwilliger Basis – von deutschen Unternehmen ab einer bestimmten Größe, so eben auch durch die *Infraserv Höchst*, eher früher als später angewandt werden, insbesondere um damit eine künftige prinzipielle Kapitalmarktfähigkeit des Unternehmens sicherzustellen. Im Übrigen ist auch hier von der normativen Kraft des Faktischen auszugehen: Es steht zu erwarten, dass mehr und mehr auch für nicht-kapitalmarktorientierte deutsche Unternehmen im Sinne der genannten EU-Verordnung im Rahmen klassischer Banken- oder auch Projektfinanzierungen IFRS-basierte Rechnungslegungsinformationen erforderlich werden, und zwar unabhängig davon, ob es sich um eine Refinanzierung im lokalen Kapitalmarkt handelt oder nicht (vgl. *Jonen/Lingnau* 2005, S. 12 f.).

Eigentümersicht: Diese Perspektive hat aus Sicht der *Infraserv Höchst* eine aktuell deutlich höhere Relevanz. Der Grund hierfür liegt in der heutigen Eigentümerstruktur des Unternehmens. Die Haupt-Anteilseigner der *Infraserv Höchst*, bzw. deren jeweilige Konzern-Obergesellschaften, bilanzieren bereits heute nach IFRS (*sanofi aventis S.A.* bzw. *Clariant AG*) oder aber sie haben eine Rechnungslegungspflicht nach US-GAAP (*Celanese Corp.*). Auch wenn für keinen der Hauptanteilseigner heute eine Pflicht zur Vollkonsolidierung der *Infraserv Höchst* besteht, so müssen dennoch die erforderlichen Rechnungslegungsinformationen IFRS-konform im Rahmen einer Überleitungsrechnung bereitgestellt werden. Vor dem Hintergrund ständig sich verkürzender Abschluss-zeiträume und den permanent wachsenden Anforderungen an die Qualität der Rechnungslegungsinformationen ist der Zeitpunkt absehbar, zu dem eine herkömmliche, aus HGB-Daten abgeleitete IFRS-Überleitungsrechnung diesen Anforderungen nicht mehr gerecht werden wird.

Managementsicht: Diese Perspektive hat für die aktuell geführte Diskussion über die Anpassung und Neugestaltung der Rechnungslegungs- und Steuerungssysteme der *Infraserv Höchst* die mit Abstand höchste Relevanz. Grundlage der Managementsicht sind dabei natürlich die oben aus Sicht des Kapitalmarktes respektive der Eigentümer beschriebenen Erkenntnisse bzw. Erwartungen, die sich insbesondere auf die Tendenzen zur internationalen Harmonisierung der Rechnungslegungsstandards und damit auf die Unumgänglichkeit der Anwendung der International Financial Reporting Standards für die externe Rechnungslegung beziehen. Aus Sicht der Geschäftsführung spielt jedoch auch die weiter oben beschriebene zweite Dimension der Harmonisierung, nämlich die Harmonisierung von externem und internem Rechnungswesen, eine große Rolle, und zwar mit besonderer Fokussierung auf
- die Relevanz,
- den betriebswirtschaftlichen Gehalt,
- die rechtzeitige Verfügbarkeit sowie
- die Effizienz der Bereitstellung

der spezifischen internen – operativen – Steuerungsinformationen, die ein harmonisiertes internes Rechnungswesen dem Management zur Verfügung zu stellen hat. Unter dem Aspekt der Relevanz müssen die Anforderungen an die spezifischen – i. d. R unterschiedlichen - Steuerungsinformationen grundsätzlich heterogener Geschäftsfelder auf der einen Seite und die auf oberster Unternehmensebene zu aggregierenden Gesamt-Steuerungsinformationen auf der anderen Seite analysiert werden. Die folgenden Abbildungen 4 und 5 geben den Grad der Heterogenität der Geschäftsfelder der *Infraserv Höchst* wieder sowie einen Überblick auf die daraus abzuleitenden Steuerungsanforderungen. Sie veranschaulichen in eindrucksvoller Weise, daß die einzelnen Geschäftsfelder der *Infraserv Höchst* z. T. unterschiedliche Geschäftsmodelle verfolgen und entsprechend sorgfältig zu definierende, spezifische Steuerungsinformationen benötigen, die jedoch ihrerseits auf Ebene der *Infraserv Höchst* wieder auf die Gesamt-Steuerungsinformationen aggregierbar sein müssen. Unter dem Aspekt des betriebswirtschaftlichen Gehalts der Steuerungsinformationen möchte ich an dieser Stelle insbesondere auf die Anforderungen nach einer deutlich stärkeren Entscheidungsorientierung (zur Thematik der Entscheidungsorientierung der Steuerungsinformationen vgl. insbesondere *Adam* 1998

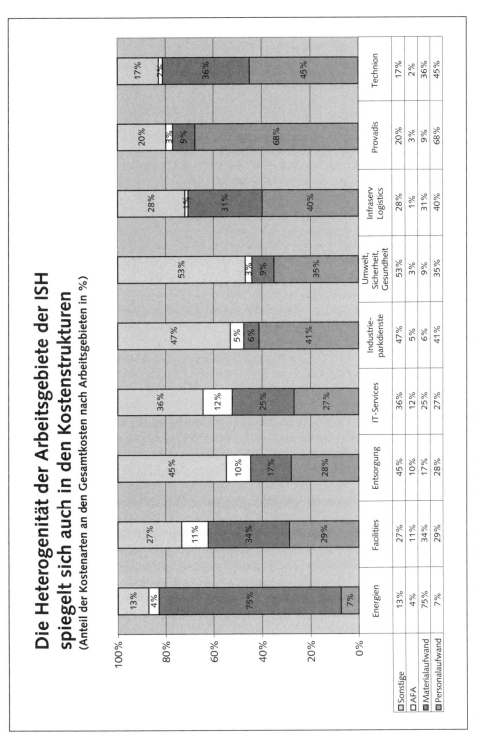

Die Heterogenität der Arbeitsgebiete der ISH spiegelt sich auch in den Kostenstrukturen

(Anteil der Kostenarten an den Gesamtkosten nach Arbeitsgebieten in %)

	Energien	Facilities	Entsorgung	IT-Services	Industrie-parkdienste	Umwelt, Sicherheit, Gesundheit	Infraserv Logistics	Provadis	Technion
Sonstige	13%	27%	45%	36%	47%	53%	28%	20%	17%
AFA	4%	11%	10%	12%	5%	3%	1%	3%	2%
Materialaufwand	75%	34%	17%	25%	6%	9%	31%	9%	36%
Personalaufwand	7%	29%	28%	27%	41%	35%	40%	68%	45%

Abb. 4: Kostenstrukturvergleich als Indikator der Heterogenität

Abb. 5: Aus der Heterogenität abgeleitete Steuerungsanforderungen

und die dort angegebene Literatur) der benötigten Steuerungsinformationen verweisen. Das heißt für die *Infraserv Höchst*: Es wird zu einer Hinwendung zu einem modernen Teilkostenrechnungssystem (zur Darstellung und zum Vergleich der unterschiedlichen Kostenrechnungssysteme vgl. *Kilger* 1980 und *Hummel/Männel* 1983) kommen müssen, das idealerweise in der Lage sein muss, die für die kurz-, mittel- und langfristigen unternehmerischen Entscheidungen benötigten relevanten Daten bereitzustellen. In diesem Zusammenhang wird auch – gleichsam automatisch – die Anforderung nach einer im Rahmen der internationalen Harmonisierung der Rechnungslegung geforderten stärkeren Cash- und Zukunftsorientierung der Rechnungslegungsinformationen zu erfüllen sein. Unter dem Aspekt der rechtzeitigen Verfügbarkeit sowie der Effizienz der Bereitstellung sei exemplarisch verwiesen auf die Forderungen nach schneller (Stichwort: Fast Close) und häufiger (z. T. ad hoc) verfügbaren Steuerungsinformationen. Diese sollten sich dabei aus einem integrierten – d. h. aus einem auf derselben, einheitlichen Datenbasis aufbauenden –, standardisierten und möglichst einfach strukturierten ERP-System generieren lassen und zwar idealerweise »auf Knopfdruck«, d. h. ohne Rückgriff auf aufwendige, zeitraubende, fehleranfällige und damit teure Nebenrechnungen. Dass dabei gleichzeitig auf eine zwischen internem und externem Rechnungswesen vereinheitlichte Ergebnisdefinition – und zwar auf allen relevanten Ergebnisebenen – abgestellt werden muss, ist aus meiner Sicht eine Selbstverständlichkeit, die ich nur am Rande erwähnen möchte.

4   Darstellung und Diskussion ausgewählter Einzelthemen im Rahmen der Implementierung des Steuerungssystems

Vor dem Hintergrund der im vorhergehenden Abschnitt dargelegten – idealtypisch definierten – Anforderungen stellen sich im Rahmen der Umsetzung in die betriebliche Praxis unmittelbare Fragen nach den Realisierungsmöglichkeiten und -grenzen. Dies zum einen im Hinblick auf die Ausgestaltung des (internen) Kostenrechnungssystems, zum anderen aber auch im Hinblick auf die damit eng zusammenhängenden Entscheidungen hinsichtlich der anzuwendenden (externen) Rechnungslegungsvorschriften.

Ausgestaltung der (internen) Kostenrechnung: Ich will in diesem Zusammenhang auf die Diskussion der vergleichsweise trivialen Aspekte im Rahmen der Ausgestaltung der Kostenarten- und Kostenstellenrechnung verzichten. Für einen Industriedienstleister wie die *Infraserv Höchst*, mit einem weiter oben bereits beschriebenen, sehr heterogenen Geschäftsportfolio, ist es allerdings alles andere als trivial, im Hinblick auf die Ausgestaltung der Kostenträgerrechnung zu einer einheitlichen, konsistenten und vor allem im Zeitablauf stabilen Produkt- und damit Kostenträgerdefinition zu kommen. So vergleichsweise einfach dies noch beispielsweise bei den unterschiedlichen Energiearten des Geschäftsfeldes »Energien« sein mag (z. B. Strom in unterschiedlichen Spannungsstufen und Verfügbarkeitsgraden oder auch Dampf mit unterschiedlichen Temperatur- und Druckstufen), so schwierig stellt sich dies jedoch beispielsweise bei den projektbezogenen, wenig standardisierten Planungs- und Errichtungs-Dienstleistungen des Geschäftsfeldes »Facilities« dar. Damit gehen Probleme im Rahmen der Definition der verfügbaren Kapazitäten und Kapazitätsauslastungsgrade in den einzelnen Geschäftsfeldern einher. Dies führt wiederum zu erheblichen Problemen im Rahmen einer betriebswirtschaftlich sinnvollen Ausgestaltung einer einheitlichen Standardkosten-Planung und, in weiterer Folge, zu fast unüberwindlichen Hürden bei der Konzeption einer aussagefähigen, auch auf Gesamtunternehmensebene aggregierbaren Abweichungsanalyse. Darüber hinaus werden wir im weiteren Verlauf der Implementierung unseres neuen Rechnungslegungs- und Steuerungssystems eine Reihe weiterer Grundsatzentscheidungen zu treffen haben, so beispielsweise die Fragen

- nach der Art der Kostenspaltung (fix vs. variabel),
- nach der Abbildung der internen Lieferungs- und Leistungsbeziehungen (Verrechnungspreise auf Basis von Marktpreisen vs. Kosten) sowie schließlich
- nach der grundsätzlichen Festlegung auf ein Kostenrechnungssystem.

In dieser Beziehung stehen wir mitten in unseren Überlegungen zur Beantwortung der oben aufgeworfenen Grundsatzfragen vor dem Hintergrund der im Abschnitt 3 definierten Anforderungen. Dabei ist schon heute klar, dass eine betriebswirtschaftlich »reine« Lösung nicht in vollem Umfang alle der dort gestellten Anforderungen wird lösen können, sodass hier pragmatische Zwischenlösungen gefunden werden müssen, auf deren detaillierte Darstellung ich jedoch an dieser Stelle verzichten muss.

Umsetzung (externer) Rechnungslegungsvorschriften nach IFRS: Ich möchte an dieser Stelle auf einige, aus Sicht der *Infraserv Höchst* relevante Einzelaspekte bei der Ausgestaltung einer IFRS-konformen Rechnungslegung eingehen.

Bei der Vorratsbewertung gemäß *IAS 2 (Vorratsbewertung)* werden wir für die *Infraserv Höchst* grundsätzlich nach den Regeln der Standardkostenrechnung auf Basis der Normalauslastung vorgehen. Dabei werden wir im Zuge der Harmonisierung auf den möglichen Ansatz kalkulatorischer Kosten im internen Rechnungswesen verzichten. Die Vorratsbewertung hat aber auf den ersten Blick nur eine eingeschränkte Bedeutung für die *Infraserv Höchst*, da unsere Industrie-Dienstleistungen typischerweise nicht »auf Vorrat oder Lager« produziert werden und in der *Infraserv Höchst* auch keine nennenswerten Mengen an zu bewertenden Roh-, Hilfs- und Betriebsstoffen vorgehalten werden.

Eine quasi indirekte Relevanz hat dieses Thema jedoch im Zusammenhang mit periodisch auftretenden, nennenswerten Beträgen im Bereich des Work in Progress (WIP), d. h. der Erbringung und Abrechnung von Leistungen im Rahmen der langfristigen Auftragsfertigung, wie dies beispielsweise bei den Planungs- und Errichtungsleistungen unseres Geschäftsfeldes »Facilities« regelmäßig der Fall ist. Diese *langfristigen Fertigungsaufträge* sind nach den Regeln der *IAS 11* zu behandeln. So kann eine Gewinnrealisierung nach dem Fertigstellungsgrad insoweit von Relevanz sein, als die Ergebnisse aus diesen Geschäften verlässlich geschätzt werden können. Ist diese Voraussetzung nicht gegeben, können aber dennoch Erträge in dem Ausmaß erfasst werden, in dem die Aufwendungen mit einer hinreichenden Wahrscheinlichkeit wiedererlangt werden. Letzteres bietet die Möglichkeit, den WIP in Höhe der wiederzuerlangenden Aufwendungen anzusetzen und als Umsatz der Periode zu berücksichtigen. Letzteres strebt die *Infraserv Höchst* an, da die Ertragserfassung auf dieser Grundlage die betriebswirtschaftlich »richtigen« Informationen über den Umfang der Geschäftsaktivitäten einer Periode liefert.

Bezogen auf die Umsetzung von *IAS 16 (Sachanlagen)* gibt es eine Reihe von Aspekten, die für die *Infraserv Höchst* eine große Bedeutung haben. So werden nach dieser IFRS- Rechnungslegungsvorschrift künftig die periodisch zu verrechnenden Abschreibungen auf das Sachanlagevermögen sich aus der jeweiligen erwarteten wirtschaftlichen Nutzungsdauer der einzelnen Gegenstände des Sachanlagevermögens ableiten. Im Rahmen der praktischen Implementierung müssen hier sowohl die einmaligen Auswirkungen einer Anpassung der Nutzungsdauern – z. B. auf die dann anzusetzenden Restbuchwerte – als auch die laufenden Implikationen hieraus berücksichtigt werden. Hier wird die *Infraserv Höchst* die bestehenden Ausgestaltungsspielräume der IAS 16 weitestgehend nutzen. Nicht nutzen werden wir jedoch die Möglichkeiten einer Neubewertung von solchen Vermögensgegenständen nach dem Fair Value; dies gilt auch und insbesondere für die Bewertung des sehr umfangreichen Grundstücks- und Immobilienvermögens der *Infraserv Höchst*.

Im Rahmen der Umsetzung der relevanten IFRS-Vorschriften zur Abbildung von *Leasingverhältnissen gemäß IAS 17* gibt es wesentliche Aspekte, die für die *Infraserv Höchst* von besonderer Bedeutung sind. Diese Aspekte beziehen sich zum einen auf die künftige Klassifizierung bestehender Leasingverträge der *Infraserv Höchst*, die nach heute angewandter HGB-Rechnungslegung i. d. R. so ausgestaltet sind, dass sie nicht in der Bilanz abgebildet werden müssen. Nach den deutlich enger gefassten Regelungen gemäß IAS 17 ist aus heutiger Sicht davon auszugehen, dass eine vergleichsweise große Zahl der derzeitigen Leasingverträge künftig bilanzwirksam erfasst werden muss – mit entsprechenden Auswirkungen auf die Bilanzstruktur der *Infraserv Höchst* und natürlich auch auf die Ergebnisstruktur der Gewinn- und Verlustrechnung. Inwieweit die nach IAS 17 zu beantwortende Frage nach dem wirtschaftlichen Eigentümer »geleaster« Vermögensgegenstände negative Auswirkungen auf die Refinanzierungsfähigkeit von Unternehmen haben wird, bleibt abzuwarten und wird sicherlich auch von der detaillierten Beurteilung der spezifischen Umstände in den jeweiligen Unternehmen abhängig sein. In jedem Fall wird die *Infraserv Höchst* in Zukunft zu einer noch aktiveren Vertragsgestaltung für künftige Leasingvereinbarungen übergehen müssen, um die Zielsetzungen der bisherigen Leasing-Konstruktionen auch im Rahmen einer Rechnungslegung nach IFRS erreichen zu können. Die vorgenannten Ausführungen gelten in ähnlicher Weise auch für sogenannte Leasing-Objektgesellschaften, wie sie die *Infraserv Höchst* in einigen Fällen zur Gestaltung und Strukturierung ihres Immobiliengeschäftes eingesetzt hat.

Ein Sonderthema unter dem Stichwort Leasing ist das Thema des »*Embedded Lease*« *gemäß IFRIC 4*. Dabei geht es um die Beurteilung bestehender Vertragsvereinbarungen im Hinblick auf die Frage, ob diese Vereinbarungen wirtschaftlich in eine Leasing- und in eine Dienstleistungskomponente zu trennen seien, wobei die Leasingkomponente der Vereinbarung in einem solchen Fall dann wiederum nach IAS 17 zu beurteilen ist. Solche Themen stellen sich bei der *Infraserv Höchst* beispielsweise im Bereich der sogenannten »Contracting-Leistungen« unseres Geschäftsfeldes Energien, die ohne eine entsprechende vertragliche Anpassung in der Zukunft möglicherweise als Embedded Lease klassifiziert werden müssen. Ein weiteres, gewichtiges Beispiel stellen auch die bestehenden langfristigen Immobilien-Pachtverträge der *Infraserv Höchst* mit ihren Standortkunden dar, die im Moment daraufhin analysiert werden, ob sie nicht zu dem aus meiner Sicht absurden Ergebnis führen, sie künftig des Embedded Leases klassifizieren zu müssen. Dies hätte weitreichende Folgen sowohl für die *Infraserv Höchst* selbst, beispielsweise bezogen auf daraus resultierende Auswirkungen auf den künftigen Umsatzausweis, aber auch und insbesondere weitreichende Folgen für unsere Standortkunden.

Im Hinblick auf die *IAS 14* zur *Segmentberichterstattung* wird die *Infraserv Höchst* über die Anforderungen zur Pflichtsegmentierung hinausgehen und einer echten Management-Segmentierung folgen, d. h. alle auf der obersten Managementebene gegeneinander abgrenzbaren Geschäftsfelder und Tochtergesellschaften werden als Einzelsegmente gezeigt werden.

Allen beschriebenen Herausforderungen zum Trotz bin ich überzeugt, dass wir mit einem neuen Ansatz unserer Rechnungslegungs- und Steuerungssysteme auf Basis von IFRS einen deutlichen Schritt in Richtung der Verbesserung unser Steuerungsinformationen machen werden.

5   Zusammenfassung

Trotz einiger noch zu beantwortender Fragen im Rahmen der weiteren Detaillierung des neuen Rechnungslegungs- und Steuerungssystems der *Infraserv Höchst* lässt sich aus heutiger Sicht auf Basis der bisherigen Erkenntnisse Folgendes zusammenfassen:

Aufgrund der faktischen Dominanz der angloamerikanischen Kapitalmarktsicht wird es im Rahmen der internationalen Harmonisierung in absehbarer Zeit zu einer weitgehenden Angleichung der für europäische Unternehmen verpflichtend anzuwendenden Rechnungslegungsvorschriften in enger Anlehnung an die US-GAAP kommen. Die International Financial Reporting Standards haben sich schon heute weitgehend an die US-GAAP angenähert und sollten – auch auf freiwilliger Basis – von deutschen Unternehmen ab einer bestimmten Größe eher früher als später angewandt werden. Die dabei noch offenen bzw. unbeantworteten Fragen, so z. B. die nach dem Eigenkapitalausweis von Personengesellschaften, erscheinen lösbar und werden mit großer Wahrscheinlichkeit einer pragmatischen Lösung zugeführt werden.

Ein auf Basis der IFRS harmonisiertes Rechnungswesen bietet auch für breit diversifizierte Unternehmen mit einem heterogenen Portfolio an Geschäftsaktivitäten sowohl Effizienz- als auch Effektivitätssteigerungspotenziale. Die Hebung dieser Potenziale ist dabei im Wesentlichen abhängig von der Ausgestaltung einiger Grundsatzaspekte im Rahmen der Implementierung. Dabei kommt es – je nach betrachteter Branche – vor allem darauf an, neben der »reinen« betriebswirtschaftlichen Lehre auch ein gewisses Maß an Pragmatismus in den Ausgestaltungsprozess mit einfließen zu lassen. Ein den höchsten betriebswirtschaftlichen Standards genügendes Rechnungslegungs- und Steuerungssystem, welches beispielsweise mit den heutigen ERP-Systemen nicht vernünftig umsetzbar ist, erfüllt eben nicht die Anforderungen nach (u. a.) Einfachheit, Verständlichkeit, einheitlicher und quasi voraussetzungsloser Interpretierbarkeit sowie nach Schnelligkeit und Kosteneffizienz der Informationsbereitstellung.

Für die wesentlichen kurz- und langfristigen unternehmerischen Entscheidungen werden auch zukünftig zusätzliche, klassische Einzelfallrechnungen des internen Rechnungswesens benötigt werden. Die Durchführung dieser Einzelfallrechnungen wird jedoch – eine entsprechende intelligente Ausgestaltung der Rechnungslegungs- und Steuerungssysteme vorausgesetzt – zu schnelleren, qualitativ höherwertigen und vor allem international besser vergleichbaren und damit besser interpretierbaren und kommunizierbaren Ergebnissen führen.

Literatur

Adam, D. (1998), Produktionsmanagement, 9. Auflage, Wiesbaden 1998

Baetge, J. (2005), Bilanzen, 8. Auflage, Düsseldorf 2005

Bergmann, T./Bode, M./Festel, G./Hauthal, H. G. (Hrsg.) (2004), Industrieparks – Herausforderungen und Trends in der Chemie- und Pharmaindustrie, Hünenberg 2004

Coenenberg, A. G. (2003), Jahresabschluß und Jahresabschlußanalyse, 19. Auflage, Landsberg am Lech 2003

Franz, K. P./Winkler, C. (2006), Unternehmenssteuerung und IFRS – Grundlagen und Praxisbeispiele, München 2006, S. 1 f.

Hayn, S./Graf Waldersee, G. (2004), IFRS/US-GAAP/HGB im Vergleich, 5. Auflage, Stuttgart 2004

Hummel, S./Männel, W. (1983), Kostenrechnung 2, 3. Auflage, Wiesbaden 1983

Jonen, A./Lingnau, V. (2005), Konvergenz von internem und externem Rechnungswesen - Betriebswirtschaftliche Überlegungen und Umsetzung in der Praxis, in: *Lingnau, V.* (Hrsg.), Beiträge zur Controlling-Forschung, Kaiserslautern 2005

Kilger, W./Pampel, J./Vikas, K. (2002), Flexible Plankostenrechnung und Deckungsbeitragsrechnung, 11. Auflage, Wiesbaden 2002

Kilger, W. (1980), Einführung in die Kostenrechnung, 2. Auflage, Wiesbaden 1980

Pellens, B. (1997), Internationale Rechnungslegung, Stuttgart 1997

Winkeljohann, N. (2004), Rechnungslegung nach IFRS, Herne/Berlin 2004

IFRS und Unternehmenssteuerung

Erfahrungen eines weltweit tätigen nicht börsennotierten Unternehmens

Dr. Peter Zattler/Dr. Uwe Michel*

1   Chancen und Herausforderungen der IFRS für die Unternehmenssteuerung
   1.1   Grundsätzliche Implikationen für das Controlling
   1.2   Spezielle Themenstellungen aus der Sicht von mittelständischen Unternehmen bzw. Familienunternehmen

2   Profil Giesecke & Devrient

3   IFRS Einführung bei Giesecke & Devrient
   3.1   Gesetzliche Rahmenbedingungen
   3.2   Vorgehen bei Giesecke & Devrient
   3.3   Wichtige Unterschiede

4   Auswirkung auf die Unternehmenssteuerung
   4.1   Konvergenz von externem Berichtswesen und interner Unternehmenssteuerung
   4.2   Auswirkung auf die verschiedenen Ebenen in der Unternehmenssteuerung
   4.3   Auswirkung auf die Incentive-Systeme

5   Fazit

Literatur

---

*   Dr. Peter Zattler, Mitglied der Geschäftsführung und CFO, Giesecke & Devrient GmbH, München; Dr. Uwe Michel, Partner und Leiter des Competence Centers Controlling, Horváth & Partners, Stuttgart.

1 Chancen und Herausforderungen der IFRS für die Unternehmenssteuerung

1.1 Grundsätzliche Implikationen für das Controlling

1.1.1 Einleitung

Die Einführung von IAS (International Accounting Standards) bzw. IFRS (International Financial Reporting Standards) ist für die meisten börsennotierten Unternehmen ein gesetzlicher Zwang. Andere Unternehmen führen IFRS aufgrund von faktischem Zwang – z. B. Anforderungen von Banken oder Private-Equity-Firmen – ein. Wieder andere führen sie freiwillig ein, um z. b. ihre Internationalisierungsstrategie damit auf Rechnungslegungsseite zu unterstreichen und internationale Vergleiche von Abschlüssen und Performance oder internationale Verständlichkeit und Steuerung zu ermöglichen. Experten wie z. B. das *Institut der Wirtschaftsprüfer* (*IDW*) behaupten, dass aufgrund von sich intensivierendem faktischen Zwang in zehn Jahren alle deutschen Unternehmen IFRS anwenden und die Rechnungslegungsvorschriften nach HGB keine Rolle mehr spielen werden, wobei auf die Themen Steuerbemessung und Ausschüttungsermittlung bei dieser Aussage nicht eingegangen wird. Bei der Weiterentwicklung von Rechnungslegungsvorschriften nach HGB erfolgt bereits heute eine Öffnung für neue Elemente der internationalen Rechnungslegung (vgl. *FAZ*, 23.01.2006, S. 20).

Die IFRS regeln die nach außen gerichtete finanzielle Berichterstattung von Unternehmen. Die Diskussionen um IFRS beziehen sich meist auf die Abschlusserstellung bzw. die Auswirkung einzelner Regeln auf die Darstellung der finanziellen Leistungsfähigkeit von Unternehmen (vgl. z. B. *Küting/Wirth* 2006, S. 18), die Konsequenzen für GuV und Bilanz bei der erstmaligen Umstellung (z. B. einmalige Verbesserung oder Verschlechterung des Ergebnisses im Vergleich zum Vorjahr allein aus Umstellungsgründen) und den Prozess der Umstellung. Angesprochen sind in diesem Zusammenhang vor allem die Bereiche Bilanzen und externes Rechnungswesen. Der folgende Beitrag legt den Schwerpunkt auf die Implikationen von IFRS für die Unternehmenssteuerung bzw. das Controlling. Unter den Aspekten »Wirtschaftliche Darstellung«, »Harmonisierung bzw. Konvergenz des Rechnungswesens« und »Management Approach« sollen zunächst einige grundsätzliche Implikationen für das Controlling dargestellt werden. Anschließend werden spezifische Aspekte aus Sicht von Familienunternehmen bzw. nicht börsennotierten mittelständischen Unternehmen skizziert. Der zweite Teil des Beitrags stellt dann die Erfahrungen von *Giesecke & Devrient*, einem weltweit tätigen nicht börsennotierten Familienunternehmen, dar.

1.1.2 Wirtschaftliche Darstellung

Die Gestaltung und Auslegung der IFRS orientiert sich in erster Linie an den Informationsanforderungen von Kapitalgebern (vgl. *IGC* 2006, S. 21 ff.). Es geht um die Bereitstellung von finanziellen Informationen für externe Investoren, damit diese ihre Anlagemöglichkeiten unter Risiko-Rendite-Aspekten beurteilen können. Anforderungen des Managements bzw. der Unternehmenssteuerung fließen nicht explizit in die Definition der Standards ein. Die IFRS beinhalten eine eher ökonomisch ausgerichtete Abbildung des Unternehmens im Sinne entscheidungsrelevanter Informationen für Investoren. Das wird vor allem durch die Bilanzierungs- bzw. Bewertungsgrundsätze zum Ausdruck gebracht wie zum Beispiel:

- Zeitwertbilanzierung: Vermögenswerte bzw. Schulden werden zum beizulegenden Zeitwert (Fair Value) und nicht zu Anschaffungskosten bewertet.
- Realisationsprinzip: Das wirtschaftliche Ergebnis eines Produktionsprozesses oder einer anderen wirtschaftlichen Transaktion wird gezeigt, sobald dessen Realisierung möglich ist.
- Prinzip der zeitlichen Abgrenzung von Aufwand und Ertrag: Aufwendungen und Erträge sind zeitlich so abzugrenzen, dass der durch die Aufwendungen dargestellte Ressourcenverzehr in einer Periode den mit der Leistungserbringung generierten Erträgen gegenübersteht.

Im Gegensatz dazu steht die traditionelle kontinentaleuropäische Rechnungslegung mit Blick auf verlässliche und vorsichtig bewertete Bestands- und Erfolgsgrößen.

Die ökonomische Ausrichtung der IFRS entspricht weitgehend der Sichtweise einer erfolgsorientierten Unternehmenssteuerung, die ihrerseits eine ökonomische Perspektive einnehmen muss, um das Management wirkungsvoll unterstützen zu können. Damit wird grundsätzlich die Voraussetzung geschaffen, dass für Zwecke der internen Steuerung auf Informationen und Daten zurückgegriffen wird, die in erster Linie für die nach außen gerichtete Finanzberichterstattung generiert werden.

1.1.3 Harmonisierung des Rechnungswesens

Die IFRS begünstigen durch ihre ökonomische Perspektive die Harmonisierung des Rechnungswesens bzw. die Konvergenz von internem und externem Rechnungswesen. Aus Sicht des Controllings ist ein zweites, entscheidungsorientiertes internes Rechnungswesen eigentlich nicht mehr erforderlich, da die Rechnungslegung nach IFRS wie oben schon beschrieben die Entscheidungsorientierung grundsätzlich beinhaltet.

Die Harmonisierung von interner und externer Rechnungslegung bedeutet die Übereinstimmung der Ergebnisrechnung für Zwecke der Unternehmenssteuerung mit nach außen veröffentlichten Erfolgsgrößen der Finanzberichterstattung nach IFRS. Dazu gehört der Verzicht auf kalkulatorische Kostenarten, ein im gesamten Unternehmen einheitlicher und integrierter Kontenplan für die interne und externe Berichterstattung, unternehmensweit einheitliche Bilanzierungs- und Bewertungsmethoden, unternehmensweit einheitliche Controllingmethoden bei allen Sachverhalten, bei denen der Management-Approach (siehe nächster Absatz) greift, sowie konzernweit einheitliche Kennzahlen. Es geht am Ende um eine einheitliche Datenbasis, auf die interne Steuerung und externe Finanzberichterstattung zugreifen. Die Harmonisierung mündet letztendlich in der Integration von internem und externem Rechnungswesen, welche in der Regel aber nicht die kompletten Berichtsformate und –strukturen umfasst. Diese können für die Zwecke der Unternehmenssteuerung im Vergleich zu den externen Formaten und Strukturen deutlich weitergehend sein und wesentlich detailliertere und differenziertere Informationen zur Verfügung stellen. Beispiele sind eine mehrstufige Deckungsbeitragsrechnung, ein mehrdimensionales Ergebnisreporting (über das primäre bzw. sekundäre Segment gemäß IFRS hinausgehend) oder detailliertere Segmentdarstellungen. Hierzu ist die Finanzberichterstattung nach IFRS alleine nicht in der Lage.

Die Integration umfasst idealerweise auch die Buchhaltungs-, Planungs-, Berichts- und Konsolidierungssysteme inkl. automatischer Datenübertragung aus Vorsystemen und einheitlicher Systeme zur Datenspeicherung (»Common System«). Manuelle Schnittstellen, Überleitungen und Nebenrechnungen, parallele Datenbanken sowie unterschiedliche bzw. fragmentierte Systeme passen bei einem solchen Ansatz nicht in das Bild der Zukunft und limitieren Effizienzsteigerungsmöglichkeiten. Die Harmonisierung des Rechnungswesens liefert die Chance, neue Effizienzsteigerungspotenziale im Finanzbereich zu heben und z. B. frei werdende Ressourcen für die Kernfunktionen des Controllings – die Führungsunterstützung des Managements – weiter auszubauen.

Ein weiterer Aspekt harmonisierter bzw. identischer Ergebnisgrößen von internem und externem Rechnungswesen ist die Verwendung im Rahmen von Zielvereinbarung, Incentivierung und Leistungsmessung. Manager, bei denen ein nennenswerter Anteil der (variablen) Vergütung an Ergebnisgrößen wie z. B. EBIT eines Produktbereichs oder eines Geschäftsfeldes hängt, haben einen Anspruch auf verlässliche und widerspruchsfreie Daten, anhand derer ihre Leistung gemessen wird. Im Falle, dass z. B. die interne Ergebnisrechnung, nach der das Management seine Entscheidungen trifft, und die externe Ergebnisrechnung, die vom Wirtschaftprüfer testiert wird, unterschiedliche Ergebnisse für die gleichen Ergebnisobjekte liefern, kann es zu Problemen bis hin zu juristischen Auseinandersetzungen kommen.

1.1.4 Management Approach

Die Abschlusserstellung nach IFRS verwendet stärker als bisher Informationen, die in erster Linie für interne Steuerungszwecke, z. B. Planung oder Berichtswesen, dem Management zur Verfügung gestellt werden (vgl. *IGC* 2006, S. 29 ff. u. S. 34 ff.). Dies wird u. a. durch IFRS Framework F 11 »... published financial statements are based on the information used by management about the financial position, performance and changes in financial position of the entity« zum Ausdruck gebracht. Interne Informationen werden unmittelbar oder mittelbar für die Berichterstattung nach außen übernommen. Dieser Umstand wird als Management Approach bezeichnet. Konkrete Beispiele sind u. a.

- Daten aus der Kalkulation oder dem Projektcontrolling zur Bewertung langfristiger Fertigungsaufträge gemäß der »Percentage of Completion« Methode (IAS 11),
- Strukturierung der Segmentberichterstattung in Geschäftsfelder oder Regionen in Anlehnung an interne Berichtsstrukturen (IAS 14),
- Verwendung von Informationen aus der Anlagenbuchhaltung wie z. B. die Lebensdauer von abnutzbaren Anlagen bzw. deren Komponenten für die Bestimmung der wirtschaftlichen Nutzungsdauer zur Berechnung von Abschreibungen (IAS 16),
- Verwendung von Informationen für die Anlagenbuchhaltung wie z. B. Wiederbeschaffungswerte aus der internen Kalkulation im Rahmen der Neubewertung (IAS 16 oder IAS 38),
- Verwendung von internen Plan- bzw. Ist-Größen bei der Durchführung von Impairment Tests (IAS 36),

- Nutzung von Daten der mittelfristigen Cashflow-Planung zur Bewertung Goodwill-tragender Einheiten (IFRS 3).

Das Controlling liefert somit Beiträge für die nach außen gerichteten Finanzinformationen und ist dadurch in die IFRS-Rechnungslegung aktiv involviert. Gerade das Controlling kann, wenn es seine Rolle im modernen Sinne versteht, durch seine profunde Kenntnis des Geschäftsmodells, der Strategie, der Prozesse und Strukturen sowie der externen Bedingungen des Unternehmens diese Aufgabe grundsätzlich sehr gut leisten. Anspruch des Controllings muss es sein, die geforderten Informationen liefern zu können. Ansonsten besteht die Möglichkeit, dass diese Informationen von Seiten der Bilanzierung separat generiert werden und der Bezug zu Informationen der Unternehmenssteuerung nicht mehr gegeben ist. Das ist zum einen ineffizient, zum anderen ist es nicht effektiv, da beim Management mitunter Verwirrung gestiftet wird, weil nach intern und nach extern mit unterschiedlichen Informationen und Aussagen agiert wird. Im Zweifel bekommen die extern verwendeten Informationen auch unternehmensintern Vorrang, weil sie schließlich dem Testat des Wirtschaftsprüfers standhalten können bzw. müssen. In diesem Fall würde der Stellenwert der vom Controlling bereit gestellten Informationen und damit der Stellenwert des Controllings selbst verringert.

Diese »Informationsdienstleistung« des Controllings meint nun selbstverständlich nicht, dass alle intern für Steuerungszwecke generierten Informationen und Strukturen wie z. B. besonders hohe Profitabilität bestimmter Nischen oder Misserfolge ausgewählter Produktgruppen auch extern berichtet werden. Vor allem unter Wettbewerbsgesichtspunkten ist abzuwägen, welche Informationen nach extern berichtet werden dürfen.

1.1.5 Grenzen bzw. Herausforderungen für das Controlling und mögliche Lösungen

Bei allen Vorteilen und Möglichkeiten durch IFRS werden immer wieder gewisse Nachteile bzw. Grenzen mit Blick auf den Aussagegehalt für die Unternehmenssteuerung und die Entscheidungsrelevanz der Informationen genannt. Das betrifft vor allem die Harmonisierung bzw. Konvergenz von internem und externem Rechnungswesen. So wird zum Beispiel bezüglich der Fair-Value-Bilanzierung die Verwendung von möglicherweise stark volatilen Marktpreisen, die nichts mit der eigentlichen Leistung der betrachteten unternehmerischen Einheit bzw. des Managements zu tun haben, kritisiert. Ebenfalls im Zusammenhang mit der Fair-Value-Bewertung (Zeitwert/Cashflow-Bewertung) werden Ermessens- und Ausweisspielräume kritisiert, weil hier Freiheitsgrade – der Unternehmensbewertung immanente zukunftsorientierte und subjektiv geprägte Informationen – bei der Prognose zukünftiger Zahlungsstromgrößen bestehen.

Ein anderes Thema ist die Teilgewinnrealisierung innerhalb der Langfristfertigung. Hier wird auf die Gefahr der Verwendung eines zu hohen/zu geringen Fertigstellungsgrades zur Manipulation der Teilgewinndarstellung hingewiesen. In der Literatur sind eine Reihe von weiteren Beispielen zu finden. Zusammenfassend wird in diesem Zusammenhang auf die Gefahr von Fehlsteuerungen bei der Verwendung bestimmter Daten des externen Rechnungswesens für Zwecke der internen Steuerung hingewiesen, weil dadurch vor allem so wichtige Steuerungsinstrumente wie finanzielle Kennzahlen und die Ergebnisrechnung (inkl. Deckungsbeitragsrechnung nach UKV) unmittelbar betroffen sein können. Das Controlling steht hier vor der Herausforderung, fehlerhafte Steuerungswirkungen zu vermeiden und gleichzeitig die o. g. Möglichkeiten zu nutzen. Die Befürworter des Zweikreissystems führen die oben genannten Schwächen als Argumentation zum Erhalt desselben an. Richtungsweisende Vorschläge sprechen von einer Teilintegration als Lösung. Hierbei beschränkt sich die Übereinstimmung von internem und externem Ergebnis auf die obersten Ebenen des Unternehmens, einzelne Brückenrechnungen anstelle von vollständiger Identität sind erlaubt, die operative Steuerung auf Ebene von Produkten oder Prozessen erfolgt weiterhin auf der Basis von eigenständigen internen Größen (vgl. *IGC* 2006, S. 50, *Hofmann et al.* 2005, S. 203).

Die Harmonisierung von internem und externem Ergebnis sollte für die regelmäßige Ergebnisrechnung bzw. das regelmäßige Ergebnisreporting (i. d. R. Monats-, Quartals-, Jahresreporting) und daraus abgeleitete Kennzahlen zumindest auf Ebene Gesamtunternehmen und Segmente erfolgen. Auf diesen Ebenen sollten Umsatz, Funktionskosten und Ergebnis identisch sein (vgl. Abb. 1).

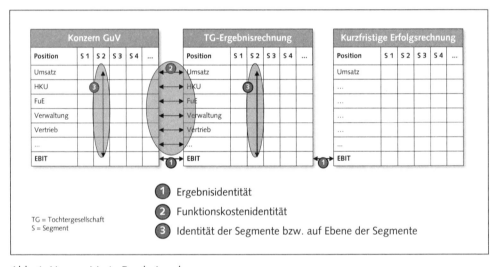

Abb. 1: Harmonisierte Ergebnisrechnung

Auf darunter liegenden Ebenen bzw. differenzierteren Ergebniseinheiten wie z. B. Geschäftseinheiten oder Profit-Center (z. B. auch Produktionswerke oder Vertrieb, wenn als ergebnisverantwortliche Einheit geführt) bis hin zu einzelnen Produkten können Ergebnisformate und -strukturen und ggf. auch Werte differieren. Hier besteht allerdings die Anforderung, dass durch Überleitungen die Brücke zum korrespondierenden externen Ergebnis widerspruchsfrei und idealerweise auf Knopfdruck dargestellt werden kann (vgl. Abb. 2).

Außerdem muss die Bottom-up-Verdichtung bzw. Summierung der einzelnen Positionen spätestens auf der Segmentebene wieder zu den Umsätzen, Funktionskosten und Ergebnissen führen, die identisch mit den Zahlen des externen Ergebnisberichtswesens sind. Das erfordert eine einheitliche Datenbasis, die in der erforderlichen Granularität Daten sozusagen als Rohstoff für die unterschiedlichen Berichte enthält (vgl. Abb. 3).

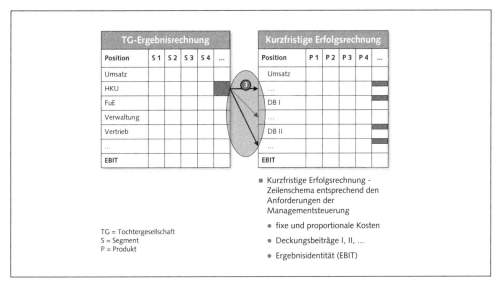

Abb. 2: Überleitung zu Ergebnisformaten für die Managementsteuerung

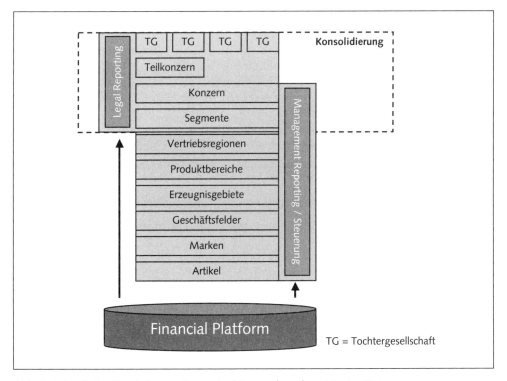

Abb. 3: Integriertes Ergebnisreporting unter Verwendung konsistenter Daten

Das betrifft intern wie extern gleichermaßen verwendete Daten, Daten zu intern abweichend dargestellten Sachverhalten sowie Daten, die für die Darstellung der Überleitungen notwendig sind.

1.2 Spezielle Themenstellungen aus der Sicht von mittelständischen Unternehmen bzw. Familienunternehmen

1.2.1 Aufwand und Komplexität durch die Umstellung auf IFRS

Die Umstellung auf IFRS aber auch das laufende Arbeiten mit IFRS haben in vielen Fällen einen erhöhten Aufwand zur Folge. Bei der laufenden Anwendung der IFRS bereitet z. B. die Fair-Value-Bilanzierung in der Regel zusätzlichen Aufwand. Bestimmte Vermögenspositionen müssen ständig neu bewertet werden. Es müssen Preise von funktionsfähigen Märkten beschafft werden. Ist dies nicht möglich, müssen Vergleichsgrößen von funktionsfähigen Märkten beschafft werden. Ist auch dies nicht möglich, müssen die Objekte über geplante Cashflows bewertet werden. Das ist z. B. bei immateriellen Vermögensgegenständen der Fall. Auch der Impairment-Test, bei dem jährlich die Unternehmensbeteiligungen neu bewertet werden müssen, bedeutet einen nennenswerten Aufwand. Der Zusatzaufwand ist gerade für mittelständische Unternehmen ein Thema, weil diese bisweilen nicht gesonderte Controlling- oder Rechnungswesenstäbe wie große kapitalmarktnotierte Unternehmen zur Verfügung haben, die über die Performance ohnehin regelmäßig berichten müssen und diese aufwendige Bewertungsarbeiten mitleisten können.

Für diese Thematik zeichnet sich zumindest eine Teillösung ab. Es gibt Forderungen seitens deutscher Mitglieder des IASB, die Bilanzregeln für die hier genannte Gruppe von Unternehmen zu vereinfachen, um den Aufwand für die Unternehmen zu verringern. Das betrifft z. B. die Fair-Value-Bewertung, den Impairment-Test oder die Forderung, dass Bilanzen auch Grundlage für die Gewinnausschüttung sein sollen und besondere Regeln für die Ausschüttungsbemessung, wie z. B. ein sogenannter Insolvenztest, nicht erforderlich machen (vgl. FAZ, 23.01.2006, S.20, *Roth* 2006, S. 20).

1.2.2 Inhaltliche Aspekte der Bewertung bzw. Abschlusserstellung nach IFRS

Vor allem über mehrere Generationen zum Teil inhabergeführten (mittelständischen) Familienunternehmen geht es häufig um Nachhaltigkeit und langfristige Erfolgssicherung des Unternehmens. Quartalsergebnisse interessieren dort in der Regel weniger als in börsennotierten Unternehmen. Schwankungen, die nicht durch die unternehmerische Leistung, sondern durch bilanzielle Bewertung begründet sind, werden in vielen Fällen abgelehnt (*Roth* 2006, S. 20). Die Bildung von stillen Reserven, die das Bilanzbild gemäß IFRS verzerren würden, wird in Kauf genommen, da die Eigentümer den Wert ihrer stillen Reserven oft sehr wohl taxieren können. Das Zeitwertprinzip der IFRS soll den anonymen Anleger informieren, der über stille Reserven keine Transparenz bekommen würde. Dieser Interessengruppe gegenüber haben solche Unternehmen aber keine Informationspflicht. Die bereits erwähnten Forderungen seitens deutscher

Mitglieder des IASB, die Bilanzregeln für die hier genannte Gruppe von Unternehmen zu vereinfachen, zielt neben der Reduktion von Komplexität und Aufwand auch auf die inhaltliche Ausrichtung entsprechend der spezifischen Anforderungen dieser Gruppe von Unternehmen.

1.2.3 Eigenkapital-/Fremdkapitalproblematik bei bestimmten Rechtsformen

Ein Thema, das zahlreiche Familienunternehmen bzw. mittelständische Unternehmen beschäftigt, ist die Umklassifizierung von Eigenkapital von Personenhandelsgesellschaften (OHG, KG, GmbH & Co. KG) und Genossenschaften in Fremdkapital nach IAS 32 in der Fassung von 2003. Danach handelt es sich bei dem überlassenen Kapital um Fremdkapital, wenn dem Kapitalgeber ein Kündigungsrecht zusteht. Dies trifft für Kapitaleinlagen in Personenhandelsgesellschaften zu. Diese Positionen sind mit dem Fair Value auszuweisen. D. h. es kommt eine Verbindlichkeit an die Stelle des Eigenkapitals, die mit dem Barwert der künftigen Ertragserwartungen der Kapitalgeber zu bewerten ist. Auch hier scheint sich eine Lösung abzuzeichnen. Nach Informationen des Deutschen Standardisierungsrats (DSR) kann es noch in diesem Jahr zu einer Änderung dieser Regelung kommen (vgl. *FAZ*, 06.02.2006, S. 20), nachdem der stärker gewordene Protest mittelständischer und familiengeführter Unternehmen (vgl. *FAZ*, 20.01.2006, S. 11) nun beim International Accounting Standards Board (IASB) Gehör findet.

2   Profil Giesecke & Devrient

Giesecke & Devrient (*G&D*) ist ein weltweit tätiges Unternehmen mit den beiden Schwerpunkten Banknotenherstellung und -bearbeitung einerseits sowie der Herstellung von Karten für Banken und Telekommunikation, ID Dokumenten einschließlich des damit verbundenen Services andererseits. Das Unternehmen erzielte 2005 einen Umsatz von 1,23 Mrd. Euro und beschäftigte rund 7.500 Mitarbeiter. Insgesamt hat der Konzern 52 Tochtergesellschaften in über 30 Ländern.

   G&D ist ein sehr traditionsreiches Unternehmen mit langer Geschichte. Seit 153 Jahren ist das Unternehmen in Familienbesitz.

3   IFRS Einführung bei Giesecke & Devrient

3.1   Gesetzliche Rahmenbedingungen

G&D stellte im Jahr 2005 die Rechnungslegung auf IFRS um. Dabei gab es die Besonderheit, dass *G&D* nicht – wie die meisten Unternehmen – von der deutschen Rechnungslegung auf IFRS umgestellt hat, sondern von den amerikanischen US-GAAP Vorschriften auf IFRS.

G&D hatte bereits im Jahr 2000 US-GAAP mit dem Ziel eingeführt, über eine international vergleichbare Rechnungslegung zu verfügen und diese nicht nur für das externe Rechnungswesen, sondern auch für die interne Unternehmenssteuerung zu nutzen. Hierzu schien US-GAAP sehr geeignet. Zudem bestand damals der Eindruck, dass US-GAAP sich weltweit als führende Rechnungslegung durchsetzen würde.

Zwischenzeitlich hat sich die Situation deutlich geändert. Durch die Verordnung der Europäischen Gemeinschaft vom 19.07.2002 und dem darauf aufbauenden Bilanzrechtsreformgesetz 2004 wurde für alle börsennotierten Unternehmen die Pflicht zur Rechnungslegung nach IFRS spätestens ab 31.12.2005 eingeführt. Für alle nicht börsennotierten Unternehmen – wie *Giesecke & Devrient* dies ist – ist IFRS aber auch interessant, da nur der IFRS-Konzernabschluss den sonst immer noch notwendigen deutschen Konzernabschluss nach HGB ersetzt.

Um also diese Befreiungsmöglichkeit nach § 315a HGB in Anspruch zu nehmen und zukünftig nur noch einen Konzernabschluss aufzustellen, hat sich *G&D* entschlossen, bereits ab 2005 nach IFRS zu bilanzieren.

3.2 Vorgehen bei Giesecke & Devrient

Um den Übergang zu IFRS zum 31.12.2005 zu erreichen, musste zunächst das Vorjahr 2004 umgestellt werden. Hierzu war eine IFRS Eröffnungsbilanz zum 01.01.2004 notwendig. Daraus wurde dann in einer Bilanz- und Ergebnisüberleitung die Vorjahresschlussbilanz zum 31.12.2005 erstellt (vgl. Abb. 4).

Unterstützt wurde dies durch zwei begleitende Maßnahmen:
- die Erstellung eines neuen IFRS Bilanzierungshandbuches, das weltweit über das Intranet des Unternehmens allen 52 Tochtergesellschaften zur Verfügung gestellt wurde,

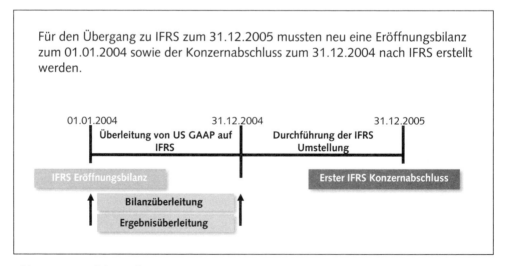

Abb. 4: IFRS-Einführung bei *G&D* – Vorgehen

- die Umstellung der bereits eingesetzten Software Hyperion auf IFRS, mit der sowohl die Konsolidierung in der Zentrale als auch das weltweite Reporting durchgeführt wird.

Durch die Nutzung einer einheitlichen Software und eines weltweiten einheitlichen Kontenrahmens wurden wesentliche Voraussetzungen für die Integration des externen und internen Rechnungswesens geschaffen. Diese Integration sichert effiziente Abläufe in den Bereichen Rechnungswesen und Controlling.

3.3 Wichtige Unterschiede

Bei der Umstellung konzentrierte sich das Interesse des Managements auf die wesentlichen Punkte, bei denen relevante Veränderungen durch die Rechnungslegungsvorschriften entstehen können. Dies zeigt die nachfolgende Tabelle (vgl. Abb. 5).

Das Ergebnis der Umstellung lässt sich am besten am Eigenkapital des Unternehmens ablesen. Obwohl in den genannten Einzelfällen Unterschiede in der Bilanzierung sichtbar wurden, blieb das Eigenkapital nach IFRS fast identisch mit dem Eigenkapital nach US-GAAP.

Als weitere Erkenntnis nach den Abschlüssen 2004, 2005 und jetzt auch 2006 ist festzuhalten, dass nicht generell vorauszusehen ist, ob tendenziell US-GAAP oder IFRS höhere Ergebnisse ausweisen. Je nach Geschäftsvorfällen des Jahres und Gewichtung der verschiedenen Faktoren, die in die genannten Unterschiede einfließen, könnte sich in einem Jahr ein leicht höheres Ergebnis nach US-GAAP, in einem anderen Jahr ein leicht höheres Ergebnis nach IFRS ergeben. Über einen mehrjährigen Zeitraum gleicht sich dies letztlich aus.

4 Auswirkung auf die Unternehmenssteuerung

4.1 Konvergenz von externem Berichtswesen und interner Unternehmenssteuerung

G&D hatte sich bereits – wie dargestellt – in den neunziger Jahren entschieden, externe Rechnungslegung und interne Unternehmenssteuerung zu harmonisieren. Dies bedeutete die Abschaffung eines internen Betriebsergebnisses auf Basis kalkulatorischer Kosten. Der Umstieg auf die internationale Rechnungslegung US-GAAP hatte diese Strategie noch bekräftigt.

Wesentliches Argument ist, dass durch die – im Unterschied zum deutschen HGB – strengeren Bilanzierungsregeln und weniger Wahlrechte in den internationalen Rechnungslegungsvorschriften die sich daraus ergebenden Kennziffern eine sehr gute Basis auch für die Innensteuerung eines Unternehmens auf den verschiedenen Ebenen bieten. Dabei unterscheiden sich US-GAAP und IFRS nicht wesentlich. Wichtig dabei ist

	HGB	US-GAAP	IFRS
Umsatzrealisierung	– keine PoC-Methode	– PoC-Methode anwendbar → Umsatzausweis realistischer als nach HGB	– PoC-Methode anwendbar → Umsatzausweis realistischer als nach HGB
Entwicklungskosten	– Aufwand – nicht aktivierbar	– Aufwand	– Aufwand – unter bestimmten Bedingungen aktivierbar
Pensionsrückstellungen	– bestehende Ansprüche – gesetzliche Mindestverzinsung	– zukünftige Ansprüche – wechselnde Verzinsung → tendenziell höher als nach HGB	– zukünftige Ansprüche – wechselnde Verzinsung → tendenziell höher als nach HGB
Rückstellungen	– geringe Eintrittswahrscheinlichkeit erforderlich – Aufwandrückstellungen	– höchste Eintrittswahrscheinlichkeit (> 70%) nötig – keine Aufwandrückstellungen	– höhere Eintrittswahrscheinlichkeit (> 50%) nötig – keine Aufwandrückstellungen
Segmentberichterstattung	– Management Approach – keine Cash Generating Units	– Management Approach – keine Cash Generating Units	– Risk and Reward Approach – Cash Generating Units
Goodwill	– planmäßige Abschreibung	– Impairment Test	– Impairment Test auf CGU-Basis

Abb. 5: IFRS Einführung bei *G&D* – Wichtige Unterschiede

dagegen die Harmonisierung und damit Vereinfachung der Kommunikation nach innen und außen. Die extern veröffentlichten Kennziffern werden von den Führungskräften und Mitarbeitern wiedererkannt und sind im Idealfall auch Teil des Incentive-Systems des Managements.

4.2 Auswirkung auf die verschiedenen Ebenen der Unternehmenssteuerung

Die IFRS Kennziffern werden bei *G&D* intern für alle Ebenen der Unternehmenssteuerung verwendet. Die einzelnen Kennziffern werden den Ebenen der Unternehmenssteuerung wie folgt zugeordnet:

strategisch	operativ		finanzwirtschaftlich
Konzern / Business Unit / Division	Konzern / Business Unit	Produktgruppe	Konzern
EVA™	EBIT	Contribution Margin	Free Cash Flow

Abb. 6: Wesentliche Kennziffern der Unternehmenssteuerung bei *G&D*

Die strategische Leitgröße ist der Economic Value Added (EVA™). Dieser wird auf Basis der Bilanz und der Gewinn- und Verlustrechnung nach IFRS abgeleitet, wobei der ROCE auf EBIT berechnet wird.

Die strategische Steuerung auf Basis des EVA™ erfolgt nicht nur auf *G&D* Konzernebene, sondern auch auf Ebene der vier Business Units. Hierzu ist es notwendig, die Positionen der Konzern-Gewinn- und Verlustrechung bis zum EBIT nach den Business Units aufzubrechen. Zusätzlich ist eine Bilanz der Business Units notwendig, um auch Kennzahlen wie Working Capital den Business Units zuzuordnen.

Während die Aufsplittung der Gewinn- und Verlustrechnung noch relativ einfach möglich ist, sind bilanziell teilweise pauschale Zuordnungen von Assets mit Hilfe von Schlüsseln notwendig, um z.B. die Abschreibungen bei der Ergebnisberechnung zu ermitteln.

Die operative Steuerung des Unternehmens wird bei *G&D* durch die Kernkennziffern Umsatz und EBIT ebenfalls auf die vier Business Units heruntergebrochen, darüber hinaus noch weiter auf die darunter liegenden acht Divisionen, die letztlich die Umsatz- und Ergebnisverantwortung tragen.

Innerhalb der Divisionen erfolgt dann im nächsten Schritt die operative Steuerung der Produktgruppen durch Deckungsbeiträge. Hierzu wird eine Deckungsbeitragsrechnung verwendet, die ebenfalls auf der Ergebnisrechnung nach IFRS aufbaut.

Für die finanzwirtschaftliche Steuerung wird der nach den IFRS-Regeln abgeleitete Free Cashflow herangezogen. Dabei handelt es sich um den Cashflow nach Abzug der

Investitionsausgaben. Die Cashflow-Rechnung folgt dabei den Bilanzierungsvorschriften nach IFRS, was insbesondere bei Finanzierungen in Form von Leasing zu beachten ist, bei denen der wirtschaftliche Eigentümer auch Leasingnehmer ist (sog. Capital Lease). Der Leasinggegenstand wird in diesen Fällen in der Bilanz aktiviert. In der Cashflow-Rechnung geht dann in den Folgejahren der Zinsanteil in die Zinsausgaben im Cashflow aus operativer Tätigkeit und der Tilgungsanteil wird im Mittelabfluss aus Finanzierungstätigkeit ausgewiesen.

4.3 Auswirkung auf die Incentive-Systeme

Die erwähnte Einheitlichkeit der extern veröffentlichten Kennziffern und der internen Steuerungsgrößen bietet eine ideale Plattform für die Verwendung der IFRS Kennziffern als Basis für Management-Incentive-Systeme. Bei *G&D* wurde für die Geschäftsführung sowie die erste und zweite Führungsebene ein Incentive-System für eine variable Vergütung eingeführt, das von Beginn an auf den Kennziffern der internationalen Rechnungslegung beruhte, zuerst auf US-GAAP, seit 2006 nun auf IFRS. Dabei finden schwerpunktmäßig die gleichen Kennziffern Verwendung wie sie für die Unternehmenssteuerung dargestellt werden; EVA^{TM}, Umsatz, EBIT und Free Cashflow. Als Instrument werden jährliche Zielvereinbarungen durchgeführt, deren Erreichungsgrad mit den Zahlen aus dem Jahresabschluss gemessen wird.

5 Fazit

Zusammenfassend ist festzustellen, dass *G&D* als größeres mittelständisches Unternehmen in den letzten Jahren mit der Integration von externem und internem Rechnungswesen sehr gute Erfahrungen gemacht hat. Für beide Welten sind die Kenngrößen, die sich aus der IFRS-Rechnungslegung ergeben, geeignet.

Literatur

FAZ (2006), Mittelstand gegen IFRS – Gesellschaften wollen Einfluss auf Bilanzrichtlinien nehmen, in: Frankfurter Allgemeine Zeitung, 20.01.2006, S. 11

FAZ (2006), Die deutsche Rechnungslegung stirbt – IDW fordert Anpassung an den internationalen Standard, in: Frankfurter Allgemeine Zeitung, 23.01.2006, S. 20

FAZ (2006), Familienbetriebe können für ihr bilanzielles Eigenkapital hoffen, in: Frankfurter Allgemeine Zeitung, 06.02.2006, S. 20

Hofmann, N./Müller, M./Sasse, A. (2005), Umsatzkostenverfahren nach IFRS Vorteile aus unternehmensexterner und -interner Sicht, in: Der Controlling Berater, o.J., 2005, 2, S. 193–210

International Group of Controlling IGC (Hrsg., 2006), Controller und IFRS. Konsequenzen für die Controlleraufgaben durch die Finanzberichterstattung nach IFRS, Freiburg 2006

Küting, K./Wirth, J. (2006), Paradigmenwechsel in der Bilanzanalyse, in: Frankfurter Allgemeine
    Zeitung, 17.01.2006, S. 18

Roth, O. (2006), Internationale Rechnungslegung für den Mittelstand, in: Frankfurter Allgemeine
    Zeitung, 23.01.2006, S. 20

Integration der Rechnungslegung unter IFRS

Ergebnisse des Arbeitskreises »Controller und IFRS« der International Group of Controlling

Univ.-Prof. Dr. Barbara E. Weißenberger*

1   Einleitung

2   Verbindung der IFRS-Finanzberichterstattung zur Controllertätigkeit
     2.1   Investororientierte Ausrichtung der IFRS
     2.2   Wechselseitige Verzahnung der IFRS-Bilanzierung
            mit bestehenden Controllinginstrumenten

3   Konzeptionelles Verständnis einer integrierten Rechnungslegung
     3.1   Vorteile einer integrierten Rechnungslegung
     3.2   Nachteile einer integrierten Rechnungslegung

4   Lösungsvorschlag der IGC: Partielle Integration der Rechnungslegung
     4.1   Muster einer partiell integrierten Rechnungslegung
     4.2   Erweiterungs- und Anpassungsbedarfe

5   Fazit

Literatur

---

*   Univ.-Prof. Dr. Barbara E. Weißenberger, Inhaberin der Professur BWL IV mit dem Schwer-
     punkt Industrielles Management und Controlling der Justus-Liebig-Universität, Gießen.

1   Einleitung

Die *International Group of Controlling* (*IGC*) ist eine internationale Interessengemeinschaft von Institutionen und Unternehmen, die Controlling in der praktischen Anwendung und Weiterentwicklung fördern wollen. Zielsetzung der *IGC* ist u. a. die Profilierung des Berufs- und Rollenbildes des Controllers und die Abstimmung und Weiterentwicklung einer übereinstimmend getragenen Controllingkonzeption sowie einer einheitlichen Controllingterminologie.

In diesem Kontext befasste sich der *IGC*-Arbeitskreis »Controller und IFRS« mit den neuen Herausforderungen für den Controllerbereich, die sich durch die Anwendung der International Financial Reporting Standards (IFRS) als investororientiertem Rechnungslegungsstandard ergeben. So ist die Rechnungslegung nach IFRS nicht nur für die externe Rechnungslegung relevant. Der Rückgriff der IFRS auf interne Planungs- und Berichtssysteme (Management Approach) und das gleichzeitige Zusammenwachsen von externer und interner Rechnungslegung (Integration der Rechnungslegung) führt darüber hinaus zu einer unmittelbaren Verbindung der IFRS auch zum Controllerbereich. Beide Entwicklungen führen zu erheblichen Anpassungs- und Erweiterungsbedarfen in den traditionellen Controllingsystemen, um auch unter IFRS eine controllinggerechte Unternehmensführung zu sichern.

Die Kernergebnisse der Überlegungen sind in einem von der IGC herausgegebenen Weißbuch publiziert (vgl. *International Group of Controlling/Weißenberger* 2006) und in diesem Beitrag zusammengefasst. Als Lösungsansatz wird eine partielle Integration der Rechnungslegung vorgeschlagen, bei der sich die angestrebte Übereinstimmung von externen und internen Performancemaßen auf die obersten Hierarchieebenen beschränkt.

Die Mitglieder des Arbeitskreises repräsentieren unterschiedliche Kompetenzgruppen in Rechnungslegung und Controlling im deutschsprachigen Raum. Mitglieder des Arbeitskreises »Controller und IFRS« der *International Group of Controlling* (*IGC*) sind:

- *Jörn Bartelheimer* (*CTcon GmbH*)
- Dr. *Jörg Beißel* (*Deutsche Lufthansa AG*)
- Dr. *Ralf Eberenz* (*Beiersdorf AG*)
- Mag. *Werner Fleischer* (*Österreichische Elektrizitätswirtschafts-AG/Verbundgesellschaft*)
- *Claus Heßling* (*Plaut Consulting GmbH*)
- Prof. Dr. *Péter Horváth* (*Horváth AG*)
- Mag. *Helmut Kerschbaumer* (*KPMG Alpentreuhand GmbH*)
- Dr. *Michael Kieninger* (*Horváth AG*)
- Dr. *Franz Krump* (*WINDRESS Holding AG*)
- Dr. *Rita Niedermayr-Kruse* (*Österreichisches Controller-Institut*)
- Dr. *Lukas Rieder* (*Controller Zentrum St. Gallen*)
- Dr. *Walter Schmidt* (*Internationaler Controller Verein*)
- *Karl-Heinz Steinke* (*Deutsche Lufthansa AG*)
- Prof. Dr. *Barbara E. Weißenberger* (Justus-Liebig-Universität Gießen)
- *Andreas Wohlthat* (*CTcon GmbH*)

2 Verbindung der IFRS-Finanzberichterstattung zur Controllertätigkeit

2.1 Investororientierte Ausrichtung der IFRS

Die IFRS sind ein Konglomerat supranationaler Rechnungslegungsregeln, die von dem privatrechtlichen Standardsetter *IASB* mit Sitz in London erlassen werden. Ziel des *IASB* ist die Entwicklung und Durchsetzung der IFRS als weltweit harmonisierte Bilanzierungsstandards. Dabei zeichnen sich die IFRS wesentlich durch eine *investororientierte Perspektive* aus: Bei der Gestaltung und Auslegung der IFRS orientiert sich das *IASB* vor allem am Informationsbedarf externer Adressaten. Anforderungen bzw. Restriktionen aus dem Controllerbereich fließen nicht bzw. allenfalls eingeschränkt, nämlich durch die mögliche Teilnahme von Controllern am »due process«, in das Standardsetting ein.

Wie jedes Rechnungslegungssystem stehen auch die IFRS im Spannungsfeld zwischen Verlässlichkeit (Reliabilität) und Entscheidungsnützlichkeit (Relevanz) der Finanzberichterstattung. In diesem Konflikt stellt die IFRS-Rechnungslegung seit einigen Jahren zunehmend letzteren Aspekt, d. h. die Vermittlung entscheidungsnützlicher Informationen für Investoren, in den Vordergrund, so z. B. bei der zunehmenden Durchsetzung einer zeitwertorientierten Bewertung von Vermögen und Schulden (vgl. zur Fair-Value-Bilanzierung den von *Bieg/Heyd* 2005 herausgegebenen Sammelband). Die Rechnungslegung nach IFRS impliziert damit eine sehr viel stärker ökonomisch fundierte Abbildung des Unternehmens bzw. der Geschäftsprozesse als z. B. die kontinentaleuropäisch ausgelegten Rechnungslegungsvorschriften des HGB. Dort steht traditionell vor allem die Bereitstellung reliabler, eher vorsichtig bewerteter Bestands- und Erfolgsgrößen im Vordergrund, z. B. durch die Anwendung des imparitätischen Realisationsprinzips.

Die ausgeprägte ökonomische Perspektive der IFRS führt zu einer Vielzahl wirtschaftlich geprägter Bilanzierungs- und Bewertungsgrundsätze wie beispielsweise dem Risk-and-Reward-Approach, einem weiten Verständnis von Vermögenswerten oder einer IFRS-spezifischen Umsetzung des Realisationsprinzips und Matching Principle.

Auch wenn die IFRS nicht unmittelbar auf Controllerbedarfe abzielen und die betriebswirtschaftlichen Anforderungen an die Tätigkeit von Controllern im Standardsetting des IASB – zumindest bisher – keine explizite Rolle spielten, so stellt dennoch das Bestreben nach einer ökonomisch ausgerichteten Abbildung des Unternehmens in der IFRS-Finanzberichterstattung eine unmittelbare Verbindung zur Controllertätigkeit her, denn auch für Controllingzwecke ist eine ökonomisch geprägte Perspektive auf das Unternehmensgeschehen erforderlich.

2.2   Wechselseitige Verzahnung der IFRS-Bilanzierung mit bestehenden Controllinginstrumenten

Obwohl die IFRS die externe Finanzberichterstattung betreffen, zeichnen sie sich durch eine enge Verzahnung mit Controllinginstrumenten, beispielsweise Planungsrechnungen oder anderen internen Berichten, z. B. aus dem Projektcontrolling, aus. Diese Verzahnung lässt sich in der Unternehmenspraxis in zwei Richtungen systematisieren (vgl. Abb. 1).

Unter dem sog. *Management Approach* versteht man den Export von Informationen, die an sich für interne Planungs- bzw. Berichtszwecke gegenüber dem Management erstellt wurden, in die Finanzberichterstattung nach IFRS (vgl. konzeptionell *Haller/ Park* 1999, S. 60). Der Controllerbereich wird damit zum Informationsdienstleister für die IFRS-Rechnungslegung und übernimmt in dieser Rolle stärker als früher Mitverantwortung für die nach außen kommunizierten Finanzinformationen (vgl. *Fleischer* 2005, S. 197).

Der Management Approach resultiert aus der Zielsetzung der IFRS, entscheidungsnützliche Informationen bereitzustellen. Dabei basiert der Management Approach auf der Überlegung, dass für die interne Steuerung herangezogene Plan- bzw. Ist-Informationen auch für externe Investoren von hoher Entscheidungsrelevanz sind. Zielsetzung der IFRS ist dabei die Abbildung des Unternehmens »through the management's eyes«.

Die *Integration von externer und interner Rechnungslegung* stellt neben dem Management Approach in der Unternehmenspraxis vielfach eine zweite zweckmäßige Verbindung zwischen Controllinginstrumenten und IFRS-Finanzberichterstattung dar.

Der Begriff der Integration bezieht sich dabei ausschließlich auf die Planungs-, Steuerungs- und Kontrollaufgaben, die im Rahmen einer periodischen Ergebnisrechnung anfallen (vgl. bspw. *Bruns* 1999, S. 595). Hierbei ist von Interesse, inwieweit – insbesondere auf Unternehmens-, Segment- oder Geschäftsbereichsebene – interne Ergebnisgrößen von dem extern publizierten Ergebnis der IFRS-Finanzberichterstattung

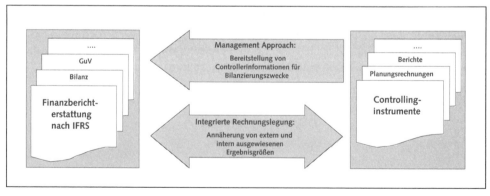

Abb. 1: Systematik der Verzahnung von Finanzberichterstattung nach IFRS und Controllinginstrumenten (entnommen aus *International Group of Controlling/Weißenberger* 2006, S. 29)

abweichen. Je stärker interne und externe Ergebnisse dabei kongruent, d. h. deckungsgleich sind, umso höher ist der Integrationsgrad der Rechnungslegung.

Die Umsetzung einer voll integrierten Rechnungslegung bedeutet den weitgehenden bzw. vollständigen Verzicht auf die Verwendung von kalkulatorischen Kosten und Erlösen innerhalb der laufenden Ergebnisrechnung, wie sie im angelsächsischen Bereich seit jeher üblich ist. Dies wird unter IFRS aus Controllersicht insoweit begünstigt, als dass die für die interne Ergebnisrechnung relevante ökonomische Perspektive hier weitaus stärker eingenommen wird als im kontinentaleuropäischen Handelsrecht.

Die Verwendung eigenständiger kalkulatorischer Größen für Entscheidungsrechnungen auf der operativen Produkt- und Prozessebene wird von einer integrierten Rechnungslegung nicht berührt. Auch bleiben die Berichtsformate der internen Ergebnisrechnung – z. B. im Rahmen der Managementerfolgsrechnung als mehrstufiger bzw. mehrdimensionaler Deckungsbeitragsrechnung – unter einer integrierten Rechnungslegung unverändert.

Betrachtet man die wechselseitige Verzahnung zwischen IFRS und Controllinginstrumentarium anhand von Management Approach und Integration der Rechnungslegung, so ergeben sich zwei strukturelle Unterschiede in der Bedeutung dieser beiden zentralen Schnittstellen für den Controllerbereich: Während im Management Approach Controllerinformationen an die Bilanzierung exportiert werden, geht es im Rahmen der integrierten Rechnungslegung um eine möglichst enge Kongruenz zwischen internen und externen Ergebnissen, so weit dies möglich und betriebswirtschaftlich sinnvoll ist. Im Gegensatz zum Management Approach, der die Übernahme von spezifischen internen Informationen aufgrund regulatorischer Anforderungen innerhalb der IFRS-Finanzberichterstattung zwingend erforderlich macht, ist die Integration von externer und interner Rechnungslegung eine freiwillige Entscheidung des Controllerbereichs bezüglich der internen Ergebnisrechnung.

3   Konzeptionelles Verständnis einer integrierten Rechnungslegung

Die Integration von interner und externer Rechnungslegung hat im deutschsprachigen Raum seit den 1990er-Jahren zunehmend an Praxisrelevanz gewonnen (vgl. zur historischen Entwicklung *Weißenberger* 2003, S. 175–187). Im Mittelpunkt der integrierten Rechnungslegung steht die Übereinstimmung der Ergebnisrechnung für Planungs-, Steuerungs- und Kontrollaufgaben mit den extern publizierten Ergebnisgrößen. Die Grundidee einer vollständigen Integration von interner und externer Rechnungslegung ist dabei durch folgende Merkmale charakterisiert:
- Verzicht auf die laufende Verrechnung kalkulatorischer Kostenarten in der internen Ergebnisrechnung, da dies die Abstimmung zwischen externem und internem Ergebnis äußerst komplex und zeitaufwändig macht,
- integrierter Kontenplan für die externe und interne Berichterstattung sowie
- einheitliche Bilanzierungs- und Bewertungsmethoden einschließlich der damit verbundenen Abgrenzungssysteme.

Eine vollständige Integration von externer und interner Rechnungslegung bedeutet praktisch den Rückgriff auf eine einheitliche Datenbasis mit vollständig identischen Bewertungsansätzen, die aus den operativen buchhalterischen Vorsystemen und sonstigen Datenquellen extrahiert wird. Die Integration von interner und externer Rechnungslegung erstreckt sich damit explizit nicht auf Berichtsformate (z. B. die Erstellung einer mehrstufigen bzw. mehrdimensionalen Deckungsbeitragsrechnung) sowie auf Planungs-, Kalkulations- und Verrechnungsroutinen: Diese müssen für interne Controllingzwecke weiterhin bestehen bleiben.

3.1 Vorteile einer integrierten Rechnungslegung

Für die Umsetzung einer integrierten Rechnungslegung unter IFRS sprechen aus Controllersicht mehrere Gründe: Im Mittelpunkt steht die Verbesserung von Kommunikation und Steuerung kapitalmarktorientiert ausgerichteter Unternehmen (vgl. *Horváth* 2006, S. 438). Die integrierte Rechnungslegung trägt dazu bei, nicht nur auf Gesamtunternehmensebene, sondern auch auf nachgelagerten Steuerungsebenen Pläne zu entwickeln, die dazu geeignet sind, nach außen kommunizierte finanzielle Ziele umzusetzen und zu erreichen. Gleichzeitig wird die Unternehmensleitung durch die integrierte Rechnungslegung gegenüber externen Investoren und Analysten sprachfähig gemacht, was die Begründung vergangener bzw. die Erläuterung prognostizierter Entwicklungen im Unternehmen betrifft. Aber auch bei nicht kapitalmarktorientierten Unternehmen kann die integrierte Rechnungslegung eine ebenso effiziente wie eingängige Möglichkeit der internen Kommunikation finanzieller Informationen für Zwecke der laufenden wie strategischen Steuerung darstellen. Schließlich lässt sich empirisch belegen, dass Manager zufriedener sind, wenn einheitliche (Ergebnis-)Kennzahlen vorgelegt werden (vgl. die Erkenntnisse bei *Sandt* 2003).

3.2 Nachteile einer integrierten Rechnungslegung

Allerdings gibt es auch eine Reihe von Gründen gegen eine vollständige Integration von interner und externer Rechnungslegung. Sie resultieren zunächst aus der konzeptionellen Ausrichtung der IFRS auf die Fundierung von Entscheidungen externer Investoren: Den Vorschriften zur Ergebnisermittlung nach IFRS liegt das Kriterium der Entscheidungsnützlichkeit (decision usefulness) externer Investoren, nicht aber das der Anreiznützlichkeit (incentive usefulness) zugrunde.

Bereits allgemein lässt sich zeigen, dass ein Rechnungslegungssystem, das dem Entscheidungskalkül eines Investoren zuträglich ist, nicht notwendigerweise den Steuerungsbedarfen in einer mehrstufigen Hierarchie entspricht: Während ein für externe Investoren relevantes Performancemaß auch die Konsequenzen exogener Risiken – z. B. bezüglich einer unterdurchschnittlich konjunkturellen Entwicklung oder den nicht vorhersehbaren Markteintritt eines neuen Wettbewerbers – enthalten muss, sofern diese Risiken für zukünftige Cashflows prognoserelevant sind, sollte ein internes Performancemaß bei risikoaversen Managern diese exogenen Risiken so weit wie möglich eliminieren (vgl. *Wagenhofer/Ewert* 2003, S. 89–94).

Überträgt man diese Überlegungen auf die Praxis, so können in Einzelfällen die Bilanzierungs- und Bewertungsvorschriften auf IFRS-Basis internen Controllinganforderungen zuwider laufen (vgl. *Weißenberger* 2006, S. 70–72). Beispielsweise fließen aus der Fair-Value-Bewertung möglicherweise aus Controllersicht unerwünschte, weil zufällige, Bewertungskomponenten in die interne Wirtschaftlichkeitsbetrachtung ein, die keinen Bezug zur eigentlichen Managementleistung besitzen. Ein weiteres Problem ergibt sich durch die zunehmend bilanzorientierte, d. h. erfolgsneutrale Verbuchung von Fair-Value-Änderungen in der IFRS-Bilanz: Wertänderungen aus den Anpassungen von Fair Values werden vielfach gar nicht (z. B. im Rahmen der Neubewertung, d. h. revaluation gem. IAS 16 oder IAS 38) bzw. erst bei Abgang des Vermögenswerts (z. B. bei available for sale-Finanzinstrumenten) erfolgswirksam verbucht, sondern vielmehr erfolgsneutral mit dem Eigenkapital verrechnet. Dies kann dazu führen, dass ein per se sinnvolles Investitionsprojekt durch den Manager unterlassen wird, weil aufgrund der überhöhten Kapitalkosten ein scheinbar ungünstiges Bild der Investition gezeichnet wird.

Neben diesen vielfältigen Problemen, die aus Controllersicht aus der Fair-Value-Bewertung resultieren, besteht weiterhin die Gefahr, dass Manager gerade aufgrund des Management Approach unter IFRS versuchen, bestimmte interne Informationen an die Finanzberichterstattung zu verzerren, an denen sie später gemessen werden. So ist z. B. denkbar, dass aufgrund der Teilgewinnrealisierung innerhalb der Langfristfertigung ein Manager im Vertrieb, der Informationen über den Fertigstellungsgrad einer Anlage (und damit den zu realisierenden Teilgewinn) geben muss und der gleichzeitig auch auf Basis dieses Teilgewinns beurteilt wird, den Fertigstellungsgrad möglichst hoch bzw. das Erfüllungsrisiko möglichst gering angibt.

Schließlich wird häufig befürchtet, dass sich der Controllerbereich über eine strikt IFRS-basierte integrierte Rechnungslegung zur »Geisel des IASB« machen könnte, da jede Standardänderung sofort und vollständig in die für Controllingzwecke verwendete interne Ergebnisrechnung durchschlägt.

4 Lösungsvorschlag der IGC: Partielle Integration der Rechnungslegung

Die im vorangegangenen Abschnitt dargestellten Argumente zeigen, dass eine vollständige Integration von interner und externer Rechnungslegung aus Controllersicht ebenso wenig sinnvoll ist wie ein Verzicht auf jegliche Abstimmung von interner und externer Ergebnisrechnung für Planungs-, Berichts- und Steuerungszwecke. Die Lösung dieses Dilemmas ist eine *partiell integrierte Rechnungslegung*, die durch folgende Merkmale charakterisiert ist:

- Die angestrebte Harmonisierung von externem und internem Ergebnis beschränkt sich auf die obersten Hierarchieebenen, d. h. in jedem Fall auf Gesamtunternehmens-

und Segmentebene, in vielen Fällen auch auf die darunter liegende Geschäftsbereichs- bzw. Profit-Center-Ebene.

- Es wird keine vollständige Übereinstimmung gefordert, sondern es sind einzelne Brückenpositionen erlaubt, um den Einfluss nicht steuerungsgerechter Standards innerhalb der IFRS zu eliminieren.
- Die operative Produkt- und Prozesssteuerung erfolgt weiterhin auf der Basis eigenständiger interner Größen, die für Kalkulations-, Normierungs- oder Standardisierungszwecke angepasst werden können.

Eine partielle Integration realisiert zum einen die Kommunikationsfähigkeit gegenüber dem Kapitalmarkt und die Fähigkeit zur Entwicklung kapitalmarktorientierter Ziele und Maßnahmen auf den oberen Hierarchieebenen: Hier ist ein klarer Bezug zwischen der IFRS-Finanzberichterstattung und den internen Ergebnisgrößen herstellbar.

Durch die vergleichsweise geringe Anzahl betroffener Hierarchieebenen ist es im Rahmen einer partiellen Integration von externer und interner Rechnungslegung weiterhin möglich, innerhalb der internen Ergebnisrechnung einzelne IFRS-Positionen zu eliminieren bzw. anders zu bewerten und diese Veränderungen durch eine nachvollziehbare Überleitungsrechnung zu plausibilisieren. Dies bedeutet aber auch, dass die Anzahl der Überleitungspositionen nicht überhand nehmen darf, um die Aussagekraft der integrierten Rechnungslegung nicht zu beeinträchtigen.

Auf den operativen Steuerungsebenen können im Rahmen einer partiellen Integration für Controllingzwecke wie bisher Ergebnisse, z. B. in Form von Deckungsbeiträgen, auf Basis kalkulatorischer Standardkosten und -erlöse ermittelt und bis zur gewünschten Steuerungsebene aggregiert werden.

Ein Drill-Down des IFRS-basierten, ggf. modifizierten Gesamtergebnisses auf die Produkt-, Prozess- oder Kostenstellenebene ist bei einer partiell integrierten Rechnungslegung grundsätzlich nicht mehr möglich (vgl. die empirischen Ergebnisse bei *Haring/Prantner* 2005). Dabei lassen praktische Erfahrungen aus dem Einsatz wertorientierter Steuerungskennzahlen darauf schließen, dass ein solcher Drill-Down für die Steuerung auf zentraler Ebene verzichtbar ist.

Als Konsequenz der lediglich partiellen, d. h. auf die oberen Hierarchieebenen beschränkten Integration der Rechnungslegung verlagert sich die Bruchstelle in der Ergebnisrechnung, die traditionell zwischen extern und intern ausgewiesenem Ergebnis lag, auf die Ebene der operativen Profit-Center- bzw. Cost-Center-Steuerung. Dies erscheint aus mehreren Gründen notwendig:

- Zum einen werden im Rahmen der operativen Steuerung Entscheidungen vielfach sinnvoll über kalkulatorische Standard- bzw. Opportunitätskosten oder aber mithilfe leistungswirtschaftlicher Kennzahlen, z. B. im Rahmen von Werttreiberbetrachtungen, fundiert (vgl. *Pfaff* 1996, S. 151–156). Unmittelbar IFRS-basierte Größen sind hier nur eingeschränkt geeignet. Vergleichbares gilt für die Bestandsbewertung, die intern betriebswirtschaftlich sinnvoll lediglich auf der Basis von Produkt-, d. h. proportionalen Kosten, erfolgt. Bei einer unmittelbar IFRS-basierten Bestandsbewertung wären intern Vollkosten, d. h. auch anteilige Strukturkosten, zu verrechnen.
- Zum anderen haben operative Entscheidungsträger i. d. R. keine unmittelbare Verantwortung bzw. Auskunftpflicht gegenüber Finanzinvestoren; eine Abstimmbrücke

ist dementsprechend auf dieser Ebene nicht erforderlich. Sofern sie im Einzelfall dennoch notwendig sein sollte, ist sie auf einer entsprechend niedrigen Hierarchieebene vergleichsweise einfacher zu realisieren als gesamtunternehmensbezogen.

- Schließlich muss der Controllerbereich auf der operativen Profit-Center- bzw. Cost-Center-Ebene Entscheidungen typischerweise in einem durch Vorgaben vergleichsweise eingeschränkten und homogenen Entscheidungsfeld fundieren. Die hier erforderlichen Abweichungsanalysen finden nicht über IFRS-Größen statt, sondern auf der Basis der für diese Entscheidungsfelder zuzurechnenden Standard- bzw. kalkulatorischen Kosten. Abweichungen zwischen Plan- und Istkosten werden unmittelbar am Ort der Entstehung durch den Controllerbereich analysiert und durch entsprechende Gegensteuerungsmaßnahmen im Management beseitigt.

4.1 Muster einer partiell integrierten Rechnungslegung

Die Ausgestaltungsmöglichkeiten einer Integration der Rechnungslegung in der betrieblichen Praxis lassen unterschiedliche Muster in Form von *Integrationspfaden* entstehen, die sich u. a. in zwei Dimensionen systematisieren lassen (vgl. Abb. 2):

- Die erste Dimension differenziert bezogen auf den Integrationsgrad die Übereinstimmung der extern und intern ausgewiesenen Ergebnisse. Zwischenstufen auf diesem Weg von der getrennten zur integrierten Rechnungslegung sind Brückenrechnungen.
- Vereinfacht kann die Dimension des Integrationsgrads damit durch die Anzahl von Überleitungspositionen bzw. Anpassungen in den verwendeten finanziellen Rechengrößen im Vergleich zur IFRS-Finanzberichterstattung veranschaulicht werden: Diese Anzahl nimmt mit wachsendem Integrationsgrad ab. Die zweite Dimension ist die Aufbauorganisation; sie kann vereinfacht in die Ebenen Zentrale, Segmente bzw. strategische Geschäftsbereiche, Profit Center/Cost Center und Standorte bis hin auf die unterste Ebene des operativen Managements, z. B. Produkt- oder Kostenstellenebene, strukturiert werden.

Abbildung 2 zeigt den Integrationspfad am Beispiel der hier vorgeschlagenen partiell integrierten Rechnungslegung. Die Anzahl der Brückenpositionen bzw. der Anpassungen nimmt mit wachsender Hierarchieebene ab. Auf Ebene der Unternehmenszentrale bzw. Konzernspitze sind keine bzw. nur ganz wenige Überleitungspositionen zu nach IFRS publizierten externen Größen erforderlich. Auf der operativen Ebene der Produkt-, Prozess- oder Kostenstellensteuerung ist die Anzahl notwendiger controllingrelevanter Anpassungen i. d. R. hingegen so umfangreich, dass eine integrierte Rechnungslegung hier nicht mehr sinnvoll erscheint. Der grau schattierte Bereich veranschaulicht auf Basis dieser Überlegungen effiziente Integrationsmuster im Rahmen einer partiellen Integration. Die Lage dieses Bereichs wird durch unternehmensspezifische Kontextfaktoren beeinflusst.

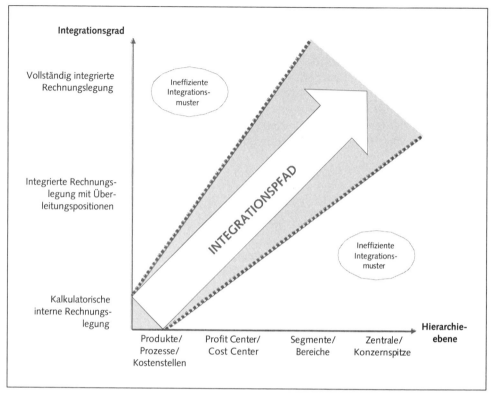

Abb. 2: Integrationspfad einer partiell integrierten Rechnungslegung (entnommen aus *International Group of Controlling/Weißenberger* 2006 S. 53)

4.2   Erweiterungs- und Anpassungsbedarfe

Die Nutzung IFRS-basierter Rechengrößen für interne Planungs-, Steuerungs- und Kontrollzwecke im Rahmen einer partiell integrierten Rechnungslegung macht Anpassungen in den originären Aktionsfeldern Planung, Berichtswesen und Steuerung bzw. Performance Measurement sowie den derivativen Aktionsfeldern Gestaltung der Vorsysteme und Organisation von Controllern notwendig. Hierzu gehören bspw. die Harmonisierung von internen und externen Berichtsformaten in der Ergebnisrechnung, die quantitative Fundierung und Erläuterung von Überleitungspositionen, z. B. der Verzicht auf die Einbeziehung von Fair-Value-Änderungen in die interne Erfolgsrechnung, und die Planung von Strom- und Bestandsgrößen auf IFRS-Basis sowie in diesem Zusammenhang auch die Entschlackung bestehender Budgetierungsroutinen im Sinne eines Beyond bzw. Better Budgeting, indem z. B. verstärkt Globalbudgets geplant werden oder unterjährig vermehrt mit Forecasts gearbeitet wird (vgl. zu Letzterem *Horváth* 2006, S. 230–233). Für eine ausführliche Darstellung der aus einer partiell integrierten Rechnungslegung resultierenden Erweiterungs- und Anpassungsbedarfe vgl. *International Group of Controlling/Weißenberger* 2006, S. 56–60.

5   Fazit

Mit der Umstellung der Rechnungslegung auf IFRS werden externe Rechnungslegung und Controllerarbeit wechselseitig miteinander verzahnt. Im Kontext des Management Approach greift die Bilanzierung unter IFRS stärker als bisher auf interne Steuerungsinformationen zurück, die originär für Controllingzwecke bereitgestellt werden. Controller wachsen deshalb zunehmend in die Rolle eines Informationsdienstleisters für die Bilanzierung und übernehmen damit in sehr viel größerem Umfang als unter HGB Mitverantwortung für die Darstellung des Unternehmens in der externen Finanzberichterstattung.

Gleichzeitig kann von Seiten der Controller angestrebt werden, die Abweichungen der im Rahmen interner Planungs-, Berichts- und Steuerungszwecke ermittelten Ergebnisse von den in der IFRS-Finanzberichterstattung ausgewiesenen Ergebnissen in Form einer integrierten Rechnungslegung so gering wie möglich zu halten.

Eine vollständige Integration erweist sich aus Controllingperspektive für Zwecke der Zielfindung, Planung und Steuerung jedoch als nicht sinnvoll. Aus diesem Grund wird eine partielle Integration der Rechnungslegung vorgeschlagen, die sich auf die obersten Hierarchieebenen beschränkt. Die unternehmensindividuellen Ausgestaltungsmuster einer solchen partiellen Integration sind kontextabhängig und lassen sich in Form eines Integrationspfads darstellen. Die operative Produkt- bzw. Prozesssteuerung erfolgt weiterhin auf Basis eigenständiger interner Größen, die für Kalkulations-, Normierungs- oder Standardisierungszwecke angepasst werden können.

Im Ergebnis machen sowohl die Unterstützung der Finanzberichterstattung im Rahmen des Management Approach als auch die Umsetzung einer partiell integrierten Rechnungslegung Erweiterungs- bzw. Anpassungsmaßnahmen in den verschiedenen originären bzw. derivativen Aktionsfeldern des Controllerbereichs notwendig.

Literatur

Bieg, H./Heyd, R. (Hrsg.) (2005), Fair Value. Bewertung in Rechnungswesen, Controlling und Finanzwirtschaft, München 2005

Bruns, H.-G. (1999), Harmonisierung des externen und internen Rechnungswesens auf Basis internationaler Bilanzierungsvorschriften, in: *Küting, K./Langenbucher, G.* (Hrsg.), Internationale Rechnungslegung, Stuttgart 1999, S. 585–604

Fleischer, W. (2005), Rolle des Controllings im Spannungsfeld internes und externes Reporting, in: *Horváth, P.* (Hrsg.), Organisationsstrukturen und Geschäftsprozesse wirkungsvoll steuern, Stuttgart 2005, S. 189–200

Haller, A./Park, P. (1999), Segmentberichterstattung auf Basis des »Management Approach«, – Inhalt und Konsequenzen, in: Kostenrechnungspraxis, 43, 1999, Sonderheft 3/1999 Integration der Unternehmensrechnung, S. 59–66

Haring, N./Prantner, R. (2005), Konvergenz des Rechnungswesens – State-of-the-Art in Deutschland und Österreich, in: Controlling, 17, 2005, S. 147–154

Horvath, P. (2006), Controlling, 10. Auflage, München 2006

International Group of Controlling/Weißenberger, B. E. (Hrsg., 2006), Controller und IFRS, Weißbuch der IGC-Arbeitsgruppe »Controller und IFRS«, Freiburg 2006

Pfaff, D. (1996), Kostenrechnung als Instrument der Entscheidungssteuerung: Chancen und Probleme, in: Kostenrechnungspraxis, 40, 1996, S. 151–156

Sandt, J. (2003), Kennzahlen für die Unternehmensführung – verlorenes Heimspiel für Controller?, in: Zeitschrift für Controlling und Management, 47, 2003, S. 75–79

Wagenhofer, A./Ewert, R. (2003), Externe Unternehmensrechnung, Berlin et al. 2003

Weißenberger, B. E. (2003), Anreizkompatible Erfolgsrechnung im Konzern. Grundmuster und Gestaltungsvarianten, Wiesbaden 2003

Weißenberger, B. E. (2006), Ergebnisrechnung nach IFRS und interne Performancemessung, in: *Wagenhofer, A.* (Hrsg.), Controlling und IFRS-Rechnungslegung, Berlin 2006, S. 49–79

Controlling und Corporate Governance

Univ.-Prof. Dr. Carl-Christian Freidank*

1   Allgemeines

2   Grundsätze ordnungsmäßiger Unternehmensführung und -überwachung als Rege-
    lungen zur Lösung gesellschaftlicher Probleme
    2.1   Historie der Corporate Governance
    2.2   Novellierung von Rechtsnormen
    2.3   Bedeutung des Controlling

3   Führungsunterstützendes Controlling im Kontext der
    Unternehmensüberwachung
    3.1   Grundlegendes
    3.2   Überwachungsansatz des Controlling

4   Wirkungsanalyse überwachungsbezogener Rechtsnormen
    4.1   Prüfungsorientierte Normen als Einflussgrößen
    4.2   Controlle-orientierte Normen als Einflussgrößen
    4.3   Aufsichtsorientierte Einflussgrößen

5   Zusammenfassung

Literatur

*   Univ.-Prof. Dr. Carl-Christian Freidank, Inhaber des Lehrstuhls für Revisions- und Treuhand-
    wesen und Geschäftsführender Direktor des Instituts für Wirtschaftsprüfung und Steuerwesen,
    Universität Hamburg.

1   Allgemeines

Unter dem Schlagwort Corporate Governance werden gegenwärtig Reformansätze primär aus rechtlicher Sicht diskutiert und in verbindliche Regelungen transformiert, die bewirken sollen, dass vor allem kapitalmarktorientierte Unternehmen effizienter geführt und wirkungsvoller überwacht werden können. Im dualistischen System der deutschen Unternehmensverfassung zielt bei der Aktiengesellschaft die Corporate Governance primär auf die Rechte und Pflichten von Vorstand, Aufsichtsrat und Hauptversammlung ab, die als Organe die zielgerichtete Führung und Überwachung tragen.

In der betriebswirtschaftlichen Praxis sind das Controlling und der Controller selbst nicht unmittelbar in die Überwachung des Vorstandes eingebunden, der gemäß § 76 Abs. 1 AktG die Gesellschaft in eigener Verantwortlichkeit leitet. Dies ist nach der deutschen Unternehmensverfassung auch gar nicht möglich, da der Controller dem Vorstand untersteht und diesen daher nicht überwachen kann. Ferner berichtet das Controlling im Ergebnis an den Vorstand, nicht aber an den Aufsichtsrat, zu dem in aller Regel keine permanenten Kontakte gepflegt werden. Dennoch steht das Controlling mit seiner führungsunterstützenden Aufgabe konzeptionell den Zielen und Instrumenten der Corporate Governance nahe. Aufgrund dieser inhaltlichen Verbindung erhebt sich die Frage, welche Bedeutung dem Controlling innerhalb der national und international breit geführten Diskussion zur Verbesserung der Corporate Governance nach neuesten betriebswirtschaftlichen Erkenntnissen zukommt.

Ziel dieses Beitrags ist es, die Wirkung von Rechtsnormen auf das Controlling zu untersuchen. Die Regulierungsdichte hat auch in Bezug auf das Handels- und Gesellschaftsrecht in den letzten Jahren merklich zugenommen, vor allem durch Reformbestrebungen zur Verbesserung der Corporate Governance. Hier geht es primär um eine Intensivierung der Überwachung der Unternehmensleitung, so dass das Controlling mit seiner führungsunterstützenden Aufgabe prima facie nicht von den zusätzlichen Rechtsnormen betroffen ist.

Die Abhandlung enthält im zweiten Kapitel zunächst einen kurzen Abriss der (US-amerikanischen) Historie der Corporate Governance sowie der aktuellen, rechtlich dominierten Bestrebungen zu ihrer Verbesserung im deutschen Rechtsraum. Da das Controlling unbestreitbar einen zentralen Beitrag im Rahmen der Corporate Governance leistet, aber als führungsunterstützendes Instrument der Unternehmensleitung auch ohne Regulierungen durch Rechtsnormen die gesetzten strategischen und operativen Planungs-, Kontroll-, Steuerungs- und Informationsziele in der Lage ist zu erreichen, stellt sich die Frage, welche Wirkungen von den rechtlichen Normierungen im Kontext der aktuellen Corporate-Governance-Diskussion auf die Theorie und das Konzept des Controlling ausgehen. Vor diesem Hintergrund wird im dritten Kapitel aus dem Blickwinkel des betriebswirtschaftlichen Überwachungsmodells analysiert, wie sich Controlling in diesen Ansatz methodologisch einordnet. Im vierten Kapitel werden ausgewählte Rechtsnormen aus den Bereichen Prüfung, Kontrolle und Aufsicht untersucht, um zu klären, wie sich die Rolle des Controlling aus Sicht der betriebswirtschaftlichen Theorie und Praxis gegenwärtig darstellt und künftig weiterentwickeln wird. Das fünfte Kapitel enthält eine Zusammenfassung der Ergebnisse.

2 Grundsätze ordnungsmäßiger Unternehmensführung und -überwachung als Regelungen zur Lösung gesellschaftlicher Probleme

2.1 Historie der Corporate Governance

Die Trennung von Eigentum an und Verfügungsmacht über Unternehmen zeigt die Notwendigkeit einer Corporate Governance auf. Die unter dem Begriff Corporate Governance diskutierten Probleme haben ihre Kernursache darin, dass die Eigentümer ihre Ziele nicht in den Handlungen des (angestellten) Managements repräsentiert sehen. Es zeigt sich, dass diese kontroversen Erörterungen durchaus die Verhältnisse in der Gesellschaft widerspiegeln können. In jedem Fall hat die Diskussion um eine Verbesserung der Corporate Governance ihre Wurzeln in der gesellschaftlichen, insbesondere der wirtschaftlichen Entwicklung der USA.

Der Terminus Corporate Governance stellt eine Analogie zum Begriff der Public Governance dar, genauso wie der Terminus Corporate Voting eine Verbindung zum Begriff des Political Voting aufweist. In diesem Zusammenhang stellt sich die Frage, wie repräsentativ ein Corporate Government sein kann und wen es repräsentieren sollte (vgl. *Becht* et al. 2002, S. 7 ff.). Darüber hinaus ist von Interesse, inwieweit demokratische Verhältnisse anzustreben sind und inwieweit die Privilegien einzelner Eigentümer begrenzt werden sollen. Vor allem die US-amerikanische Literatur hat die Felder Corporate Voting, die Ausübung der Verfügungsmacht durch das Management und Wege einer Corporate Democracy untersucht, die sich unter den Prämissen einer »One-Share-One-Vote«-Situation (vgl. *Grossman/Hart* 1987, *Harris/Raviv* 1987) zu einer Eigentums- und Machtkonzentration wandeln kann.

Die historische Entwicklung der US-amerikanischen Wirtschaft (und damit auch Gesellschaft) zeigt verschiedene Bilder einer Governance (vgl. *Paetzmann* 2004, S. 2 f.):

- Unter dem Begriff Corporate Feudalism werden insbesondere die frühen Voting Trusts (Eigentümer transferierten ihre Aktien an einen Trust im Austausch für Zertifikate) und die späteren Holding Companies zusammengefasst (vgl. *Liefmann* 1909, S. 20). Die daraus entstehenden (mächtigen) Eigentümer wurden auch Captains of Industry genannt.
- Später zeigte die Managerial Corporation das Idealbild eines durch das Management kontrollierten Unternehmens. »Before 1980, corporate managements tended to think of themselves as representing not the shareholders, but rather ›the corporation‹« (*Holmstrom/Kaplan* 2003, S. 5). Aufgrund der zunehmenden Anzahl von Aktionären fielen Eigentum und Verfügungsmacht auseinander. Hieraus entsprang die US-amerikanische Diskussion über das Corporate-Problem (vgl. *Becht* et al. 2002, S. 8).
- Schließlich können die seit den 1960er Jahren unter dem Stichwort Shareholder Activism zusammengefassten Bemühungen der Herstellung einer Shareholder Democracy und einer Minority Representation als Reformansätze interpretiert werden, die auf eine Verbesserung der Corporate Governance ausgerichtet sind.

Vor diesem Hintergrund hat die US-amerikanische Literatur der 1960er und 1970er Jahre die Frage untersucht, wie das Management im Sinne der Ziele der Eigentümer zu disziplinieren ist. Der populärste Ansatz (vgl. *Jensen/Meckling* 1976, S. 11 ff.) beinhaltet dem Management zu offerierende Anreize, die die Qualität von Vertrags- beziehungen aufweisen. Er findet die Lösung in einer optimalen Kapitalstruktur des Unternehmens. Diese Theory of Contracts bildet noch heute den Ausgangspunkt der Corporate-Governance-Diskussion. Könnten Eigentümer und Management im Vor- wege einen (kostenfreien) Vertrag schließen, in dem Regelungen für alle zukünftigen Eventualitäten festgelegt sind, entstünden keine Probleme mehr. Alle Entscheidungen würden zum Zeitpunkt des Vertragsschlusses getroffen. In der Realität erscheint dies schon auf Grund der unsicheren zukünftigen Entwicklung nicht möglich. Die daher unvollständigen Verträge zwischen Principal und Agent hat die Theory of Contracts eingehend analysiert (vgl. *Hart/Holmström* 1987, S. 71 ff., *Grossman/Hart* 1987) und damit ein wichtiges theoretisches Fundament für die Corporate Governance gelegt.

Besondere Bedeutung haben dabei zwischen Principal und Agent bestehende In- formationsasymmetrien zugunsten des Agenten erlangt. Diese zu lösen, Verträge zu gestalten und zu überwachen hat sich die Positive Accounting Theory (»Rochester School's Theory«) verschrieben, die sich weitgehend auf das externe Rechnungswesen konzentriert. »Contracting literature suggests the hypothesis that accounting plays an important role both in contract terms and in monitoring those terms« (*Watts/Zimmer- man* 1986, S. 196). Obgleich die Positive Accounting Theory (vgl. *Becker* 2003, S. 96 ff.) vielfach kritisiert wurde, ist doch ihr Beitrag bezüglich des Aufzeigens möglicher Bedeutungen des Rechnungswesens bei der Lösung von Vertrags- und Governance- Problemen unbestritten.

Mit Blick auf die unvollständigen Verträge der Kapitalüberlassung und bestehende Informationsasymmetrien ist es das Ziel der Corporate Governance, die Interessen der Aktionäre zu schützen. Corporate Governance bedeutet damit die zielgerichtete Füh- rung und Überwachung von Unternehmen und beinhaltet Mechanismen zur Regelung von Kompetenzen, Schaffung von Anreizen, Installierung von Überwachungsprozessen und Koordinierung von Außenbeziehungen des Unternehmens (vgl. *Hachmeister* 2002, Sp. 488, *Freidank/Paetzmann* 2003, S. 304).

2.2 Novellierung von Rechtsnormen

Ausgelöst durch eine Reihe spektakulärer nationaler und internationaler Unterneh- menskrisen war es vor allem der Kapitalmarkt, der seit den 1990er Jahren weltweit auf eine Verbesserung der Corporate Governance, insbesondere der Überwachung der obersten Unternehmensorgane mit Blick auf die Wahrnehmung der Interessen der Eigner, drängte. Als Ausfluss der Reformbestrebungen zur Verbesserung der Corporate Governance wurden in einzelnen Ländern durch Regierungen, Börsen, Investoren oder unabhängige Kommissionen spezifische Regelungen ausgearbeitet, die Empfehlungs- oder Gesetzescharakter tragen. Die bekannteste ist sicher der im Juli 2002 ratifizierte US-amerikanische Sarbanes-Oxley Act, der mit Blick auf die Corporate Governance die Verpflichtungen der Unternehmensführung und ihrer Überwachungsinstitutionen konkretisiert sowie ihre Haftung ausweitet (vgl. etwa *Holmstrom/Kaplan* 2003, S. 19 ff.).

Zu beachten sind aber die Unterschiede hinsichtlich Eigentumskonzentration und Aktionärsschutz in den einzelnen Ländern. So zeigen etwa jüngere vergleichende Untersuchungen einen höheren Grad an Aktionärsschutz in Ländern mit richterlicher Case-Law-Orientierung nach angloamerikanischem Recht gegenüber Ländern mit Rechtssystemen, die durch die Konzeption des römischen Rechts geprägt sind (vgl. *Goergen/Renneboog* 2002, *La Porta et al.* 1998, S. 33 f.). Hieraus folgt, dass u. a. diesen rechtsraumspezifischen Diskrepanzen einer Corporate Governance Rechnung zu tragen ist, womit eine Übernahme auf andere Länder grundsätzlich nicht infrage kommt. Gleichwohl ergeben sich aber Auswirkungen des Sarbanes-Oxley Act auf den deutschen Rechtsraum (vgl. *Emmerich/Schaum* 2003, S. 677 ff., *Lanfermann/Maul* 2002, S. 1725 ff.). Die für Deutschland maßgeblichen Initiativen der vergangenen Jahre sind in ihrer zeitlichen Abfolge in Abbildung 1 grob skizziert.

Zeitpunkt	Regelung
April 1998	Inkrafttreten des Gesetzes zur Verbesserung der Wettbewerbsfähigkeit deutscher Konzerne an Kapitalmärkten und zur Erleichterung der Aufnahme von Gesellschafterdarlehen (Kapitalaufnahmeerleichterungsgesetz – KapAEG).
Mai 1998	Inkrafttreten des Gesetzes zur Kontrolle und Transparenz im Unternehmensbereich (KonTraG).
Januar und Juli 2000	Veröffentlichung der Arbeitsergebnisse der privaten Frankfurter Grundsatzkommission Corporate Governance (Leitung: *U.H. Schneider*) (vgl. *Schneider* 2000, S. 2413 ff.).
Juni 2000	Veröffentlichung der Ergebnisse »German Code of Corporate Governance« des Berliner Initiativkreises (Leitung: *A. v. Werder*) (vgl. *Berliner Initiativkreis* German Code of Corporate Governance 2001, S. 63 ff.).
Juli 2001	Veröffentlichung von Empfehlungen zur Corporate Governance durch die 1. Regierungskommission »Corporate Governance - Unternehmensführung - Unternehmenskontrolle - Modernisierung des Aktienrechts« (Leitung der Kommission: *T. Baums*).
Februar 2002	Veröffentlichung eines Kodex (»DCGK«) durch die 2. Regierungskommission »Deutscher Corporate Governance Kodex« (Leitung der Kommission: *G. Cromme*).
Juli 2002	Inkrafttreten des Gesetzes zur weiteren Reform des Aktien- und Bilanzrechts, zu Transparenz und Publizität (TransPuG), das Empfehlungen der 1. Regierungskommission aufgreift.
Februar 2003	Veröffentlichung (einer überarbeiteten Fassung) des 10-Punkte-Programms »Anlegerschutz und Unternehmensintegrität« der Bundesregierung.

Zeitpunkt	Regelung
Oktober 2004	Verabschiedung des Gesetzes zur Einführung internationaler Rechnungslegungsstandards und zur Sicherung der Qualität der Abschlussprüfung (Bilanzrechtsreformgesetz – BilReG).
Oktober 2004	Verabschiedung des Gesetzes zur Kontrolle von Unternehmensabschlüssen (Bilanzkontrollgesetz – BilKoG).
Dezember 2004	Verabschiedung eines Gesetzes zur Fortentwicklung der Berufsaussicht über Abschlussprüfer in der Wirtschaftsprüferordnung (Abschlussprüferaufsichtsgesetz – APAG).
August 2005	Inkrafttreten eines Gesetzes über die Offenlegung der Vorstandsvergütungen (Vorstandsvergütungs-Offenlegungsgesetz – VorstOG).
November 2005	Inkrafttreten eines Gesetzes zur Unternehmensintegrität und Modernisierung des Anfechtungsrechts (UMAG).
November 2005	Inkrafttreten eines Gesetzes zum Kapitalanleger-Musterverfahrensgesetz (KapMuG).

Abb. 1: Wesentliche deutsche Governance-Reformschritte

Die Novellierungen bedeuten teilweise insofern Neuland, als Vorstände deutscher Unternehmen gewohnt waren, ihr Handeln an gesetzlichen Regelungen, jedoch nicht an Empfehlungen zu orientieren. Verpflichtenden Normcharakter besitzen in diesem Zusammenhang zunächst neben dem Kapitalaufnahmeerleichterungsgesetz (KapAEG) (vgl. *KapAEG* 1998, S. 707 ff.) insbesondere das Gesetz zur Kontrolle und Transparenz im Unternehmensbereich (KonTraG) (vgl. *KonTraG* 1998, S. 786 ff.) sowie das Transparenz- und Publizitätsgesetz (TransPuG) (vgl. *TransPuG* 2002, S. 2681 ff.). Das zweite verpflichtet u. a. Aktiengesellschaften, ein Risikofrüherkennungssystem einzurichten, während das dritte einige Empfehlungen der *Baums*-Kommission umsetzt (vgl. *Baums* 2001). Insgesamt konnten die grundlegenden Vorschläge der 1. Regierungskommission zu gut zwei Drittel durch das TransPuG und durch den Deutschen Corporate-Governance-Kodex (DCGK) (vgl. *DCGK* 2005) transformiert werden.

Die Bedeutung des DCGK entsteht für börsennotierte Gesellschaften insbesondere dadurch, dass infolge einer Änderung des Aktiengesetzes diese Unternehmen eine jährliche Entsprechenserklärung nach § 161 AktG abzugeben haben, ob den Empfehlungen der DCGK »entsprochen wurde und wird und welche Empfehlungen nicht angewendet wurden oder werden«. Etwaige Abweichungen müssen nicht begründet werden, wobei der Kapitalmarkt derartige Begründungen jedoch einfordern wird (vgl. *Peltzer* 2004, S. 24). Der DCGK, veröffentlicht im Jahre 2002, wird jährlich vor dem Hintergrund nationaler wie internationaler Entwicklungen durch die Regierungskommission »DCGK« überprüft und bei Bedarf durch Novellierungen auf dem neuesten Stand gehalten. Zuletzt wurde der DCGK im Jahre 2005 veränderten Gegebenheiten angepasst. Er empfiehlt nunmehr, nicht nur über die Corporate Governance zu berichten, sondern einen gesonderten Corporate-Governance-Bericht zu erstellen (vgl. *DCGK* 2005, Tz. 3.10).

Anfang 2003 veröffentlichte die damalige Bundesregierung eine überarbeitete Fassung ihres erstmals 2002 vorgestellten 10-Punkte-Programms »Anlegerschutz und Unternehmensintegrität« (vgl. *BMJ* 2003, S. 1 ff.). Die zeitlich darauffolgenden, in Abbildung 1 genannten Gesetzesinitiativen dienten im Wesentlichen einer (weiteren) Umsetzung des 10-Punkte-Programms. Das 2004 verabschiedetet Bilanzrechtsreformgesetzt (BilReG) (vgl. *BilReG* 2004, S. 3166 ff.) soll die Unabhängigkeit der Wirtschaftsprüfer stärken und der Fortentwicklung und Internationalisierung des deutschen Bilanzrechts dienen. Durch das Bilanzkontrollgesetz (BilKoG) (vgl. *BilKoG* 2004, S. 3408 ff.) wurde ein neues Bilanzkontrollverfahren (Enforcement) in Deutschland eingeführt. Das Abschlussprüferaufsichtsgesetz (APAG) (vgl. *APAG* 2004, S. 3846 ff.) diente als 6. WPO-Novelle der Fortentwicklung der Berufsaussicht über Abschlussprüfer. Schließlich wurden 2005 zum Ende der 15. Wahlperiode des Deutschen Bundestages ein Gesetz zur Unternehmensintegrität und Modernisierung des Anfechtungsrechts (UMAG) (vgl. *UMAG* 2005, S. 2802 ff.), ein Kapitalanleger-Musterverfahrensgesetz (KapMuG) (vgl. *KapMuG* 2005, S. 2437 ff.) und weiterhin ein Vorstandsvergütungs-Offenlegungsgesetz (VorstOG) (vgl. *VorstOG* 2005, S. 2267 ff.) verabschiedet.

2.3 Bedeutung des Controlling

In der Diskussion der Corporate Governance hat sich – unabhängig von länder- und rechtsraumspezifischen Inhalten – die Auffassung geformt, dass ein wesentlicher Beitrag zur Vermeidung von Unternehmenskrisen aus internen Risikofrüherkennungssystemen sowie Prüfungen der Internen Revision, flankiert durch externe Überwachungsmaßnahmen, resultiert. Im Rahmen des deutschen KonTraG wurde in Verbindung mit der Formulierung des § 91 Abs. 2 AktG und seinen Auslegungen neben dem Internen Überwachungssystem und dem Früherkennungssystem auch das Controlling als Teil des Risikomanagementsystems genannt. In den Vorschlägen der beiden Regierungskommissionen finden sich aber zur Bedeutung und Stellung des Controlling im Kontext der Corporate Governance keine konkreten Hinweise (vgl. *Freidank/Paetzmann* 2003, S. 307, *Peemöller* 2002, S. 124); das Stichwort »Controlling« sucht man beispielsweise im Verzeichnis des Berichts der *Baums-Kommission* vergebens (vgl. *Baums* 2001, S. 349). Neuere Forschungsarbeiten zum Verhältnis von Corporate Governance und Controlling heben einheitlich den zentralen Beitrag des Controllings bei der zielgerichteten Führung und Überwachung von Unternehmen hervor (vgl. *Freidank/Paetzmann* 2003, S. 321, *Günther* 2003, S. 349). Wenn es ein Vorteil von Controlling-Systemen gegenüber der externen Rechnungslegung, der Aufsicht und der externen Prüfung ist, ohne rechtlichen Rahmen arbeiten zu können, um sich flexibler und schneller an Umfeldveränderungen anpassen zu können (vgl. *Günther* 2003, S. 347), dann bleibt gleichwohl offen, inwieweit Rechtsnormen auf das Controlling (ein-)wirken. Das rechtsnormgetragene externe Rechnungswesen ist traditionell nicht die Domäne des Controllers, dessen Betätigungsfeld sich u. a. auf das entscheidungsorientierte interne Rechnungswesen bezieht (vgl. *Deyhle* 2001, S. 9). Es ist zu beobachten, dass diese beiden Basissysteme, beeinflusst durch weltweite Harmonisierungsbestrebungen, immer stärker konvergieren, wodurch auch internationale Rechnungslegungsnormen vermehrt Einfluss auf das Controlling ausüben (vgl. *Kirsch/Steinhauer* 2003, S. 415 ff., *Müller* 2003).

Die vorstehend angeführten Beispielsfälle verdeutlichen, dass dem Controlling im Kontext der internationalen Diskussion zur Verbesserung der Corporate Governance eine zentrale Bedeutung zukommt. Allerdings ignoriert die in diesem Zusammenhang weitgehend juristisch geprägte Diskussion den Begriff des Controllings, obwohl betriebswirtschaftliche Aspekte, die die Aufgaben, das System und die Instrumente des Controllings sowie seine Abgrenzung zu anderen Bereichen betreffen, zunehmend Eingang in gesetzliche Normierungen zur Novellierung von Führungs- und Überwachungsgrundsätzen finden.

3 Führungsunterstützendes Controlling im Kontext der Unternehmensüberwachung

3.1 Grundlegendes

Seit den Thesen von *Küpper/Weber/Zünd* (vgl. *Küpper/Weber/Zünd* 1990, S. 281 ff.), die die Diskussion der 1980er Jahre zusammenfassen, liegt von Seiten der deutschsprachigen Wissenschaft ein klares Konzept eines Controllings vor, bei dem – trotz teilweise differenzierender Detailauffassungen in der Literatur – seine Koordinationsorientierung einheitlich im Zentrum des Interesses steht (vgl. *Horváth* 2002, S. 341). Bei einer Gegenüberstellung der wesentlichen Controllingansätze der deutschsprachigen Literatur (vgl. *Freidank/Paetzmann* 2003, S. 307 ff.) wird deutlich, dass das Controlling in allen Konzeptvarianten eine Nähe zur Führung aufweist (etwa im Sinne einer Unterstützung, Verbesserung oder Gestaltung der Unternehmensführung). Dies gilt gleichermaßen sowohl für die Funktion als auch die Institution Controlling. Die Verbindung des Controlling zum Management äußert sich dabei in führungsunterstützenden Aufgaben bei der Zielbildung, Planung, Kontrolle, Koordination und Information (vgl. *Freidank* 2001, S. 623, *Lachnit* 1992, S. 228, *Peemöller/Keller* 2000, S. 378). Die Existenz von Controllern als Institution des Controlling hängt zudem eng mit der Dominanz der Koordination durch Pläne im Unternehmen zusammen, bei der eine formalisierte Planung den zentralen Steuerungsmechanismus zur Durchsetzung und Kontrolle darstellt (vgl. *Kieser/Kubicek* 1992, S. 95, *Lück/Jahns* 2001, S. 58, *Weber* 1992, S. 176).

Verschiedene Meinungen unter den Vertretern der Controllingansätze verbleiben insbesondere hinsichtlich des Umfangs des Koordinationsbegriffs. Dabei werden weitere Interpretationen z. B. etwa Controlling als Koordination des Führungsgesamtsystems zu verstehen, von Autoren engerer Auslegungen kritisiert (vgl. *Schneider* 1990, S. 765). Dies gilt auch für den jüngeren Rationalitätssicherungsansatz (vgl. *Horváth* 2002, S. 346, *Weber/Schäffer* 1999, S. 731 ff., *Weber/Schäffer* 2001). Dieses Konzept hebt die Funktion des Controlling bei der Rationalitätssicherung der Unternehmensführung hervor und ermöglicht bei weiterer Betrachtung auch eine Öffnung für Aspekte im Kontext der

Corporate Governance. Weiterhin bewirkt der Kapitalmarkt über die ausgelösten Reformbestrebungen zur Verbesserung der Corporate Governance eine Rationalitätssicherung der Unternehmensführung, indem er eine zielgerichtete Leitung und Überwachung verlangt. Damit ergänzen sich – in der Sichtweise des Rationalitätssicherungsansatzes – das führungsunterstützende Controlling und die Reformbestrebungen im Rahmen der Corporate Governance (vgl. *Freidank/Paetzmann* 2003, S. 311).

3.2 Überwachungsansatz des Controlling

Überwachung beinhaltet traditionell den Vorgang des Vergleichens von Ist-Zuständen mit Norm-Zuständen (vgl. etwa *Hömberg* 2002, Sp. 1229, *Theisen* 1993, Sp. 4219). Zweck der Überwachungsmaßnahmen ist die Gewinnung von Informationen über Abweichungen oder Übereinstimmungen von Ist- und Norm-Zuständen, um festzustellen, ob betriebliche Handlungen normgerecht durchgeführt wurden. Die betriebswirtschaftliche Überwachungstheorie hat auf der Grundlage bedeutender kybernetischer Beschreibungen von Kontrollen (vgl. *Kromschröder* 1972) sowie Prüfungen (vgl. *Sieben/Bretzke* 1973, S. 625 ff.) Ansätze für Erklärungen sowie zur Gestaltung und zur Prognose von Überwachungsvorgängen entwickelt (vgl. *Baetge* 1993, S. 175 ff., *Hömberg* 2002, Sp. 1228 ff.). Dieser überwachungstheoretische Ansatz ist insbesondere durch die Wirtschaftsprüfung aufgegriffen und präzisiert worden, die sich u. a. mit der Beurteilung und Prüfung des internen Kontrollsystems im Rahmen der Abschlussprüfung auseinandersetzt (vgl. *IDW* 2005a, S. 1 ff.).

Der neuere Internal-Control-Ansatz fußt auf dem angelsächsischen Control-Begriff und prägt ein anderes, weiter gefasstes Verständnis der internen Kontrolle und damit der unternehmerischen Überwachung (vgl. *COSO* 1992). In Übereinstimmung mit der deutschen Controlling-Interpretation, die ebenfalls aus dem angelsächsischen Control-Begriff hergeleitet ist, charakterisieren zahlreiche mögliche Übersetzungen wie Lenken, Steuern, Überwachen, Planen und Kontrollieren diesen Ansatz. Damit ist der Inhalt des Control-Terminus in diesem Konzept deutlich weiter gefasst als der Begriffsinhalt der Kontrolle im überwachungstheoretischen Ansatz.

Internal Control ist laut dem *COSO* Report definiert als ein von der Unternehmensleitung und anderen Mitarbeitern bewirkter Prozess, der nicht nur auf die Verlässlichkeit der Rechnungslegung und die Einhaltung von Gesetzen abzielt, sondern u. a. auch auf die effiziente Gestaltung betrieblicher Abläufe und die Profitabilität des Unternehmens ausgerichtet ist. In der expliziten Integration dieser Zielkategorie liegt ein wesentlicher Unterschied zur traditionellen, überwachungstheoretisch geprägten Prüfungspraxis, wie frühere Aussagen zur Prüfung des internen Kontrollsystems zeigen: »Ob das Vermögen wirtschaftlich oder den Unternehmenszielen entsprechend eingesetzt wurde, ist für die Abgabe eines uneingeschränkten Bestätigungsvermerks irrelevant« (*Maul* 1977, S. 231). Internal Control beinhaltet damit nicht nur die reine Vergangenheitsbetrachtung, sondern über die Sicherstellung der Wirksamkeit und der effizienten Gestaltung betrieblicher Abläufe hinaus auch eine zukunftsgerichtete Unternehmenssteuerung. Hierzu gehört auch die strategische Überwachung, die im Rahmen des Konzepts der strategischen Kontrolle als ergänzendes Kontrollinstrument gefordert wird (vgl. *Schäffer/Willauer*

2003, S. 1 ff., *Steinmann/Schreyögg* 1986, S. 749 f.). Diese zukunftsgerichtete Steuerung entspricht wiederum dem inzwischen etablierten – und auch aus dem angelsächsischen Control abgeleiteten – Controlling-Begriff. Hieraus folgt, dass Controlling im Internal-Control-Ansatz einen Teil der Überwachung darstellt (vgl. *Freidank/Paetzmann* 2003, S. 319, *Lück/Jahns* 2001, S. 58, *Pollanz* 2001, S. 1322). Zudem wurde das Internal-Control-Konzept durch den COSO-Report II von 2004 um weitere Zielkategorien, die sich vor allem auf Strategie-, Chancen-, Risiko- und Reportingaspekte beziehen, erweitert (vgl. *COSO* 2004).

Im Rahmen eines Überwachungsansatzes des Controlling kann das interne Überwachungssystem in die Komponenten Controlle und interne Prüfung aufgespalten werden (vgl. *Freidank/Paetzmann* 2003, S. 319). Kontrolle als – in Abgrenzung zur Prüfung und Aufsicht – prozessabhängige Überwachungshandlung integriert neben organisatorischen Sicherungsmaßnahmen auch das Controlling. Das umfassendere unternehmerische Überwachungssystem beinhaltet neben diesen Überwachungsmaßnahmen auch die externe Prüfung sowie die Aufsicht (vgl. Abb. 2).

Die Integration des Risikomanagements in das Überwachungssystem ergibt sich im Wesentlichen aus der Einordnung des Controllings zu einem oder in einem internen Überwachungssystem. Vorteil dieses Ansatzes ist es, dass er die Felder Überwachung und führungsunterstützendes Controlling in ein geschlossenes Konzept aufnehmen kann. Schließlich vermag ein derartiges Überwachungssystem »... die Anforderungen der Unternehmensführung und der externen Prüfung zu integrieren« (*Horváth* 2003, S. 218). Der Überwachungsansatz des Controlling stellt im Kontext der Unternehmensführung und Überwachung eine Konzeption im Sinne eines Orientierungsrahmens (Denkmodells) dar, den es mit dem (handlungs-)praktischen Ziel der Gestaltung eines spezifischen Einzelfalles zu konkretisieren gilt (vgl. *Friedl* 2003, S. 2 f., *Harbert* 1982, S. 140, *Reichmann* 2003, S. 141 ff.).

Wie bereits oben dargestellt wurde, wirken immer mehr Rechtsnormen auf das Unternehmen ein, die in jüngerer Zeit vor allem auf Umbrüche in der Corporate Governance zurückzuführen sind. Die Rechtsnormen dringen über spezifische »Einfallschneisen« in die Sphäre des Unternehmens ein, die im Denkmodell des Überwachungsansatzes durch die Bestandteile Kontrolle, Prüfung und Aufsicht repräsentiert werden. Nachfolgend wird analysiert, inwieweit Rechtsnormen im Rahmen dieser Überwachungskomponenten Einfluss auf das Controlling nehmen.

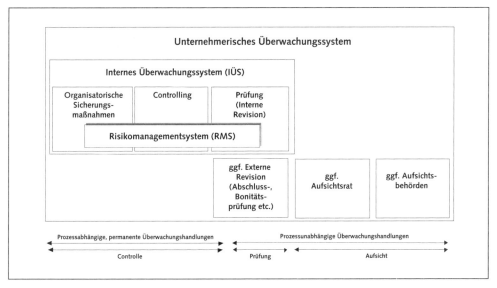

Abb. 2: Controlling und Risikomanagement als Komponenten des unternehmerischen Überwachungssystems

4 Wirkungsanalyse überwachungsbezogener Rechtsnormen

4.1 Prüfungsorientierte Normen als Einflussgrößen

4.1.1 Rechnungslegung und Abschlussprüfung

Im Rahmen der verschiedenen Spielarten unternehmensbezogener Revisionen kommt der externen Prüfung der Rechnungslegung vor allem wegen ihres öffentlichen Interesses ein herausragender Stellenwert zu. Als akademische Disziplin in Deutschland insbesondere durch *Schmalenbach* am Treuhandseminar der Universität zu Köln ab 1913 etabliert, beschäftigte sich die Prüfungslehre zunächst mit praktischen Einzelfragen verschiedener Prüfungsfunktionen, dann mit der Institution Prüfungsunternehmen (vgl. *Freidank* 1992, Sp. 3570 ff., *Sieben/Russ* 2002, Sp. 1790 ff.) und sucht weiter nach einer geschlossenen Prüfungstheorie (vgl. *Ewert* 2002, Sp. 1908 ff., *Ludewig* 1993, Sp. 3790 f.). In der Praxis wird gegenwärtig die Durchsetzung von Rechnungslegungsvorschriften im Rahmen der Reformbemühungen zur Verbesserung der Corporate Governance weiter verstärkt, wobei in Deutschland das BilKoG im Mittelpunkt der Diskussion steht. Die Novellierungen hierzu beinhalten ein Enforcement, das vor allem präventiv und korrigierend wirken und so eine Qualitätssteigerung der Finanzberichterstattung herbeiführen soll (vgl. *Arbeitskreis Externe Unternehmensrechnung der Schmalenbach-Gesellschaft* 2002a, S. 2173 ff., *Böcking* 2003, S. 683 ff., *Hütten* 2003, 123 ff., *Zülch* 2005, S. 1 ff.).

Im Rahmen der handelsrechtlichen Abschlussprüfung gemäß §§ 316 f. HGB stellt die Rechnungslegung, d. h. der Jahresabschluss sowie der Lagebericht, das wesentliche Prüfungsobjekt dar. Bei Konzernen gilt dies analog für Konzernabschluss sowie Konzernlagebericht. Darüber hinaus sind die Buchführung, Betriebsabrechnung, soweit sie Informationen für die Bewertung von Vermögen liefert, und das interne Kontrollsystem Prüfungsobjekte der Abschlussprüfung. Infolge des KonTraG ist bei börsennotierten Aktiengesellschaften ebenfalls das Risikomanagementsystem zu prüfen (§ 317 Abs. 4 HGB). Im Zuge der Bestrebungen zur Verbesserung der Corporate Governance sind Rechnungslegungsvorschriften genauso wie die Regelungen zur Abschlussprüfung Änderungen ausgesetzt (vgl. *Hachmeister* 2003, S. 438). Es ist daher zu fragen, inwieweit die Rechtsnormen der Felder Rechnungslegung und Abschlussprüfung auf das Controlling einwirken, wobei im Folgenden nur diejenigen Bereiche angesprochen werden, die durch neueste Reformumbrüche für das Controlling wesentliche Bedeutung erlangt haben.

Mit der Einführung des § 292a HGB im Kontext des KapAEG wurde börsennotierten Mutterunternehmen deutscher Konzerne zunächst die Möglichkeit eröffnet, anstatt eines HGB-Konzernabschlusses einen befreienden Konzernabschluss nach internationalen Rechnungslegungsnormen aufzustellen. Durch Verordnung der Europäischen Union aus dem Jahre 2002 (vgl. *Kommission der Europäischen Gemeinschaften* 2002, S. 1 ff.) sind europäische kapitalmarktorientierte Mutterunternehmen nun grundsätzlich verpflichtet, ab Januar 2005 einen Konzernabschluss nach International Financial Reporting Standards (IFRS) aufzustellen (vgl. § 315a Abs. 1 und Abs. 3 HGB). Damit ist absehbar, dass sich die IFRS mittelfristig als weltweit akzeptierte Rechnungslegungsstandards durchsetzen werden (vgl. *Kirsch/Steinhauer* 2003, S. 416).

In jüngerer Zeit wurden in Deutschland weitere Rechtsnormen für eine IFRS-Rechnungslegung auf den Weg gebracht. Für nicht-kapitalmarktorientierte Unternehmen sieht die EU-Verordnung ein Mitgliedsstaatenwahlrecht vor. Durch das BilReG, das u. a. diese EU-Verordnung in nationales deutsches Recht transformiert, wird nicht-kapitalmarktorientierten Mutterunternehmen in § 315a Abs. 3 HGB die Möglichkeit eingeräumt, ihren Konzernabschluss ab Januar 2005 ebenfalls nach IFRS zu erstellen. Darüber hinaus sieht § 325a HGB ein Wahlrecht für den Einzelabschluss sowohl kapitalmarktorientierter als auch aller übrigen Unternehmen vor, diesen für Informationszwecke ebenfalls nach IFRS zu fertigen (vgl. *Ditting* 2005, S. 101 ff.).

Die Rechnungslegung nach IFRS wird zwischenzeitlich auf breiter Front bezüglich der Informationsversorgung der Adressaten geeigneter angesehen als eine Rechnungslegung nach HGB-Normen, wodurch vom Institut der Wirtschaftsprüfer bereits vorgeschlagen wurde, sämtlichen Konzernen einen IFRS-Konzernabschluss vorzuschreiben (vgl. *IDW* 2003b). Schließlich stellt die entscheidungsrelevante Informationsvermittlung das übergeordnete Ziel der IFRS-Rechnungslegung dar, während die HGB-Bilanzierung für den Einzelabschluss neben der Informationsfunktion die Aufgabe der Ausschüttungs- und Steuerbemessung zu erfüllen hat (§ 5 Abs. 1 Satz 1 EStG). Hieraus erwachsen wesentliche Diskrepanzen in der Gewichtung der Bilanzierungsgrundsätze (insbesondere periodengerechter Erfolgsausweis versus Dominanz des Vorsichtsprinzips). Der Konflikt zwischen den beiden Zielsetzungen erfährt allerdings durch die der IFRS-Rechnungslegung zugrunde liegenden objektivierten Bilanzierungsprinzipien eine gewisse Relativierung (vgl. *Coenenberg* 2000, S. 45, *Hommel*, 1997, S. 363). Die entscheidungsrelevanten Informationen des IFRS-Abschlusses sollen den Adressaten die Erstellung von Prognosen (vor allem über zukünftige Zahlungsüberschüsse des Unternehmens) und das Treffen wirtschaftlicher Entscheidungen erleichtern. Hieraus folgt, dass ein IFRS-Abschluss eher den Zielen und Aufgaben des Controlling entspricht als ein HGB-Abschluss (vgl. *Kirsch/Steinhauer* 2003, S. 419). Die IFRS-Rechnungslegung stellt z. B. folgende wesentliche Anforderungen an das Controlling:

- Im Rahmen der Segmentberichterstattung nach IAS 14 werden Abschlussdaten einzelner Geschäftssegmente oder geographischer Segmente des Unternehmens veröffentlicht. Dabei ist entsprechend der wesentlichen Chancen und Risiken für die Geschäftsentwicklung eine primäre und eine sekundäre Dimension zu unterscheiden (IAS 14.26). Da das Reporting über das primäre Segment detaillierte Angaben etwa zu Segmenterlösen/-ergebnis, Vermögen/Schulden, Abschreibungen/Investitionen erfordert (IAS 14.50–14.67), ist auf Informationen des Controlling in Gestalt des internen Rechnungswesens als Quelle zurückzugreifen. Die Kostenstellen sind mit den Geschäftssegmenten und regionalen Segmenten abzustimmen, womit die Rechnungslegungsnormen die Kostenstellenstruktur determinieren (vgl. *Kirsch* 2003, S. 12 f.). Ähnliches gilt nach IFRS 5.31 – IFRS 5.36 hinsichtlich aufzugebender Geschäftsbereiche, für die ausführlich und separat im Anhang Bericht zu erstatten ist.
- Zur Berichterstattung über Risiken wurden in Deutschland durch das KonTraG neue Maßstäbe geschaffen. Die Regelungen des IAS 37.86 zu Eventualschulden verpflichten bereits bei möglichem, aber nicht wahrscheinlichem Abfluss von wirtschaftlichem Nutzen zur Berichterstattung. In eine ähnliche Richtung weist der durch das BilReG geänderte § 289 HGB (vgl. *Freidank/Steinmeyer* 2005, S. 2512 ff.). Künftig ist im Lagebericht neben der Beschreibung von Unternehmenszielen und -strategien auch »… die voraussichtliche Entwicklung mit ihren wesentlichen Chancen und Risiken zu beurteilen und erläutern …« (§ 289 Abs. 1 Satz 4, § 315 Abs. 1 Satz 5 HGB). Diese Formulierung ist wesentlich umfangreicher als das bisherige »Eingehen auf Risiken«, womit für eine fundierte Chancen/Risiken-Beurteilung und -Erläuterung eine klassische Domäne des (Risiko-)Controllings angesprochen ist (vgl. *Kajüter* 2004, S. 202).
- Die Bilanzierung immaterieller Vermögensgegenstände nach IAS 38.21 f. verdeutlicht dafür, wie der künftige wirtschaftliche Nutzen dieser Aktiva Kriterium für ihren Ansatz und ihre Bewertung in der Bilanz ist. Der hinsichtlich einzelner Vermögensgegenstände zu ermittelnde Nutzungswert nach IAS 36.30–36.57 ist über die Discounted-Cash-Flow-Methode zu bestimmen, die auf Angaben der Unternehmensplanung zurückgreift (vgl. *Kirsch/Steinhauer* 2003, S. 429 f.).
- Schließlich ist im Rahmen der Bilanzierung langfristiger Fertigungsaufträge nach IAS 11.22 nach der Percentage-of-Completion-Methode vorzugehen. Die erforderliche Existenz einer ausgebauten Kostenrechnung sowie die Voraussetzung einer zuverlässigen Ermittlung des Fertigstellungsgrades in den zu bildenden Projektkostenstellen fallen in den Zuständigkeitsbereich des Controlling (vgl. *Brandt* 2001, S. 155–174, *Freidank* 1989, S. 1197–1204).

Insgesamt werden für den IFRS-Abschluss zahlreiche Informationen aus dem innerbetrieblichen Rechnungswesen benötigt. Neben vergangenheitsbezogenen (Ist-)Zahlen kommt insbesondere aufgrund der Betrachtung des künftigen wirtschaftlichen Nutzens und des Aufzeigens von Chancen und Risiken der zukünftigen Entwicklung auch zukunftsbezogenen Planzahlen und Instrumenten des Controlling ein wachsender Stellenwert zu. Dies gilt insbesondere auch für eine Vielzahl von Lageberichtsinformationen nach § 289 HGB bzw. § 315 HGB, die sich auf Resultate der Unternehmensplanung beziehen.

Neben den Anforderungen, die seitens der Rechnungslegung zunehmend an das Controlling gestellt werden, ist das Controlling im Rahmen einer Beurteilung nach § 317 Abs. 4 HGB, ob ein Risikoüberwachungssystem nach § 91 Abs. 2 AktG seine Aufgaben erfüllen kann, selbst Objekt der handelsrechtlichen Abschlussprüfung (vgl. *IDW* 2005b, S. 1 ff.). Bei der Revision des Risikoreportings des Vorstands, das auf Berichten des Controlling aufbaut, hat der Abschlussprüfer sich einen Eindruck von der Qualität des Controlling zu verschaffen, insbesondere ist seine Angemessenheit und Wirksamkeit zu überprüfen (vgl. *Brebeck* 2002, Sp. 2080). Aufgrund der Bedeutung im Rahmen des Risikomanagements stellt das Controlling gar das eigentliche Objekt bei der Prüfung des Risikomanagementsystems dar (vgl. *Hachmeister* 2003, S. 444).

4.1.2 Bonitätsprüfung

Neben der Abschlussprüfung, die als externe Revision für viele Unternehmen gesetzlich vorgeschrieben ist, kommt den Bonitätsprüfungen durch Banken als externe, (kredit-) vertraglich vereinbarte Überwachungshandlungen in jüngster Zeit eine herausragende Bedeutung zu, was sowohl auf die aktuelle Situation der deutschen Bankenlandschaft (vgl. *Paetzmann* 2003b, S. 968) als auch auf geplante Änderungen in der Bankenaufsicht zurückzuführen ist. So passen die Kreditinstitute bereits heute ihre Bonitätsprüfungssysteme und Kreditvergabeprozesse an die erwarteten zukünftigen bankenaufsichtsrechtlichen Normen der neuen Eigenkapitalvereinbarung (Basel II) an.

Folglich werden sowohl der Umfang als auch die Frequenz der durch Banken benötigten Informationen steigen (vgl. *Paetzmann* 2003a, S. 595 ff.). Absehbar ist, dass der auf Seiten der finanzierenden Institute entstehende Transparenzbedarf in Deutschland nicht durch Beurteilungen externer Agenturen, sondern durch bankinterne Ratingsysteme erfüllt werden wird, die auf entsprechende Informationen des Kreditnehmers zugreifen: »The bank must have an effective process to obtain and update relevant information on the borrower's financial condition« (*Basel Committee on Banking Supervision* 2003, S. 75).

Dieser Informationsbedarf wird zukünftig in zunehmendem Maße durch qualifizierte Quartals- oder Monatsberichte zu erfüllen sein. Wie eine durchgeführte Erhebung unter Kreditentscheidern deutscher Banken und Sparkassen zeigte, messen diese bereits heute den vorgelegten Unternehmensplanungen und Zwischenberichten ihrer Kunden eine hohe Bedeutung im Rahmen der Bonitätsprüfung zu (vgl. *Freidank/Paetzmann* 2002, S. 1785 ff.). Die differenzierte Auswertung der Ergebnisse dieser Befragung ergab ferner, dass die betreffenden Großbanken, anders als die Institute des Sparkassensektors, den Unternehmensplanungen bereits die gleiche (sehr hohe) Bedeutung zuordnen wie den HGB-Jahresabschlüssen (vgl. *Paetzmann* 2003a, S. 599). Die Bonitätsprüfungen der Institute lösen sich immer mehr von der traditionellen, vorwiegend retrospektiven

Bilanzanalyse, womit stärker zukunftsorientiert ausgeprägte Sichtweisen in den Untersuchungsfokus rücken. Insgesamt wirken die erwarteten Änderungen der bankenaufsichtsrechtlichen Normen bereits heute auf das Controlling ein. Dies gilt insbesondere für nicht-kapitalmarktorientierte Kreditnehmer, da der zunehmende Informationsbedarf der Banken vor allem aus dem Controlling heraus zu erfüllen ist und die Controllingqualität damit selbst zum Prüfungskriterium erhoben wird.

4.2 Controlle-orientierte Normen als Einflussgrößen

4.2.1 Instrumentalcharakter des Controlling

Neben den organisatorischen Sicherungsmaßnahmen füllen die Werkzeuge des Controlling im Wesentlichen die Überwachungskomponente der Controller aus. Hier stehen zunächst die Planungs- und Kontrollinstrumente des Controller im Vordergrund, wobei sich erstere in Anlehnung an ein zugrunde gelegtes Führungsmodell in die Kategorien Analyse-, Prognose- und Bewertungsinstrumente unterscheiden lassen (vgl. *Weber* 2002, S. 265 ff.).

Eine enge Verbindung besteht zwischen den Controllinginstrumenten Analyse und Prognose einerseits sowie dem Früherkennungssystem andererseits, das schon immer als Funktionsbereich des Controlling galt, für das aber seit dem KonTraG als Teil des Risikomanagementsystems (vgl. *Lück* 1998a, S. 8 ff.) Rechtsnormen in Gestalt von § 91 Abs. 2 AktG bzw. § 317 Abs. 4 HGB gelten. Weitere Analyse- und Prognoseinstrumente, etwa die entscheidungsvorbereitenden Werkzeuge der Erfolgsfaktoren-, SWOT-, Produkt/Lebenszyklus- oder Portfolio-Analyse oder die Instrumente Benchmarking, Target Costing und Balanced Scorecard, sind nicht annähernd einem Einfluss von gesetzlichen Regelungen ausgesetzt, wie es beim Früherkennungssystem der Fall ist. Aus diesem Grunde wird auf den Bereich der Früherkennung noch weiter unten detaillierter eingegangen.

Bei den Controllinginstrumenten der Bewertung steht in jüngerer Zeit das Konzept der unternehmenswertorientierten Steuerung im Zentrum des Interesses von Wissenschaft und Praxis (vgl. *Freidank/Mayer* 2003, *Günther* 1997). Dieses Steuerungsinstrumentarium unterstützt die Unternehmensführung wirkungsvoll, indem es Entscheidungsalternativen im Hinblick auf ihren Beitrag zur Steigerung des Unternehmenswertes liefert. Als Nukleus eines Controllingkonzepts zielen die Aktivitäten der Unternehmensführung darauf ab, mittels Anreizen, Kontrollen und Informationen das Verhalten innerhalb der Organisation zu steuern, ohne sich an Rechtsnormen orientieren zu müssen, die ein Controlling nicht benötigt (vgl. *Günther* 2003, S. 347). In diesem Zusammenhang ist aber zu beobachten, dass immer stärker Elemente der externen Rechnungslegung für die interne Unternehmenssteuerung Verwendung finden. Dies gilt insbesondere im Hinblick auf globale Großkonzerne, die für die internationale Kapitalbeschaffung interne Steuerungsgrößen auch für die Kommunikation zu (potenziellen) Investoren nutzen und für die das Nebeneinander von in- und externem Rechnungswesen nicht zielführend ist. Insofern werden Kostenvorteile als Begründung für diese Entwicklung angeführt (vgl. *Kahle* 2003, S. 773 ff.). Mit der Nutzung von Elementen der internationalen Rechnungslegung für interne Steuerungszwecke wirken Rechtsnormen auf das Controlling ein, wodurch in- und externes Rechnungswesen konvergieren. Einflüsse von Rechtsnormen ergeben sich ferner, wenn Anreize für Führungsinstanzen an das Erreichen bestimmter Kennziffern des externen Rechnungswesens geknüpft werden (z. B. auf Jahresabschlussdaten basierende Rentabilitätskennzahlen). In diesem Fall haben die Normgrößen der Rechnungslegung Auswirkungen auf die Verhaltenssteuerung im Unternehmen (vgl. *Becker* 2003, S. 86).

Grundsätzlich frei von normativen Einflüssen sind bislang die Kontrollinstrumente des Controlling, die im Wesentlichen auf Soll/Ist-Vergleiche, Abweichungsanalysen, Entwicklung gegensteuernder Maßnahmen sowie Planadaptionen ausgerichtet sind. Sofern aber bestimmte Kontrollgrößen im Rahmen von Soll/Ist-Untersuchungen aus dem extern orientierten Rechnungswesen abgeleitet und den korrespondierenden Vergleichsgrößen der Unternehmensplanung gegenübergestellt werden, finden auch Wertkonventionen der nationalen und internationalen Rechnungslegung Eingang in das Controlling. Derartige Konstellationen sind etwa beim Einsatz jahresabschlussbezogener Kennzahlensysteme (vgl. *Reichmann* 2001, S. 71 ff.) zu beobachten, deren Aufgabe sich nicht nur in der Darstellung relevanter retrospektiver Sachverhalte erschöpft, sondern die mit Hilfe traditioneller und wertorientierter Kennzahlen in Gestalt von Planwerten (Soll-Kennzahlen) die Unternehmensleitung in die Lage versetzen sollen, durch einen Vergleich von Ist- und Soll-Kennzahlen spezifische Steuerungsmaßnahmen auf bestimmten Betriebsebenen einleiten zu können. Sofern derartige Kennzahlen ggf. auf Soll- und Ist-Basis im Rahmen eines Value Reporting (vgl. *Arbeitskreis Externe Unternehmensrechnung der Schmalenbach-Gesellschaft* 2002b, S. 2337 ff., *Heumann* 2005) an aktuelle und potenzielle Koalitionsteilnehmer durch gesetzlich vorgeschriebene Medien (Jahresabschluss und Lagebericht) kommuniziert werden, übernimmt das Controlling mithin auch Aufgaben der Rechnungslegungspolitik, die darauf ausgerichtet ist, vor allem das Verhalten externer Adressaten (z. B. Aktionäre, Gläubiger, Investoren, Analysten, Fiskus, Öffentlichkeit) im Sinne der gesetzten Unternehmensziele zu beeinflussen (vgl. *Freidank/Reibis* 2003, S. 621 ff., *Reibis* 2005).

Im Gesamtbild bleibt zu konstatieren, dass der Realisierung von Controllingfunktionen durch die genannten Instrumente die Informationsversorgung des Managements zugrunde liegt. Frühe Ansätze betonten daher als Kern der Controllingaufgaben die Sicherstellung einer hinreichenden Informationsqualität, die sich primär auf das Rechnungswesen bezieht und darüber hinaus auch zum Erreichen von Kontroll- und Steuerungszielen beitragen soll. Zum Zwecke der entscheidungsorientierten Informationsversorgung der Unternehmensführung werden in der Praxis IT-gestützte Informationssysteme eingesetzt. Im Lichte der Reformbestrebungen zur Verbesserung der Corporate Governance treten dabei, insbesondere durch die Verpflichtung des KonTraG, ein Risikofrüherkennungssystem einzurichten, zwischenzeitlich immanente Überwachungsziele von Informationssystemen deutlicher hervor. Damit dienen sie nicht allein der entscheidungs- und risikoorientierten Informationsversorgung der Unternehmensführung als Mittel der Kontrolle (als Komponente der Überwachung), sondern sind auch »... Gegenstand gestaltender sowie überwachend-prüfender Tätigkeiten« (*Wall* 2003, S. 390).

4.2.2 Aufbau- und Ablauforganisation des Risikomanagements

Insbesondere durch die Unterstützung oder den Betrieb des Risikomanagementsystems trägt das Controlling zur Corporate Governance bei, indem es eine zielgerichtete Führung des Unternehmens gewährleistet (vgl. *Berens/Schmitting* 2003, S. 372). Das KonTraG verpflichtet den Vorstand einer Aktiengesellschaft in § 91 Abs. 2 AktG, »... geeignete Maßnahmen zu treffen, insbesondere ein Überwachungssystem einzurichten, damit den Fortbestand der Gesellschaft gefährdende Entwicklungen früh erkannt werden«. Allerdings hat der Gesetzgeber darauf verzichtet, festzulegen, welche Maßnahmen der Vorstand im Einzelnen in Bezug auf die Ausgestaltung des in Rede stehenden Risikomanagementsystems treffen muss. Zwischenzeitlich hat sich aber auf breiter Front die Auffassung durchgesetzt, dass das Risikomanagementsystem aus den Komponenten internes Überwachungs-, Früherkennungs- und Controllingsystem besteht und der Prozess des Risikomanagementsystems innerhalb des Unternehmens stufenweise unter Berücksichtigung der Identifikation, Analyse, Bewertung, Steuerung und der Berichterstattung von Risiken erfolgen sollte (vgl. *Freidank* 2001, S. 593 ff., *Lück* 1998a, S. 8 ff., *Lück* 1998b, S. 1925 ff.). Im Falle eines Konzerns sollte der Vorstand einer Muttergesellschaft nicht nur über wesentliche Risiken im eigenen Unternehmen informiert sein, sondern darüber hinaus auch die Risikolage des Gesamtkonzerns im Auge haben, so dass sich für die Konzernleitung die Verpflichtung ableiten lässt, in das Risikomanagementsystem ebenfalls sämtliche Tochtergesellschaften mit einzubeziehen.

Der Gesetzgeber hat den Risikobegriff im KonTraG nicht definiert, wobei vom Wortlaut als auch vom Sinnzusammenhang her Risiko im engeren Sinne als Verlust- oder Schadengefahr verstanden wird. Das Gesetz spricht eingrenzend (und im Vergleich zum neueren Sarbanes-Oxley Act) nur von solchen Risiken, die bestandsgefährdend und damit wesentlich sind oder werden können. Allerdings wurde mit dem BilReG auch ein Chancenreporting im Lagebericht zwingend vorgeschrieben. Um für identifizierte Risiken beurteilen zu können, ob die kritische Schwelle der Wesentlichkeit überschritten wurde oder nicht, ist jeweils ein Abgleich mit den durch das Unternehmen verfolgten Zielen notwendig (vgl. *IDW* 2006, S. 1606). Sofern noch nicht vorhanden, sind für die einzelnen Risikobereiche eines Unternehmens aus dem Zielsystem der Unternehmenspolitik heraus Risikostrategien zu entwickeln (vgl. *Lück* 1998b, S. 1926). Diese stellen strategische Vorgaben für die Handhabung der Risiken dar, wobei Sicherheitsziele im Sinne von Toleranzgrenzen möglichst operational formuliert werden sollten (vgl. *Freidank* 2001, S. 599 und S. 609). Hierdurch besteht die Möglichkeit, sich auf wesentliche Risiken zu konzentrieren (vgl. *Weber/Weißenberger/Liekweg* 1999, S. 1712). Auf Basis einer Risikostrategie können sodann geeignete Maßnahmen eines Risikomanagements festgelegt werden, die die Funktionen Risikoidentifikation und -analyse, Risikobewertung, Risikosteuerung (mit den risikobewältigenden Maßnahmen) sowie Risikoüberwachung aufweisen (vgl. *Kromschröder/Lück* 1998, S. 1574).

Besondere Bedeutung kommt in diesem Zusammenhang neben der Internen Revision dem Controlling zu, in dessen Aufgabenbereich im Rahmen seiner Koordinationsfunktion die Ablauf- und Aufbauorganisation des Risikomanagements fallen. Das Controlling soll alle (wesentlichen) drohenden (operativen und strategischen) Risiken frühzeitig transparent machen und Wege einer Risikobewältigung aufzuzeigen (vgl. *Horváth/Gleich*

2000, S. 108, *Peemöller* 2002, S. 118). Zu denken ist etwa an folgende Bereiche (vgl. *Freidank/Paetzmann* 2003, S. 314):

- Unterstützung bei der Entwicklung von Risikostrategien bzw. Toleranzgrenzen und beim Abgleich dieser mit den Unternehmens- und Geschäftsfeldstrategien.
- Methodische Unterstützung der operativen Bereiche bei der Risikoidentifikation durch Bereitstellen von Instrumenten (etwa die Einrichtung von Früherkennungssystemen).
- Methodische Unterstützung bei der Aggregation der Einzelrisiken unter Beachtung von Diversifikations- und Kumulationseffekten (Risikobewertung).
- Erfolgs- und Finanztransformation der (aggregierten) Risiken in operationale Beurteilungswerte.
- Abgleichung zwischen Risiken und operativen sowie strategischen Ziel- und Plangrößen des Unternehmens unter Berücksichtigung langfristig drohender strategischer Marktrisiken.
- Einrichtung und Pflege eines risikospezifischen Berichtssystems (Risikoreporting als Bestandteil eines konzern- bzw. unternehmensweiten Informationssystems).

4.3   Aufsichtsorientierte Einflussgrößen

4.3.1 Überwachung des Vorstands

Der Aufsichtsrat überwacht im System der deutschen Unternehmensverfasssung die originären Führungsaufgaben des Vorstands (§ 111 Abs. 1 AktG). Die Tätigkeit des Aufsichtsrats soll eine Beratung des Vorstands in allgemeinen Fragen der Unternehmensleitung einschließen und den Charakter einer vorbeugenden, zukunftsorientierten Überwachung tragen. Hieraus folgt, dass eine rein vergangenheitsbezogene Aufsicht nicht ausreicht (vgl. *Scheffler* 2003, S. 405 f.). Dabei obliegt dem Aufsichtsrat die Pflicht, auch das Risikomanagementsystem, und damit ebenfalls das Controlling, auf seine Ordnungs-, Recht-, Zweckmäßig- und Wirtschaftlichkeit hin zu überwachen (vgl. *Semler* 1996, S. 107 ff.). Zu diesem Zwecke darf er sich grundsätzlich nicht der Internen Revision bedienen, die im deutschen System der Unternehmensverfassung in aller Regel als Stabsstelle den Weisungen des Vorstandes unterliegt und ausschließlich an diesen berichtet. Allerdings kann der Aufsichtsrat im Rahmen seiner Pflicht zur Überwachung des Risikomanagementsystems bei Bedarf Sachverständige und Auskunftspersonen zur Beratung in der Aufsichtsratsitzung heranziehen (§ 109 Abs. 1 Satz 2 AktG), wobei auf Angestellte der Gesellschaft bzw. des Konzerns nach h. M. nur auf Vermittlung des Vorstandes zurückgegriffen werden darf (vgl. *Mertens* 1996, Anm. 14 zu § 109 AktG, S. 551).

Mit Blick auf die Überwachung des Risikomanagementsystems können hier der Leiter des Controlling, daneben auch die Leiter Revision oder Rechnungswesen, gefragt sein. Eine Pflicht, diese im Rahmen der Überwachung des Risikomanagementsystems hinzuzuziehen, kann nur bei festgestellten Mängeln in den Regelberichten (§ 90 AktG) oder beim Bestehen von Zweifeln an der ordnungsgemäßen Berichterstattung des Vorstands relevant werden. Mit diesem Recht sollte der Aufsichtsrat – auch wenn die

Bedeutung des Risikomanagements noch so hoch ist – sehr behutsam umgehen. Es ist gegenüber dem internen Sachverständigen – hier dem Leiter (Konzern-)Controlling – ein unberechtigter Eindruck zu vermeiden, es läge ein Misstrauen gegenüber dem Vorstand vor, weshalb es sich empfiehlt, die Auskunftsperson über den Vorstand zu laden (vgl. *Lentfer* 2003, S. 195).

Die im September 2001 von der EU-Kommission eingesetzte High Level Group schlägt vor, dass ein eingerichtetes Audit Committee u. a. das interne Risikomanagement überwacht (vgl. *Arbeitskreis Externe und Interne Überwachung der Schmalenbach-Gesellschaft* 2000, S. 2281 ff.). Hierzu werden quartalsweise Treffen dieses vorbereitenden Ausschusses mit dem Wirtschaftsprüfer und dem für das Risikomanagement Zuständigen genannt (vgl. *Langenbucher/Blaum* 1994, S. 2204). Ist kein Audit Committee installiert, sollen diese vierteljährlichen Sitzungen für den gesamten Aufsichtsrat gelten (vgl. *Seibert* 2003, S. 54). Sofern der Leiter des Controlling für das Risikomanagement als zuständig gelten kann, ist mithin ein unmittelbarer Kontakt zwischen Controlling und Aufsichtsrat bzw. Audit Committee gegeben, der zudem nicht sporadisch, sondern quartalsweise erfolgt. Hierdurch leistet das Controlling einen institutionalisierten Beitrag zur Verbesserung der Corporate Governance auf einer Ebene oberhalb des Vorstands; es wird gar zu einem Bindeglied zwischen Vorstand und Aufsichtsrat.

4.3.2 Informationsversorgung des Aufsichtsrats

Allerdings kann der Aufsichtsrat seine Überwachungsaufgabe nur dann hinreichend erfüllen, wenn er mit entsprechenden Informationen durch den Vorstand versorgt wird (vgl. *Theisen* 2003, S. 261–279). § 90 AktG regelt im Einzelnen die ordentlichen und außerordentlichen Berichtspflichten des Vorstandes, die er gegenüber dem Aufsichtsrat zu erfüllen hat. Insbesondere sieht § 90 Abs. 1 Nr. 1 AktG in Folge der Novellierungen durch das KonTraG und TransPuG vor, dass grundsätzliche Fragen der Unternehmensplanung (insbesondere der Finanz-, Investitions- und Personalplanung) sowie Abweichungen der tatsächlichen Entwicklung von früher berichteten Zielen unter Angabe von Gründen der Berichtspflicht des Vorstandes unterliegen (vgl. *Lentfer* 2005, S. 203 ff.). Ferner muss der Aufsichtsrat laut § 90 Abs. 1 Nr. 2 und Nr. 3 AktG über die Rentabilität, den Umsatz und die Lage der Gesellschaft unterrichtet werden. Diese normierte Informationsversorgung des Aufsichtsrats wurde durch den DCGK (2005) etwa in Textziffer 3.4 nochmals explizit herausgestellt.

Eine derartige Informationsbereitstellung als Bringschuld des Vorstands setzt die Existenz eines umfassenden Controllingsystems voraus, aus dem die geforderten Planungs-, Kontroll- und Steuerungsgrößen zu entnehmen sind. So sind etwa die strategischen und operativen Ziele des Unternehmens, die Umsetzungsmaßnahmen und letztlich die Unternehmensplanung einschließlich implementierter Kontrollsysteme wichtige Bausteine einer zukunftsorientierten Überwachung des Aufsichtrats. Hiermit werden klassische Funktionsbereiche des Controlling angesprochen, so dass der Controller wesentliche Inhalte der Berichterstattung an den Aufsichtsrat liefert (vgl. *Scheffler* 2003, S. 409 ff.). Folglich wirkt die Berichtspflicht des § 90 AktG auf das Controlling ein, das sein Reporting auf die spezifischen Bedürfnisse der Unternehmensadressaten auszurichten hat (vgl. *Berens/Schmitting* 2003, S. 372). Zugleich stellt das Controlling, wie bereits erwähnt wurde, selbst ein wichtiges Überwachungsobjekt des Aufsichtsrats dar. Seine Überwachung ist – wie auch die der (strategischen) Unternehmensplanung – nicht delegierbar (vgl. *Hachmeister* 2003, S. 452, *Scheffler* 1995, S. 678 f.).

In jüngerer Zeit gewinnen die schon weiter oben angesprochenen wertorientierten Steuerungskonzepte und die Kommunikation (ausgewählter) Kennzahlen insbesondere in börsennotierten Unternehmen zunehmend an Bedeutung (vgl. *Ruhwedel/Schultze* 2002, S. 602–632). Ziel der wertorientierten Berichterstattung ist der Abbau von Informationsasymmetrien zwischen den Investoren und dem Management sowie die damit einhergehende Vermeidung von Wertlücken am Kapitalmarkt. Dieses Value Reporting soll durch eine auf den Kapitalmarkt ausgerichtete Kommunikation der im Rahmen des wertorientierten Controlling formulierten Ziele, der Instrumente zu deren Umsetzung sowie der bedeutenden externen Einflüsse erfolgen (vgl. *Arbeitskreis Externe Unternehmensrechnung der Schmalenbach-Gesellschaft* 2002b, S. 2337 ff., *Fischer/Wenzel* 2002, S. 327 ff., *Heumann* 2005). Die bereitzustellenden Informationen sollten sowohl vergangenheits- als auch zukunftsbezogen und insbesondere nur partiell durch Rechnungslegungsnormen beeinflusst sein (vgl. *Fischer* 2001, S. 1209). Durch die Entwicklungen im Bereich des Value Reporting wird der Aufsichtsrat für seine Überwachungsaufgabe über die gesetzlich verankerte Berichterstattungspflicht der Leitung in die Lage versetzt, die Performance des Vorstandes mit Blick auf die Steigerung des Unternehmenswertes beurteilen zu können (vgl. *Ewert* 2006, S. 179 ff.). Das entsprechende wertorientierte Steuerungssystem stellt das Controlling zur Verfügung (vgl. *Hahn/Hungenberg* 2001, S. 119 ff., *Günther* 1997).

In dem 10-Punkte-Programm (vgl. *BMJ* 2003) der Bundesregierung und auch im Gesetz zur Unternehmensintegrität und zur Modernisierung des Anfechtungsrechts (UMAG) finden sich Novellierungen zur persönlichen Haftung von Vorstands- und Aufsichtsratsmitgliedern gegenüber der Gesellschaft und zu einer Verbesserung des Klagerechts der Aktionäre, wobei sich die Vorschläge dem Haftungstatbestand der US-amerikanischen Business Judgment Rule nähern. Danach ist eine Inanspruchnahme der Organmitglieder dann auszuschließen, wenn diese nach bestem Wissen und Gewissen eine Maßnahme getroffen haben, die sich sodann als Fehlentscheidung herausstellte (vgl. *Seibert* 2003, S. 35). In der führungsunterstützenden Aufbereitung von Entscheidungsvorlagen durch das Controlling kann hier ein Beitrag zur Verbesserung der Corporate Governance aber auch eine Exkulpationsmöglichkeit für die Verantwortlichen liegen. Dies gilt auch im Hinblick auf die Berichterstattung des Vorstandes an den Aufsichtsrat (vgl. *Baums* 2001, Rz. 19, S. 65).

5   Zusammenfassung

Um Unternehmen effizienter führen und wirkungsvoller überwachen zu können, wurden in den vergangenen Jahren zahlreiche Reformansätze zur Verbesserung der Corporate Governance aufgegriffen. Das Controlling unterstützt – hier sind sich alle Definitionsansätze des Controlling einig – die Unternehmensführung und ergänzt damit die vorwiegend rechtlich bzw. finanzmarktseitig ausgerichteten Novellierungen. Die

Betrachtung auf Grundlage des jungen Rationalitätssicherungsansatzes zeigt, dass – wie auch das Controlling selbst – die rechtlichen Reformbestrebungen eine Rationalitätssicherung der Unternehmensführung leisten, indem sie eine zielgerichtete Führung und Überwachung verlangen. Damit ergänzen sich das führungsunterstützende Controlling und die juristisch geprägten Reformen zur Verbesserung der Corporate Governance.

Im Detail liegen die Beiträge des (risikoorientierten) Controlling wesentlich im Aufbau und Einsatz des durch das KonTraG geforderten Risikomanagementsystems einschließlich des Früherkennungssystems. Daneben kann die Institution Controlling bei der Überwachung des Risikomanagementsystems durch den Aufsichtsrat oder ggf. ein gebildetes Audit Committee beratend hinzugezogen werden. Darüber hinaus leistet das (wertorientierte) Controlling einen wichtigen Beitrag im Rahmen der Berichterstattung des Vorstandes an den Aufsichtsrat und bei der die Unternehmensführung entlastenden Aufbereitung von Entscheidungsvorlagen.

Wenn zum einen das Controlling führungsunterstützend wirkt und zum anderen die Reformanstrengungen zur Verbesserung der Corporate Governance auf die zielgerichtete Leitung und Überwachung von Unternehmen ausgerichtet sind, liegt es nahe, nach einem Rahmen zu suchen, der die Begriffe Controlling und Überwachung zusammenführt. Ein solcher könnte im Internal-Control-Ansatz liegen, der das zukunftsgerichtete Controlling in das interne Überwachungssystem des Unternehmens einbettet. Hier tritt – obwohl der konzeptionelle, integrierende Gesamtrahmen noch zu entwickeln ist und einzelne Themenfelder noch unerforscht sind – der zentrale Beitrag des Controlling im Kontext der zielgerichteten Führung und (zukunftsgerichteten) Überwachung von Unternehmen deutlich zutage.

Darüber hinaus konnte gezeigt werden, dass die Analyse der Wirkung von Rechtsnormen auf das Controlling im Rahmen der konzeptionellen Forschung nur eine untergeordnete Rolle spielt. Der Einfluss von Rechtsnormen auf das Controlling nimmt aber insbesondere durch die Reformbestrebungen zur Verbesserung der Corporate Governance zu. Im Fokus dieser Entwicklung stehen zunehmend Fragen der Überwachung, die bisher nur unbedeutenden Einfluss auf das Controlling gehabt haben. Unter Zugrundelegung des neuen Überwachungsansatzes des Controlling wurde belegt, dass alle drei Komponenten der Überwachung, d. h. Prüfung, Kontrolle und Aufsicht, betroffen sind. Besondere Aufmerksamkeit ist dem Prozess einer wachsenden Konvergenz von internem und externem Rechnungswesen zu widmen, der von einem schrittweisen Übergang auf das IFRS-Reporting begleitet wird. Darüber hinaus werden diese Tendenzen durch das zunehmende Bedürfnis aller ex- und internen Koalitionsteilnehmer nach unternehmenswertorientierten Steuerungsinformationen beschleunigt.

Literatur

Arbeitskreis Externe und interne Überwachung der Unternehmung der Schmalenbach-Gesellschaft (2000), Prüfungsausschüsse in deutschen Aktiengesellschaften, in: Der Betrieb, 53, 2000, S. 2281–2285.

Arbeitskreis Externe Unternehmensrechnung der Schmalenbach-Gesellschaft (2002a), Enforcement der Rechnungslegung, in: Der Betrieb, 55, 2002, S. 2173–2179

Arbeitskreis Externe Unternehmensrechnung der Schmalenbach-Gesellschaft (2002b), Grundsätze für das Value Reporting, in: Der Betrieb, 55, 2002, S. 2337–2340

Baetge, J. (1993), Überwachung, in: Bitz, M. et al. (Hrsg.), Vahlens Kompendium der Betriebswirtschaftslehre, Band 2, 3. Auflage, München 1993, S. 175–218

Baums, T. (Hrsg., 2001), Bericht der Regierungskommission Corporate Governance, Unternehmensführung – Unternehmenskontrolle – Modernisierung des Aktienrechts, Köln 2001

Becht, M./Bolton, P./Röell, A. (2002), Corporate Governance and Control, in: European Corporate Governance Institute, Finance Working Paper, No. 02, Brussels 2002

Becker, A. (2003), Controlling als reflexive Steuerung von Organisationen, Stuttgart 2003

Berens, W./Schmitting, W. (2003), Zum Verhältnis von Controlling, Interner Revision und Früherkennung vor dem Hintergrund der Corporate Governance, in: Zeitschrift für Planung, 14, 2003, S. 353–377

Böcking, H.-J. (2003), Audit und Enforcement – Entwicklungen und Probleme, in: Zeitschrift für betriebswirtschaftliche Forschung, 55, 2003, S. 683–706

Brandt, C. (2001), Die Ermittlung des Fertigstellungsgrades im Rahmen der Percentage-of-Completion-Methode, in: *Freidank, C.-Ch.* (Hrsg.), Die deutsche Rechnungslegung und Wirtschaftsprüfung im Umbruch, FS *W.Th. Strobel*, München 2001, S. 155–174

Brebeck, F. (2002), Risikomanagementsystem, Prüfung, in: *Ballwieser, W.* et al. (Hrsg.), Handwörterbuch der Rechnungslegung und Prüfung, 3. Auflage, Stuttgart 2002, S. 2071–2088

Coenenberg, M. (2000), Internationalisierung der Rechnungslegung und ihre Auswirkung auf die Analyse der Vermögens- und Finanzlage von Kapitalgesellschaften, Frankfurt a.M. et al. 2000

Deyhle, A. (2001), Controller-Praxis: Unternehmensplanung und Controllerfunktion, 14. Auflage, Gauting 2001

Ditting, C. (2005), Aufstellung und Prüfung des IFRS-Einzelabschlusses nach dem BilReG, in: *Freidank, C.-Ch.* (Hrsg.), Bilanzreform und Bilanzdelikte, Wiesbaden 2005, S. 101–119

Emmerich, G./Schaum, W. (2003), Auswirkungen des Sarbanes-Oxley Act auf deutsche Abschlussprüfer – Berufsaufsicht, Registrierung, Unabhängigkeit, in: Die Wirtschaftsprüfung, 56, 2003, S. 677–691

Ewert, R. (2002), Prüfungstheorie, spieltheoretischer Ansatz, in: *Ballwieser, W.* et al. (Hrsg.), Handwörterbuch der Rechnungslegung und Prüfung, 3. Auflage, Stuttgart 2002, S. 1908–1923

Ewert, R. (2006), Vair Value-Bewertung und Performancemessung, in: *Börsing, C./Wagenhofer, A.* (Hrsg.), IFRS im Rechnungswesen und Controlling, Stuttgart 2006, S. 179–207

Fischer, T.M. (2001), Value Reporting – Wertorientierte Berichterstattung in den Nemax 50-Unternehmen, in: Der Betrieb, 54, 2001, S. 1209–1216

Fischer, T.M./Wenzel, J. (2002), Value Reporting, in: Die Betriebswirtschaft, 62, 2002, S. 327–335

Freidank, C.-Ch. (1989), Erfolgsrealisierung bei langfristigen Fertigungsprozessen, in: Der Betrieb, 42, 1989, S. 1197–1204

Freidank, C.-Ch. (1992), Revisions- und Treuhandbetriebe, in: *Wittmann, W.* et al. (Hrsg.), Handwörterbuch der Betriebswirtschaft, Teilband 3, 5. Auflage, Stuttgart 1992, S. 3570–3583

Freidank, C.-Ch. (2001), Risikomanagement und Risikocontrolling in Industrieunternehmen, in: *Freidank, C.-Ch./Mayer, E.* (Hrsg.), Controlling-Konzepte – Neue Strategien und Werkzeuge für die Unternehmenspraxis, 5. Auflage, Wiesbaden 2001, S. 595–631

Freidank, C.-Ch./Mayer, E. (Hrsg., 2003), Controlling-Konzepte – Neue Strategien und Werkzeuge für die Unternehmenspraxis, 6. Auflage, Wiesbaden 2003

Freidank, C.-Ch./Paetzmann, K. (2002), Auswahl und Einsatz von Datenmaterial, Analysemethoden sowie externen Beratern zur Vorbereitung von Kreditentscheidungen – Ergebnisse einer empirischen Untersuchung vor dem Hintergrund von Basel II, in: Der Betrieb, 55, 2002, S. 1785–1789

Freidank, C.-Ch./Paetzmann, K. (2003), Bedeutung des Controlling im Rahmen der Reformbestrebungen zur Verbesserung der Corporate Governance, in: Zeitschrift für Planung, 14, 2003, S. 303–325

Freidank, C.-Ch./Reibis, C. (2003), IT-gestützte Rechnungslegungspolitik auf internationaler Basis, in: *Freidank, C.-Ch./Mayer, E.* (Hrsg.), Controlling-Konzepte – Neue Strategien und Werkzeuge für die Unternehmenspraxis, 6. Auflage, Wiesbaden 2003, S. 621–669

Freidank, C.-Ch./Steinmeyer, V. (2005), Fortentwicklung der Lageberichterstattung nach dem BilReG aus betriebswirtschaftlicher Sicht, in: Betriebs-Berater, 60, 2005, S. 2512–2517

Friedl, B. (2003), Controlling, Stuttgart 2003

Goergen, M./Renneboog, L. (2003), Why are the levels of control (so) different in German and UK companies? Evidence from initial public offerings, Finance Working Paper No. 07, in: European Corporate Governance Institute, Brussels 2003

Grossman, S./Hart, O. (1982), Capital Structure and Dividend Irrelevance with Asymmetric Information, Mimeo, New Haven, CT 1982

Günther, T. (1997), Unternehmenswertorientiertes Controlling, München 1997

Günther, T. (2003), Theoretische Einbettung des Controlling in die Methodologie der Unternehmensüberwachung und -steuerung, in: Zeitschrift für Planung, 14, 2003, S. 327–352

Haase, R./Keller, R. (2003), Grundlagen und Grundformen des Rechts, 11. Auflage, Stuttgart 2003

Hachmeister, D. (2002), Corporate Governance, in: *Ballwieser, W.* et al. (Hrsg.), Handwörterbuch der Rechnungslegung und Prüfung, 3. Auflage, Stuttgart 2002, S. 487–504

Hachmeister, D. (2003), Das Controlling als Objekt der handelsrechtlichen Abschlussprüfung, in: Zeitschrift für Planung, 14, 2003, S. 437–456

Hahn, D./Hungenberg, H. (2001), PuK – Wertorientierte Controllingkonzepte, 6. Aufl., Wiesbaden 2001

Harbert, L. (1982), Controlling Begriffe und Controlling-Konzeptionen, Bochum 1982

Harris, M./Raviv, A. (1987), Corporate Governance: Voting rigths and majority rules, Mimeo, Cambridge, MA 1987

Hart, O./Holmström, B. (1987), The Theory of Contracts, in: *Bewley, T.* (Hrsg.), Advances in Economic Theory, Fifth World Congress, Cambridge 1987, S. 71–155

Heumann, R. (2005), Value Reporting in IFRS-Abschlüssen und Lageberichten, Düsseldorf 2005

Hömberg, R. (2002), Internes Kontrollsystem, in: *Ballwieser, W.* et al. (Hrsg.), Handwörterbuch der Rechnungslegung und Prüfung, 3. Auflage, Stuttgart 2002, S. 1228–1238

Holmstrom, B./Kaplan, S. (2003), The State of U.S. Corporate Governance: What`s Right and What's Wrong?, in: Finance Working Paper No. 23, 2003, European Corporate Governance Institute

Hommel, M. (1997), Internationale Bilanzrechtskonzeptionen und immaterielle Vermögensgegenstände, in: Zeitschrift für betriebswirtschaftliche Forschung, 49, 1997, S. 345–369

Horn, N. (2001), Einführung in die Rechtswissenschaft und Rechtsphilosophie, 2. Auflage, Heidelberg 2001

Horváth, P. (2002), Controlling – Von der Kostenkontrolle zur strategischen Steuerung, in: *Gaugler, E./Köhler, R.* (Hrsg.), Entwicklungen der Betriebswirtschaftslehre: 100 Jahre Fachdisziplin – zugleich eine Verlagsgeschichte, Stuttgart 2002, S. 325–354

Horváth, P. (2003), Anforderungen an ein modernes internes Kontrollsystem, in: Die Wirtschaftsprüfung, Sonderheft »Wirtschaftsprüfer im Blickpunkt der Öffentlichkeit«, 56, 2003, S. 211–218

Horváth, P./Gleich, R. (2000), Controlling als Teil des Risikomanagements, in: *Dörner, D.* et al. (Hrsg.), Praxis des Risikomanagements. Grundlagen, Kategorien, branchenspezifische und strukturelle Aspekte, Stuttgart 2000, S. 100–126

Hütten, Ch. (2003), Qualitätssteigerung der Finanzberichterstattung durch Einführung einer Enforcement-Institution?, in: *Freidank, C.-Ch./Schreiber, O.K.* (Hrsg.), Corporate Governance, Internationale Rechnungslegung und Unternehmensanalyse im Zentrum aktueller Entwicklungen, Hamburg 2003, S. 123–158

Institut der Wirtschaftsprüfer (IDW) (Hrsg., 2003), Presseinformation 10/03, http://idw.de, S. 2

Institut der Wirtschaftsprüfer (IDW) (Hrsg., 2005a), IDW Prüfungsstandard: Das interne Kontrollsystem im Rahmen der Abschlussprüfung (IDW PS 260), in: IDW Prüfungsstandards (IDW PS), IDW Stellungnahmen zur Rechnungslegung (IDW RS), IDW Standards (IDW S) einschließlich der dazugehörigen Entwürfe und Hinweise, Band I, Düsseldorf (Loseblattausgabe, Stand: Oktober 2005), S. 1–26

Institut der Wirtschaftsprüfer (IDW) (Hrsg., 2005b), IDW Prüfungsstandard: Die Prüfung des Risikofrüherkennungssystems nach § 317 Abs. 4 HGB (IDW PS 340), in: IDW Prüfungsstandards (IDW PS), IDW Stellungnahmen zur Rechnungslegung (IDW RS), IDW Standards (IDW S) einschließlich der dazugehörigen Entwürfe und Hinweise, Band, I, Düsseldorf (Loseblattausgabe, Stand: Oktober 2005), S. 1–11)

Institut der Wirtschaftsprüfer (IDW) (Hrsg., 2006), Wirtschaftsprüfer-Handbuch, Band I, 13. Auflage, Düsseldorf 2006

Jensen, M./Meckling, W. (1976), Theory of the Firm: Managerial behavior, agency costs and capital structure, in: Journal of Financial Economics, 3, 1976, S. 11–25

Kahle, H. (2003), Unternehmenssteuerung auf Basis internationaler Rechnungslegungsstandards?, in: Zeitschrift für betriebswirtschaftliche Forschung, 55, 2003, S. 773–789

Kajüter, P. (2004), Der Lagebericht als Instrument einer kapitalmarktorientierten Rechnungslegung, in: Der Betrieb, 57, 2004, S. 197–203

Kieser, E./Kubicek, H. (1992), Organisation, 3. Auflage, Berlin/New York 1992

Kirsch, H. (2003), Anforderungen an das Controlling durch internationale Rechnungslegungsstandards, in: Controlling, 15, 2003, S. 11–17

Kirsch, H./Steinhauer, L. (2003), Zum Einfluss der internationalen Rechnungslegung auf das Controlling, in: Zeitschrift für Planung, 14, 2003, S. 415–435

Kromschröder, B. (1972), Ansätze der Optimierung des Kontrollsystems der Unternehmung, Berlin 1972

Kromschröder, B./Lück, W. für den *Arbeitskreis »Externe und Interne Überwachung der Unternehmung«* der *Schmalenbach-Gesellschaft für Betriebswirtschaft e.V.* (1998), Grundsätze risikoorientierter Unternehmensüberwachung, in: Der Betrieb, 51, 1998, S. 1573–1579

Küpper, H.-U./Weber, J./Zünd, A. (1990), Zum Verständnis und Selbstverständnis des Controlling, in: Zeitschrift für Betriebswirtschaft, 60, 1990, S. 281–293

La Porta, R./Lopez-de-Silanes, F./Shleifer, A./Vishny, R. (1998), Law and Finance, in: Journal of Political Economy, 106, 1998, S. 1113–1155

Lachnit, L. (1992), Controlling als Instrument der Unternehmensführung, in: Deutsches Steuerrecht, 30, 1992, S. 228–233

Langenbucher, G./Blaum, U. (1994), Audit Committees – Ein Weg zur Überwindung der Überwachungskrise?, in: Der Betrieb, 47, 1994, S. 2197–2206

Lanfermann, G./Maul, S.: Auswirkungen des Sarbanes-Oxley Acts in Deutschland, in: Der Betrieb, 55, 2002, S. 1725–1732

Lentfer, T. (2003), Die Überwachung des Risikomanagementsystems gemäß § 91 Abs. 2 AktG durch den Aufsichtsrat, Hamburg 2003

Lentfer, T. (2005), Einflüsse der internationalen Corporate Governance-Diskussion auf die Überwachung der Geschäftsführung. Eine kritische Analyse des deutschen Aufsichtsratssystems, Wiesbaden 2005

Liefmann, R. (1909), Beteiligungs- und Finanzierungsgesellschaften – eine Studie über den modernen Kapitalismus und das Effektenwesen, Jena 1909

Ludewig, R. (1993), Revisions- und Treuhandwesen, in: Wittmann, E. et al. (Hrsg.), Handwörterbuch der Betriebswirtschaftslehre, Teilband 3, 5. Auflage, Stuttgart 1993, Sp. 4763–4772

Lück, W. (1991), Wirtschaftsprüfung und Treuhandwesen, 2. Auflage, Stuttgart 1991

Lück, W. (1998a) Elemente eines Risiko-Managementsystems – Die Notwendigkeit eines Risiko-Managementsystems durch den Entwurf eines Gesetzes zur Kontrolle und Transparenz im Unternehmensbereich (KonTraG), in: Der Betrieb, 51, 1998, S. 8–14

Lück, W. (1998b), Der Umgang mit unternehmerischen Risiken durch ein Risikomanagementsystem und durch ein Überwachungssystem – Anforderungen durch das KonTraG und Umsetzung in der betrieblichen Praxis, in: Der Betrieb, 51, 1998, S. 1925–1930

Lück, W. (2001), Stichwort »COSO-Report«, in: *Lück, W.* (Hrsg.), Lexikon der Internen Revision, München 2001, S. 60 f.

Lück, W./Jahns, C. (2001), Stichwort »Controlling«, in: Lück, W. (Hrsg.), Lexikon der Internen Revision, München 2001, S. 57–59

Maul, K.H. (1977), Grundlagen des Internen Kontrollsystems, in: Die Wirtschaftsprüfung, 30, 1977, S. 229–236

Mertens, H.-J. (1996), Kölner Kommentar zum Aktiengesetz, Band 2, 2. Auflage, Köln et al. 1996

Müller (2003), Management-Rechnungswesen – Ausgestaltung des externen und internen Rechnungswesen unter Konvergenzgesichtspunkten, Wiesbaden 2003

Paetzmann, K. (2003a), Grundsätze eines transparenzschaffenden Controlling mit Blick auf bankinterne Ratings, in: *Freidank, C.-Ch./Mayer, E.* (Hrsg.), Controlling-Konzepte – Neue Strategien und Werkzeuge für die Unternehmenspraxis, 6. Auflage, Wiesbaden 2003, S. 589–620

Paetzmann, K. (2003b), Zur Übertragung von US-Konzepten eines Distressed Debt Investing auf Deutschland, in: Zeitschrift für das gesamte Kreditwesen, 56, 2003, S. 968–973

Paetzmann, K. (2004), Corporate Governance and the Control of Banks in German Family-owned Firms, paper presented at the 11th Annual Global Finance Conference, Las Vegas, NV USA, April 4–6, 2004

Peemöller, V.H./Keller, B. (2000), Controlling/Planung, in: *Küting, K.* (Hrsg.), Saarbrücker Handbuch der Betriebswirtschaftlichen Beratung, 2. Auflage, Herne/Berlin 2000, S. 375–427

Peemöller, V.H. (2002), Auswirkungen der Kommissionsvorschläge auf die Arbeit der Internen Revision und das Controlling, in: *Freidank, C.-Ch./Schreiber, O.K.* (Hrsg.), Unternehmensüberwachung und Rechnungslegung im Umbruch. Tagungsband zur 1. Hamburger Revisions-Tagung, Hamburg 2002, S. 105–128

Peltzer, M. (2004), Deutsche Corporate Governance, 2. Auflage, München 2004

Pollanz, M. (2001), Offene Fragen der Prüfung von Risikomanagementsystemen nach KonTraG – Paradigmenwechsel im wirtschaftlichen Prüfungswesen oder vom risikoorientierten zum systemisch-evolutionären Prüfungsansatz?, in: Der Betrieb, 54, 2001, S. 1317–1325

Reichmann, T. (2001), Controlling mit Kennzahlen und Managementberichten, 6. Auflage, München 2001

Reichmann, T. (2003), Stichwort »Controlling-Konzeption«, in: *Horváth, P./Reichmann, T.* (Hrsg.), Vahlens Großes Controllinglexikon, 2. Auflage, München 2003, S. 141–144

Reibis, C. (2005), Computergestützte Optimierungsmodelle als Instrumente einer unternehmenswertorientierten Rechnungslegungspolitik. Eine Analyse vor dem Hintergrund des Bilanzrechtsreformgesetzes, Hamburg 2005

Ruhwedel, F./Schultze, W. (2002), Value Reporting – Theoretische Konzeption und Umsetzung bei den DAX 100-Unternehmen, in: Zeitschrift für betriebswirtschaftliche Forschung, 54, 2002, S. 602–632

Schäffer, U./Willauer, B. (2003), Strategische Überwachung in deutschen Unternehmen, European Business School Working Paper on Management Accounting & Control No. 7, Oestrich-Winkel 2003

Scheffler, E. (1995), Aufsichtsrat und Abschlussprüfer als Überwachungsorgane der Aktiengesellschaft, in: *Lanfermann, J.* (Hrsg.), Internationale Wirtschaftsprüfung, FS *H. Havermann*, Düsseldorf 1995, S. 651–680

Scheffler, E. (2003), Controlling als Bindeglied zwischen Vorstand und Aufsichtsrat, in: Zeitschrift für Planung, 14, 2003, S. 399–413

Schneider, D. (1990), Versagen des Controlling durch eine überholte Kostenrechnung – Zugleich ein Beitrag zur innerbetrieblichen Verrechnung von Dienstleistungen, in: Der Betrieb, 44, 1990, S. 765–772

Schneider, U.H. (2000), Kapitalmarktorientierte Corporate-Governance-Grundsätze, in: Der Betrieb, 53, 2000, S. 2413–2417

Seibert, U. (2003), Zum Umsetzungsstand des Berichts der Regierungskommission »Corporate Governance«, in: *Freidank, C.-Ch./Schreiber, O.K.* (Hrsg.), Corporate Governance, Internationale Rechnungslegung und Unternehmensanalyse im Zentrum aktueller Entwicklungen, S. 31–58

Semler, J. (1996), Leitung und Überwachung der Aktiengesellschaft. Die Leitungsaufgabe des Vorstands und die Überwachungsaufgabe des Aufsichtsrats, 2. Auflage, Köln et al. 1996

Sieben, G./Bretzke, W.-R. (1973), Zur Typologie betriebswirtschaftlicher Prüfungssysteme, in: Betriebswirtschaftliche Forschung und Praxis, 25, 1973, S. 625–630

Sieben, G./Russ, W. (2002), Prüfungsgesellschaften, Organisation von, in: *Ballwieser, W.* et al. (Hrsg.), Handwörterbuch der Rechnungslegung und Prüfung, 3. Auflage, Stuttgart 2002, Sp. 1790–1798

Steinmann, H./Schreyögg, G. (1986), Zur organisatorischen Umsetzung der strategischen Kontrolle, in: Zeitschrift für betriebswirtschaftliche Forschung, 38, 1986, S. 747–765

Theisen, M.R. (1993), Überwachung der Geschäftsführung, in: *Wittmann, E.* et al. (Hrsg.), Handwörterbuch der Betriebswirtschaftslehre, Teilband 3, 5. Auflage, Stuttgart 1993, Sp. 4219–4231

Theisen, M.R. (2003), Controlling-Elemente eines Aufsichtsrats-Reporting, in: *Achleitner, A.-K./ Bassen, A.* (Hrsg.), Controlling von jungen Unternehmen, Stuttgart 2003, S. 261–279

Wall, F. (2003), Management Support Systeme und Corporate Governance, in: Zeitschrift für Planung, 14, 2003, S. 379–397

Watts, R.L./Zimmerman, J. (1986), Positive Accounting Theory, Englewood Cliffs 1986

Weber, J. (1992), Die Koordinationssicht des Controlling, in: *Spreemann, J./Zur, E.* (Hrsg.), Controlling, Wiesbaden 1992, S. 169–183

Weber, J. (2002), Einführung in das Controlling, 9. Auflage, Stuttgart 2002

Weber, J./Schäffer, U. (1999), Sicherstellung der Rationalität von Führung als Funktion des Controlling, in: Die Betriebswirtschaft, 59, 1999, S. 731–746

Weber, J./Schäffer, U. (Hrsg., 2001), Rationalitätssicherung der Führung. Beiträge zu einer Theorie des Controlling, Wiesbaden 2001

Weber, J./Weißenberger, B./Liekweg, A. (1999), Ausgestaltung eines unternehmerischen Chancen- und Risikomanagements nach dem KonTraG, in: Deutsches Steuerrecht, 37, 1999, S. 1710–1716

Zülch, H. (2005), Das deutsche Enforcement-Modell des Bilanzkontrollgesetzes. Ausgestaltung und Implikation für Rechungslegung und Abschlussprüfung, in: Steuer- und Bilanzpraxis, 7, 2005, S. 1–9

Gesetze, Gesetzentwürfe, Kodizes und sonstige Materialien

APAG (2004), Gesetz zur Fortentwicklung der Berufsaufsicht über Abschlussprüfer in der Wirtschaftsprüferordnung (Abschlussprüferaufsichtsgesetz), in: BGBl. Nr. 76 vom 31.12.2004, S. 3846–3851

Basel Committee on Banking Supervision (2003), The New Basel Capital Accord, http://www. bis. org/bcbs/cp3full.pdf, S. 1–226, Zugriff: 29.04.2003

Berliner Initiativkreis German Code of Corporate Governance (Hrsg., 2001), Der German Code of Corporate Governance (GCCG), in: *Werder, A.v.* (Hrsg.), German Code of Corporate Governance (GCCG), Stuttgart 2001, S. 63–119

BilReG (2004), Gesetz zur Einführung internationaler Rechnungslegungsstandards und zur Sicherung der Qualität der Abschlussprüfung (Bilanzrechtsreformgesetz – BilReG), in: BGBl. I Nr. 65 vom 09.12.2004, S. 3166–3182

BilKoG (2004), Gesetz zur Kontrolle von Unternehmensabschlüssen (Bilanzkontrollgesetz – BilKoG), in: BGBl. I Nr. 69 vom 20.12.2004, S. 3408–3415

Bundesministerium der Justiz (BMJ) (Hrsg., 2003), Mitteilung für die Presse Nr. 10/03. Bundesregierung stärkt Anlegerschutz und Unternehmensintegrität, http://www.bmj.bund. de/ger/service/pressemitteilungen/10000668, S. 1–3, Zugriff: 01.10.2003

Committee of Sponsoring Organisations of the Treadway Commission (COSO) (Hrsg., 1992), Internal Control – Integrated Framework. Four Volume: Executive Summary Framework, Reporting to External Parties, Evaluation Tools, Jersey City/New Jersey 1992

Committee of Sponsoring Organisations of the Treadway Commission (COSO) (Hrsg., 2004), Enterprise Risk Management – Integrated Framework, Jersey City/New Jersey 2004

DCGK (2005), Bekanntmachung des »Deutschen Corporate Governance Kodex" (in der Fassung vom 12. Juli 2005), in: Elektronischer Bundesanzeiger vom 12. Juli 2005, S. 1–9

KapAEG (1998), Gesetz zur Verbesserung der Wettbewerbsfähigkeit deutscher Konzerne an Kapitalmärkten und zur Erleichterung der Aufnahme von Gesellschafterdarlehen (Kapitalaufnahmeerleichterungsgesetz – KapAEG), BGBl. I Nr. 22 vom 20.04.1998, S. 707–709

KapMuG (2005), Gesetz zur Einführung von Kapitalanleger-Musterverfahren, in: BGBl. I Nr. 50 vom 19. August 2005, S. 2437–2445

Kommission der Europäischen Gemeinschaften (Hrsg., 2002), Verordnung 243 Nr. 1606/ 2002 des Europäischen Parlaments und des Rates vom 19. Juli 2002 betreffend die Anwendung internationaler Rechnungslegungsstandards, in: Amtsblatt der Europäischen Gemeinschaften vom 11. September 2002, S. 1–4

KonTraG (1998), Gesetz zur Kontrolle und Transparenz im Unternehmensbereich (KonTraG), BGBl. I Nr. 24 vom 27.04.1998, S. 786–794

TransPuG (2002), Gesetz zur weiteren Reform des Aktien- und Bilanzrechts, zu Transparenz und Publizität (TransPuG), in: BGBl. Nr. 50 vom 25.07.2002, S. 1769–178

UMAG (2005), Gesetz zur Unternehmensintegrität und Modernisierung des Anfechtungsrechts (UMAG), in: BGBl. Nr. 60 vom 27. September 2005, S. 2802–2808

VorstOG (2005), Gesetz über die Offenlegung der Vorstandsvergütungen (Vorstandsvergütungs-Offenlegungsgesetz), in: BGBl. Nr. 47 vom 10. August 2005, S. 2267–2268

III. Controlling und Finance Excellence in der Finanzdienstleistungsbranche

Industrialisierung von Banken: Erfolgsfaktor für Effizienz und Nachhaltigkeit

Produktionsplanung und -steuerung bei der Citibank mit integrierten Prozess-, Ressourcen- und Prozesskostenmodellen

Manuel Loos/André Coners*

1 Einleitung

2 Industrialisierung der Citibank

3 Modelle zur Unterstützung der Produktionsplanung und -steuerung
   3.1 Prozessmodell
   3.2 Ressourcenmodell
   3.3 Prozesskostenmodell

4 Praktische Nutzung der Modelle

5 Fazit und Ausblick

Literatur

* Manuel Loos, Bereichsdirektor Engineering & Capacity Management, Citibank Privatkunden AG & Co. KGaA, Düsseldorf; André Coners, Senior Project Manager, Horváth & Partners, Düsseldorf.

1   Einleitung

Die *Citibank Deutschland* gilt als Pionier der Industrialisierung von Banken. Bereits in den 90er Jahren konnte die *Citibank* erhebliche Produktivitäts- und damit Wettbewerbsvorteile durch die Verfolgung einer Strategie der Kostenführerschaft erzielen. Zur Fortführung dieser Strategie wurde das Industrialisierungsprogramm aufgelegt, das eine weitere und kontinuierliche Steigerung von Produktivität und Kundenservice bei definierter Prozessqualität zum Ziel hat.

Um dieses Ziel zu erreichen, kombiniert die Industrialisierung moderne Methoden des Prozessmanagements mit Softwarekomponenten zur Kapazitätsplanung, Kostenbewertung und Simulation von Prozessen. Der angestrebte Strukturwandel soll eine Kultur der kontinuierlichen Verbesserung voranbringen. Diese Kultur beinhaltet folgende Eckpunkte:
- bereichsübergreifende Prozesstransparenz als notwendige Bedingung,
- Produktivitätssteigerung als Aufgabe jedes Managers,
- Transparenz der Kapazitäten und Qualifikationen,
- Pay for performance – individuelle Ziele und Incentives,
- proaktives Fixkostenmanagement und Optimierung der Ressourcennutzung,
- höhere Kostentransparenz mittels Prozesskostenrechnung,
- Implementierung von Trainings- und Zertifizierungsmodulen.

Ziel des Aufsatzes ist, die Industrialisierung der *Citibank* zu beschreiben und insbesondere den Beitrag von Modellen zur Produktionsplanung und -steuerung (kurz: PPS) bei der *Citibank* darzustellen. Die PPS für industrialisierte Dienstleistungen zielt dabei auf eine IT-Unterstützung des Prozessmanagements ab.

2   Industrialisierung der Citibank

Ein wesentlicher Ausgangspunkt für die Entwicklung des Ansatzes der Industrialisierung von Banken waren Erkenntnisse über die systematische Dokumentation, Analyse und Optimierung von Prozessen des direkten Bereichs bzw. Produktionsbereichs von Industrieunternehmen. Verglichen mit den Produktionsprozessen wurden jedoch in der Fertigungsindustrie noch zu Beginn der 1980er-Jahre die unterstützenden Prozesse indirekter Bereiche vernachlässigt und nicht optimiert, weshalb erhebliche Produktivitätsunterschiede zwischen den Prozessen direkter und indirekter Bereiche zu verzeichnen waren. Angelehnt an Ziele des Produktionsmanagements verfolgt das Prozessmanagement bzw. die PPS für indirekte Unternehmensbereiche allgemein Ziele wie die Reduzierung der Kosten, Verkürzung der Durchlaufzeiten, Erhöhung der Kapazitätsauslastung und Senkung der Fehlerquoten (vgl. *Striening*, S. 108). *Striening* stellt die Merkmale zur Charakterisierung der in den 1980er-Jahren feststellbaren Unterschiede hinsichtlich des Managements der Prozesse direkter und indirekter Unternehmensbereiche tabellarisch zusammen:

Merkmale	Fertigungsprozesse	Geschäftsprozesse
Prozessverantwortung	eindeutig definiert	unklar/Überschneidungen
Prozessdefinition	formal dokumentiert	unklar/fraktioniert
Schnittstellen - Identifikation	definiert	unklar
Eingabe-/Ausgabe-Beziehungen	quantifiziert	verbal
Dokumentation	präzise	unvollständig
Messpunkte	festgelegt	nicht/selten vorhanden
Statistische Messungen	regelmäßig	nicht/selten vorhanden
Korrekturen/Modifikationen	präventiv/planvoll	reaktiv/sporadisch

Abb. 1: Unterscheidungsmerkmale Prozesse direkter und indirekter Bereiche
(angelehnt an *Striening* 1988)

Übertragen auf den Bankensektor lassen sich folgende Entwicklungstendenzen feststellen: Anfang der 90er-Jahre wiesen eine große Anzahl Banken vergleichbare Produktivitätsniveaus auf. In der Folgezeit jedoch trennten sich die Wege und die große Mehrzahl verharrte auf diesem Niveau. Einige Banken orientierten sich in der Etablierung prozessorientierter Steuerungssysteme an der Industrie (sog. PPS-Systeme), um im lokalen und internationalen Wettbewerb Vorteile erzielen zu können. Dazu zählt die *Citibank*, die konsequent Initiativen zur Steigerung der Produktivität eingeleitet hat. Als Resultat konnte bspw. im Jahr 2005 eine Cost-Income-Ratio von 43 % erzielt werden, die einen Benchmark für die Branche darstellt. Angelehnt an der in der Industrie üblichen Terminologie sollen die Modelle und Methoden zum Management der Prozesse der *Citibank* unter dem Oberbegriff der Produktionsplanung und -steuerung (kurz: PPS) beschrieben werden, um damit pointierter, als es mit dem Begriff des Prozessmanagements möglich wäre, die Übertragung industrieller Konzepte (etwa Arbeitspläne etc.) auf den Finanzdienstleister *Citibank* zum Ausdruck zu bringen.

Industrielle Strukturen konnten auf die *Citibank* übertragen werden, weil deren Geschäftsmodell weitgehend standardisierte Leistungen vorsieht, so dass ein hohes Maß an gleichartigen Prozessen, eine hohe Prozesswiederholungsrate und eine modular strukturierte Prozesskette entweder bereits bestanden oder mit einem effizienten Mitteleinsatz erreichbar waren. Wesentliche Beiträge zum Gelingen der Industrialisierung gingen von der Fokussierung eines Kapazitätsmanagements, der Stärkung der Prozesskompetenz durch Bündelung in einer eigenständigen Abteilung, einer Erhöhung der Kundenorientierung und einer strukturierten Leistungsentwicklung aus.

Der PPS im Bankensektor stellen sich Aufgaben analog zu denen in der Industrie (vgl. zum Folgenden *Kurbel* 2005, S. 5 ff.):

- Vorbereitung von Entscheidungen über das Produktions- und Absatzprogramm, insbesondere strategisch über die Programmbreite bzw. Variantenvielfalt und operativ bezüglich Mengen, Abarbeitungsreihenfolgen und Terminierung der auszuführenden Prozesse,
- Vorbereitung von Entscheidungen über das Ausmaß der Kundenintegration in den Dienstleistungsprozess und damit über die Standardisierung bzw. Individualisierung von Dienstleistungen,
- Vorbereitung strategischer Entscheidungen über die Dimensionierung von Produktionskapazitäten und insbesondere über Investitionen sowie von operativen Entscheidungen über die Kapazitätsnutzung zur Vermeidung von Leerkapazitäten i. S. v. ungenutzten Kapazitäten,
- Vorbereitung von Entscheidungen über die Fertigungstiefe, d. h. über Outsourcing und Sourcing von Leistungen,
- Vorbereitung von Reorganisationsentscheidungen,
- Planung und Kontrolle von Durchlaufzeiten und Prozesskosten,
- Durchführung der Auftragsabwicklungsplanung für eine effiziente und den Kundenwünschen entsprechende Bearbeitung von »Kundenaufträgen«.

Im Rahmen der oben skizzierten Industrialisierung starteten bei der *Citibank* bspw. die ersten Fachtrainingsprogramme: die Prozessmanagementtrainings »Basic« und »Advanced«. Im Modul »Basic« werden den Teilnehmern Grundlagen des Prozessmanagements anhand eigener Beispiele aus dem Arbeitsalltag vermittelt. Erfolg des Trainings: Aus den Fachabteilungen wurden bislang einige hundert Vorschläge zu Prozessverbesserungen eingereicht.

Das Modul »Advanced« macht aus Fachexperten Prozessmanager. Teamleiter und Experten arbeiten dabei an eigenen Prozessen und vereinbaren mit ihren Abteilungsleitern sog. Durchbruchsprojekte zur Prozessoptimierung. Das erste Projekt wurde bereits nach wenigen Wochen erfolgreich abgeschlossen: Im Kundenservice konnte eine Reduzierung der Bearbeitungszeiten bei Adressänderungen um 30 Prozent erreicht werden. Seit einigen Jahren setzt das Call Center erfolgreich die Kapazitätsplanungssoftware *electronic Workforce Management* (eWFM) ein. Im Rahmen der Industrialisierung kam diese Software erstmals auch in Nicht-Call-Center-Bereichen zum Einsatz. Nach einer Implementierungszeit von wenigen Monaten wurde dort die Schichtplanung für alle Sachbearbeiter von *Microsoft Excel* auf eWFM umgestellt. Als erste Ergebnisse sind zu nennen: Der Service für den Kunden konnte trotz Saisonalitäten im Anfragevolumen deutlich verbessert werden und die Zufriedenheit der Mitarbeiter stieg durch die systemseitige Berücksichtigung von Mitarbeiterpräferenzen. Gleichzeitig konnte der Planungsaufwand um über 80 Prozent reduziert werden.

Einer der großen Erfolgsfaktoren der *Citibank* ist ein bewusst gelebtes und nachhaltiges Kostenmanagement. So muss sich jede Investition mit Hilfe entsprechender

Business Cases rechtfertigen lassen. Konkret bedeutet das, dass auch vor der Implementierung einer kleineren Prozessverbesserung die zu erwartenden Einsparungen die Aufwendungen deutlich übersteigen müssen. Für das oben geschilderte Projekt zur Optimierung der Adressänderung musste entsprechend auch ein Business Case erstellt werden. Die Investition betrug hierbei lediglich einige wenige Manntage eines Experten aus der Fachabteilung.

Diese Beispiele sollen erläutern, dass alle Maßnahmen unter Erfolgszielaspekten/ Kostenaspekten geplant und kontrolliert werden. Ein Element zur Gewährleistung der Effizienz ist die Einführung der Prozesskostenrechnung.

Drei besondere Problemstellungen sind bei der Industrialisierung und dem Einsatz von Modellen für Zwecke der Produktionsplanung und -steuerung hervorzuheben: Bankprodukte stellen Dienstleistungen dar und sind deshalb per se nicht lagerfähig. Darüber hinaus ist der Kunde als externer Faktor in den Dienstleistungsprozess zu integrieren, weshalb die Kapazitätsnutzung extern ausgelöst und nur mit Einschränkungen prognostizierbar ist. Zudem weisen Banken nach wie vor eine relativ hohe Produktionstiefe auf, so dass die Modelle einen relativ hohen Komplexitätsgrad (Anzahl Prozesse etc.) erreichen können. Zur Lösung dieser Problemstellungen müssen die Ressourcen einer Bank flexibel in unterschiedlichen Prozessen einsetzbar sein und darüber hinaus die verwendeten Modelle mit aktuellen Daten versorgt und gekoppelt werden können, um modellübergreifende Datenkonsistenz zu gewährleisten.

Die Steigerung der Effizienz durch die Industrialisierung ist für die *Citibank* kein Sparprogramm, sondern ein Programm für mehr Wachstum. Die durch die effizienten Strukturen eingesparten Mittel können in den Ausbau des Vertriebsnetzes, die Erweiterung der Produkt- und Servicepalette und die Einstellung neuer Mitarbeiter investiert werden. So hat die *Citibank* im Jahr 2005 bspw. 9 neue Standorte eröffnet und die Zahl der Mitarbeiter um 300 auf 6.600 erhöht. Im Dienstleistungscenter der *Citibank* in Duisburg, in dem die Bank sämtliche administrativen Aufgaben bündelt, arbeiten rund 2.000 Mitarbeiter. Das Dienstleistungscenter stellt im Folgenden den Untersuchungsbereich dar.

Das Prozessmodell der *Citibank* umfasst also Prozesse, die am Standort Duisburg von 2.000 Mitarbeitern ausgeführt werden, während das Ressourcenmodell diese Kapazitäten nach Kompetenzprofilen strukturiert. Letztlich kommt dem Prozesskostenmodell die Aufgabe zu, den Bezug zwischen den Prozessen und Dienstleistungen der *Citibank* herzustellen und kostenmäßig zu bewerten.

3. Modelle zur Unterstützung der Produktionsplanung und -steuerung

3.1 Prozessmodell

Voraussetzung einer prozessorientierten Industrialisierung ist die Dokumentation der Prozesse, die in einem Prozessmodell ihren Niederschlag findet. Hiermit wird auf einer feingranularen Ebene Prozessstrukturtransparenz (vgl. *Scholz/Vrohlings* 1994a,

S. 41) hergestellt, um u. a. Prozessschwachstellen – etwa Prozessschleifen – aufzeigen zu können. »Ein Prozess ist die inhaltlich abgeschlossene, zeitliche und sachlogische Folge von Aktivitäten, die zur Bearbeitung eines betriebswirtschaftlich relevanten Objektes notwendig sind« (*Becker/Kahn* 2005, S. 6). Beispiele für ein Prozessobjekt im Bankenbereich sind der Kreditantrag und der Depoteröffnungsauftrag. Das *Citibank Prozessmodell* (*CPM*) stellt die Dokumentation aller Prozesse innerhalb der *Citibank* dar und geht damit über das Back Office hinaus.

Mit Hilfe des *CPM* werden die zeitlich-logische Dokumentation und die Visualisierung aller Aktivitäten auf einem feinen Detailniveau innerhalb der einzelnen Prozesse vorgenommen. Gleichzeitig dient es der Erfassung und Darstellung von Abhängigkeiten zwischen den einzelnen Aktivitäten sowie den vorhandenen organisatorischen Schnittstellen.

CPM ist vorrangig für die standardisierte Erfassung der Prozesse sowie die Hinterlegung der notwendigen Arbeitsanweisungen konzipiert. Allgemein dienen Prozessmodelle der Organisationssystem- und der Anwendungssystemgestaltung. Für das *CPM* wurden die Zwecke folgendermaßen konkretisiert:

- Unterstützung der Fachabteilungen bei der Durchführung ihrer täglichen Aufgaben,
- Grundlage für Prozessverbesserungen,
- Identifizierung und Kommunikation klarer Verantwortlichkeiten,
- abteilungsübergreifende Sicht auf Prozesse,
- Einrichtung von Kontrollmechanismen für einen fehlerfreien Arbeitsprozess,
- Abbildung der derzeitigen Organisation des Unternehmens und der Prozesse,
- Basis für Schulungen und die Einarbeitung neuer Mitarbeiter,
- Unterstützung von IT-Projekten.

Der hier genannte Nutzen kann nur dann vollständig erreicht werden, wenn methodische und funktionale Regeln (Konventionen) bei der Prozesserfassung eingehalten werden. Ziel des sog. Konventionenhandbuchs ist es, ein Regelwerk für die Prozessdokumentation festzulegen. Nur so ist eine unternehmensweite standardisierte Dokumentation aller Prozesse möglich.

In jeden Prozess sind alle prozessrelevanten Dokumente (Geschäftsanweisungen, Arbeitsanweisungen, Richtlinien) mittels eigenständiger grafischer Symbole als Verknüpfung eingefügt. Die eigentlichen Dokumente werden in der *CPM*-Datenbank zentral abgelegt und unterliegen somit auch der Datensicherung und Versionierung. In einem Intranet-Prozessportal sind die modellierten Prozesse jederzeit abrufbar.

3.2 Ressourcenmodell

Die *Citibank* bildet die zur Prozessausführung verfügbaren Ressourcen in einem eigenständigen Modell ab. Ressourcen sind identisch mit den Produktionsfaktoren in der Produktionstheorie. Angelehnt an das Produktionsmanagement werden im Ressourcenmodell der *Citibank* abhängig davon, ob die Produktionsfaktoren zu Input von nur einer oder mehreren Prozessausführungen werden können, Repetier- und Potenzialfaktoren (vgl. *Corsten* 2004, S. 9) unterschieden. Während Repetierfaktoren (z. B. eine externe Dienstleistung, die in den Prozess einfließt) durch eine einmalige Prozessausführung verbraucht und deshalb laufend wiederbeschafft werden, verkörpern Potenzialfaktoren Nutzenpotenziale, die einen wiederholten Einsatz in den Prozessen ermöglichen (z. B. Personal). Potenzialfaktoren wird im Gegensatz zu Repetierfaktoren ein Leistungsvolumen zugewiesen, das als Kapazität (z. B. Personalkapazität) zu bezeichnen ist. Für die *Citibank* ist die Unterscheidung relevant, weil die identifizierten Repetierfaktoren im Regelfall keinen Engpass darstellen und zu Kosten führen, die sowohl prozessbezogen als auch im Sinne der Plankostenrechnung als variabel zu bezeichnen sind (z. B. Gebühren im Aktienhandel). Das Management der Ressourcen fokussiert also die Potenzialfaktoren. Hierfür wurde ein Kapazitäts- und (Fix-)Kostenmanagement etabliert. Hinsichtlich der Repetierfaktoren wird eine einfache Dokumentation der Faktoren inkl. der Faktorpreise vorgenommen.

Die *Citibank* weist den Organisationseinheiten Mitarbeiterkapazitäten zu und unterscheidet dabei die Qualifikationen bzw. Kompetenzprofile der einzelnen Mitarbeiter. Das Ressourcenmodell ist im Prozessmodell integriert, insofern eine Kopplung des Ressourcenmodells mit den Prozessen in der Form besteht, als dass die Mitarbeiter entsprechend ihrer Kompetenzprofile auf Prozesse zugeordnet sind (sog. Skill Matrix). Die Skill Matrix ist als ein vereinfachter Arbeitsplan anzusehen, der die Erstellung von Dienstleistungen durch Ausführung von Prozessen unter Inanspruchnahme von Ressourcen beschreibt. Aus dieser Zuordnungsmatrix ergibt sich, welcher Mitarbeiter mit welchem Zeitbedarf (gestaffelt nach Qualifikationsgraden) welche Prozesse ausführen kann (vgl. zu Personalzuordnungs-Modellen, die grundsätzlich in der Organisationstheorie thematisiert werden, *Wagner* 1966, S. 60 ff.).

Das Ressourcenmodell dient der Kapazitätsplanung und -steuerung. Zur Steuerung wird die Skill Matrix an ein Workflow-Management-System (kurz: WFMS) transferiert, das mit Hilfe eines Regelwerks Entscheidungen trifft, welcher Mitarbeiter welchen Arbeitsauftrag wann bekommt (sog. Workrouting). WFMS bieten eine automatisierte Unterstützung für Arbeitsabläufe (»Workflows«). Auf Basis des kombinierten Prozess- und Resssourcenmodells erzeugt das WFMS Ablaufinstanzen, interagiert mit menschlichen Bearbeitern der Instanzen und ruft andere Softwarewerkzeuge zur Arbeitsunterstützung automatisiert auf (vgl. auch *Kurbel* 2005, S. 409 ff.). Ein ähnliches Routing erfolgt bei Callcenter-Aktivitäten auf Basis von Anrufkategorien.

Bei der Kapazitätsplanung werden mitarbeiterindividuelle Präferenzen bezüglich der Einsatzzeiten berücksichtigt, wodurch die Mitarbeiterzufriedenheit begünstigt wird. Dieses Modell wird IT-seitig innerhalb einer eigenentwickelten und deshalb auf die spezifischen Anforderungen der PPS bei der *Citibank* zugeschnittenen Datenbanksoftware gepflegt. Begleitend zur Kapazitätsplanung nutzt die Industrialisierung das Ressourcenmodell zu Simulationszwecken. Auf diese Weise werden die Auswirkungen von Prozessveränderungen vorab bewertet. So werden z. B. die Einflüsse von Saisonalitäten (Weihnachtsgeschäft) und Sondereffekten (Fußballweltmeisterschaft) simuliert. Hierdurch kann gewährleistet werden, dass der Ressourceneinsatz den veränderten Volumenprofilen (Verteilung über den Tag und Mengen) angepasst ist, und sich der Kundenservice auf hohem Niveau stabilisiert. Mit der Simulation wird u. a. die Analyse der kostenmäßigen Effekte von Prozessmodifikationen und von Investitionsvorhaben unterstützt, so dass bspw. unwirtschaftliche Vorhaben frühzeitig fallengelassen werden können. Zur kostenmäßigen Bewertung werden die Simulationsdaten an das Prozesskostenmodell übergeben.

3.3 Prozesskostenmodell

Das Prozesskostenmodell soll die Prozessleistungstransparenz (vgl. *Scholz/Vrohlings* 1994b) herstellen. Grundsätzlich bezieht sich die Leistungstransparenz sowohl auf die Prozesseffektivität, die den Prozessoutput bewertet, als auch auf die Prozesseffizienz, zu deren Messung Wirtschaftlichkeitskennzahlen heranzuziehen sind. Die Prozesseffektivität kann z. B. anhand von Qualitätskennzahlen, die das Ausmaß der Entsprechung von Kundenerwartungen und Leistungsmerkmalen erfassen, bewertet werden. Die *Citibank* verwendet sowohl Effizienz- als auch Effektivitätskennzahlen zur Bestimmung der Prozessleistung. Im Folgenden werden jedoch die mit Hilfe der Prozesskostenrechnung ermittelten Effizienzkennzahlen fokussiert.

Horváth und *Mayer* hatten prägenden Einfluss auf die Methode der Prozesskostenrechnung (vgl. *Horváth/Mayer* 1989), die eine vorhandene Kostenrechnung »zur Erfassung, Planung, Steuerung und Verrechnung kostenstellenübergreifender Prozesse« (*Mayer/Coners/von der Hardt* 2005, S. 124) ergänzt. Im Hinblick auf das ergebnisorientierte Management von Prozessen lassen sich folgende Prozesseigenschaften hervorheben (vgl. *Mayer* 1998, S. 6):

- Prozesse erbringen einen Leistungsoutput.
- Prozesse nehmen Ressourcen (bewertet in Kosten) in Anspruch.
- Die Kosten eines Prozesses hängen von einem definierbaren Einflussfaktor (so genannter Cost Driver) ab, der zugleich die Anzahl der Prozessdurchführungen repräsentiert (außer bei so genannten leistungsmengenneutralen Prozessen, etwa dem Prozess »Listenabgleich«).
- Für Prozesse können Durchlauf- und Bearbeitungszeiten berechnet werden (außer bei leistungsmengenneutralen Prozessen).
- Prozesse lassen sich anhand von Qualitätsmerkmalen (z. B. Fehlerquoten) beschreiben.

Erfolgskritische Abläufe sind in der *Citibank* wie in den meisten Organisationen abteilungsübergreifend angelegt. Hierin besteht eine Ausgangsüberlegung der Prozesskostenrechnung (vgl. *Coenenberg/Fischer* 1991, S. 31). Das einer Prozesskostenrechnung zugrunde liegende Prozessmodell kann grundsätzlich aus beliebig vielen Hierarchieebenen bestehen (vgl. zum Folgenden *Mayer/Coners/von der Hardt* 2005, S. 127–128). Üblicherweise unterscheidet man die Ebene der Geschäftsprozesse (Kernaufgabenfelder eines Unternehmens, die ablauforientiert analysiert werden sollen), der Prozesse (Abschnitte oder Varianten von Geschäftsprozessen, die demselben Cost Driver unterliegen; bisweilen als Hauptprozesse bezeichnet) und der Teilprozesse (homogene Aktivitäten einer Kostenstelle, die zusammengefasst einem oder mehreren Prozessen zugeordnet werden). Ein Teilprozess ist immer kostenstellenbezogen definiert und fungiert deshalb als Bindeglied zwischen den Kostenstellenkosten und den kostenstellenübergreifend definierten Prozessen. Teilprozesse lassen sich klassifizieren in leistungsmengenin-duziert (lmi) und leistungsmengenneutral (lmn) (vgl. *Horváth/Mayer* 1989, S. 216). Während die Kosten der lmi-Teilprozesse proportional mit dem Leistungsvolumen des Kosteneinflussfaktors variieren, so fallen die Kosten der lmn-Teilprozesse unabhängig von der Kostenstellenauslastung an. Auf Teilprozessebene wird der Kosteneinflussfaktor als Maßgröße bezeichnet.

Das Vorgehensmodell zur Einführung einer Prozesskostenrechnung beinhaltet vier Schritte (vgl. *Mayer/Coners/von der Hardt* 2005, S. 128–130 und *Coenenberg/Fischer* 1991, S. 25–28). Im ersten Schritt sind die Prozesse zu strukturieren, weil die Erhe-bung der Teilprozesse die Kenntnis der Prozesse voraussetzt. Daraufhin erfolgt eine Tätigkeitsanalyse in den Kostenstellen zur Teilprozessermittlung und zur Ermittlung der Inanspruchnahme von Kostenstellenressourcen durch Prozesse. In einem dritten Schritt sind die Kosteneinflussfaktoren der Prozesse festzulegen und zu quantifizieren. Der vierte Schritt erfordert eine Kostenbewertung der Teilprozesse und eine Prozess-verdichtung. Das Standardvorgehen (vgl. *Mayer* 1998, S. 15) zur Kostenbewertung der Teilprozesse besteht in der Zuordnung der Kostenstellenkosten im Verhältnis der Teilprozesskapazitäten (Mitarbeiterjahre = MJ). Letztlich ermitteln sich die Kosten eines Prozesses aus der Addition der Kosten derjenigen Teilprozesse, aus denen sich der Prozess zusammensetzt. Die durchschnittlichen Kosten für die einmalige Prozess-durchführung (sogenannter Prozesskostensatz) resultieren aus der Division der Pro-zesskosten durch die Cost-Driver-Menge beziehungsweise Maßgrößenmenge. Dividiert man die Kapazität (MJ) eines Prozesses durch die Menge seines Kosteneinflussfaktors, so ergibt sich der rechnerische Kapazitätsbedarf je Prozessausführung.

Die Unterscheidung der Ressourcen bei der *Citibank* in Potenzialfaktoren und Repe-tierfaktoren setzt sich in der Prozesskostenrechnung fort. Die Potenzialfaktoren erhalten auf Ebene der Kostenstellen eine Kapazität zugeordnet (z. B. Mitarbeiterjahre), während den Repetierfaktoren (z. B. Gebühren externer Dienstleister für Adressrecherchen) keine Kapazität zugeordnet wird. Die Kosten der Repetierfaktoren werden bei der *Citibank* im Sinne eines variablen Kostensatzes auf die Teilprozesse zugerechnet.

Als bedeutsames Anwendungsfeld der Prozesskostenrechnung gilt bei der *Citibank* die kostenorientierte Prozessoptimierung (vgl. zu den Anwendungsfeldern auch *Mayer/Coners/von der Hardt* 2005, S. 125–127). Das in der Prozesskostenrechnung der *Citibank* enthaltene Prozessmodell umfasst zwei Ebenen: Prozesse und Teilpro-zesse. Zur Unterstützung der aufgeführten Zwecke wurden die Strukturdaten der Prozesskostenrechnung – nämlich die Kostenstellen, die Prozesse und die Teilprozesse – einerseits mit dem Prozessmodell der *Citibank* gekoppelt. Auf der anderen Seite war eine Kopplung mit dem Produktmodell, das im Rahmen der Industrialisierung dokumentiert und komplexitätsreduziert werden konnte, notwendig. Diese Kopplung wurde durch eine produktbezogene Definition der Prozesse und deren Zuordnung auf Produkte erreicht. Auf dieser Basis sind die kostenmäßigen Effekte von Verän-derungen des Produktportfolios bzw. des (mengenmäßigen) Absatzprogramms auf das »Produktionsprogramm« der Bankfabrik ermittelbar und zu simulieren. Die Pro-zesskosteninformationen fließen darüber hinaus in die laufende Kalkulation in Form von Standardbetriebskosten ein.

Als wichtig wurde ferner die Verwendung der Kosteninformationen zur Unterstützung von »Make-or-Buy«-Entscheidungen, des Benchmarkings zwischen verschiedenen Organisationseinheiten der *Citibank* und von Optimierungsinitiativen erkannt.

Zum Aufbau und für die Nutzung der Prozesskostenmodelle wird das *Horváth & Partners*-Tool *PROZESSMANAGER X* (kurz: *PM X*) eingesetzt (vgl. zum *PM X* Abb. 2 und *Coners/von der Hardt* 2005).

Ausschlaggebend für die Auswahl und Implementierung des *PM X* war die flexible Integrierbarkeit des *PM X* mit anderen bereits im Einsatz befindlichen Lösungen, ins-

- Excel Plattform (Front-End, Import, Reporting), Datenhaltung unter XML

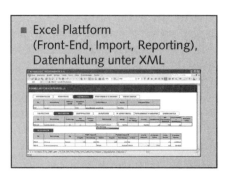

- Lokale XML-Datenbank
- Synchronisation mit relationaler Datenbank (Oracle, Access, etc.)

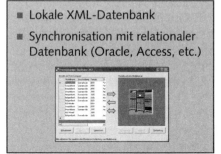

- XML-basierte Integration Prozessmodellierung / BPM (z.B. mit AENEIS, Prometheus, ARIS)

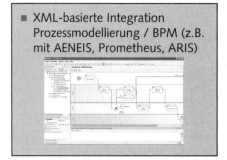

- Flexibles Berichtswesen mit Management Cockpit

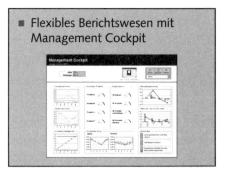

- Komplexitätsbeherrschung (Referenzprozesse, etc.)

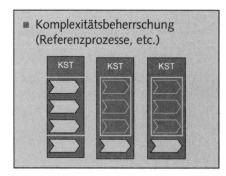

- Import und Datenaktualisierung über Excel-Templates

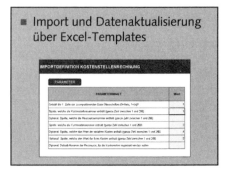

Abb. 2: Funktionsumfang des PM X

besondere mit Prozessmodellierungswerkzeugen und mit einem Datenbanksystem der *Citibank*, aus dem Mengen-, Kapazitäts- und Kostendaten automatisiert übernommen werden. Darüber hinaus ist das leicht erlern- und anpassbare *Microsoft-Excel*-Frontend als Vorteil dieser Lösung ebenso zu nennen, wie die Sicherstellung der Datenintegrität durch Verwendung von IT-Standards. Hierunter fällt die Verwendung eines XML-Datenformats, das mittels eines XML-Schemas beschrieben wird und das mit nahezu beliebigen relationalen Datenbanksystemen zur Unterstützung der Multi-User-Fähigkeit des *PM X* repliziert werden kann. Lokal verwendet der *PM X* zur Ermittlung der Prozesskosten eine XML-Datenbank, die Daten aus dem *Excel*-Frontend bezieht und die Berechnungsergebnisse an das Frontend in Form von Berichten zurückliefert. Ein wichtiger Aspekt des *PM X* ist dessen hohe Kostenwirtschaftlichkeit.

Die leichte Anpassbarkeit des Reportings gilt als ein Vorteil des *PM X*. So kann der *PM X* über die reinen Kapazitäts- und Kostendaten hinaus weitere Soll- und Ist-Kennzahlen verarbeiten und managementgerecht aufbereiten. Die Aufbereitung kann in Form multidimensionaler Berichte erfolgen, in denen der Anwender dynamisch navigieren kann, etwa indem er einen Drill Down von den Prozesskosten zu den Teilprozesskosten und von dort zu einzelnen Ressourcen und Kostenarten durchführt. Gleichfalls wurde ein Drill Down von den Produktkosten zu den Kosten der Prozesse und Teilprozesse realisiert. Dynamische Berichte werden als Pivot-Tabellen dargestellt, die mehrere Modelle simultan verarbeiten können (vgl. Abb. 3). Hierdurch werden z. B. Periodenvergleich oder Prozess-Benchmarking unterstützt.

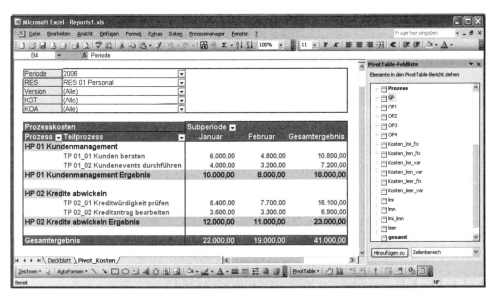

Abb. 3: Dynamisches Reporting beim *PM X* (Herstellerbeispiel von *Horváth & Partners* mit fiktiven Daten)

Außerdem erlaubt der *PM X* die Informationsversorgung des Managements mittels Cockpits, die frei definiert werden können und ebenfalls im *Excel*-Standardformat ausgegeben werden (vgl. Abb. 4). Dabei werden für verschiedene Funktionsbereiche bereichsspezifisch gestaltete Cockpits eingesetzt. Das Prozess- und Kapazitätsmanagement wiederum nutzt tendenziell detaillierte Cockpits, die gesamtunternehmensbezogen definiert sind.

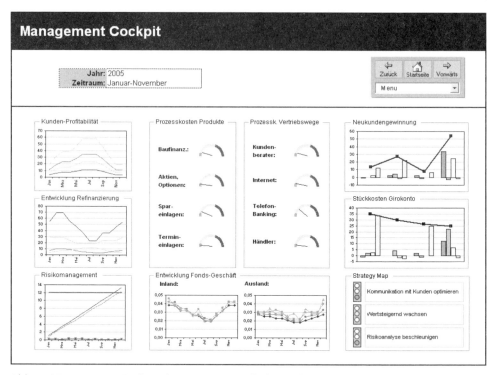

Abb. 4: Management Cockpit des PM X (Herstellerbeispiel von *Horváth & Partners* mit fiktiven Daten)

4   Praktische Nutzung der Modelle

Um die mit PPS verbundenen Ziele zu erreichen, sind die Modelle (und die dahinter liegenden Methoden) in der Praxis konsistent anzuwenden. Eine Prozesskostenoptimierung »auf dem Papier« stiftet keinen Nutzen, falls die Optimierung nach Ressourcen verlangt, die laut Ressourcenmodell überhaupt nicht verfügbar sind. Umgekehrt sind die Prozesskosten nicht valide ermittelt – mit entsprechenden Verzerrungen der Produktkosten –, falls die im Prozesskostenmodell verarbeiteten Ressourcendaten nicht dem aktuellen Stand entsprechen. Deshalb kommt in der Praxis der Verzahnung unterschiedlicher Modelle der PPS eine hohe Bedeutung zu.

Die Modelle und unterstützenden Tools sind in der praktischen Anwendung über Schnittstellen gekoppelt.

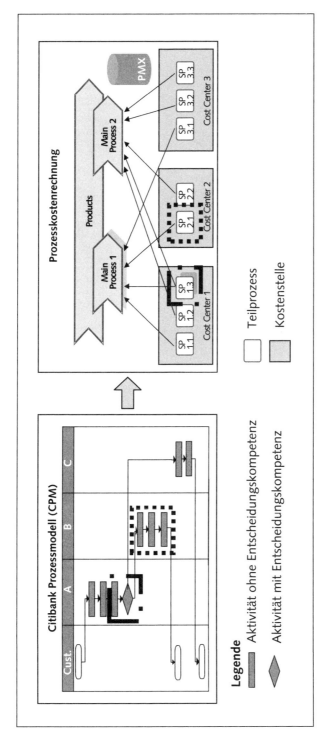

Abb. 5: Kopplung des Prozessmodells und des Prozesskostenmodells

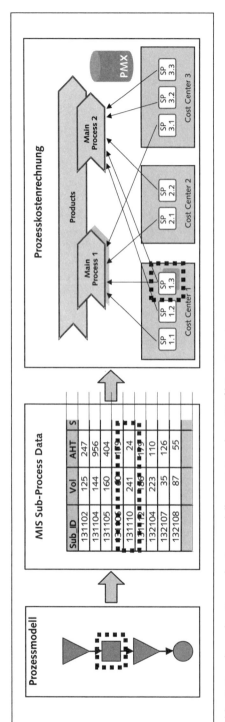

Abb. 6: Kopplung des Prozesskostenmodells an Daten des MIS (fiktive Daten)

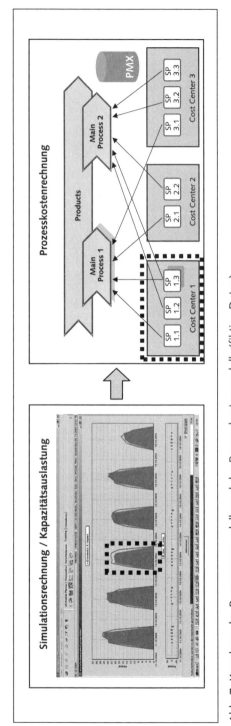

Abb. 7: Kopplung des Ressourcenmodells und des Prozesskostenmodells (fiktive Daten)

Abbildung 5 zeigt die Kopplung des Prozessmodells mit dem Prozesskostenmodell exemplarisch auf. In dem Beispiel werden Aktivitäten, die das Prozessmodell enthält, zu Teilprozessen der Prozesskostenrechnung aggregiert. Für die zweckadäquate Aggregation von Aktivitäten zu Teilprozessen wurden innerhalb der Schnittelle Prozeduren hinterlegt.

Für die prozessorientierte Simulation und den Kapazitätsabgleich mit Hilfe des Ressourcenmodells sind Daten über den Zeitbedarf einer Prozessausführung und über die Prozessmengen im Plan und im Ist erforderlich. Gleichfalls berücksichtigt das Prozesskostenmodell diese Daten. Bei der *Citibank* entstammen diese Daten einem Management-Informationssystem (kurz: MIS). Abbildung 6 skizziert die Kopplung des Prozesskostenmodells mit dem MIS.

Anhand der MIS-Daten ermittelt das Ressourcenmodell die Kapazitätsauslastung der Kostenstellen. Dies zeigt Abbildung 7 durch Gegenüberstellung der Tagesverlaufskurve der angebotenen Kapazität und der von den im WFMS eingelasteten Prozessinstanzen nachgefragten Kapazität:

Auf täglicher Basis stellt das Kapazitätsmanagement sowohl im Plan als auch im Ist zur Ermittlung und Steuerung der Kapazitätsauslastung die verfügbare und die mittels Prozessausführung nachgefragte Kapazität der Kostenstellen gegenüber. Anhand dieser Information können Kapazitäten zwischen über- und unterausgelasteten Unternehmensbereichen ausgetauscht werden. Die *Citibank* hat durch die Mehrfachqualifizierung der Mitarbeiter und Herstellung der Prozess-Ressourcen-Transparenz (»Welcher Mitarbeiter kann welchen Prozess ausführen?«) im kombinierten Prozess- und Ressourcenmodell die Voraussetzung dafür geschaffen, dass diese Kapazitätsumschichtung nicht nur theoretisch möglich ist, sondern praktisch durchgeführt wird. Aus diesem Grund sind die leistungsmengeninduzierten Kosten der Prozesse bei der *Citibank* »variabel« oder »disponibel«. Durch Umschichtung werden nicht benötigte Prozesskapazitäten zeitnah und flexibel anderen Prozessen und ggf. sogar anderen Produktbereichen zugeordnet, so dass die ursprünglichen Prozesse und Produkte tatsächlich von Prozesskosten entlastet werden.

Ein Beispiel sind Mitarbeiter, die im Unternehmensbereich Kontopflege eingesetzt werden. Sofern das Ressourcenmodell ausgehend von den im MIS in Echtzeit dokumentierten Volumina der Mitarbeiter eine Unterauslastungssituation ermittelt, werden diese Mitarbeiter dem Fachhändlerservice zugeordnet, um hier bei Händlerfinanzierungsanfragen zu unterstützen.

Eine lesson learned des Industrialisierungsprogramms war, dass die Kapazitätsumschichtung zeitnah auch im Prozesskostenmodell abzubilden ist, weil ansonsten negative Leerkapazitäten und -kosten errechnet würden. Kostenstellen bewältigen – durch eine zunächst dem Prozesskostenmodell unbekannte temporäre Kapazitätsausweitung – Prozessmengen, die sie mit der eigenen Kapazität theoretisch nicht abarbeiten können. Also waren die Kapazitätsumschichtungen im Bereich der Kostenstellenkapazitäten durch Kopplung des Ressourcen- und Prozesskostenmodells zu berücksichtigen (vgl. Abb. 7).

Neben der Kopplung verschiedener Tools innerhalb des Industrialisierungsprogramms steht bei der *Citibank* die kontinuierliche Verbesserung von Prozessen im Fokus. In der Anwendung bedeutet das konkret, dass eine Partnerschaft zwischen dem zentralen

Bereich Engineering and Capacity Management und den dezentralen Prozessverantwortlichen etabliert wurde, um gemeinsam an der Optimierung von Prozessen und
Kapazitätseinsatz zu arbeiten (vgl. zu den Aspekten der Prozessverantwortung *Mayer/
Fischer* 2005). Die Prozessverantwortlichen entwickeln so Ansätze zur Neugestaltung
und Veränderung der Prozesse (vgl. zu den grundsätzlichen Veränderungsmöglich-
keiten Abb. 8).

Im Regelfall wird eine Veränderungsmaßnahme (z. B. Prozessteilautomatisierung)
zunächst anhand des Prozesskostenmodells entwickelt und kostenmäßig (z. B. durch
Berücksichtigung zusätzlicher Abschreibungen und reduzierter Personalkosten) analysiert. Eine Feinplanung der Auswirkungen auf die Ressourcen und der tatsächlichen
Durchführbarkeit erfolgt dann mit Hilfe des Ressourcenmodells.

Zur Motivation, kontinuierlich Prozesse zu verbessern, gehört einerseits ein be-
triebliches Vorschlagswesen und die Bonifizierung erfolgreicher Optimierungsprojekte.
Andererseits ist die Prozessmanagement-Zertifizierung fester Bestandteil des Führungs-
kräftecurriculums im Dienstleistungscenter der *Citibank* in Duisburg.

5   Fazit und Ausblick

Die *Citibank* hat ein eigenständiges PPS-Konzept für industrialisierte Dienstleistungen
entwickelt. Best Practices hierfür wurden in der Fertigungsindustrie ermittelt. Zur Übernahme und Adaption dieser PPS-Konzepte an die Spezifika der Banken wurden gezielt
Mitarbeiter mit Industriehintergrund eingestellt, die kombiniert mit den angestammten
Mitarbeitern der Bank das PPS-Konzept entworfen und implementiert haben. Eine
Anlehnung an „Referenzmodelle" (z. B. vorgefertigte Prozessmodelle) der Bankbranche
kommt für die *Citibank* generell nicht in Frage, weil über einen solchen Weg keine Wettbewerbsvorteile generiert werden können. Die hier dargestellte Kopplung verschiedener
Modelle, die verschiedene Aspekte von PPS bei der *Citibank* abdecken, kann gleichwohl
als eine Referenz zur Industrialisierung von Dienstleistungen dienen.

Es bestehen weitere Anknüpfungspunkte für die Weiterentwicklung des PPS-Systems
der *Citibank*. Dazu soll die vorhandene Datenbasis, die u. a. atomistische Daten über
Prozessinstanzen bereithält, zur effizienteren Anpassung der Prozess- und Prozesskostenmodelle mittels Process-Intelligence-Verfahren (vgl. *Grob/Bensberg/Coners* 2004)
ausgewertet werden. Process Intelligence hält Data-Mining-Verfahren zur Erkennung
von Mustern bereit. Hiermit werden z. B. typische Zusammenhänge zwischen Produkten
oder Qualifikationen und dem Zeitbedarf der Prozesse aufgedeckt und automatisiert
Prozessmodelle anhand historischer Daten erstellt und aktualisiert.

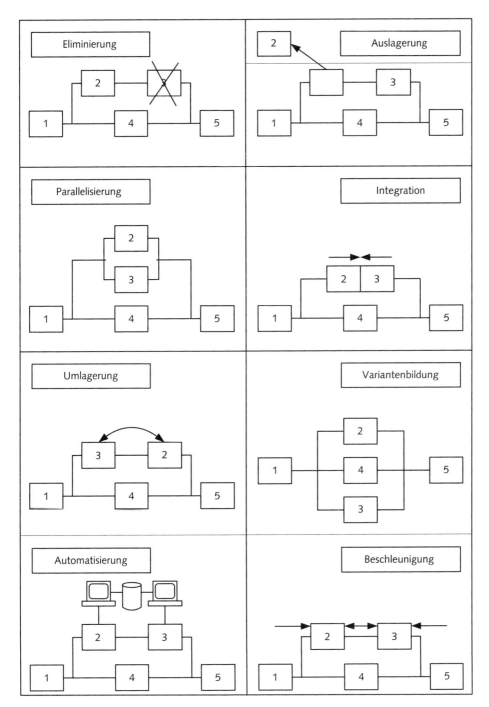

Abb. 8: Ansatzpunkte der Prozessgestaltung (entnommen aus *Gaitanides/Müffelmann* 1995, S. 344)

Literatur

Becker, J./Kahn, D. (2005), Der Prozess im Fokus, in: Prozessmanagement – Ein Leitfaden zur prozessorientierten Organisationsgestaltung, Hrsg.: *J. Becker/M. Kugeler/M. Rosemann*, 4. Auflage, Berlin et al. 2005, S. 3–16

Corsten, H. (2004), Produktionswirtschaft – Einführung in das industrielle Produktionsmanagement, 10. Auflage., München et al. 2004

Grob, H. L./Bensberg, F./Coners, A. (2004), Analytisches Time-Driven Activity-Based Costing, in: Controlling, 16, 2004, 11, S. 603–611

Coenenberg, A. G./Fischer, T. M. (1991), Prozeßkostenrechnung – Strategische Neuorientierung in der Kostenrechnung, in: Die Betriebswirtschaft, 51, 1991, 1, S. 21–38

Coners, A./von der Hardt, G. (2005), IT-Lösungen für das Prozesskostenmanagement, in: *Horváth & Partners* (Hrsg.), Prozessmanagement umsetzen, Stuttgart 2005, S. 191–206

Gaitanides, M./Müffelmann, J. (1995), Das Prozeßsystem als strategischer Wettbewerbsfaktor, in: Zeitschrift für wirtschaftlichen Fabrikbetrieb (ZWF), 90, 1995, 7/8, S. 340–345

Horváth, P./Mayer, R. (1989), Prozeßkostenrechnung. Der neue Weg zu mehr Kostentransparenz und wirkungsvolleren Unternehmensstrategien, in: Controlling, 1, 1989, 4, S. 214–219

Kurbel, K. (2005), Produktionsplanung und -steuerung im Enterprise Resource Planning und Supply Chain Management, 6. Auflage, München et al. 2005

Mayer, R. (1998), Prozeßkostenrechnung – State of the Art, in: *Horváth & Partner* (Hrsg.), Prozeßkostenmanagement: Methodik und Anwendungsfelder, 2. Auflage, München 1998, S. 3–27

Mayer, R./Coners, A./von der Hardt, G. (2005), Anwendungsfelder und Aufbau einer Prozesskostenrechnung, in: *Horváth & Partners* (Hrsg.), Prozessmanagement umsetzen, Stuttgart 2005, S. 123–140

Mayer, R./Fischer, A. (2005), Prozessverantwortung wirkungsvoll umsetzen, in: *Horváth & Partners* (Hrsg.), Prozessmanagement umsetzen, Stuttgart 2005, S. 207–223

Scholz, R./Vrohlings, A. (1994), Prozeß-Struktur-Transparenz, in: *M. Gaitanides/R. Scholz/A. Vrohlings/M. Raster* (Hrsg.), Prozeßmanagement – Konzepte, Umsetzungen und Erfahrungen des Reengineering, München et al. 1994a, S. 37–56

Scholz, R./Vrohlings, A. (1994), Prozeß-Leistungs-Transparenz, in: *M. Gaitanides/R. Scholz/A. Vrohlings/M. Raster* (Hrsg.), Prozeßmanagement – Konzepte, Umsetzungen und Erfahrungen des Reengineering, München et al. 1994b, S. 57–98

Striening, H.-D. (1988), Prozeß-Management – Versuch eines integrierten Konzeptes situationsadäquater Gestaltung von Verwaltungsprozessen, dargestellt am Beispiel in einem multinationalen Unternehmen: *IBM Deutschland* GmbH, Frankfurt/Main et al. 1988

Wagner, H. (1966), Die Bestimmungsfaktoren der menschlichen Arbeitsleistung im Betrieb, Wiesbaden 1966

Performance Management bei der Landesbank Baden-Württemberg

Rudolf Zipf*

1   Die Landesbank Baden-Württemberg

2   Neue Anforderungen an das Performance Management

3   Elemente des Performance Managements

4   Kosten- und Ergebnistransparenz als Grundlage des Performance Managements

Literatur

---

*   Rudolf Zipf, Mitglied des Vorstands, Landesbank Baden-Württemberg, Stuttgart.

1   Die Landesbank Baden-Württemberg

Die *Landesbank Baden-Württemberg* (*LBBW*) ist Universalbank und internationale Geschäftsbank. Zusammen mit der seit 1. August 2005 in die *LBBW* integrierten selbstständig am Markt agierenden *Baden-Württembergische Bank* (*BW-Bank*), der *Landesbank Rheinland-Pfalz* (*LRP*) als 100 %iger Tochter sowie weiteren spezialisierten Tochterunternehmen ist sie auf allen Geschäftsfeldern einer modernen Großbank tätig.

Das Geschäftsmodell des *LBBW*-Konzerns sieht folgende Aufgabenteilung vor:

- Die *LBBW* konzentriert sich auf das überregionale und internationale Unternehmenskundengeschäft, das Geschäft mit institutionellen Kunden und auf die spezielle Produktkompetenz für Ausland, Wertpapiere, Leasing und Immobilien. Sie ist die Zentralbank der Sparkassen in Baden-Württemberg und nimmt zusammen mit der *Landesbank Rheinland-Pfalz* auch die Zentralbankfunktion für die Sparkassen in Rheinland-Pfalz wahr. Ferner sind bei der *LBBW* sämtliche Stabs- und Abwicklungsfunktionen zusammengefasst.
- Die *BW-Bank* übernimmt als operative Einheit innerhalb der *LBBW* für Baden-Württemberg die Geschäftsfelder des Privat- und Unternehmenskundengeschäfts mit einem besonderen Fokus auf dem Mittelstandsgeschäft. Auf dem Gebiet der Landeshauptstadt Stuttgart erfüllt sie für die *LBBW* die Aufgaben einer Sparkasse.
- Die *LRP* konzentriert sich auf die Betreuung von Mittelstandskunden und Sparkassen in Rheinland-Pfalz.

Mit einer Bilanzsumme im Konzern von 405 Mrd. € (31.12.2005), rund 240 Filialen vorwiegend in Baden-Württemberg und weltweit 23 Stützpunkten sowie rund 12.550 Mitarbeitern im Konzern ist die *Landesbank Baden-Württemberg* die größte Bank im Südwesten Deutschlands. In der Bundesrepublik zählt sie zu den fünf größten Kreditinstituten, weltweit zu den 50 größten Banken. Ihre Hauptsitze liegen in Stuttgart, Karlsruhe und Mannheim.

Tochter- und Beteiligungsunternehmen vervollständigen das Angebot der *Landesbank Baden-Württemberg*. Die Palette der Leistungen reicht von Leasing und Factoring über das Management von Wertpapierspezialfonds sowie das Angebot von Beteiligungsfinanzierungen bis zu speziellen Finanzdienstleistungen für Kommunen und einem umfassenden Service-Angebot rund um den Immobilienbereich.

2   Neue Anforderungen an das Performance Management

Der Wegfall der Anstaltslast und der Gewährträgerhaftung im Jahr 2005 haben für die Landesbanken entscheidende Auswirkungen auf das Rating und die Refinanzierung. Dadurch stehen Finanzkraft und Rentabilität noch stärker im Fokus des Geschäftsmodells. Für die Fremdkapitalgeber der *LBBW* sind dies künftig die entscheidenden Größen.

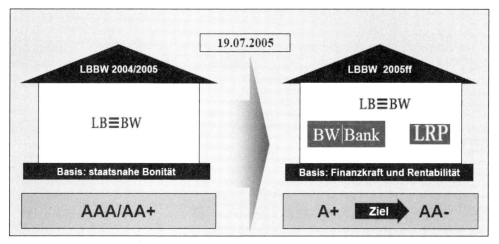

Abb. 1: Finanzkraft und Rentabilität als Basis des Geschäftsmodells

Für die *LBBW* genauso wie für alle anderen Landesbanken ergeben sich daraus veränderte Rahmenbedingungen und dementsprechend neue Anforderungen an das Performance Management:

- steigende Refinanzierungskosten,
- Wegfall von Erträgen im großvolumigen Buy-and-Hold-Geschäft,
- Kostenstrukturen, die dem neuen Wettbewerbsumfeld angepasst werden mussten und müssen,
- Erschließung weiterer stabiler Ertragsquellen im wettbewerbsintensiven Markt,
- vertikale und horizontale Integration von *BW-Bank* und *LRP*: Abbildung der neuen Kosten- und Ergebnisverantwortungsbereiche und Abbildung und Bewertung der innerbetrieblichen Leistungsströme.

3   Elemente des Performance Managements

Um den Unternehmenserfolg zu steuern, ist die Transparenz über den Ergebnisbeitrag jeder einzelnen Konzernfunktion zum Unternehmenserfolg eine Grundvoraussetzung. Um diese Transparenz zu erreichen und Fragen zum Ergebnisbeitrag von Produkten, Kunden und Organisationseinheiten beantworten zu können, ist die Gestaltung des Performance Managements eine zentrale unternehmenspolitische Herausforderung.

In der Praxis kursiert eine Vielzahl an Definitionen des Begriffs Performance Management und dessen Elementen; eine definitorische und inhaltliche Abgrenzung erfolgt nur unzureichend. Performance Management wird häufig synonym mit dem Begriff des Performance Measurements verwendet, der die Messung von monetären und nicht monetären Unternehmensleistungen anhand von Kennzahlen umfasst (vgl. *Schimank/Wehrli* 2006).

Die *LBBW* versteht das Performance Management hingegen als eine Führungsaufgabe, die sich auf Maßnahmen und Instrumente zur nachhaltigen Verbesserung der strategischen und operativen Leistungserfüllung bezieht. Um die Nachhaltigkeit des Performance Managements sicherzustellen, gilt es Aufgaben, die eng miteinander verzahnt sind, zusammen zu bewältigen. Abgeleitet aus dem Grundmodell des Performance Managements gestalten sich die Dimensionen des Performance Managements bei der *LBBW* wie folgt (vgl. Abb. 2):

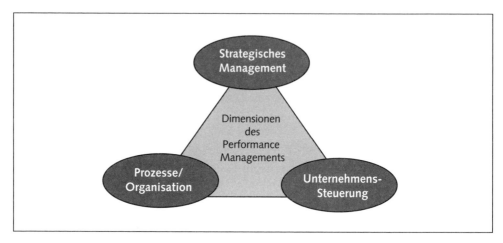

Abb. 2: Dimensionen des Performance Managements bei der *LBBW*

Im Rahmen des Strategischen Managements gilt es, wettbewerbsstärkende Unternehmens- und Geschäftsfeldstrategien in allen Kunden- und Marktsegmenten systematisch zu entwickeln und umzusetzen. Bei geänderten Umfeldbedingungen und geänderten Strategien müssen die Prozesse auf den Prüfstand gestellt werden und falls erforderlich neu organisiert werden. Organisationsstrukturen müssen an geänderte Prozessstrukturen angepasst werden. Zuletzt müssen auch die Steuerungs- und Informationssysteme strategiekonform ausgerichtet werden.

Das Strategische Management der *LBBW* beschäftigt sich vor dem Hintergrund der bereits beschriebenen geänderten Rahmenbedingungen derzeit intensiv mit der Weiterentwicklung des strategischen Profils. Grundlage einer erfolgreichen strategischen Steuerung ist ein durchgängiger Strategieprozess von der strategischen Analyse mit Markt-, Kunden-, Wettbewerbs- und Umfeldanalysen bis hin zur Strategieumsetzung im gesamten Konzern. Die folgende Abbildung skizziert den Strategieprozess der *LBBW* und die relevanten Themenfelder, Inhalte und Methoden (vgl. Abb. 3).

Im Rahmen der Gestaltung der Aufbauorganisation sowie des Prozessmanagements gibt es für die *LBBW* zwei grundsätzliche Stoßrichtungen: Die strategische Neugestaltung bzw. Restrukturierung und die operative Performance-Steigerung.

Abb. 3: Themenfelder im Rahmen des Strategischen Managements

Dominierendes Thema in strategischer Hinsicht ist die Neugestaltung der Arbeitsteilung im Konzern vor dem Hintergrund der Integration der *BW-Bank* sowie der Zusammenarbeit mit den Sparkassen. In diesem Zusammenhang gilt es auch, Synergiepotenziale zwischen dem *LBBW*-Konzern, der *BW-Bank* als Retail-Bank sowie der *LRP* zu heben. Mit Blick auf die zunehmende Industrialisierung der Bankenlandschaft stehen auch immer wieder Themen im Zusammenhang mit der Gestaltung der Wertschöpfungstiefe bzw. Sourcing-Strategien zur Diskussion und werden als strategische Optionen diskutiert. In operativer Hinsicht steht die nachhaltige Steigerung der Prozess-Performance im Vordergrund. Wichtige Punkte sind dabei die Gestaltung der Schnittstelle zu den Sparkassen, Tochterunternehmen und Beteiligungen sowie die systematische Geschäftsprozessoptimierung und konsequentes internes und externes Benchmarking. »Das größte Ergebnispotenzial eines Unternehmens liegt in dessen Fähigkeit, Prozesse zu managen. Eine konsequente Ausrichtung des Unternehmens auf Kunden und Märkte geht somit einher mit einer Fokussierung auf Prozesse als Garant nachhaltiger Ergebnissicherung und -steigerung.« (*Mayer* 2005, S. 96).

Die Ergebnisse zu sichern und nachhaltig zu steigern, ist die Herausforderung an die Unternehmenssteuerung. Grundvoraussetzung, um die Aufgaben im Rahmen des Performance Managements zu erfüllen, ist die Transparenz über den Ergebnisbeitrag jeder einzelnen Konzernfunktion. Eine weitere wichtige Grundlage für das Performance Management ist die Struktur der Ergebnisrechnung sowie die Bewertung der einzelnen Ergebniskomponenten nach konzerneinheitlichen Standards.

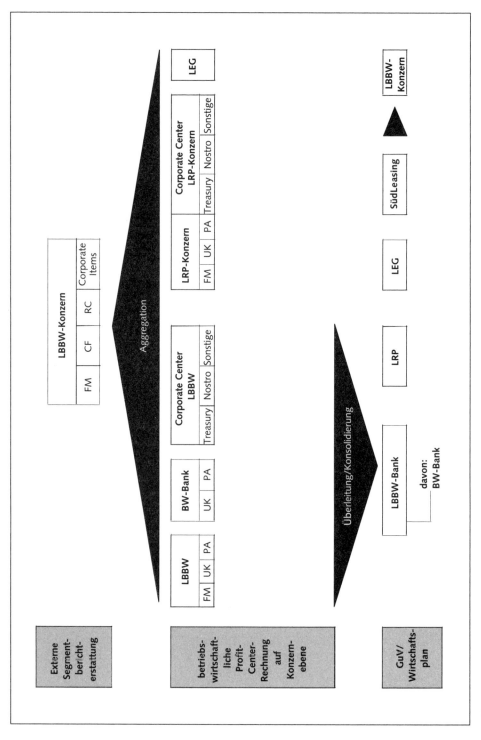

Abb. 4: Transparente Darstellung der Konzernaktivitäten

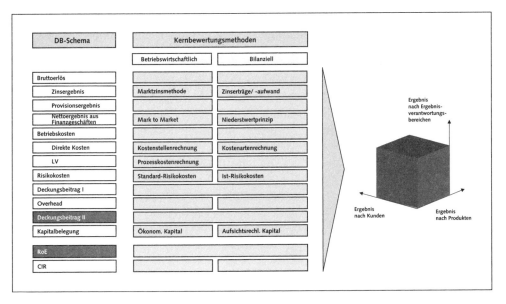

Abb. 5: Struktur und Methodik der Ergebnisrechnung bei der *LBBW*

4   Kosten- und Ergebnistransparenz als Grundlage des Performance Managements

Im Rahmen des Performance Managements ist die Steigerung der Kosten- und Ergebnistransparenz auf Ebene der Produkte, Kunden und Organisationseinheiten sowie die Verbesserung der relevanten Steuerungsinstrumente derzeit ein Schwerpunktthema der *LBBW*. Gegenstand des Projekts ist der Aufbau einer integrierten Ergebnisrechnung, die Aussagen über Kosten und Ergebnisse (Deckungsbeiträge) auf Ebene der Produkte, Kunden und Organisationseinheiten erlaubt. Die Herausforderung, vor der die *LBBW* stand, war die verursachungsgerechte Allokation der Kosten aus der Kostenstellenrechnung auf den Ergebniswürfel in der Ergebnisrechnung.

Hintergrund des Projekts war das klassische Kostentransparenzproblem, das auch viele andere Finanzdienstleister beschäftigt. Über die bestehende Kosten- und Leistungsrechnung konnte ein Großteil der Kosten den Produkten nur pauschal zugeordnet werden. So waren für einzelne Produkte und insbesondere ihre Varianten keine oder nur näherungsweise Aussagen zu ihrer Rentabilität möglich. Stückkosten einzelner Prozesse und Produktvarianten als Grundlage für Managemententscheidungen, wie z. B. Entscheidungen zum Pricing, zur Gestaltung des Produktportfolios oder zur Prozessoptimierung waren nicht flächendeckend vorhanden.

Neben der fehlenden Transparenz auf Produktebene war auch die Transparenz auf Ebene der Organisationseinheiten als eingeschränkt zu betrachten. Hauptansatzpunkt waren Transparenz und Steuerungsmöglichkeiten über Centersteuerung und Leistungsverrechnung. Der Ausweis von Produktivitätsergebnissen und Abweichungen zwischen Plan- und Ist-Verrechnung als eindeutige Steuerungsgrößen, insbesondere für Service Center, war nur eingeschränkt möglich.

Entsprechend entstand das Bedürfnis, die Kostentransparenz als Grundlage für ein konsequentes Kostenmanagement und zur Verbesserung der internen Steuerung zu steigern. Damit sollte der Marktdruck in alle Konzerneinheiten getragen und die Serviceorientierung aller Center, insbesondere der Service Center gesteigert werden. Als Projektziel wurde somit definiert, die Kosten- und Ergebnistransparenz zu verbessern, zum einen bei Produkten über die konsequente Berücksichtigung aller produktbezogenen Kosten und zum anderen bei Organisationseinheiten oder Centern durch die verursachungsgerechte Kosten- und Ergebnisverantwortung.

Den Nutzen, den sich die LBBW von diesem Projekt erhoffte, war die Generierung von Steuerungsinformationen zur

- Ausübung der Kosten- und Erlösverantwortung über einheitliche und aussagekräftige Steuerungsgrößen,
- Prozessoptimierung,
- Optimierung der Wertschöpfungstiefe (Outsourcing) sowie
- Optimierung des Pricing
- und letztlich die Unterstützung des Performance Managements.

Der Lösungsansatz, den die *LBBW* gewählt hat, ist die Einführung und der Aufbau der Prozesskostenrechnung. Die Prozesskostenrechnung ist eine die vorhandene Kostenrechnung ergänzende Methodik zur Dokumentation, Planung, Steuerung und Verrechnung kostenstellenübergreifender Prozesse. In Banken hat sich die Prozesskostenrechnung in den vergangenen Jahren als generelles Verfahren etabliert, um Kosten von Produkten und Leistungen über die zugehörigen Prozesse zu kalkulieren bzw. Kostentransparenz in interne Prozesse zu bringen. Die Prozesskostenrechnung ist das Verbindungsglied zwischen Kostenstellenrechnung, Produktrechnung und Centerrechnung und stellt damit die Basis für die integrierte Ergebnisrechnung dar.

Die Prozesskostenrechnung und die daraus resultierenden prozessbezogenen Steuerungsinformationen sind aber nicht nur für die Kostenallokation im Rahmen der Ergebnisrechnung sinnvoll, sondern können auch für weitere Fragestellungen, wie z. B. der outputorientierten Personalbedarfsrechnung sowie für Fragestellungen der Prozessoptimierung verwendet werden und bieten der *LBBW* somit vielfältige Einsatzmöglichkeiten.

Im 2. Halbjahr 2006 wurde die Prozesskostenrechnung in zwei Marktfolgeeinheiten, Zahlungsverkehr und Kreditmanagement, sowie im Servicebereich Controlling eingeführt. Dieses Pilotprojekt wurde begleitend zur Überarbeitung des bestehenden Steuerungskonzepts durchgeführt. Organisatorisch ist das Projekt im zentralen Finanzcontrolling verankert. Die Resultate des Pilotprojekts führten zur gewünschten Kostentransparenz. Heute weiß die *LBBW*,

- was einzelne Produkte und ihre Varianten kosten,
- wie sich die Prozesskosten einzelner Varianten unterscheiden,
- welche Kosten von welchem Bereich zu verantworten sind und
- wie die Kapazitätsauslastung in den einzelnen Bereichen ist.

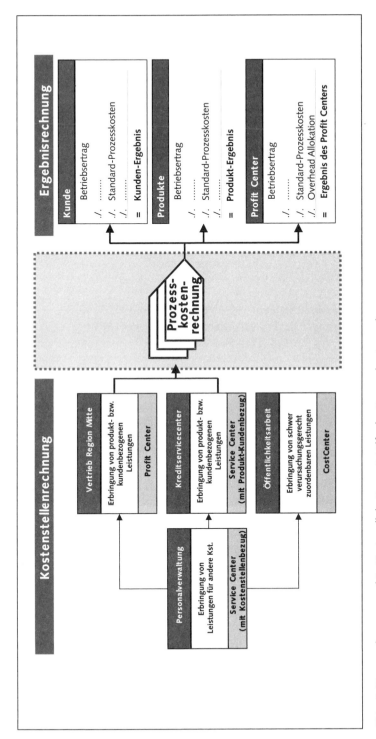

Abb. 6: Verursachungsgerechte Kostenallokation mit Hilfe der Prozesskostenrechnung

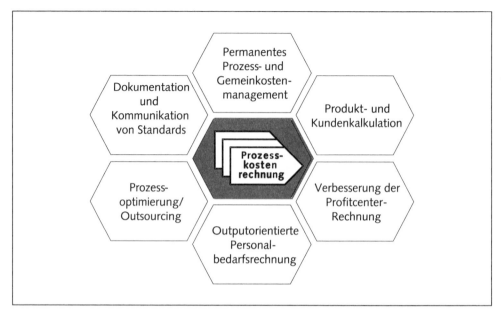

Abb. 7: Anwendungsgebiete der Prozesskostenrechnung bei der *LBBW*

Was kosten einzelne Produkte und ihre Varianten?

Will man die Kunden- und Produktprofitabilität transparent machen, müssen drei Voraussetzungen erfüllt sein (vgl. *Mayer/Weich* 2005):

Produktkatalog: Ausgangspunkt des Aufbaus der Produktrechnung sind ein einheitliches Produktverständnis und ein einheitlicher Produktkatalog zwischen Vertrieb, Marktfolge und Organisationsabteilung, der für alle relevanten Einsatzgebiete, z. B. im Controlling, für die Vertriebssteuerung im Retailbanking, die Personalbedarfsrechnung sowie die Prozessdokumentation gilt (vgl. Abb. 8).

Prozessmodell: Auf der Basis des abgestimmten Produktkatalogs wurde das zweistufige Prozessmodell mit Haupt- und Teilprozessen aufgebaut, mit dessen Hilfe Prozesskosten verlässlich ermittelt und alle relevanten Kostenbestandteile verursachungsgerecht zu den einzelnen Stufen der Deckungsbeitragsrechnung zugeordnet werden können (vgl. Abb. 9).

Verfügbarkeit der Produkt- und Prozessmengen: Eine wesentliche Voraussetzung dafür, dass ein verlässliches Steuerungssystem aufgebaut wird, ist die automatisierte monatliche Bereitstellung von Daten aus den Transaktionssystemen. Die verfügbare Datenlage entpuppte sich als eines der zentralen Probleme und wurde damit zu einem Schwerpunkt im Rahmen der Implementierung des neuen Steuerungskonzepts in den Pilotbereichen.

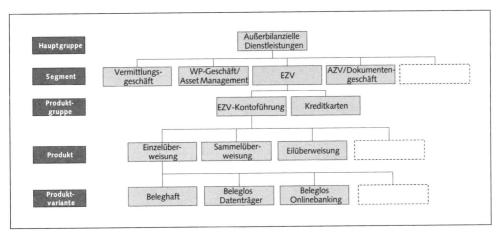

Abb. 8: Auszug aus dem Produktkatalog des Zahlungsverkehrs

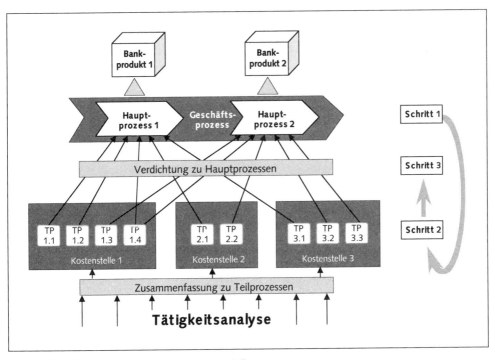

Abb. 9: Schritte zum Aufbau des Prozessmodells

Auf Produkt- und Produktgruppenebene lassen sich mit Hilfe der Prozesskostenrechnung Aussagen zur Kostenstruktur und zur Profitabilität treffen, wie die nachfolgende Abbildung verdeutlicht:

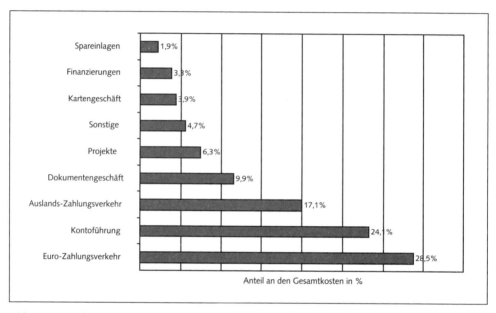

Abb. 10: Verteilung der Produktkosten auf Produktgruppen (fiktive Werte)

Wie unterscheiden sich die Prozesskosten einzelner Produktvarianten?

Für jede definierte Produktvariante liegen kalkulierte Prozesskostensätze vor, anhand derer sich z. B. Informationen für die Einzelgeschäftskalkulation, das Pricing von Produkten und für die Prozessoptimierung gewinnen lassen. So lassen sich Varianten des beleghaften und des beleglosen Zahlungsverkehrs miteinander vergleichen und es werden Ansätze zur Gestaltung des Produktportfolios deutlich.

Die Gestaltung des Prozessmodells und die ermittelten Prozesskostensätze orientieren sich am Lebenszyklus der Produkte. Konkret bedeutet das, dass für jede Phase Neugeschäftsbearbeitung, Bestandsführung und Auslauf ein eigener Prozesskostensatz ermittelt wurde. Diese Struktur ermöglicht eine flexible Kalkulation von Produkten und Einzelgeschäften (vgl. Abb. 11).

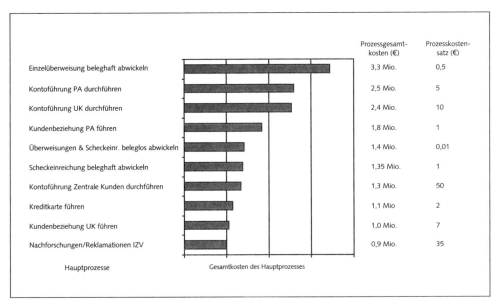

Abb. 11: Beispiele für Produktvarianten mit Prozesskosten (fiktive Werte)

Welche Kosten sind von welchem Bereich zu verantworten?

Auf Bereichsebene konnte mittels der Prozesskostenrechnung aufgezeigt werden, wie sich die personelle Verteilung sowie die Verteilung der Kosten auf Prozesse und Produktvarianten innerhalb eines Bereichs darstellt (vgl. Abb. 12).

Die jährlich im Rahmen des Planungsprozesses ermittelten Standard-Prozesskosten werden als Tarife in die Leistungsverrechnung eingestellt. Bei der internen Leistungsverrechnung wird künftig unterschieden, ob es sich um produkt- oder kundenbezogene Leistungen (z. B. Eröffnung Girokonto, Abwicklung einer neuen Baufinanzierung) oder um kostenstellenbezogene Leistungen (z. B. Leistungen im Rahmen der Personalverwaltung oder des Gebäudemanagements) handelt.

Service Center werden einheitlich über das Produktivitätsergebnis II gesteuert, welches in einem zweistufigen Verfahren ermittelt wird.

Durch die Gegenüberstellung der Ist-Kosten mit den über die innerbetriebliche Leistungsverrechnung verrechneten Standardprozesskosten (Ist-Menge * Plan-Tarif) ergibt sich im ersten Schritt das Produktivitätsergebnis I. Um die Abweichung interpretieren zu können, ist eine detaillierte Abweichungsanalyse erforderlich.

Im zweiten Schritt wird daher die Mengenabweichung als Differenz zwischen Plan- und Ist-Mengen bewertet mit Standardprozesskosten eliminiert. Die Verantwortung für die geplanten Mengen obliegt den Profit Centern, so dass die entstehenden Mengenabweichungen regelmäßig den verantwortlichen Profit Centern nachbelastet werden. Es ergibt sich das Produktivitätsergebnis II, das die verbindliche Steuerungsgröße für alle Service Center darstellt (vgl. Abb. 13).

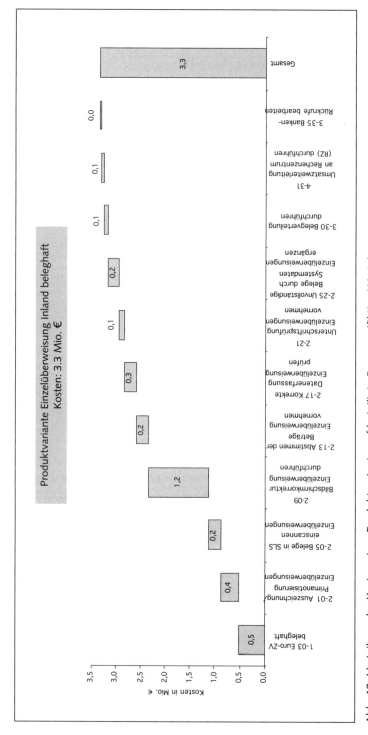

Abb. 12: Verteilung der Kosten einer Produktvariante auf beteiligte Prozesse (fiktive Werte)

Steuerungsschema Service Center
Direkte Personal- und Sachkosten
+ Belastung von Kostenstellen/SCs
Gesamtkosten
./. Entlastung auf Kostenstellen
./. Entlastung auf Produkt
Produktivitätsergebnis I
./. Nachverrechnung der Mengenabweichung
Produktivitätsergebnis II

- Die Steuerung der Service Center erfolgt über das **Produktivitätsergebnis.**

- Geplante, aber nicht abgenommene Mengen werden an die Profit Center nachverrechnet, so wird eine **klare Kostenverantwortung** unterstützt.

- **Marktdruck** wird in das Unternehmen bis in die Service Center getragen.

- **Die Kunden- und Serviceorientierung** der Service Center wird gestärkt.

Abb. 13: Steuerung der Service Center anhand des Produktivitätsergebnisses

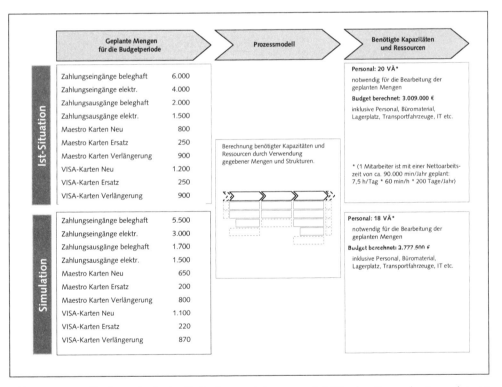

Abb. 14: Beispielhafte outputorientierte Personalplanung mit Hilfe der Prozesskostenrechnung (fiktives Beispiel)

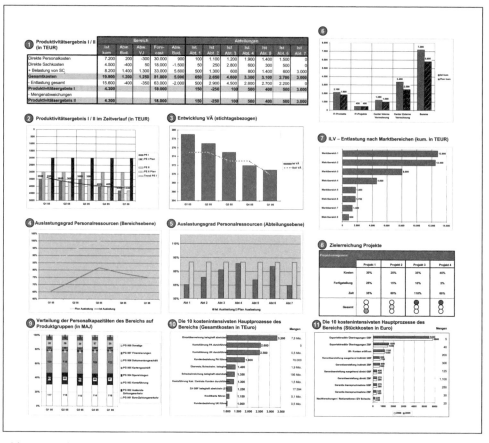

Abb. 15: Performance-Cockpit mit wesentlichen Steuerungsgrößen (fiktive Werte)

Wie ist die Kapazitätsauslastung in den einzelnen Bereichen?

Die aus dem Aufbau der Prozesskostenrechnung resultierenden Standardzeiten und -kosten je Prozess erlauben den Einsatz der Prozesskostenrechnung für die Zwecke der Personalbedarfsplanung, der Kostenplanung, für Simulationsrechnungen und Produktivitätsanalysen. Über Plan-, Ist- und simulierte Produkt- und Prozessmengen lassen sich Plan-, Soll- und der simulierte Personalbedarf bzw. das Soll-Budget je Kostenstelle und Prozess ermitteln. Die quasi auf Knopfdruck entstehenden Personal- und Kostenplanungen auf Basis des geplanten Outputs bilden künftig einen wesentlichen Bestandteil des jährlichen Planungsprozesses.

Des Weiteren konnte auf Personalebene der Auslastungsgrad je Kostenstelle durch einen Vergleich der zur Verfügung stehenden Kapazitäten und der in den Prozessen gebundenen Kapazitäten ermittelt werden. Die Ergebnisse dienen dazu, ein aktives Kapazitätsmanagement in Abhängigkeit der Auslastungsgrade zu betreiben und die Personalausstattung so weit wie möglich zu flexibilisieren (vgl. Abb. 14).

Ein wesentlicher Bestandteil im Rahmen der Verbesserung der Kosten- und Ergebnistransparenz war die Einbindung der neu gewonnenen Steuerungsinformationen in das bestehende Management Reporting. Die Fachreiche erhalten künftig ein Performance-Cockpit, das komprimiert die wesentlichen Steuerungsgrößen, i. e. Produktivitätsergebnis, Auslastungsgrad und Prozesskosten ihres Verantwortungsbereichs darstellt (vgl. Abb. 15).

Auf dieser Basis ist die praxisnahe Umsetzung der Projektergebnisse und die nachhaltige Verankerung des Performance Managements im *LBBW*-Konzern gewährleistet.

Literatur

Mayer, R. (2005), Das Process Performance Management-Konzept – Realisierungsbeispiele und Nutzenaspekte, in: *Horváth, P.* (Hrsg.) (2005), Organisationsstrukturen und Geschäftsprozesse wirkungsvoll steuern, Stuttgart 2005, S. 95–115

Mayer, R./Weich, M. (2005), Steuerung der Kunden- und Produktprofitabilität, in: *Horváth & Partners* (Hrsg.), Prozessmanagement umsetzen – Durch nachhaltige Prozessperformance Umsatz steigern und Kosten senken, Stuttgart 2005, S. 141–158

Schimank, C./Wehrli, H.P. (2006), Performance Management: Bestandteile einer Gesamtarchitektur, in: *Horvath & Partners* (Hrsg.), Performance Management in der Praxis – Unternehmensziele, Führungsprozesse, Maßnahmen. Neue Wege und innovative Lösungen, Zürich 2006, S. 8–19

Wertorientiertes Controlling bei der KarstadtQuelle Lebensversicherung AG

Dr. Randolf von Estorff*

1   Einführung

2   Wertorientiertes Controlling als Konsequenz veränderter Rahmenbedingungen in der Lebensversicherungswirtschaft

3   Controlling Cockpit als Konzept für ein wertorientiertes Controlling bei der KarstadtQuelle Lebensversicherung AG

4   Balanced Scorecard als integriertes Konzept für ein wertorientiertes Controlling bei der KarstadtQuelle Lebensversicherung AG

Literatur

---

*   Dr. Randolf von Estorff, Mitglied der Vorstände der KarstadtQuelle Versicherungen, Fürth, unter Mitwirkung von Markus Bogendörfer.

1   Einführung

»Wir bewegen was« als das Jahresmotto 2006 steht dafür, dass sich die *KarstadtQuelle Versicherungen* – mit dem Ziel die Nummer 1 unter den Direktversicherungen in Deutschland zu sein – nicht nur in den vergangenen Jahren hinsichtlich Beitrag und Jahresüberschuss weit überdurchschnittlich entwickelten, sondern diesen Anspruch auch im laufenden Jahr haben. Die Herausforderung betrifft vor allem die *KarstadtQuelle Lebensversicherung AG*, die im Konzernverbund mit der *ERGO Versicherungsgruppe AG* über den Direktvertrieb die wesentlichen Formen der Lebens- und Rentenversicherungen an Privatpersonen verkauft. Als größte Gesellschaft der Gruppe der *KarstadtQuelle Versicherungen* muss vor allem sie die ständigen Veränderungen der Rahmenbedingungen in der Versicherungswirtschaft meistern und neue Herausforderungen an das Controlling bewältigen.

2   Wertorientiertes Controlling als Konsequenz veränderter Rahmenbedingungen in der Lebensversicherungswirtschaft

Die Lebensversicherer sind seit Beginn des Jahrzehnts mit einem hoch volatilen Kapitalmarkt konfrontiert. Während sich die Aktienkurse vom Aktiencrash 2001/2002 erholten, erreichte im vergangenen Jahr das Zinsniveau für öffentliche Anleihen einen Tiefpunkt. Im September 2005 konnte für zehnjährige Bundesanleihen lediglich noch eine Verzinsung von 3 % erzielt werden, während der Zins, der den Versicherten für ihre Lebensversicherungen garantiert wird, zwischen 2,75 % und 4 % liegt. Außerdem wurde vom Gesetzgeber die Steuerfreiheit für Lebensversicherungsverträge weitgehend abgeschafft, so dass dieser Art der Vorsorge ein zentraler Vorteil gegenüber anderen Altersvorsorgeprodukten verloren ging. Weitere Gesetzesänderungen zeichnen sich infolge der Urteile des *Bundesverfassungsgerichts* und des *Bundesgerichtshofs* mit der VVG-Reform 2008 ab, die u. a. mehr Transparenz und eine stärkere Beteiligung der Versicherungsnehmer an den stillen Reserven der Versicherer herbeiführen will. Der Wettbewerb in der Versicherungswirtschaft, der sich seit der Liberalisierung des Versicherungsmarktes 1994 zunehmend verstärkte, wird auch durch internationale Harmonisierungsbestrebungen, wie den IFRS oder der Reform der Finanzaufsicht durch Solvency II weiter zunehmen. Diese Entwicklung wird begleitet von steigenden Renditeforderungen der Aktionäre, die zu einer Konsolidierung in der Versicherungswirtschaft führen, wie die Übernahmen von *Gerling* und der *Karlsruher Versicherungen* im Herbst 2005 wieder zeigten. Diese veränderten Rahmenbedingungen erhöhen den Effizienzdruck auf die Versicherungsunternehmen und führen den Wandel zur Sharehol-der-Value-orientierten Unternehmensführung herbei. Die für die Versicherungsbranche (noch) relativ neue Philosophie zeichnet sich dadurch aus, dass die gesamte Unternehmenspolitik auf die Erzielung einer risikoadäquaten Verzinsung auf das eingesetzte Kapital der Shareholder ausgerichtet wird.

Die Umsetzung einer Shareholder-Value-orientierten Unternehmensführung erfordert eine erhebliche Weiterentwicklung des Controllings. Die traditionellen erfolgsorientierten Kennzahlen, wie der buchhalterische Gewinn, reichen nicht mehr aus, weil sie nur begrenzt aussagefähig sind. Die Weiterentwicklung erfolgt inzwischen durch Fokus auf rentabilitätsorientierte Kennzahlen, wie den Return on Equity (RoE) oder den Return on Risk Adjusted Capital (RoRAC), bei denen der Gewinn in Bezug zum investierten Kapital gesetzt wird. Dadurch kann zwar die relative Ertragskraft des Versicherers gemessen werden, aber es wird noch kein Bezug zu den risikoadjustierten Kapitalkosten hergestellt. Für eine Shareholder-Value-orientierte Unternehmensführung sind wertorientierte Kennzahlen, wie der Economic Value Added (EVA®) oder der European Embedded Value (EEV) zu bilden. Unter EEV versteht man zumeist den Barwert der ausschüttbaren Erträge, der aus dem Bestand an Versicherungsverträgen generiert werden kann. (Der EEV im weiteren Sinn besteht aus dem Bestandswert sowie dem adjustierten Eigenkapital unter Abzug der Kapitalkosten. Im engeren Sinn ist es nur der Bestandswert als Barwert der ausschüttungsfähigen Erträge aus dem Versicherungsbestand). Der EVA® stellt einen Residualgewinn nach Abzug der Kapitalkosten dar. Die Kennzahl basiert auf buchhalterischen Größen, die durch verschiedene Maßnahmen ökonomisch angepasst werden.

3   Controlling Cockpit als Konzept für ein wertorientiertes Controlling bei der KarstadtQuelle Lebensversicherung AG

In Reaktion auf diese Entwicklung setzt die *KarstadtQuelle Lebensversicherung AG* inzwischen ein Controlling Cockpit ein. Es ist ausgerichtet auf die nach wie vor entscheidende Spitzenkennzahl Return on Equity (RoE), bezieht aber bereits heute eine Reihe weiterer zentraler Kennzahlen als Grundlage für ein künftiges Konzept eines wertorientierten Controllings ein. Durch das Controlling Cockpit wird versucht, das Prinzip einer Shareholder-Value-orientierten Unternehmensführung unter Berücksichtigung der aufsichtsrechtlichen Restriktionen auf das Versicherungsgeschäft, das Kapitalanlagegeschäft und die operative Bestandsverwaltung zu übertragen.

Im Versicherungsgeschäft ist das Neu- und das Bestandsgeschäft zu steuern. Für das Neugeschäft der *KarstadtQuelle Lebensversicherung AG* geschieht dies durch die zentrale Kennzahl Ertragsbarwert (vgl. Abb. 1). Diese Kennzahl wird ergänzt durch klassische Vertriebskennzahlen, wie die Abschlusskosten- und die Stornoquote. Der Ertragsbarwert quantifiziert den auf den heutigen Zeitpunkt diskontierten Gewinn aus dem jeweiligen Versicherungsvertrag. Dazu werden die zukünftigen Beiträge, die Erträge aus Kapitalanlagen, die Leistungen, die Verwaltungs- und Abschlusskosten sowie weitere Gemeinkosten abgezinst. Mit Hilfe des Ertragsbarwerts kann analysiert werden, ob ein bestimmtes Produkt langfristig zum Unternehmenserfolg beiträgt. Dabei können verschiedene Varianten des gleichen Produkts verglichen und hinsichtlich ihrer Langfristauswirkungen beurteilt werden. Allerdings ist zu beachten, dass der

Ertragsbarwert nur einen Erwartungswert darstellt, so dass die Kalkulationsgrundlagen entsprechend realistisch bzw. vorsichtig zu wählen sind bzw. auch laufend hinsichtlich ihrer Relevanz zu überprüfen sind.

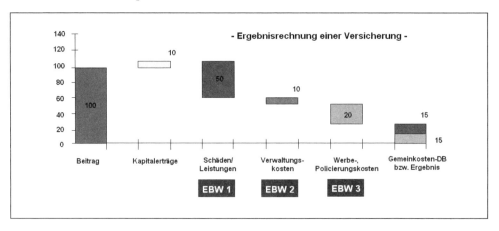

Abb. 1: Ertragsbarwert als wertorientiertes Controllinginstrument im Neugeschäft

Im Bestandsgeschäft der *KarstadtQuelle Lebensversicherung AG* wird der Embedded Value (EV) und zukünftig der European Embedded Value (EEV) zur Steuerung eingesetzt. Der EV hat jedoch verschiedene Schwächen.

Die Ermittlung des EV basiert auf einer deterministischen Projektion des Kapitalmarktes, in der keine Änderungen von Prämissen im Projektionslauf vorgenommen werden. Die Risiken werden nur pauschal durch den Risikozuschlag im Diskontierungsfaktor berücksichtigt.

Der EEV als Weiterentwicklung des EV basiert hingegen auf European Embedded Value Principles (EEVP) und sollte zukünftig europaweit einheitlich berechnet werden. Für die Ermittlung des EEV werden stochastische Projektionen des Kapitalmarktes verwendet, durch die verschiedene und insbesondere auch nachteilige Szenarien berücksichtigt werden, was vor allem den Wert vertragsinhärenter Garantien und Optionen quantifizierbar macht. Der ermittelte EEV als Bestandswert eines Lebensversicherers hängt auch von unternehmensindividuellen Managementregeln ab. Die Unternehmensführung kann deshalb z. B. simulieren, wie sich eine veränderte Zusammensetzung der Kapitalanlagen oder eine veränderte Überschussbeteiligung auf den Bestandswert auswirkt.

Das Kapitalanlagegeschäft der *KarstadtQuelle Lebensversicherung AG* wird nach Maßgabe der zentralen Kennzahl Total Return unter Berücksichtigung der Kapitalanlagerisiken gesteuert. Der Total Return ist die Summe aus dem realisierten und dem unrealisierten Kapitalanlageergebnis einer Periode. Das realisierte Kapitalanlageergebnis setzt sich aus Erträgen und Aufwendungen des Kapitalanlagegeschäfts zusammen. Unter die Erträge fallen laufende Erträge aus Zinszahlungen, Erträge aus Zuschreibungen und Erträge aus dem Abgang von Kapitalanlagen. Die Aufwendungen umfassen Aufwendungen für die Verwaltung von Kapitalanlagen, Abschreibungen auf Kapitalanlagen und Verluste aus dem Abgang von Kapitalanlagen. Das unrealisierte Kapitalanlageergebnis berücksichtigt die Veränderung der stillen Reserven in den Kapitalanlagen.

Vom Kapitalanlagemanagement sind neben den erfolgswirtschaftlichen Dimensionen auch alle Risiken zu berücksichtigen, die die Erzielung des geplanten Kapitalanlage-ergebnisses gefährden. Das Risikocontrolling erfolgt bei der *KarstadtQuelle Lebensver-sicherung AG* durch eine Triggersystematik, die ein Frühwarnsystem darstellt und in Abhängigkeit von der Entwicklung der Trigger unterschiedliche Maßnahmen auslöst. Als Trigger auf Unternehmensebene werden die Entwicklung der Solvabilität und die Ergebnisse aus dem BaFin-Stresstest überwacht. Die Solvabilität gibt an, ob das Unter-nehmen die aufsichtsrechtlichen Vorgaben erfüllt und über genügend Eigenmittel als Risikoreserve verfügt. Durch den BaFin-Stresstest kann überwacht werden, ob nach Eintreten verschiedener Stressszenarien an den Kapitalmärkten das Unternehmen die Verpflichtungen gegenüber den Versicherten weiter erfüllen kann. Unterhalb der Unternehmensebene erfolgt das Controlling einzelner Anlagemandate. Als Mandats-trigger werden v. a. das Nettoverlustlimit, das Kreditrisiko, der Aktientrigger und das Sicherungsvermögen verwendet. Mit dem Nettoverlustlimit wird überwacht, ob und inwieweit ein aktives Management der Kapitalanlagen das geplante Kapitalanlageergeb-nis erzielt bzw. ob die notwendigen stillen Reserven gefährdet sind. Das Kreditrisiko, gemessen mit dem Credit-Value-at-Risk, bestimmt den Verlust, der durch den Ausfall eines Schuldners bzw. durch dessen Bonitätsverschlechterung mit einer bestimmten Wahrscheinlichkeit und innerhalb eines bestimmten Zeitraumes nicht überschritten wird. Auch hier lassen sich bestimmte Schwellenwerte vorgeben bzw. ihre Erreichung überwachen. Beim Aktientrigger werden Triggerwerte für die Entwicklung der Ak-tienkurse festgelegt, die eine Erzielung des geplanten Ergebnisses aus Aktien noch ermöglichen. Ein Auslösen des Triggers führt i. d. R. zu Maßnahmen, wie z. B. Absi-cherungen. Das Sicherungsvermögen gewährleistet, dass die versicherungstechnischen Rückstellungen, welche die Verpflichtungen gegenüber den Versicherten widerspiegeln, stets durch ausreichend sichere Kapitalanlagen gedeckt sind. Hierbei sind v. a. die aufsichtsrechtlichen Maßnahmen zu beachten.

Die Vertragsbestandsverwaltung und die damit verbundenen Kosten werden bei der *KarstadtQuelle Lebensversicherung AG* durch Monitoring der Verwaltungskostenquote und durch ein striktes Kostencontrolling nach Maßgabe der angestrebten Kosten pro Geschäftsvorfall überwacht. Die Informationstechnologie, die in der Direktversicherung schon deshalb von besonderer Bedeutung ist, weil die Direktvertriebskanäle traditionell sehr stark von der Technik abhängig sind, wird hinsichtlich der Kosten und Nutzen aktiv über die interne Leistungsverrechnung und das Projektmanagement gesteuert. Das hauseigene Projektportfolio-Management dient dazu, knappe Ressourcen an Kapital und an Personal zielgerichtet zur Wertsteigerung des Unternehmens einzusetzen. Dazu wird für alle Projekte der IT ein Rankingverfahren erstellt, das die einzelnen Projekte hinsichtlich Wertbeitrag und Strategiebeitrag positioniert. Anhand der Projektpositionen lassen sich Handlungsempfehlungen ableiten, welche Projekte zu priorisieren und zu fördern sind. Die Projektrealisierung selbst wird von einem Leistungs-, Zeit- und Kos-tencontrolling begleitet. Für die weiteren Leistungen der IT, wie für die bereitgestellten

Produkte des IT-Services, findet eine interne Leistungsverrechnung statt. Dabei werden vom Fachbereich steuerbare Leistungen der IT definiert und deren Preise kalkuliert. Das IT-Controlling erfasst die Leistungen der IT und rechnet mit den einzelnen Fachbereichen die bestellten Leistungen ab, so dass Kostentransparenz erreicht wird.

Auch bei der wertorientierten Steuerung eines Lebensversicherungsunternehmens und damit bei der *KarstadtQuelle Lebensversicherung AG* ist genau zu beachten, dass man den Verpflichtungen gegenüber den Versicherten stets nachkommen kann. Die darauf abzielende aufsichtsrechtliche Ermittlung der Solvabilität (Solvency I) weist aber gravierende Schwächen auf, weil sie nur pauschal und ohne Berücksichtigung unternehmensindividueller Faktoren erfolgt. Aufgrund dessen wird die Finanzaufsicht europaweit durch das Projekt Solvency II der EU-Kommission voraussichtlich bis zum Ende des Jahrzehnts reformiert. Zukünftig wird unter Solvency II eine Gesamtsolvabilität zu ermitteln sein, welche die individuelle Risikolage des einzelnen Lebensversicherers besser berücksichtigt. Dafür wird das erforderliche Solvabilitätskapital durch Risikomodelle zu berechnen sein. Das Solvabilitätskapital kann entweder durch ein Standardmodell, das von der Aufsichtsbehörde vorgegeben wird, oder alternativ durch ein unternehmensindividuelles internes Modell ermittelt werden. Der Einsatz eines internen Modells ist insofern vorteilhaft, weil durch ein solches Modell ein tendenziell niedrigerer Bedarf an Solvabilitätskapital berechnet wird als durch ein pauschales Standardmodell der Aufsichtsbehörde. Die Möglichkeit, ein internes Modell zur Berechnung des Solvabilitätskapitals einzusetzen, wird dazu führen, dass sich Finanzaufsicht und wertorientiertes Controlling einander annähern. Große Lebensversicherungsunternehmen ermitteln bereits heute ihr Risikokapital mit einem internen Modell und nutzen dies für das wertorientierte Controlling. Zukünftig werden sich infolge von Solvency II vermutlich auch mittelgroße Lebensversicherer, wie die *KarstadtQuelle Lebensversicherung AG*, für ein internes Modell entscheiden und können das damit ermittelte Risiko- bzw. Solvabilitätskapital im Rahmen des wertorientierten Controllings steuern.

Das vorgestellte Controlling Cockpit mit den verschiedenen Controllinginstrumenten ist ein pragmatischer Ansatz, der bereits die wesentlichen Elemente einer Shareholder-Value-orientierten Unternehmensführung berücksichtigt (vgl. Abb. 2). Jedoch besteht die Notwendigkeit, das Controlling Cockpit weiterzuentwickeln und insbesondere die einzelnen Controllinginstrumente mit der Spitzenkennzahl zu verknüpfen.

Die jetzige Spitzenkennzahl selbst, also der RoE, ist zwar eine leicht verständliche und gut kommunizerbare Größe, sie erfüllt aber die Anforderungen an ein wertorientiertes Controlling nicht, weil sie keinen Bezug zu den Kapitalkosten und der gesamten Risikolage herstellt. Von besonderem Nachteil ist, dass die periodische Wertsteigerung des Unternehmens durch den RoE nicht gemessen werden kann und diese somit nicht transparent wird. Aufgrund dessen ist der RoE als Spitzenkennzahl abzulösen. Die einzelnen wertorientierten Controllinginstrumente sind in ein integriertes wertorientiertes Controllingkonzept, wie die Balanced Scorecard, einzubinden.

Abb. 2: Controlling Cockpit als Insellösung des wertorientierten Controllings ohne Integration

4 Balanced Scorecard als integriertes Konzept für ein wertorientiertes Controlling bei der KarstadtQuelle Lebensversicherung AG

Als Spitzenkennzahl für die Balanced Scorecard und als integriertes Konzept für ein wertorientiertes Controlling kann der Economic Value Added (EVA®) verwendet werden. Dadurch werden die Kapitalkosten und die Risiken berücksichtigt und zugleich die periodische Wertschaffung gemessen. Im Folgenden wird zunächst die Ermittlung eines an die Anforderungen für Lebensversicherungsunternehmen angepassten EVA® als Spitzenkennzahl vorgestellt. Anschließend wird die Anwendung im Rahmen der Balanced Scorecard am Beispiel der *KarstadtQuelle Lebensversicherung AG* erläutert:

Die Ausgangsbasis für die Ermittlung eines für Lebensversicherer geeigneten EVA® ist der klassische EVA®, der folgendermaßen berechnet wird:

Klassischer EVA®

EVA® = Angepasstes Ergebnis – (Betriebsnotwendiges Vermögen x Kapitalkostensatz)

Diese klassische Berechnung des EVA® ist für Lebensversicherungsunternehmen anzupassen, indem das betriebsnotwendige Vermögen durch das Risikokapital abgebildet wird. Darüber hinaus vorhandenes Eigenkapital gilt als überschüssiges Kapital. Risikokapital und überschüssiges Kapital sind mit differenzierten Kapitalkostensätzen zu verzinsen. Auf kurze Sicht, d. h. in der Jahresperspektive, entspricht bei der *Karstadt-Quelle Lebensversicherung AG* das Risikokapital im Wesentlichen den quantifizierten Risiken in der Kapitalanlage des Lebensversicherers. Das überschüssige Kapital ist nicht zur Risikodeckung notwendig, wird deshalb risikofrei verzinst und wäre damit grundsätzlich für den Eigentümer disponibel. Das Ergebnis wird angepasst, indem man es um die Veränderung der nicht veräußerbaren immateriellen Vermögenswerte in der GuV korrigiert. (Die Abschreibungen auf die immateriellen Vermögenswerte erhöhen als Korrekturrechnung das Ergebnis). Der für das Lebensversicherungsgeschäft angepasste EVA® berechnet sich damit wie folgt:

Angepasster klassischer EVA® für Lebensversicherer
EVA® = Angepasstes Ergebnis – [(Risikokapital x Kapitalkostensatz) + (Überschüssiges Kapital x risikofreier Zins)]

Dieser angepasste klassische EVA® eignet sich aber nur für ein kurzfristiges wertorientiertes Controlling von Lebensversicherungsunternehmen, denn er berücksichtigt die langfristigen Optionen und Garantien im Lebensversicherungsgeschäft sowie mögliche Reaktionen des Managements auf Risikokonstellationen der Zukunft nicht ausreichend.

Aufgrund dessen ist die Konzeption des EVA® mit dem European Embedded Value (EEV) zu verknüpfen, um eine umfassende wertorientierte Sichtweise auf das Lebensversicherungsgeschäft zu erhalten. Von der *Münchener Rückversicherungsgruppe* wurde als Spitzenkennzahl für das wertorientierte Controlling ein entsprechend angepasster EVA®-Begriff konzipiert. Diese Spitzenkennzahl berechnet sich als Differenz zwischen Embedded Value Earnings und Expected Return. Die Embedded Value Earnings umfassen im Grunde sämtliche Wertänderungen zwischen Vorjahres-EEV und aktuellem EEV. Ein Bestandteil der Embedded Value Earnings ist der Expected Return selbst. Der Expected Return ist der Wertzuwachs aus der planmäßigen Fortschreibung des Vorjahres-EEV auf das aktuelle Geschäftsjahr. Die Projektion erfolgt mit den Planungsannahmen des Vorjahres. Um aber die Netto-Wertänderungen zu erhalten, die ausschließlich auf die Steuerungsmaßnahmen der Unternehmensführung zurückzuführen sind, werden die Embedded Value Earnings um den Expected Return gekürzt. Der relevante EVA® für das Lebensversicherungsgeschäft berechnet sich somit wie folgt:

EVA® für Lebensversicherer
EVA® = Embedded Value Earnings – Expected Return

Für das wertorientierte Controlling ist dieser EVA® und seine Determinanten in einzelne Werttreiber zu zerlegen (vgl. Abb. 3). Die Embedded Value Earnings setzen sich aus den Operating Earnings, den Investment Variances und den Economic Assumption Changes zusammen. Die Operating Earnings bestehen wiederum aus dem Expected Return, den Experience Variances, den Operating Assumption Changes und dem Value Added New Business.

- Die Experience Variances stellen den Wertzuwachs aus dem tatsächlichen Geschäftsverlauf gegenüber dem erwarteten Geschäftsverlauf im Bestandsgeschäft dar. Durch die Experience Variances werden die Auswirkungen von Steuerungsmaßnahmen der Unternehmensführung erfasst, die z. B. aus einer Veränderung der Überschussbeteiligung resultieren.
- Die Operating Assumption Changes beinhalten die Wertänderungen, die aus veränderten Geschäftsannahmen für die Zukunft resultieren. Durch die Operating

Assumption Changes werden sowohl veränderte versicherungstechnische Annahmen, wie z. B. eine Änderung der Sterblichkeiten, als auch die Auswirkungen von Steuerungsmaßnahmen für die Zukunft abgebildet. Wenn z. B. die Unternehmensführung das Storno erfolgreich bekämpft hat, dann ist auch für die Zukunft eine verbesserte Stornoquote zu modellieren.

- Der Value Added New Business ist der Wertzuwachs an Neugeschäft innerhalb eines Jahres. Diese Größe zeigt, wie erfolgreich die Steuerungsmaßnahmen der Unternehmensführung zur Akquise von ertragsstarkem Neugeschäft waren.
- Die Investment Variances bilden die Wertänderungen ab, die aus der Entwicklung der Kapitalmärkte resultieren. Die externen Faktoren, wie die Entwicklung der Zinsen und der Aktien, können von der Unternehmensführung nicht gesteuert werden. Allerdings kann die Unternehmensführung über eine Variation der Asset-Allokation indirekt Einfluss auf die Wertentwicklung der Investment Variances nehmen. So sind z. B. bei einer niedrigen Aktienquote die Wertänderungen der Investment Variances weniger volatil als bei einer hohen Aktienquote.
- Die Economic Assumption Changes sind ebenfalls die Wertänderungen aus veränderten ökonomischen Annahmen für die Zukunft. Sie resultieren aus der Veränderung von volkswirtschaftlichen und gesetzlichen Rahmenbedingungen. Durch die Economic Assumption Changes wird z. B. eine veränderte Inflationsrate für die Zukunft abgebildet.

Sämtliche bereits vorhandenen wertorientierten Controllinginstrumente lassen sich mit dem EVA® im Rahmen einer Balanced Scorecard verknüpfen. Die Balanced Scorecard setzt die Ebenen Finanzen, Märkte, Prozesse und Mitarbeiter in Beziehung zu den strategischen Zielen, den Messgrößen und den Initiativen. Ausgehend von den Initia-

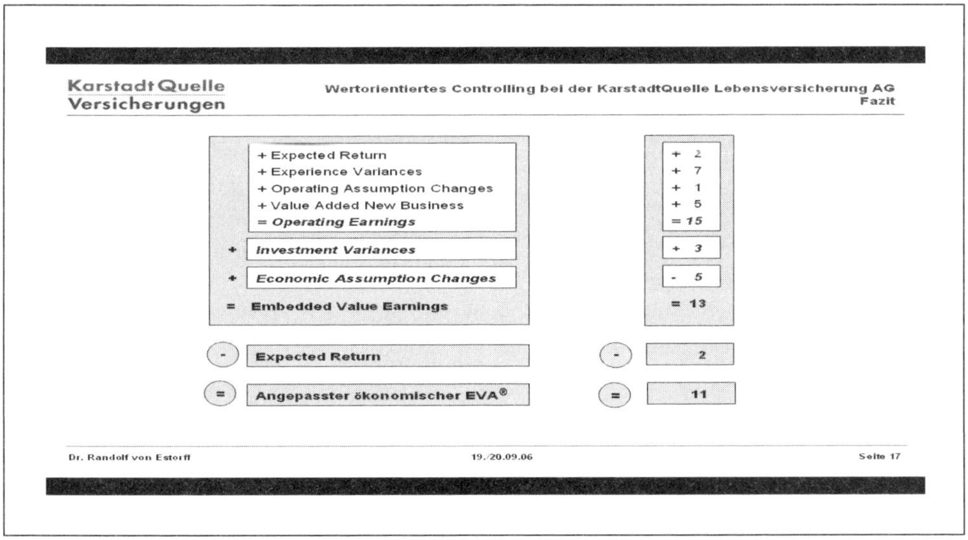

Abb. 3: Ermittlung des EVA®

tiven auf der Ebene Märkte, Prozesse und Mitarbeiter kann die strategische Zielgröße Unternehmenswert in Form des EVA® gesteigert werden.

Ein Beispiel für die Ausgestaltung der Balanced Scorecard für die *KarstadtQuelle Lebensversicherung AG* ist in Abbildung 4 dargestellt.

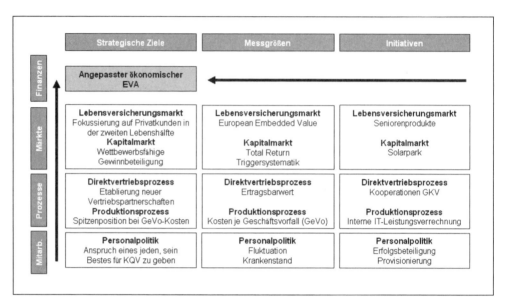

Abb. 4: Balanced Scorecard mit Spitzenkennzahl EVA® am Beispiel der *KarstadtQuelle Lebensversicherung AG*

Auf der Ebene des Lebensversicherungsmarktes ist das Ziel der *KarstadtQuelle Lebensversicherung AG* die Fokussierung auf Privatkunden in der zweiten Lebenshälfte. Als Initiativen verfolgt sie den Direktvertrieb von Seniorenprodukten, wie z. B. der Sterbegeldversicherung. Als Messgrößen dienen für den Bestandswert der EV bzw. zukünftig der EEV. Auf dem Kapitalmarkt versucht die *KarstadtQuelle Lebensversicherung AG*, eine wettbewerbsfähige Gewinnbeteiligung zu erwirtschaften. Die Messgröße für die Kapitalanlage-Performance ist der Total Return. Die Triggersystematik dient als Frühwarnsystem für Kapitalanlagerisiken. Als Initiativen im Bereich Kapitalmärkte versucht die *KarstadtQuelle Lebensversicherung AG*, hohe Renditen bei gleichzeitig geringen Risiken, z. B. durch die Beteiligung an Solarparks, zu erwirtschaften.

Auf der Ebene der Prozesse verfolgt die *KarstadtQuelle Lebensversicherung AG* das Ziel, die Direktvertriebsprozesse auf neue Vertriebspartnerschaften zu übertragen. Als Initiativen werden im Direktvertrieb Kooperationen mit gesetzlichen Krankenversicherungen (GKV) geschlossen. Der Neugeschäftswert aus diesen Initiativen kann durch den Ertragsbarwert messbar gemacht werden. Ein weiteres Ziel auf der Ebene Prozesse ist, die Produktionsprozesse zu optimieren und eine Spitzenposition in den Kosten pro Geschäftsvorfall zu erreichen. Als Initiativen werden Projekte zur laufenden Prozessoptimierung gestartet, was den Aufbau einer innerbetrieblichen Leistungsverrechnung für IT-Kosten auf Basis von Produkten, die von den Leistungsempfängern unmittelbar gesteuert werden können, erfordert. Wichtigste Messgröße sind die GeVo-Kosten, die sich primär aus Personal- und IT-Kosten zusammensetzen.

Auf Ebene der Mitarbeiter ist das Ziel der Personalpolitik, dass jeder Mitarbeiter den Anspruch hat, sein Bestes für die *KarstadtQuelle Lebensversicherung AG* zu geben. Als Initiativen erhalten die Mitarbeiter Erfolgsbeteiligungen und Provisionen. Die Erfolge dieser Initiativen werden qualitativ über Umfragen sowie quantitativ über Fluktuationsraten oder den Krankenstand gemessen.

Die Vernetzung der einzelnen Kennzahlen des wertorientierten Controllings mit der Spitzenkennzahl EVA® auf Basis der Balanced Scorecard stellt Abbildung 5 schematisch dar. Im Rahmen der zur Zeit laufenden Projektarbeit soll diese Vernetzung erreicht werden. Über Erfolge können wir hoffentlich demnächst berichten.

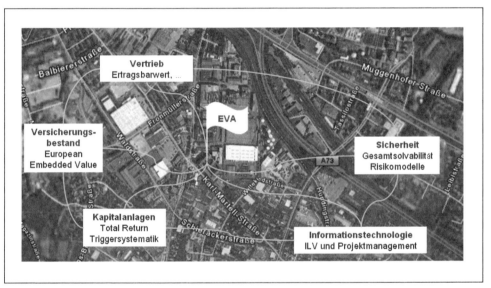

Abb. 5: Balanced Scorecard und EVA® – als integriertes Konzept eines wertorientierten Controllings

Literatur

Bause, S. (2005), European Embedded Values: Mehr Transparenz nötig, in: Versicherungswirtschaft, 60, 2005, 1, S. 10–15

Becker, W. (2004), Strategisches Management, 6. Auflage, Bamberg 2004

Bittner, A./Trapp, J. (2004), Die Mühen der Ebenen: Auswirkungen von Solvency II und IAS/IFRS auf den Vertrieb, in: Versicherungswirtschaft, 59, 2004, 11, S. 815–818

Hoock, R./Lüer, C. (2004), Produktivitätssteigerungen für Lebensversicherer, in: Versicherungswirtschaft, 59, 2004, 1, S. 30–31

Männel, W. (2003), Rentabilitätsorientiertes Controlling, in: Der Controlling-Berater, 24, 2003, 1, S. 61–90

Münchener Rückversicherungs-Gesellschaft AG (2006), Analystenkonferenz European Embedded Value in: München am 09. Mai 2006

Oletzky, T./Pohl, P. (2004), Balanced Scorecard: Eine Brücke zwischen Theorie und Praxis, in: Versicherungswirtschaft, 59, 2004, 24, S. 1920–1922

Wagner, W./Deppe, S. (2004), Wertorientierte Steuerung von Versicherungsunternehmen in Theorie und Praxis, in: Versicherungswirtschaft, 59, 2004, 8, S. 570–573

Weiß, H.-R. (2005), Solvency II und die Verknüpfung mit der wertorientierten Steuerung, Vortrag auf der GDV-Informationsveranstaltung zu Solvency II in Köln am 29. Juni 2005

Ziewer, R./Zielke, C. (2005), Mehr Konsistenz in der Bilanzierung, in: Versicherungswirtschaft, 60, 2005, 21, S. 1644–1646

Rolle des CFO in der strategischen Neuausrichtung der National Versicherung

Markus Jost*

1   Management Summary

2   Warum hat sich die National eine neue Strategie gegeben?

3   Vorgehen in der Strategiefindung und -kommunikation
     3.1   Phase 0: Projektinitialisierung
     3.2   Phase 1: Strategische Analyse
     3.3   Phase 2: Strategieentwicklung National-Gruppe
     3.4   Phase 3: Struktur und Prozesse National-Gruppe
     3.5   Phase 4: Umsetzungskonzeption und -planung

4   Eckpfeiler der neuen Strategie

5   Veränderung der Rolle und Aufgaben des Bereiches Finanzen

6   Erfahrungsbericht aus der Geschäftsleitung: 2 Jahre vor und 1 Jahr nach der neuen Strategie

Literatur

*   Markus Jost, CFO, National Versicherung, Basel.

1   Management Summary

Ende 2004 hat der Verwaltungsrat der Geschäftsleitung den Auftrag erteilt, die bestehende Strategie und Struktur der *National Versicherung* weiterzuentwickeln. Mit der Ernennung des neuen CEO *Hans Künzle* zum 1. Januar 2005 wurde von Seiten des Verwaltungsrates ein erster Schritt unternommen. Als strategische Vorgaben hat er die Verdoppelung des Return on Equity (RoE) bis 2007, den Erhalt der Eigenständigkeit und den Ausbau der Werte der *National Versicherung* vorgegeben.

Im Januar 2005 startete das Projekt Unternehmensstrategie, bei dem der CEO selbst die Projektleitung übernahm. Die neue Strategie sollte auf den bestehenden Stärken der *National* aufbauen und durfte die außerordentliche Unternehmenskultur nicht zerstören. Um den Veränderungsprozess von Anfang an zu forcieren, wurden bewusst viele Meinungsbildner in die Projektarbeit einbezogen.

Im August 2005 bestätigte der Verwaltungsrat die neue Strategie und die entsprechend angepasste Struktur, die dann sowohl intern als auch extern kommuniziert worden ist. »Die *National*-Gruppe setzt zukunftsgerichtete Strategieakzente und strafft die Organisation der Geschäftsleitung. Das sind erste Antworten des traditionsreichen Versicherers auf gestiegene Kundenanforderungen, erhöhten Margendruck und höhere Erwartungen der Finanzmärkte. Damit verbunden sind Änderungen in der Führungsstruktur und in der Zusammensetzung der Geschäftsleitung.« Alle Beteiligten waren sich bewusst, dass allein eine neue Strategie und Struktur nicht zu einem nachhaltigen Erfolg führen kann. Daher entschied sich die *National Versicherung* im Rahmen des Projektes Unternehmensstrategie auch die Grundlagen für die Einführung einer wertorientierten Führung zu legen. Diese gravierende Veränderung des Führungsansatzes ist ein langfristiger Prozess und eine wichtige Voraussetzung für die konsequente Umsetzung der neu definierten Strategie bis zum Jahr 2010.

Was war nun die die Rolle des CFO in der strategischen Neuausrichtung der *National Versicherung*? Aus dem »durchlebten« Strategieprozess können drei Rollen abgeleitet werden:

Sparringpartner: Der CFO hat einen neutralen Bezug zu den verschiedenen Geschäftsaktivitäten. Das macht ihn in der Ausarbeitung von Optionen und Varianten bezüglich Strategie und Organisation zum wertvollen – weil ohne (oder nur mit geringen) Eigeninteressen getriebenen – Diskussionspartner für den CEO.

Zahlenlieferant: Am Anfang eines Strategieprojektes steht die Analyse des Ist-Zustandes. Hier ist der CFO gefordert, die Zahlen so aufzubereiten, dass aus der Geschäftsentwicklung der Vergangenheit korrekte Schlussfolgerungen abgeleitet werden können. Da diese die zu entwickelnde Strategie nachhaltig beeinflussen, darf dieser Teil der Strategiefindung nicht unterschätzt werden.

Finanz-Architekt: Die Strategie will umgesetzt werden. Der CFO hat dazu die zweckmäßigen und zielführenden Steuerungsinstrumente zu entwickeln. Dabei bietet sich die Gelegenheit, in der finanziellen Führung eine Modernisierung anzugehen. Beispielsweise wird in der *National-*

Gruppe neu dem Risiko mit der internen Spitzenkennzahl RORAC (return on risk adjusted capital) Rechnung getragen.

2 Warum hat sich die National eine neue Strategie gegeben?

Die in Europa tätige *National*-Gruppe gehört zu den zehn größten Schweizer Erstversicherern. Ihre Bruttoprämie beläuft sich konsolidiert per Ende 2005 auf 1,73 Milliarden Schweizer Franken. 32,6 Prozent davon erwirtschaftet sie durch ihre Tochtergesellschaften in Deutschland, Frankreich, Italien, Belgien und Spanien. Der Hauptsitz der *Schweizerischen National-Versicherungs-Gesellschaft* ist in Basel.

1883 gegründet, kann die *National Versicherung* auf eine über 120-jährige Erfahrung zurückblicken. In ihren Anfängen noch eine reine Transport-Versicherungs-Gesellschaft, ist sie heute ein breit diversifizierter Kompositversicherer in Leben und Nichtleben. Die Aktie der *National Versicherung* ist an der *SWX Swiss Exchange* kotiert (NATN). Anfang 2006 beschäftigte die *National*-Gruppe 2147 (teilzeitbereinigt: 2042) Mitarbeiterinnen und Mitarbeiter.

Rückblickend über die letzten 12 Jahre konnte die *National Versicherung* einen Return on Equity (RoE) von ca. 4,5 % erzielen. Aufgrund der gestiegenen Erwartungen

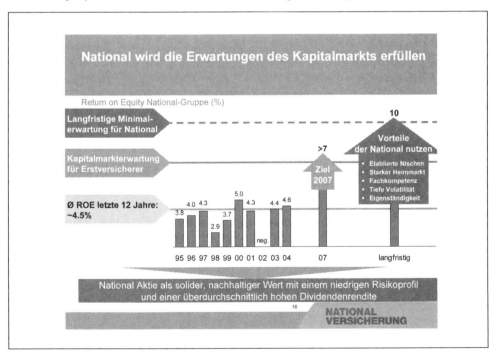

Abb. 1: Erwartungen des Kapitalmarktes an die *National*

des Kapitalmarktes strebt die *National* bis 2007 einen RoE von über 7 % und bis 2010 von über 10 % an.

Mit Blick auf die dynamischen Veränderungen in der Assekuranz will die *National*-Gruppe ihre Marktpositionen in der Schweiz und in ausgewählten Märkten weiter stärken. Dabei besinnt sie sich auf Ihre Stärken und Kernkompetenzen. Die gute Stellung im Schweizer Markt im Nichtleben- und im Lebengeschäft wird strategisch weiterentwickelt, verbunden mit einer Verbesserung der Kostenstruktur.

Herausforderungen für die *National Versicherung*:
- Prämienrückgang insbesondere im traditionellen Schweizer Geschäft,
- hohe Kostensätze im Nicht-Personen-Geschäft,
- Abhängigkeit vom Finanzertrag,
- mangelnde Klarheit über strategische Positionierung,
- leistungsorientierte Unternehmenskultur nur gering ausgeprägt.

Ende 2004 hat der Verwaltungsrat der Geschäftsleitung den Auftrag erteilt, die bestehende Strategie und Struktur der *National Versicherung* weiterzuentwickeln. Als strategische Vorgaben wurden die Verdoppelung des RoE bis 2007, der Erhalt der Eigenständigkeit und der Ausbau der Werte der *National* festgesetzt. Der neue CEO *Hans Künzle* steht vor der Herausforderung, die *National* so zu positionieren, dass sowohl mittelfristig die finanziellen Ziele erreicht werden, als auch langfristig ein klarer Wettbewerbsvorteil erzielt wird.

3   Vorgehen in der Strategiefindung und -kommunikation

Im Januar 2005 wurde gemeinsam das Projektvorgehen geplant. Von Anfang an war als klarer Endtermin die Verwaltungsratssitzung am 15. August 2005 definiert. Zu diesem Zeitpunkt hatte die neue Strategie und Struktur vorzuliegen, als auch die konkreten Vorgaben für die Strategieumsetzung. Gleichzeitig sollten die Voraussetzungen für eine wertorientierte Führung der *National* gelegt sein.

3.1   Phase 0: Projektinitialisierung

Im Januar 2005 wurde das Projekt Unternehmensstrategie initiiert. Der CEO übernahm selbst die Projektleitung. Das Projektteam setzte sich zusammen aus dem CFO, dem Leiter Controlling, einem Projekt Office sowie Horváth & Partners als externem Berater.

Von der Geschäftsleitung Gruppe, der Geschäftsleitung Schweiz sowie dem mittleren Management wurden die Erwartungen sowohl an die zukünftige Ausrichtung der *National* als auch an das Projekt selbst abgeholt. Dies zeigte schon sehr früh auf, dass auf allen Ebenen Handlungsbedarf gesehen wurde. Dieses Ergebnis ist auch in die Vorbereitung der internen Kommunikation eingeflossen.

Vor dem Hintergrund einer hohen Beständigkeit in der *National* war es für den CEO sehr wichtig, den Grund für die angestrebte strategische Neuausrichtung klar zu

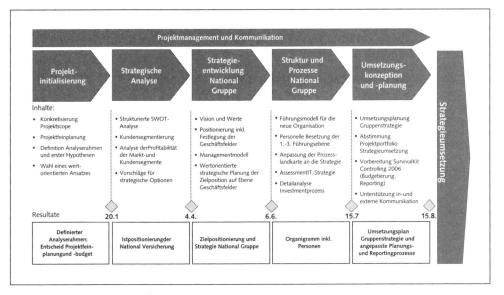

Abb. 2: Der Projektplan im Überblick

kommunizieren. Das waren auch bereits die ersten Schritte im Rahmen der Begleitung des Veränderungsprozesses (Change Management).

In Bezug auf das Performance Management wurden bereits in der Projektinitialisierung der wertorientierte Ansatz mit dem Return on Risk Adjusted Capital (RORAC) als Spitzenkennzahl gewählt. Außerdem traf das Projektteam erste Vorbereitungen für die Erhebung der notwendigen Daten für die spätere Berechnung.

3.2   Phase 1: Strategische Analyse

Die bisherigen Geschäftsleitungen und weitere ausgewählte Mitarbeiter haben in einem ersten Schritt im Rahmen der strategischen Analyse aus der Kombination von Stärken und Trends die Kernkompetenzen der *National* herausgearbeitet, die u. a. hohe technische Kompetenz, treue Mitarbeiter sowie überdurchschnittlich hohe und beständige Kundenbindung umfassen.

Viele Diskussionen förderten den Informationsaustausch über die bisherigen Bereichsgrenzen hinweg und initiierten den Veränderungsprozess. Nach anfänglichem Zögern wurde diese zur Selbstverständlichkeit. Durch die breite Einbindung der Führungskräfte der *National* in der Analysephase konnte auf eine breite Informationsbasis aufgebaut, «schlafende Ideen» geweckt und viele Mitarbeiter aktiviert werden.

Die Analyseergebnisse führten im Strategieausschuss (Ausschuss des Verwaltungsrates) zu intensiven Diskussionen. Zu diesem Zeitpunkt waren die Kernkompetenzen der *National* und ihre Erwartungen für die Marktentwicklung formuliert – aber es war noch nicht klar, wie die *National* sich positionieren soll. Jetzt ging es darum, sich zu fokussieren, aber auch darum, zu sagen, was nicht gemacht werden sollte.

3.3   Phase 2: Strategieentwicklung National-Gruppe

In der Strategieentwicklung wurde gemeinsam mit dem CEO und dem Verwaltungsrat die Vision formuliert. Die Werte wurden diskutiert und auch weiter konkretisiert. Abgeleitet aus der Vision und den Analyseergebnissen ergaben sich die Geschäftsfelder.

Ein weiterer wichtiger Schritt zur Konkretisierung der Strategie war die Ableitung der finanziellen Zielposition bis zum Jahr 2010. Diese definierte die Vorgaben für die angestrebte Performance. Dazu wurde der wertorientierte Ansatz mit der Spitzenkennzahl Return on Risk Adjusted Capital (RORAC) angewandt. Für die *National*-Gruppe wurde ein einheitliches Ergebnisschema definiert und ein gemeinsames Verständnis über die relevanten Kennzahlen geschaffen. Dann wurden in Diskussion mit der Geschäftsleitung Vorgaben für die Geschäftsfelder definiert. Da die Verantwortlichen für die Geschäftsfelder zu diesem Zeitpunkt noch nicht benannt waren, wurde von einer realen strategischen Planung auf Basis von Werttreibern verzichtet. Dieser Schritt ist für das Jahr 2006 geplant. Damit ist der Grundstein für eine wertorientierte Führung gelegt. Wenn die neue Organisation etabliert ist, dann können die Leiter der Geschäftsfelder ihre Ergebnisverantwortung wahrnehmen.

3.4   Phase 3: Struktur und Prozesse National-Gruppe

Der Verwaltungsrat und der CEO wollten die strategische Neuausrichtung parallel mit der Neugestaltung der Geschäftsleitung durchführen. Die große Herausforderung ist dabei die Verankerung der neuen Strategie in der *National*, ohne eine Überforderung der Organisation zu riskieren.

»Structure follows Strategy« – es galt die Gruppenstruktur an die neue Strategie anzupassen. Dazu wurden die bisherigen beiden Geschäftsleitungen (Gruppe und Schweiz) zusammengelegt und die Anzahl der Mitglieder reduziert, Markteinheiten stärker am Kunden bzw. Markt ausgerichtet sowie Investment und Finanzen als Schlüsselkompetenz der Gruppe positioniert.

Im Managementmodell wurden die drei Ebenen Gruppe, Business Unit und Geschäftsfeld festgelegt. Dies führte zu einer komplett neuen Organisation auf den obersten Führungsebenen und in der Zentrale. Um das operative Geschäft nicht zu gefährden, wurden die Einheiten mit direktem Kundenkontakt (Geschäftsstellen, Schadenbearbeitungszentren etc.) bewusst nicht verändert. Sie blieben unverändert, jedoch wurden sie in die neue Struktur mit neuen Vorgesetzten überführt.

Mit einem detailliert abgestimmten Zeitplan wurden die Kandidaten für die neuen Führungspositionen ausgewählt und stufengerecht durch ihre alten bzw. neuen Vorgesetzten informiert. Dazu hielt man sich an ein dreistufiges Vorgehen: Geschäftsleitung (Mitte Juli); Direktunterstellte der GL-Mitglieder (Mitte August); weitere Mitarbeiter

(Mitte September). Diese Phase erfordert einerseits eine hohe Sensibilität für die Stimmung in der Organisation, anderseits musste sie zügig und konsequent durchgeführt werden.

3.5 Phase 4: Umsetzungskonzeption und -planung

Die Strategie ist definiert – jetzt folgt als große Herausforderung: die konsequente Kommunikation und die Strategieumsetzung. Im Rahmen der Vorbereitung der Strategieumsetzung wurden die strategischen Projekte weiter konkretisiert, die Anpassung der Führungs- und Steuerungssysteme angestoßen als auch die Kommunikation mit den Medien und den Mitarbeitern durchgeführt.

Die Neuausrichtung wurde mit großem Interesse auch von der Presse verfolgt. So schrieb z. B. die *Finanz und Wirtschaft* im Juli 2005: »Die *National-Versicherung* schlummert seit Jahrzehnten im Dornröschenschlaf, scherzte unlängst ein Kenner der Schweizer Versicherungsszene. Mit der Schläfrigkeit dürfte es in dem Basler Unternehmen nun definitiv vorbei sein. Das neue Management hat die Neuausrichtung der Gesellschaft in die Hand genommen.«

4   Eckpfeiler der neuen Strategie

Im August und September 2005 hat sich die *National* eine überarbeitete Strategie und Vision gegeben. Das Geschäft der *National*-Gruppe ist nun in vier Business Units und drei Gruppenbereiche eingeteilt. Für die Umsetzung der neuen Strategie ist zusätzlich temporär ein weiterer Gruppenbereich geschaffen worden. Die vier Business Units (BU) enthalten insgesamt 15 Geschäftsfelder (GF). Davon befinden sich fünf im Europäischen Ausland, die anderen Geschäftsfelder bearbeiten den Schweizer Markt.

Die Umsetzung der Strategie wird in drei großen Etappen angegangen, die vom Bereich Finanzen intensiv unterstützt werden.

In einer ersten Etappe wurden bis zum Frühjahr 2006 die Grundlagen für den weiteren Erfolg der *National*-Gruppe geschaffen. In diesem Zusammenhang ist im September 2005 ein Abbau von 140 Stellen im Schweizer Innendienst angekündigt worden, welcher in den darauffolgenden Monaten umgesetzt wurde. Als weitere Initiativen sind verschiedene Maßnahmen zur Stärkung des Vertriebs und zur Verbesserung des Schadenmanagements in Angriff genommen worden. Ein wesentlicher Schwerpunkt liegt auch auf dem Ausbau der Investment- und der Finanzfunktion für die *National*-Gruppe. Neben verschiedenen anderen Maßnahmen ist der Aufbau eines neuen Führungs-Informations-Systems (FIS) ein zentrales strategisches Projekt.

Als zweite Umsetzungsetappe der Strategie gilt es, Operational Excellence in allen Bereichen zu erzielen. Es ist erklärtes Ziel, bis Ende 2007 die gesteckten Rentabilitätsziele für alle Geschäftsbereiche zu erreichen. Dazu wird es notwendig sein, die Kosten weiter zu senken, Prozesse verstärkt zu automatisieren und eine konsequente Kundenorientierung umzusetzen.

Abb. 3: Schrittweise Strategieumsetzung

In der dritten Phase der Strategieumsetzung (2007 bis 2010) soll das Potenzial der *National* voll ausgeschöpft werden. Es ist das Ziel, weitere renditestarke Geschäftsfelder aufzubauen und sich weiter auf attraktive Märkte und Kundensegmente zu fokussieren. Dabei sollen die Brand-Potenziale voll ausgeschöpft werden. Ein substanzielles Wachstum in den ausgewählten Nischen ist das Ziel in dieser Etappe.

5   Veränderung der Rolle und Aufgaben des Bereiches Finanzen

Sind Unwetter und Großschäden planbar? Sind Versicherungszweige nicht zyklischen Renditewellen unterworfen; was heute defizitär ist, kann morgen Gewinn abwerfen? Lohnt es sich für einen Versicherer überhaupt, das Geschäft zu planen? Mit der Neupositionierung der *National*-Gruppe wurde in diesen Fragen die Grundhaltung fundamental geändert. Herrschte im Unternehmen eine sehr reservierte Haltung zur aktiven zielorientierten Führung, so stark ist nun die Überzeugung, das Unternehmen zielgerichtet zu planen. Selbstverständlich kann dieser »mentale« Wechsel nicht in kürzester Zeit perfekt umgesetzt werden, die Voraussetzungen dazu wurden jedoch im Strategieprojekt geschaffen. Nebst dem Willen, das Geschäft aktiv und zukunfts-orientiert zu führen, braucht es die dazu gehörenden Instrumente, Daten und Prozesse. Hauptarchitekt dieser Elemente ist der Bereich Finanzen.

Im Strategieprojekt wurde der Rahmen gesetzt, in welchem die Finanzinformationen aufzubereiten sind. Folgende Themen sind prägend:

- RORAC: In der *National*-Gruppe wird neu der RORAC (Return on risk adjusted Capital) für strategische Geschäftsfelder und der RoE für juristische Einheiten genutzt.
- Neue Grundidee des Führungsmodells: Unterscheidung von drei Ebenen im Managementmodell der *National*-Gruppe.
- Neue Organisation: Business Units und Geschäftsfelder anstelle von Legal Entities.
- Wertorientierte Führung: Einheitliche Ergebnisstruktur für die National (Gruppe, BU, GF).
- Einheitliche Zielvorgaben: Die Vorgaben an die Geschäftsfelder für die operative Einjahresplanung basieren auf dem Vollkostenprinzip.
- Werttreiber: Der Werttreiberbaum besteht aus Standard- und Geschäftsfeldspezifischen Modellen.

Im Rahmen der vorerwähnten Eckpfeiler stellte die zeit- und qualitätskonforme Umsetzung eine nicht zu unterschätzende Herausforderung an den Bereich Finanzen dar. Mit den Projekten »Führungs-Informations-System« und »Asset-Liability-Management« wird die Umsetzung professionell und mit Unterstützung von Dritten vorangetrieben. Folgende Leitsätze prägten die Projektarbeiten und -ergebnisse:

- Der möglichst reibungslose Planungs- und Budgetierungsprozess ist wichtiger als die Etablierung von perfekten Methoden und Modellen.
- Das Reporting soll schnellstmöglich die Breite (= sämtliche Geschäftsfelder) umfassen, die Tiefe kann gleichmäßig nachgefahren werden.
- Vorhandene Daten und Instrumente sind weitestmöglich zu integrieren.
- Verständlichkeit und Anwendbarkeit kommt vor akademischer Richtigkeit.

Nebst konzeptionellen Tätigkeiten und intensiven Arbeiten in Projekten durchlief die gesamte *National*-Gruppe – auch der Bereich Finanzen – einen grundlegenden Veränderungsprozess. Unter der Leitung des CFO erarbeitete das Führungsteam das gemeinsame Verständnis und hielt die nachfolgenden Grundsätze fest.

6 Erfahrungsbericht aus der Geschäftsleitung: 2 Jahre vor und 1 Jahr nach der neuen Strategie

Sie kennen sicher die Situation, in welcher der junge Familienvater überrascht ist, dass der Besuch seiner entfernten Tante einen Begeisterungssturm über die Entwicklung seiner Sprösslinge auslöst. Wie ist doch der Bub groß geworden und welch schön lange Haare das Mädchen hat! So ähnlich geht es dem CFO wenn er aus der Distanz die

Unsere Grundsätze:

Das sind wir, das zeichnet uns aus:	Das tun wir, das kennzeichnet unsere Arbeit:	Das wollen wir, das bezeichnen wir als Erfolg:
■ Wir sind das finanzielle Gewissen der Gruppe. ■ Wir sind eine inhomogene Sammlung von Spezialisten. ■ Wir sind klar, genau, exakt, bodenständig, solide und entwicklungsfähig. ■ Wir sind motiviert, mit viel gutem Willen und Bereitschaft. ■ Wir sind eine Gruppenfunktion mit gesamtheitlicher Verantwortung. ■ Wir sind anpassungsfähig und flexibel. ■ Wir sind proaktiv. ■ Wir sind kommunikativ und qualifiziert, d.h. fachlich kompetent. ■ Wir sind ein »Finanz-Silo«, i. S. eines unabhängigen Kompetenzzentrums. ■ Wir sind kundenorientiert.	■ Wir suchen nach Lösungen und schaffen nicht Probleme. ■ Wir erstellen umfassende aber »flache« (einfache) Konzepte. ■ Wir liefern empfängergerechte, zeitgerechte und angemessen korrekte Daten. ■ Wir konzentrieren uns auf das Wesentliche. ■ Wir arbeiten funktionsübergreifend als Team. ■ Wir nehmen starken Einfluss auf die Entscheidungsfindung.	■ Wir wollen klar wissen, was wesentlich ist. ■ Wir wollen zur Sicherstellung einer nachhaltigen Geschäftsentwicklung der Gruppe beitragen. Die National ist eine erfolgreiche Gruppe ■ Wir wollen, dass der Bereich Finanzen als gut geöltes Räderwerk funktioniert. ■ Wir wollen eine hohe interne und externe Kundenzufriedenheit. ■ Wir wollen eine hohe Akzeptanz des Bereichs Finanzen (Wahrnehmung/ Anerkennung) ■ Wir wollen, dass die neuen Führungsprozesse etabliert sind. ■ Wir wollen vermehrtes Verständnis für zukünftige Anforderungen

Abb. 4: Selbstverständnis der Gruppenfunktion Finanzen

National betrachtet: Er sieht zwei Welten. Dabei geht es nicht um bessere Kennzahlen, höhere Dividendenauszahlung oder einen neuen Geschäftsbericht, es geht um Führung und Verhalten. Vergleicht man die Traktandenlisten und die Geschäftsleitungsprotokolle vor und nach der Neuorganisation, erkennt man erhebliche Unterschiede in den Themenschwerpunkten. Was besser ist, kann nur in der Gegenüberstellung mit der Erwartung und der Anspruchshaltung gemessen werden. Ein einfaches Urteil kann der komplexen Realität nicht gerecht werden. Jedoch ist von entscheidender Bedeutung, dass, wie die Geschäftsleitung denkt und lenkt, sich die gesamte Organisation verhält. Mit neuen Ideen und mit einem neuen Geschäftsleitungsteam gelang es nicht nur, die Neupositionierung der *National*-Gruppe niederzuschreiben, sondern auch die weitaus anspruchsvollere Umsetzung der Strategie erfolgreich anzugehen.

Literatur

National-Gruppe Finanzanalystenkonferenz (2005), »Wird die National bald wachgeküsst?«, Finanz und Wirtschaft, 30.07.2005, S. 15

Was kann der Bank-Controller von Analysten lernen?

Dr. Thorsten Broecker*

1   Bank-Controller und Analysten – ähnliche Ziele, unterschiedliche Methoden

2   Kurze Darstellung der von Analysten verwendeten Sum-of-the-Parts-Bewertungs-
     methode

3   Gesamtwirtschaftliche Einflussfaktoren auf die Ergebnisentwicklung einer Bank

4   Wettbewerbsanalyse

5   Kennzahlensystematik

6   Die Frage nach der Nachhaltigkeit der Ertrags-, Aufwands- und Ergebnis-
     entwicklung

7   Fazit

Literatur

*   Dr. Thorsten Broecker, Leiter Financial Controlling der Commerzbank, Frankfurt am Main.
     Der Autor dankt insbesondere Joachim Müller, Equity Research German Banks, CA Cheu-
     vreux, Dirk Bartsch, Equity Research, Cominvest Asset Management und Jürgen Ackermann,
     Investor Relations, Commerzbank, für ihre Unterstützung und Anregungen.

1   Bank-Controller und Analysten – ähnliche Ziele, unterschiedliche Methoden

Analysten und Controller teilen das gemeinsame Interesse am Wert einer Bank, der Analyst mit dem Ziel, diesen Wert abzuschätzen, und der Controller mit dem Ziel, durch seine Arbeit Impulse für die Wertsteigerung seines Hauses zu geben. Der Blickwinkel und die analytischen Werkzeuge, die von Analysten und Controllern eingesetzt werden, sind jedoch unterschiedlich, nicht zuletzt bedingt durch den zur Verfügung stehenden Detailgrad an Informationen. Analysten setzen häufig *Sum-of-the-Parts-Bewertungsmodelle (SoP-Bewertungsmodelle)* ein, in denen erwartete Gewinne für die Segmente der Bank mit *Price/Earnings-Werten (P/E-Werten)* bewertet werden oder in denen *Price/Book-Werte (P/B-Werte)* benutzt werden. Ferner fließen Abhängigkeiten von gesamtwirtschaftlichen Rahmenbedingungen in Form von Szenariorechnungen in die Bewertung ein. Da Analysten nur eine Outside-in-Sicht entwickeln können, werden in großem Umfang Vergleichswerte und Benchmarks, unterlegt durch entsprechende Kennzahlen, eingesetzt. Der Controller fokussiert sich auf detaillierte interne Daten, Mittelfristplanung und Budgetierung, Plan/Ist-Abweichungsanalysen und Business Cases. Eine Gesamtbankbewertung erfolgt in der Regel dagegen nur bei speziellen Anlässen und nutzt eher die *Discounted-Cash-Flow-Methode (DCF-Methode)* basierend auf Daten der Mittelfristplanung für die einzelnen Geschäftsfelder unterhalb der Segmentebene. Die Beurteilung der Entwicklung der Bank erfolgt üblicherweise anhand von Kennzahlen wie Return on Equity (RoE), Cost Income Ratio (CIR) oder der Betrachtung des erzielten Economic Profit (Economic Profit wird definiert als der erwirtschaftete Gewinn abzüglich der vom Kapitalmarkt erwarteten Rendite mal dem eingesetzten Kapital).

Es stellt sich daher die Frage, ob der Bank-Controller nicht Teile der Methoden und Sichtweisen der Bank-Analysten zur Verbesserung der täglichen Arbeit verwenden kann. Dabei soll nicht der Eindruck entstehen, dass dies nicht schon in vielen Fällen geschieht, wie z. B. die Verwendung von Benchmarks. Außerdem hängt der Umfang, in dem diese Verfahren übernommen werden können, natürlich von der spezifischen Situation der Bank, den Anforderungen an das Controlling und dem bereits vorhandenen Instrumentarium ab. Dieser Beitrag beleuchtet unabhängig von der spezifischen Situation und den Anforderungen verschiedene Themenbereiche, bei denen der Bank-Controller Anregungen aus der Arbeit von Analysten erhalten kann. Der Nutzen liegt dabei in verbesserten Plausibilitätsprüfungen, Szenario- und Sensitivitätsrechnungen, in der Bereitstellung von Benchmarks und in der besseren Steuerung von Forecast- und Planungsprozessen. Dies hilft dem Bank-Controller, seinen Auftrag besser auszuführen, eine unabhängige Sicht auf die Finanzsituation seines Hauses einzubringen und Steuerungsimpulse zu geben.

Es werden folgende Themenbereiche behandelt: Eine kurze Darstellung der von Analysten verwendeten Sum of-the-Parts-Bewertungsmethode, die Analyse von gesamtwirtschaftlichen Einflussfaktoren auf die Ergebnisentwicklung der Bank, die Wettbewerbsanalyse, die von Analysten verwendete Kennzahlensystematik und die Behandlung des Begriffs Nachhaltigkeit bei Bewertungsfragen. Dabei werden Beispiele vorgestellt, die zwar durchaus auf Analysten-Berichten basieren, die jedoch zu illustrativen Zwecken stark vereinfacht worden sind und keine Rückschlüsse auf einzelne Unternehmen zulassen.

2 Kurze Darstellung der von Analysten verwendeten Sum-of-the-Parts-Bewertungsmethode

Die folgende, sehr stark vereinfachte Beispielrechnung zeigt die Grundzüge der Sum-of-the-Parts-Bewertung, wie sie von Analysten verwendet wird:

SoP-Bewertung der Segmente einer Bank	Gewinnerwartung (€ Mio.) (T + 2)	P/E-Verhältnis	Bewertung (€ Mio.)
Retail Banking	400	11	4.400
Asset Management	200	13	2.600
Corporate Banking	500	9	4.500
Investment Banking	400	8	3.200
Total	1.500		14.700

Abb. 1: Grundzüge der von Analysten verwendeten Sum-of-the-Parts-Bewertung auf Segmentbasis

Viele Analysten basieren ihre Bewertung nicht auf einem Discounted-Cash-Flow-Modell (DCF-Modell), sondern verwenden statt dessen eine Projektion über zwei Jahre, auf die dann vorausschauende Price/Earnings-Werte angewendet wird. Im vorgestellten Beispiel wird der Jahresüberschuss des Segments Retail Banking für das übernächste Jahr (T + 2) auf 400 Mio. € geschätzt. Bei Anwendung einer P/E von 11 ergibt sich eine Bewertung des Retail Banking i. H. v. 4.400 Mio. €, die dann in die gesamte Sum-of-the-Parts-Bewertung des Konzerns eingeht. Zur Vereinfachung wird im obigen Beispiel die Behandlung von Überschusskapital und anderen Effekten nicht behandelt.

Der Grund für die Verwendung einer P/E-basierten SoP-Bewertung liegt u. a. in der hohen Reaktionsgeschwindigkeit, die von Analysten verlangt wird. Es ist bemerkenswert, wie sich Aktienkurse noch während Analysten-Telefonkonferenzen zur Veröffentlichung von Quartalszahlen verändern können, wo innerhalb weniger Minuten Zielkurse und Kaufs- oder Verkaufsempfehlungen angepasst werden. Ein anderer Grund ist, dass sich dieses Verfahren gut für Plausibilitätsüberlegungen eignet: Wird beispielsweise eine Akquisition angekündigt, die mit Kapital bestritten werden soll, das in den Bewertungsmodellen mit einmal Buchwert angesetzt wird, so ergibt sich aus einer erwarteten 50-prozentigen Steigerung der Kapitalverzinsung gegenüber Cost of Equity unmittelbar auch eine 50-prozentige Wertsteigerung auf dieses Kapital. Solche Überschlagsrechnungen werden nach Aussagen von Analysten durchaus in deren

Gesprächen mit Investoren verwendet. Darüber hinaus ist die P/E-basierte Bewertung leichter bei externer Betrachtung einzusetzen, da in der Regel die Detailinformationen für eine DCF-Bewertung fehlen.

Auch für das Controlling können Plausibilitätsüberlegungen oder der Abgleich zwischen Analysteneinschätzungen und den internen Daten wertvoll sein: Der Bank-Controller kann die Analysteneinschätzung der erwarteten Ergebnisentwicklung mit der Mittelfristplanung vergleichen und große Abweichungen hinterfragen. Abweichungen können beispielsweise dadurch zustande kommen, dass Analysten die Nachhaltigkeit der Ertrags-, Aufwands- und Ergebnisentwicklung anders einschätzen als die Bank selbst. Auf das Thema Nachhaltigkeit wird später genauer eingegangen. Als weiteres Beispiel kann er Änderungen in der Qualität des Business Mix identifizieren. Die Qualität verbessert sich zum Beispiel, wenn sich die Segmente mit hohen P/Es stärker als erwartet verbessert haben, während sich die Profitabilität der Segmente mit niedriger Bewertung wie erwartet entwickelt hat. In einem solchen Fall wird auch die Bewertung der Bank verbessert. Oder er kann die interne Kapital-Allokation auf die Segmente mit den Bewertungen dieser Segmente abgleichen und Hinweise etwa für deren Überkapitalisierung identifizieren.

Interessant ist ebenfalls, wie das Segment Headquarter im Rahmen von Bewertungen behandelt wird: Manche Analysten verteilen das meist negative Ergebnis (hierbei wird die GuV des Segments Headquarter häufig um die positiven Beteiligungs- und Wertpapierergebnisse und andere Effekte bereinigt, welche dann separat bewertet werden) dieses Segments vor der Sum-of-the-Parts-Bewertung auf die übrigen Segmente, andere wenden auf das Ergebnis einen eigenen P/E-Wert an, der über dem P/E-Wert der Gruppe liegen kann. In der Tat drängen die Analysten auf ein möglichst kleines Segment Headquarter, da sonst die gesamte Sum-of-the-Parts-Bewertung wegen der zu schwachen Aussagekraft der Ertragskraft der Segmente zu sehr verfälscht wird. Dieses Vorgehen der Analysten könnte den Controller dazu verführen, mit Hinblick auf die P/Es eine wertsteigernde Verteilung des Segments Headquarter vorzunehmen. Der Controller ist aber natürlich einer verursachungsgerechten Ertrags- und Aufwands-allokation verpflichtet, um eine verlässliche Gesamtbanksteuerung zu ermöglichen, was letztlich auch von Analysten honoriert wird.

3 Gesamtwirtschaftliche Einflussfaktoren auf die Ergebnisentwicklung einer Bank

Es ist für einen Analysten besonders wichtig, den Einfluss allgemeiner ökonomischer Entwicklungen, etwa auf die Kreditnachfrage und damit auf das Zinsergebnis einer Bank, abzuschätzen. So wurden Anfang 2006 deutsche Banken als Wette auf den erwarteten Wirtschaftsaufschwung in Deutschland angesehen, unter Berücksichtigung der Abhängigkeit ihrer Kreditbücher und Gewinne vom deutschen Markt.

Die Frage, wie sich die gesamtwirtschaftliche Entwicklung auf das Ertragspotenzial niederschlägt, ist natürlich auch für den Bank-Controller wichtig. Im Rahmen der meist dreijährigen Mittelfristplanung werden zwar verbindliche Planvorgaben etwa für die Zinsentwicklung oder das BIP-Wachstum gemacht, der Controller muss aber zusätzlich seine eigene Einschätzung entwickeln, welche anderen Szenarien noch realistisch sind und wie sich diese Vorgaben und Szenarien angemessen in die Planung der Geschäftsfelder übertragen. Es wird nicht der Anspruch erhoben, dass der Controller in der Lage sein sollte, gesamtwirtschaftliche Vorhersagen zu treffen, aber er sollte die wichtigsten planungsrelevanten Parameter und deren Treiber kennen, und er sollte verstehen, wie die Geschäftsfelder diese in ihren Planungen berücksichtigen. Dieses Verständnis hilft ihm, nicht nur die Planung zu plausibilisieren, sondern auch die Ist-Ergebnisse zu interpretieren. Schließlich hängt von den gesamtwirtschaftlichen Einflüssen ab, in welchem Umfang die Gewinnentwicklung durch Marktentwicklungen begünstigt oder erschwert wird und welche Investitionsspielräume damit zur Verfügung stehen.

In verschiedenen Studien (vgl. *UBS Investment Research* 2006; *Deutsche Bank* 2006; *Exane BNP Paribas Equity Research* 2005; *West LB Equity Research* 2005; *Fox-Pitt/Kelton* 2006; *Keefe, Bruyette & Woods Equity Research* 2006) vom Ende des Jahres 2005/Anfang des Jahres 2006 wurden Szenarien für den Aufschwung in verschiedenen Märkten entwickelt und die zugrunde liegenden Treiber identifiziert. Hier sollen drei stark vereinfachte Beispiele der entwickelten Sachverhalte vorgestellt werden, um die Relevanz für Fragen des Controllings zu erläutern und gleichzeitig zu demonstrieren, welches Verständnis über gesamtwirtschaftliche Zusammenhänge notwendig ist.

Für den Property Investment Market wird nach dem bisher höchsten Investitionsvolumen in 2005 ein weiteres starkes Wachstum erwartet. Dies ist einerseits getrieben durch ausländische Investoren, die auf die Erholung im deutschen Real Estate Market setzen und die im Vergleich zu anderen nationalen Märkten einen höheren Cash Flow erwarten. Die Mieten sind in der Vergangenheit zwar gefallen, dieser Effekt wurde jedoch durch noch stärker gefallene Immobilienpreise überkompensiert. Darüber hinaus wird erwartet, dass die öffentliche Hand vermehrt Wohneigentum verkaufen wird. Für den Controller ist es daher wichtig zu verstehen, wie das eigene Haus in den verschiedenen Teilmärkten engagiert ist, ob solche Markteinschätzungen vom Geschäftsfeld geteilt werden und welche Ergebnisbeiträge sich daraus ergeben. Nur so kann der Bank-Controller seiner Rolle gerecht werden, eine unabhängige Einschätzung der Ertragsprognosen einzubringen.

Betrachtet man als zweites Beispiel die Firmenkunden-Kreditnachfrage, so muss man Fragen der freien liquiden Mittel der Unternehmen und deren Exportorientierung bzw. der Konzentration auf den heimischen Markt behandeln. Hinzu kommt die Frage des Risikoappetits und der durchsetzbaren Kreditmargen. Hier stellt sich für den Bank-Controller die Herausforderung, zwischen Markt- und Vertriebsanstrengungen zu unterscheiden.

Als letztes Beispiel soll hier noch auf die Entwicklung beim Commercial Real Estate und beim Retail Residential Real Estate eingegangen werden: Auch hier werden Zeichen des Aufschwungs erkennbar, da sich im Bereich der Büroimmobilien die Mieten stabilisieren und die Leerstandsquoten teilweise schon rückläufig sind. Der private Immobilienmarkt profitiert dagegen vom steigenden Konsumentenvertrauen sowie der Immobilienpreis- und der Zinsentwicklung. Im internationalen Vergleich zeigt

Deutschland in Indikatoren wie der Immobilienbesitzquote oder dem Verhältnis von Immobilienpreisen zu verfügbarem Einkommen deutliches Wachstumspotenzial. Dieses Beispiel der Potenzialeinschätzung im Real-Estate-Bereich verdeutlicht eine weitere Anforderung an den Controller. Wachstumsszenarien in diesem Bereich führen nicht nur dazu, dass die Hypothekennachfrage steigt, sondern steigende Immobilienpreise können auch die Sicherheitenbewertung und somit die Risikovorsorge positiv beeinflussen. Der Controller muss daher sehr eng sowohl mit der Markt- als auch mit der Marktfolgeseite und dem Risikocontrolling zusammenarbeiten, um sicherzustellen, dass die stark interdependenten Effekte aus einem angenommenen Wachstumsszenario aufeinander abgestimmt werden.

Dass eine solche Potenzialeinschätzung bedeutende Auswirkungen auf Fragen der Ergebnisentwicklung, der Investitionserfordernisse und gegebenenfalls auch der Anreizsetzung haben kann, zeigt sich an der schieren Größe der möglichen Wirkung: Studien gehen bei der Annahme eines starken Wachstums von einer Steigerung der Marktkapitalisierung von Banken von bis zu ca. 20 % aus.

4   Wettbewerbsanalyse

Wettbewerbs- und Benchmarking-Analysen haben den unschätzbaren Wert, Potenziale und Wertsteigerungsmöglichkeiten zu identifizieren. Die bekannte Schwierigkeit liegt in der Bestimmung verlässlicher Vergleichsmaßstäbe, für die flächendeckend Daten zur Verfügung stehen. Die folgende Grafik ist einer Analyse von *MorganStanley* (*MorganStanley Equity Research Europe* 2006) nachempfunden. Als Vergleichsbasis werden Risikoaktiva verwendet, was eine allgemein verfügbare und nicht durch individuelle Definitionen verzerrte Basis darstellt.

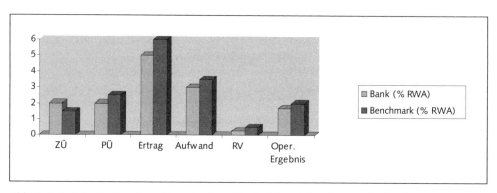

Abb. 2: Beispielhafte Benchmarking-Analyse (RWA risk weighted assets/Risikoaktiva)

Die erforderliche tiefere Analyse muss die Unterschiede und die sich daraus ergebenden Möglichkeiten für die Bank im Vergleich zum Benchmark herausarbeiten. Diese könnten beispielhaft sein:

- Der höhere Zinsertrag ergibt sich aus einem kostengünstigen Einlagengeschäft, während die Zinsmarge aus dem Kreditgeschäft deutlich niedriger als bei der Benchmark-Bank ist.
- Zur Generierung eines vergleichbaren Provisionsüberschusses verfügt die Bank möglicherweise über eine gute Produktpalette, jedoch ist die Marktdurchdringung vielleicht nicht ausreichend.
- Der Verwaltungsaufwand zeugt von einer effizienten Kostenbasis, wobei der hohe IT-Anteil am Verwaltungsaufwand Resultat eines hohen Automatisierungsgrades sein kann.
- Im Beispiel ist die Risikovorsorge deutlich niedriger als bei der Benchmark-Bank, etwa bedingt durch die aktive Reduzierung von Klumpenrisiken.

Viele Analystenberichte enthalten eine Fülle von Wettbewerbsinformationen und Benchmarkingvergleiche, wie sie oben beispielhaft dargestellt werden. Der Bank-Controller kann diese Vergleiche für seine eigene Arbeit nutzen, muss sie aber in jedem Fall kritisch hinterfragen.

5   Kennzahlensystematik

Analysten haben für ihre Potenzial-, Wettbewerbs-, Benchmarking- und Einzelwertanalysen eine ausführliche Kennzahlensystematik entwickelt. Diese erprobte Kennzahlensystematik kann auch in der Tagesarbeit eines Controllers für Simulations- und Planungszwecke sowie Ex-post-Analysen eingesetzt werden. Der wichtige Aspekt dabei ist, dass diese Finanzkennzahlen einen Konsens über praktisch anwendbare Werttreiber darstellen. Demgegenüber haben viele Unternehmen mit hohem Zeit- und Kostenaufwand im Rahmen von Balance-Scorecard- oder Value-Management-Projekten versucht, selber solche Kennzahlen zu identifizieren. Es lohnt sich also aus verschiedenen Gründen, diese praxisgängigen Werttreiber für die eigene Arbeit zu überprüfen.

Diese Kennzahlen können nun weiter detailliert und auf die Geschäftsbereiche heruntergebrochen werden. Darauf aufbauende Szenario- und Simulationsrechnungen können für Planungszwecke und Wettbewerbsanalysen verwendet werden, wie oben dargestellt. Darüber hinaus finden sie Verwendung in der Bestimmung der Nachhaltigkeit der Ergebnisentwicklung einer Bank, was im Folgenden behandelt wird.

Business Performance	*Profitability ratios:* RoE, RoRaC, RoRWA, RoNA, CIR *Growth rates:* revenues, expenses, LLP, revenue growth – expense growth
Quality of earnings	*Net interest income:* NII breakdown, NII % RWA, NII % loan volume, loan margin and volume, deposit margin and volume, RWA % loan volume, loan volume % deposit volume, RWA growth, loan book breakdown *Commission income:* commission income breakdown, commission income % AuM, AuM growth *Trading income:* sales vs. trading, split by product groups, VaR, days losses, prop trading % trading income
LLP and NPL	LLP % pre-provisioning profit, LLP % NPL, LLP % RWA, NPL % loan volume, LLReserves % NPL, LLReserves % loan volume, credit rating distribution, coverage ratio (LLReserves + collateral % NPL)
Expenses	*Staff:* unit staff cost, bonuses % staff cost, staff cost % revenues
Capital	Tier I ratio, share of hybrid capital

Abb. 3: Auswahl von in Analystenberichten verwendeten Kennzahlen (Erklärung der Abkürzungen: RoE return on equity, RoRaC return on risk adjusted capital, RoNA return on net asset value, CIR cost income ratio, NII net interest income, RWA risk weighted assets, AuM assets under management, VaR value at risk, LLP loan loss provisions, NPL non performing loans, LLReserves loan loss reserves)

6 Die Frage nach der Nachhaltigkeit der Ertrags-, Aufwands- und Ergebnisentwicklung

Die Frage nach der Nachhaltigkeit wird von Analysten regelmäßig gestellt. Für Analysten ist es besonders wichtig, mittelfristig verlässliche Ertrags- oder Aufwandsentwicklungen in ihre Analysen einzuarbeiten. Dieses Thema der Nachhaltigkeit stellt sich aber auch für den Controller bei der Entwicklung von Forecasts und Planungen und ist – wenn er diese Frage im Detail beantworten will – weit komplizierter als nur die Eliminierung von Einmaleffekten. Es erfordert zudem ein sehr gutes Verständnis der Geschäftsmodelle und Vertriebsaktivitäten der Geschäftsfelder. Auch hierzu sollen einige Beispiele entwickelt werden.

Die Abschätzung marktinduzierter Effekte auf die zukünftige Ertragsentwicklung hängt von der Vorhersageperiode ab. Im Rahmen der Budgetierung oder Mittelfristplanung kann die im Abschnitt gesamtwirtschaftliche Einflussfaktoren beschriebene Vorgehensweise verwendet werden. Daneben bilden Sensitivitätsanalysen die Grundlage, etwa die Abhängigkeit des Zinsüberschusses im Retail Banking oder Corporate Banking von der allgemeinen Zinsentwicklung. Solche Sensitivitätsanalysen können komplex werden, erlauben jedoch dem Controller, unabhängige Analysen der Ist-Ergebnisse und der Ergebnisentwicklung vorzunehmen.

Die Wirkung von erwarteten Zinsänderungen auf die Zinsmarge im Kreditgeschäft, d. h. auf die Differenz zwischen Kundenzinssatz und der auf der Marktzinsmethode basierenden internen Zinsverrechnung, hängt zunächst mechanisch vom geplanten Neugeschäft und den anstehenden Prolongationen ab. Bedeutend schwieriger ist die Abschätzung, inwieweit das Geschäftsfeld in der Lage sein wird, hierfür einen besseren und risiko-adjustierten Kundenzinssatz durchzusetzen.

Der Schwierigkeitsgrad steigt, wenn im Retail Banking oder im Corporate Banking z. B. Anlagemodelle eingesetzt werden, die eine Fristentransformation zwischen den vom Geschäftsfeld ausgegebenen Krediten und den erhaltenen Kundeneinlagen herbeiführen. Diese Anlagemodelle können merkliche Beiträge zu den Geschäftsfeldergebnissen liefern. Darüber hinaus puffern sie die Sensitivität des Zinsergebnisses durch Änderungen in der Zinskurve ab. Der Grad des Puffers hängt von den spezifischen Parametern der Anlagemodelle ab, wie etwa der Definition des Bodensatzes aus kurzfristigen Einlagen und den gewählten Fristigkeiten bei der Anlage der Kundeneinlagen. Wird im Rahmen des Planungsprozesses eine Zinskurve vorgegeben, so sollte das Controlling in der Lage sein, das errechnete Fristentransformationsergebnis zu plausibilisieren und die Planung des Zinsergebnisses der Geschäftsfelder dagegen zu validieren.

Die Nachhaltigkeit der Entwicklung der Risikovorsorge ist von besonderer Bedeutung für Analysten. Die Wirkung der Alterung von Engagements und die Neugeschäftssteuerung und die damit verbundene Entwicklung der Verteilung der Kreditratings stehen im Mittelpunkt. Für einen Bank-Controller ist die Gesamtsicht über Zinsmargen- und Volumenentwicklung, Ergebnis aus Anlagemodellen, Risikovorsorge und die Qualität der Assets – wie Analysten versuchen, sie outside in zu entwickeln – ebenfalls von zentraler Bedeutung. Sie erlaubt dem Controller, im Rahmen von Forecasts oder Planungen, diese Elemente auf ihre Plausibilität und ihre interne Konsistenz zu prüfen.

Ein weiteres wichtiges Beispiel ist die Nachhaltigkeit und die zukünftige Entwicklung des Handelsergebnisses, was Analysten besonders kritisch beurteilen. Dies zeigt sich auch in dem P/E für Investment Banking, der häufig aufgrund der marktbedingten Volatilität niedriger ist als für die anderen Geschäftsbereiche. Der von Analysten gewünschte Nachweis für die Nachhaltigkeit der Erträge beinhaltet Risikomaße wie einen niedrigen Value at Risk und eine geringe Zahl days losses. Ein hohes Verhältnis von Sales zu Trading als Maß für kundengetriebenes Geschäft und die Aufteilung nach Produktgruppen mit einem Schwergewicht in kundenorientierte Produkte wie Equity Derivatives, Interest Rate Trading oder FX-Geschäft bzw. ein geringes Verhältnis von Prop Trading zum gesamten Handelsergebnis – bei aller Schwierigkeit in der Definition dieser Größe – unterstützen ebenfalls den Nachweis der Nachhaltigkeit. Diese Kriterien kann auch der Bank-Controller nutzen, um Forecasts und Planung des Handelsergebnisses und mehr noch die Upside-Potenziale und Downside-Risiken in diesem Geschäftsbereich besser abzuschätzen.

Marktinduzierte Effekte werden jedoch häufig stark durch Vertriebsinitiativen überlagert, deren Nachhaltigkeit auf die Ertragsentwicklung noch sehr viel schwieriger abzuschätzen ist.

Beispielhaft soll hierzu eine Vertriebsinitiative zur Steigerung der Wertpapiererträge betrachtet werden.

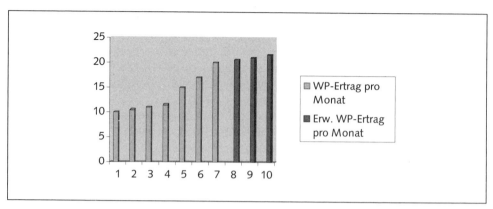

Abb. 4: Beispielhafte Entwicklung von Wertpapiererträgen vor und während einer Vertriebsinitiative

In dem gewählten Beispiel zeigt die Periode der Monate 1 bis 4 ein moderates Wachstum des Wertpapierertrags, bedingt durch eine Marktentwicklung mit entsprechend geringen Nettomittelzuflüssen. Das deutlich stärkere Wachstum in den Monaten 5 bis 7 stammt von einer Vertriebsinitiative, die zu entsprechenden Nettomittelzuflüssen führt. Diese Wachstumsraten können bei Auslaufen der Vertriebsinitiative natürlich nicht fortgeschrieben werden, so dass die nachfolgende Ertragsentwicklung wieder durch die normale Marktentwicklung bestimmt wird, jedoch auf einem höheren Niveau als zu Beginn. Auch hier ist eine enge Zusammenarbeit mit den Geschäftsfeldern notwendig, um das Ausmaß und die Nachhaltigkeit solcher Niveaueffekte abzuschätzen.

Selbstverständlich kann und muss der Controller auch selber einen aktiven Beitrag zur Nachhaltigkeit von positiven Ertrags- und Aufwandsentwicklungen leisten. Dazu gehört das Durchsetzen eines ertragsorientierten Kostenmanagements, das auf die Einhaltung einer Aufwandszielquote achtet. Die Validierung und Nachkalkulationen für Projekte und Neuprodukteinführungen, ein starkes Maßnahmencontrolling und die Einforderung versprochener Ertragssteigerungen durch Berücksichtigung in Budgets sind Prozesse, die geeignet sind, nachhaltige Ergebniseffekte zu erzielen.

7 Fazit

Analysten haben Methoden entwickelt und Daten zusammengetragen, die auch für die Tagesarbeit eines Bank-Controllers wertvoll sein können. Dieser Beitrag plädiert dafür, dass Bank-Controller sich diese Informationen erschließen. Der Nutzen liegt dabei in verbesserten Plausibilitätsprüfungen, Szenario- und Sensitivitätsrechnungen, in der Bereitstellung von Benchmarks und in der besseren Steuerung von Forecast- und Planungsprozessen. Dies erleichtert dem Bank-Controller, eine unabhängige Sicht auf die Finanzsituation seines Hauses zu entwickeln und Steuerungsimpulse zu geben.

Analysten erarbeiten nach Märkten differenzierte Erwartungen der gesamtwirtschaftlichen Entwicklung. Diese Informationen können im Rahmen von Forecast- und Planungsprozessen mit den Annahmen der Geschäftsfelder verglichen werden, was dem Bank-Controller hilft, eine unabhängige Validierung von Ertragserwartungen vorzunehmen. Auch die von Analysten entwickelten Sachzusammenhänge zwischen den gesamtwirtschaftlichen Entwicklungen und der Wirkung auf das Bankergebnis können vom Controller aufgegriffen und mit internen Informationen verfeinert werden. Auf diese Weise wird die Ergebnisinterpretation und die Qualität der Planung verbessert, was insbesondere für die Abschätzung von Investitionsspielräumen wichtig ist. Wettbewerbsanalysen durch Analysten können – nach entsprechender kritischer Überprüfung – Anregungen für Optimierungspotenzial im eigenen Haus ergeben. In all diesen Bereichen werden Szenario- und Simulationsrechnungen verwendet, die die Analyse- und damit die Steuerungsmöglichkeiten des Bank-Controllers stärken können. Die vielleicht wichtigste Anregung ergibt sich aus der Frage von Analysten nach der Nachhaltigkeit von Ertrags- und Aufwandsentwicklungen. Bei dieser Frage wollen eigentlich die Analysten von der Bank selber lernen. Greift umgekehrt der Bank-Controller diese Frage für sich auf, so erfordert die Beantwortung ein tiefes qualitatives und quantitatives Verständnis der markt- und vertriebsinduzierten Effekte. Zudem hilft dieses Verständnis dem Bank-Controller, die Nachhaltigkeit von Ertrags- und Ergebnisentwicklungen positiv zu beeinflussen.

Literatur

Deutsche Bank (2006), ToPPiX – German Strategy
Exane BNP Paribas Equity Research (2005), Banks
Fox-Pitt, Kelton (2006), German Banks 2006
Keefe, Bruyette & Woods Equity Research (2006), German Banks
MorganStanley Equity Research Europe (2006), German Banks
UBS Investment Research (2006), Banks' leverage into a German recovery
West LB Equity Research (2005), Banking Navigator

IV. Controlling und finanzielle Steuerung im Public Management

15 Jahre New Public Management
Erfahrungen und Perspektiven

Prof. Dr. Dr. h.c. Dietrich Budäus*

1   Vom Tilburger Modell zur Konzeption eines Good Governance
     1.1   Epochen der jüngsten Bestrebungen zur Reform von Staat und Verwaltungen
            in Deutschland
     1.2   Konzeption eines Public Managements zur Gestaltung von Verwaltungs-
            praxis

2   Zukünftige Entwicklungslinien

Literatur

* Prof. Dr. Dr. h.c. Dietrich Budäus, Leiter des Arbeitsbereichs Public Management, Fakultät Wirtschafts- und Sozialwissenschaften, Universität Hamburg.

1   Vom Tilburger Modell zur Konzeption eines Good Governance

1.1   Epochen der jüngsten Bestrebungen zur Reform von Staat und Verwaltungen in Deutschland

Die zu Ende gehende jüngste Epoche zur Reform von Staat und Verwaltungen in Richtung eines Public Managements öffentlicher Verwaltungen in Deutschland lässt sich in die folgenden drei Phasen unterteilen (vgl. hierzu ausführlich *Budäus* 2006):

(1) Phase des Einstiegs und der Reformeuphorie etwa Anfang der 90er bis Mitte der 90er Jahre des vorigen Jahrhunderts;

(2) Phase der Ernüchterung und Konzentration auf die Reformmachbarkeit Ende der 90er Jahre bis Anfang des neuen Jahrhunderts;

(3) Phase der Vertiefung, aber auch Stagnation mit Hinwendung zu neuen allgemein gehaltenen Konzepten von »Good Governance«, die eine neue Entwicklungsphase erkennen lassen.

Die jüngste Reformbewegung in Deutschland, heute bezeichnet als Public Management, begann zu Beginn der 90er Jahre mit einer Phase der Reformeuphorie. Sie wurde auf wissenschaftlicher Ebene vorbereitet und strukturiert durch die Diskussion in der wissenschaftlichen Kommission »Öffentliche Unternehmungen und Verwaltungen« im Verband der Hochschullehrer (vgl. im Überblick *Schauer* 1999). Auf praktischer Ebene wurde sie 1989 konkret eingeläutet mit der programmatischen Rede des damaligen Vorsitzenden der *Kommunalen Gemeinschaftsstelle für Verwaltungsmanagement (KGSt), Gerhard Banner,* zur »organisierten Unverantwortlichkeit« in öffentlichen Verwaltungen. Diese Phase war zunächst durch den Blick zu den holländischen Nachbarn geprägt. Hier entdeckte man das so genannte Tilburger Modell mit relativ autonomen Verwaltungseinheiten, die über ein selbst zu bewirtschaftendes Budget verfügten und in Deutschland bisher weitgehend unbekannten Controllingkonzepten zur Wirtschaftlichkeitssteuerung. Ein weiterer Impuls kam von der *Bertelsmann Stiftung.* Mit dem *Carl-Bertelsmann-Preis* 1993 (Demokratie und Effizienz von Kommunen) für die weltweit beste Kommunalverwaltung wurde die Aufmerksamkeit auf den internationalen Wandel des bisher Verwaltung prägenden klassischen Bürokratiemodells zu einem Public Management gelenkt. Dieser Prozess verstärkte sich dann auf nationaler Ebene durch ein ebenfalls von der *Bertelsmann Stiftung* initiiertes Pilotprojekt »kommunale Verwaltungsreform«, bei dem zunächst in fünf, später sieben Kommunen konkrete Ansätze zur Verwaltungsreform in Anlehnung an die internationale Entwicklung in die Praxis umgesetzt wurden. Im Wissenschaftsbereich entstanden parallel hierzu erste diesen Reformprozess begleitende Arbeiten, die sich mit Public Management befassten (vgl. stellvertretend für viele *Budäus* 1994; *Reichard* 1994; *Naschold* 1993; *Buchholtz* 2001; *Finger* 2001).

Public Management oder auch New Public Management standen und stehen nicht für ein einheitliches Modell bzw. Konzept der Verwaltungssteuerung wie das bisherige auf *Max Weber* zurückgehende Bürokratiemodell. Vielmehr stehen diese Begriffe für eine weltweite Bewegung zur Reform von Staat und Verwaltungen als Anpassungsprozess eines sich in ihren Grundstrukturen rapide verändernden gesellschaftlichen und ökonomischen Umfeldes. Diese weltweite Reformbewegung konzentrierte sich auf internationaler Ebene auf die vier großen Bereiche (vgl. *Reichard* 2002 sowie die dort aufgeführte Literatur; vgl. *Brüggemeier* 2004):

- gewandeltes Funktions- und Rollenverständnis von Staat und Verwaltung;
- Management von Verwaltungseinheiten in Anlehnung an die Unternehmenssteuerung im privatwirtschaftlichen Bereich (Binnenmodernisierung);
- Markt- und Wettbewerborientierung sowie Wandel von der kollektiven Finanzierung hin zur individuellen nutzerorientierten Finanzierung (externe Strukturreform);
- Demokratisierung und Bürgerorientierung.

Überlagert war diese Entwicklung durch den Einfluss der neuen Medien, heute für den öffentlichen Sektor generell unter dem Begriff E-Government subsumiert (vgl. hierzu den Überblick von *Stobbe* 2005).

Eine Vielzahl neuer Einzelaspekte und einzelner Reformideen wurden auf nationaler Ebene adaptiert und schlagen sich nieder in Begriffen wie Gewährleistungsstaat, Ergebnisorientierung, Kundenorientierung, Verwaltungscontrolling, Output- und Outcomesteuerung, Budgetierung, leistungsorientierte Besoldung, um einige wenige markante Reformbegriffe und damit verbundene Einzelkonzepte zu nennen.

In Deutschland wurde für die neue Reformentwicklung weniger die Bezeichnung (New) Public Management verwendet, sondern der Begriff »Neues Steuerungsmodell«. Auch hier ging und geht es um eine neue Philosophie der Steuerung öffentlicher Leistungserstellung mit entsprechend neuen und geänderten Strukturen, Verfahren, Verhalten der Akteure und geänderten Rahmenbedingungen. Mit dem von der Praxis geprägten Begriff »Neues Steuerungsmodell« wurde allerdings implizit vermittelt, dass es sich wiederum eher um einen einheitlichen Ansatz der Verwaltungssteuerung handelt, der an die Stelle des bisherigen Bürokratiemodells treten sollte. Insoweit zeichnete sich bereits hier im internationalen Vergleich ein deutscher Sonderweg der Reformentwicklung ab, der durch das klassische Denken in flächendeckender Einheitlichkeit und in geschlossenen Modellen geprägt war und ist. Auf diese Philosophie bezieht sich dann zunächst auch die konzeptionelle Vorgehensweise der *KGSt*, die vor allem für die Kommunalverwaltungen Orientierungshilfen vorgab und in der Anfangsphase sehr stark durch das Tilburger Modell geprägt war.

Die zweite Phase, die der Ernüchterung und Reformmachbarkeit gegen Ende der 90er Jahre des vergangenen Jahrhunderts, lässt erkennen, dass sich keineswegs auch in Deutschland – wie ursprünglich zu erwarten – eine übergeordnete und flächendeckende Reformstrategie entwickeln würde. Vielmehr konzentrierte sich angesichts zunehmender Finanzprobleme der öffentlichen Gebietskörperschaften der Reformschwerpunkt weitgehend auf jene Verfahren, die unmittelbar das Finanzproblem tangierten.

So wurde mit der Globalbudgetierung eine Art »intelligente Sparstrategie« eingeführt. Budgetverwendungsentscheidungen verlagerten sich sehr stark von der politischen Ebene in die Verwaltung. Allerdings mangelte es an einer Integration der Budgetierung in ein Gesamtkonzept. So wurde die Globalbudgetierung relativ isoliert neben der Kosten- und Leistungsrechnung eingeführt. Die Kostenrechnung und die Leistungsrechnung in Form von Produktkatalogen wurden additiv an die tradierte Kameralistik angehängt, ohne die Budgetierung und die Kosten- und Leistungsrechnung zu einem integrativen Steuerungssystem zu entwickeln. Grundlegende Verhaltensänderungen von Politik und Verwaltungen konnten hiermit nicht erzielt werden; das tradierte kamerale System mit seiner Ausgaben- und Einnahmenrechnung blieb das handlungsleitende System. Neben der Konzentration auf die Budgetierung und die erweiterte Kameralistik ging es am Rande auch um weiche Reformelemente wie Organisations- und Personalentwicklung. Aufgrund der sich verstärkenden Finanzkrise war allerdings faktisch eine Personalentwicklung kaum mehr möglich. Einsparmaßnahmen und Personalabbau standen und stehen im Vordergrund (so hat sich auch nicht grundlegend in Deutschland das System der Qualifizierung des Personals geändert, ein Aspekt, der sehr deutlich an der Diskussion und ihren ausgebliebenen praktischen Konsequenzen um die Externalisierung der internen Verwaltungsfachhochschulen deutlich wird).

Auch die Einführung von Wettbewerbselementen und Marktbedingungen als Teil einer übergeordneten Reformkonzeption haben bisher nur eine nachgeordnete Bedeutung. Dort, wo sie eingeführt wurden, resultiert dieses aus EU-Vorgaben und weniger aus einer Reformstrategie öffentlicher Verwaltungen.

Unverkennbar war in dieser Phase eine Ernüchterung über die Möglichkeiten der Implementierung eines von Ökonomen geprägten Public Managements in die deutsche Verwaltung trotz des generell akzeptierten umfassenden Reformbedarfs. Wissenschaft wurde vergleichsweise wenig mit den aufgezeigten Defiziten und Empfehlungen wahr-, geschweige denn ernst genommen.

Lediglich das von *Klaus Lüder* in den 80er Jahren entwickelte Konzept des Neuen Kommunalen Rechnungswesens, das erstmals bereits Ende der 80er Jahre in der großen Kreisstadt Wiesloch zur praktischen Anwendung kam, fand zunehmend Verbreitung in der Praxis. Dieser Ansatz stellt einen Bruch mit der bisherigen Kameralistik dar und bedeutet eine der Forderung nach intergenerativer Gerechtigkeit Rechnung tragende Umsetzung des Ressourcenverbrauchskonzepts. Somit steht am Ende der zweiten Phase der Reformepoche eines Public Managements die in den 80er Jahren noch unvorstellbare Erfahrung in Wissenschaft und Praxis, dass *Lüders* Konzept eines neuen Rechnungswesens auf Dauer für ein leistungsfähiges öffentliches Informationssystem und damit generell für eine leistungsfähige Verwaltung in Zukunft unabdingbar sein wird. Entsprechend sind auch die ersten gesetzgeberischen Maßnahmen für die kommunale Ebene in den einzelnen Ländern eingeleitet bzw. bereits umgesetzt worden (*Adam* 2005, S. 150 ff.). Auch auf Staatsebene sind hiervon die Ansätze in einer Reihe von Ländern geprägt wie etwa Hessen, Hamburg, Bremen, Nordrhein-Westfalen und neuerdings auch Sachsen. Die Tendenz zur Doppik bzw. zur integrierten Verbundrechnung zumindest auf kommunaler Ebene ist unverkennbar.

Bundesland	Kommunale Ebene	Staatliche Ebene	Bundesland	Kommunale Ebene	Staatliche Ebene
Baden-Württemberg	Optionsmodell ab 2006	Optimierte Kameralistik	Niedersachsen	Doppik bis 2011	Optimierte Kameralistik
Bayern	Optionsmodell ab 2006	Kameralistik	Nordrhein-Westfalen	Doppik bis 2009	Integrierte Verbundrechnung auf Basis der Doppik bis 2008
Berlin	Optimierte Kameralistik		Rheinland-Pfalz	Doppik bis 2007	Kameralistik
Brandenburg	Doppik bis 2012	Kameralistik (mit KLR)	Saarland	Doppik bis 2008	Kameralistik
Bremen	Doppik bis 2008		Sachsen	Doppik bis 2010	im Umbruch
Hamburg	Doppik bis 2006		Sachsen-Anhalt	Doppik bis 2009	Kameralistik
Hessen	Optionsmodell ab 2005	Doppik	Schleswig-Holstein	Optionsmodell ab 2007	Optimierte Kameralistik
Mecklenburg-Vorpommern	offen	Kameralistik	Thüringen	Doppik mit Übergang (?)	Kameralistik
Bund	Kameralistik Optimierte Kameralistik in ausgewählten nachgeordneten Bundesbehörden				

Abb. 1: Stand der Einführung der Doppik in Deutschland (vgl. *Brixner* 2005, S. 187, *Adam* 2005, S. 150ff.)

Dabei liegt die Bedeutung dieses Ansatzes nun aber nicht nur in dem grundlegenden Wandel vom Geldverbrauchskonzept zum Ressourcenverbrauchskonzept, sondern auch darin, dass mit diesem Informationssystem eine systematische Grundlage für ein internes Verwaltungsmanagement und Verwaltungscontrolling geschaffen wird. Auf der Grundlage dieses Ansatzes werden sich in Zukunft Kennzahlensysteme entwickeln, für die schon heute erkennbar ist, dass sie in Zukunft für die Entscheidungsfindung in Verwaltungen und auch Politik unabdingbar sein werden.

Die dritte sich auf die derzeitige Situation beziehende Phase – als Vertiefungs- und Stagnationsphase bezeichnet – ist durch zwei unterschiedliche Entwicklungslinien charakterisiert. Zum einen geht es um die Auseinandersetzung mit Detailproblemen und deren Klärung im Rahmen des Grundkonzeptes von *Lüder* und entsprechender Implementierung in die Praxis. Im Zentrum steht hierbei die praktische Ausgestaltung von Einzelaspekten. Es handelt sich bei diesem Klärungsprozess nicht mehr um grundlegende konzeptionelle Unterschiede, sondern allgemein um die inhaltliche Abklärung der Zweckmäßigkeit der von den Ländern Hessen, Nordrhein-Westfalen und Niedersachsen für die kommunale Ebene eingeführten Wahlrechte und Ausgestaltungsspielräume, wie sie in den von der Innenministerkonferenz beschlossenen Musterentwürfen enthalten sind (vgl. die Synopse bei *Adam* 2005, S. 150 ff.).

Ein weiterer mit dem obigen Klärungsprozess unmittelbar in Zusammenhang stehender Aspekt ist die Entwicklung und vertiefende Analyse allgemeiner Grundsätze ordnungsmäßiger Buchführung des öffentlichen Haushalts- und Rechnungswesens (vgl. *Lüder* 2005).

Parallel zu dieser vertiefenden und klärenden Auseinandersetzung um die konkrete Ausgestaltung und Implementierung von Einzelaspekten eines neuen öffentlichen Haushalts- und Rechnungswesens zeichnet sich allerdings in einer Reihe von Gebietskörperschaften eine nicht unbedenkliche Stagnation des Reformprozesses ab. Die Neugestaltung des Informationssystems wird angesichts der Finanzkrise der öffentlichen Gebietskörperschaften als nicht mehr notwendig angesehen. Gleichzeitig wird eine Art fatalistische Grundeinstellung praktiziert, was wiederum eine neue Diskussionsrichtung unter dem Stichwort »Governance« bzw. »Good Governance« initiiert hat. Hierbei geht es weniger um konkrete Steuerungsinstrumente wie die Reform des Haushalts- und Rechnungswesens, sondern eher um die Rückkehr und Revitalisierung allgemeiner Grundsätze und Handlungsorientierung im öffentlichen Bereich. Praktisch handelt es sich um die Abkehr von den bisherigen Versuchen, ein leistungsfähiges Public Management zu entwickeln zu Gunsten einer übergeordneten allgemein normativ geprägten Diskussion. Überlagert und gefördert wird diese Entwicklung durch die aktuelle pauschale ordnungspolitische Kritik an einer ökonomischen Analyse des öffentlichen Sektors, die nicht selten mit Rückgriff auf Begriffe wie »Ökonomisierung« und »Neoliberalisierung« generell negativ »besetzt« ist.

1.2 Konzeption eines Public Managements zur Gestaltung von Verwaltungspraxis

Die Chancen, wissenschaftlich erarbeitete Konzepte und Empfehlungen in der Praxis umzusetzen, hängen nicht nur von der Art und Qualität des jeweiligen Konzeptes ab, sondern auch von der Günstigkeit der Situation. Günstigkeit der Situation bedeutet, dass ein von der Wissenschaft entwickelter Ansatz sich auf ein Problem bezieht, dessen Lösung zeitlich parallel auch für die Praxis als unabdingbar angesehen wird. Dies allein reicht jedoch für die »Günstigkeit einer Situation« nicht aus. Vielmehr hängt der Erfolg auch von den Alternativen bzw. von den Akteuren, die diese Alternativen anbieten, ab.

Bei der praktischen Anwendung und Implementierung von aus der Wissenschaft entwickelten Ansätzen eines New Public Managements spielen Beratungsleistungen eine ganz entscheidende Rolle. Da Public Management sich methodisch sehr stark an dem privatwirtschaftlichen Unternehmenssektor orientiert, lag und liegt es zunächst nahe, dass sich hier Unternehmensberater in der Vergangenheit einen neuen Markt für Beratungsleistungen gegenüber Verwaltungen erschlossen haben. Dieser entwickelte sich dann auch in den 90er Jahren sehr extensiv. So existiert heute kaum eine Gebietskörperschaft und innerhalb der Gebietskörperschaft wiederum kaum eine Verwaltungseinheit, die nicht in ihren Aktivitäten auf Berater zurückgegriffen hat. Von daher stellt sich umso mehr die Frage, warum sich trotz der Entstehung des Fachgebietes »Public Management« – abgesehen von dem Haushalts- und Rechnungswesen – vergleichsweise kaum grundlegende Änderungen in der Praxis ergeben haben und die Empfehlungen der Wissenschaft von den Praktikern so gut wie nicht befolgt wurden.

Zur Klärung dieses Sachverhalts kann auf die fundierte Studie von *Alfred Kieser* zurückgegriffen werden, in der es um die Frage geht, warum »….Praktiker den Rat von Unternehmensberatern dem Rat von Wissenschaftlern der Betriebswirtschaftslehre vorziehen« (*Kieser* 2005, S. 16). *Kieser* zeigt auf, dass Wissenschaft sich als ein selbstreferentielles System begreift und strukturiert. Man forscht und publiziert als Wissenschaftler primär, um zitiert zu werden (*Kieser* 2005, S. 17). Vor diesem Hintergrund gilt Erfolg von Wissenschaftlern in der Praxis, der sich in hohem Ansehen bei Praktikern niederschlägt, nicht als gleichwertig zu wissenschaftlichem Erfolg. Damit ist der Wechsel zwischen Wissenschaftssystem und Praxissystem weitgehend blockiert. Hinzu kommen Kommunikationsbarrieren von Wissenschaft aufgrund der Komplexität der von Wissenschaft behandelten Materie. Wissenschaft formuliert ihre Empfehlungen und deren Grundlagen so, dass Praxis diese nur noch bruchstückhaft versteht. »Wissenschaft, die den Eindruck erweckt, dass jeder relativ umstandslos mitmachen kann, erregt Verdacht, nicht wissenschaftlich zu sein.« (*Kieser* 2005, S. 22).

Völlig anders verhält es sich bei Unternehmensberatern, die in ihrem Handeln den Zielen erwerbswirtschaftlicher Unternehmen verpflichtet sind (sein müssen) wie Umsatz, Gewinn, Rentabilität, Shareholder Value etc. Theorie und wissenschaftliche Erkenntnisse sind hierfür nicht erforderlich, ja teilweise eher hinderlich. Die Tätigkeit von Unternehmensberatern konzentriert sich darauf, praktische Probleme sauber zu strukturieren, die so strukturierten Probleme zu kommunizieren und den zuständigen Entscheidungsträgern vorzulegen. Dies ist die Primärfunktion guter Berater, die durch Sekundärfunktionen überlagert oder auch verdrängt wird. Hierzu gehört etwa die Förderung der Karrierechancen der Auftraggeber durch die Berater, Kommunikation und Durchsetzung von mit dem Auftraggeber abgestimmten Vorschlägen mit Hilfe geschliffener Rhetorik und Präsentation, Unterstützung von Mikropolitiken des Auftraggebers, um einige wesentliche Sekundärfunktionen zu nennen (*Kieser* 2005, S. 32). Immer geht es dabei um eine gute Zusammenarbeit und gute Klientenbeziehung. Dies ist »…Voraussetzung für Folgeaufträge und die Reputation der Berater bei ihren Klienten als Schlüsselvariable im Beratergeschäft.« (*Kieser* 2005, S. 37).

Dabei ist – und dies ist dann entscheidend – eine gute Beziehung zwischen Beratern und Klient nun keineswegs mit positiven Effekten für die Beratungsarbeit für die

Verwaltung und Verwaltungsreform gleichzusetzen. Hier zeigt sich dann eben, dass im Vordergrund für den Berater der Auftraggeber mit seinen Interessen und individuellen Vorstellungen steht und nicht das zumindest vom Ansatz her objektivierbare Reform- und Implementationsproblem im Rahmen eines Public Managements. Beratungsleistung wird mit Hilfe und durch die Unternehmensberater zum mikropolitischen Instrument im System Verwaltung. Nur dann, wenn eher zufällig das persönliche Interesse des die Auftragsvergabe wesentlich beeinflussenden Akteurs tatsächlich mit dem Reform- problem übereinstimmt, besteht die Chance, problemadäquate Beratungsleistung zu erhalten. Hieraus erklärt sich dann auch, dass sich trotz der nicht mehr überschaubaren Beratungsleistungen in der Verwaltungspraxis während der vergangenen 15 Jahre bisher vergleichsweise wenig geändert hat.

Von daher ist es auch nicht die Methode des Public Managements und die angeblich »technisch-betriebswirtschaftlich verkürzte Sicht der Ziel-Mittel-Zusammenhänge« (*Kleinewefers* 2000), die die vorliegenden Reformansätze scheitern lassen. Es ist die – sehr kostenintensive – Stabilisierung des Status quo durch das praktizierte Beratersys- tem und die dabei verfolgten Beratungsfunktionen. Die konsequente Praktizierung eines Public Managements in öffentlichen Verwaltungen erfordert grundlegende Änderungen der Handlungsorientierung im öffentlichen Sektor (und damit auch die Inkaufnahme und Abarbeitung ganz erheblicher Konflikte), die sich auf den Abbau von 1,5 Billi- onen Euro Schulden der öffentlichen Gebietskörperschaften in Deutschland und auf eine nicht mehr vertretbare Verlagerung entsprechender Lasten auf die kommenden Generationen richtet. Eben dies wird in einer teilweise schon fatalistischen Weise mit allen Mitteln in großen Bereichen von Politik und Verwaltungen verschwiegen. Hieraus erklärt sich dann auch die sich zurzeit vollziehende Substitution des Public Management durch Good Governance mit fadenscheinigen Gründen. Gutes Regieren und Steuern ist – so ein möglicherweise tradiertes Grundverständnis – in allererster Linie zunächst einmal die Herbeiführung ausgeglichener Budgets, die Einbeziehung von Knappheitsproblemen in die öffentliche Ressourcensteuerung mit Instrumenten, Verfahren und Strukturen, wie sie vom Public Management bereitgestellt werden. Nur so lässt sich faktisch und glaubwürdig die derzeitig bestehende Belastung der kommenden Generationen zumindest relativieren.

2 Zukünftige Entwicklungslinien

Die zukünftige praktische Entwicklung öffentlicher Verwaltungen und damit auch der zukünftige Schwerpunkt eines Public Managements werden ganz entscheidend geprägt durch die Finanzkrise und Maßnahmen zu deren Bewältigung (vgl. hierzu anschaulich *Meyer* 2003). Dies bedeutet zunächst, dass Ansätze zur informationsmäßigen Doku- mentation und Steuerung von Verwaltungshandeln in den Vordergrund treten neben einem leistungsfähigen Schulden- und Schuldenabbaumanagement. Auf der Grundlage der neu implementierten Konzepte des öffentlichen Haushalts- und Rechnungswesens lassen sich dann Controllingansätze, aber auch Instrumente eines aktiven Schulden-managements zur Anwendung bringen.

Die Bedeutung eines reformierten Haushalts- und Rechnungswesens unter Einbeziehung der Gebietskörperschaft als Konzern gilt auch in der Praxis inzwischen als unbestritten. Hinsichtlich der Notwendigkeit eines aktiven, effizienten Finanz- und Schuldenmanagements gilt dies erst in Ansätzen. Die Notwendigkeit eines aktiven Schuldenmanagements wird jedoch dann deutlich, wenn man sich vor Augen führt, dass bei den Gebietskörperschaften bei vergleichsweise niedrigen Zinssätzen insgesamt ein Zinsaufwand in Höhe von mehr als 60 Milliarden Euro pro Jahr anfällt (steigt das Zinsniveau nur um 1 %, so bedeutet dies für die Gebietskörperschaften einen zusätzlichen Zinsaufwand von 12 bis 15 Mrd. Euro pro Jahr). Wenn es gelingt, unter Umsetzung portfolio- und risikotheoretischer Erkenntnisse und Ansätze den insgesamt im Durchschnitt realisierten Zinssatz um 1 % zu verringern (bzw. eine Steigerung aufzufangen), so führt dieses zu einer Reduktion der Zinsaufwendungen um 12 bis 15 Milliarden Euro pro Jahr (der Stellenwert derartiger Überlegungen lässt sich daran nachvollziehen, dass unter Berücksichtigung von Multiplikatoreffekten öffentliche Investitionen in die Infrastruktur in Höhe von etwa 10 Mrd. Euro zu einem volkswirtschaftlichen Wachstum in der Größenordnung von 1 % führen).

Der zweite zukünftige, den öffentlichen Sektor prägende Bereich wird bestimmt durch Kooperationsmodelle. Diese beziehen sich sowohl auf öffentliche Kooperationen, d. h. Zusammenarbeit zwischen Gebietskörperschaften, als auch auf öffentlich-private Zusammenarbeit in Form von Public Private Partnership. Die Mobilisierung von Ressourcen und Potenzialen in einer Region unabhängig von den Eigentums- und Verfügungsrechten durch Kooperationsansätze wird zunehmend an Bedeutung gewinnen (müssen).

Die dritte wesentliche Säule ergibt sich aus der Anwendung der IuK-Technik in Form von E-Government. Die Nutzung der systembildenden und systemsteuernden Funktion von E-Government steht erst ganz am Anfang und damit verbunden auch die Ausschöpfung möglicher Leistungs- und Rationalisierungspotenziale. Hier bedarf es einer wesentlich systematischeren Kooperation und Entwicklungsstrategie, um die Potenziale dieser Technik für das öffentliche Gemeinwesen effizienter zu nutzen.

Bei diesen in der folgenden Abbildung zusammenfassend skizzierten Aspekten handelt es sich um die drei wesentlichen, durch ein systematisches und fundiertes Public Management auszugestaltenden Entwicklungslinien des zukünftigen öffentlichen Sektors. Ob und inwieweit es gelingt, in Forschung, Lehre, Wissenstransfer und Weiterbildung entsprechende Grundlagen zu schaffen, muss allerdings bei der derzeitigen Ausbildungs- und Angebotsstruktur im universitären Bereich in hohem Maße in Frage gestellt werden.

Der Staat finanziert für die Qualifikation von Nachwuchskräften im privaten Unternehmensbereich und damit für die Effizienz privatwirtschaftlicher Strukturen und Entscheidungsprozesse eine Vielzahl wissenschaftlicher Institutionen in Form von betriebswirtschaftlichen Lehrstühlen, Instituten und Fakultäten. Vergleicht man diese Bereitstellung öffentlicher Finanzmittel mit jenen, die für die Qualifizierung von Nachwuchskräften und damit für die Effizienz der Entscheidungsprozesse in öffentlichen Verwaltungen bereitgestellt werden, so wird eine nicht verantwortbare Diskrepanz erkennbar und dies bei einer Staatsquote von fast 50 %. (Legt man die oben aufgezeigten

Abb. 2: Drei-Säulen-Modell – Wesentliche Determinanten des zukünftigen öffentlichen Sektors

Einsparungspotenziale eines aktiven Schuldenmanagements in Höhe von 12 bis 15 Mrd. Euro zugrunde und verwendet hierfür nur 1 % für die Förderung von Forschung und Lehre auf dem Gebiet von Public Management, so könnten mit 120 Mio. Euro pro Jahr ganz erhebliche Beiträge zur Modernisierung und Wiederherstellung der Leistungsfähigkeit des öffentlichen Sektors ermöglicht werden.) Hier findet sich eine Fortsetzung der eingangs erwähnten »organisierten Unverantwortlichkeit«.

Literatur

Adam, B. (2005), Analyse der Unterschiede zwischen den (beabsichtigten) kommunalen haushaltsrechtlichen Regelungen in Nordrhein-Westfalen, Hessen und Niedersachsen, in: der gemeindehaushalt, 106, 2005, 7, S. 150–157

Brixner, Helge C. (2005), »Die Doppik als Grundlage des öffentlichen Rechnungswesens« in: Datenverarbeitung Steuer Wirtschaft Recht, 34 (2005), 7, S. 187

Brüggemeier, M. (2004), Public Management – Modernisierung des öffentlichen Sektors, in: Wirtschaftsstudium, 33, 2004, 3, S. 333–337 und 377–378

Buchholtz, K. (2001), Verwaltungssteuerung mit Kosten- und Leistungsrechnung. Internationale Erfahrungen, Anforderungen und Konzepte, Wiesbaden 2001

Budäus, D. (2006), Entwicklung und Perspektiven eines Public Management in Deutschland, in: *Jann, W./Röber, M./Wollmann, H.* (Hrsg.): Public Management – Grundlagen, Wirkungen, Kritik. Festschrift für *Christoph Reichard* zum 65. Geburtstag, Ed. Sigma, Modernisierung des öffentlichen Sektors, 26, Berlin 2006, S. 173–186

Budäus, D. (1998), Public Management. Konzepte und Verfahren zur Modernisierung öffentlicher Verwaltungen, Ed. Sigma, Modernisierung des öffentlichen Sektors, 2, 4. Auflage, Berlin 1998

Budäus, D. (1987), Ausbildungskonzeption der »Öffentlichen Betriebswirtschaftslehre«, in: Zeitschrift für betriebswirtschaftliche Forschung, 39, 1987, 1, S. 3–15

Finger, S. (2001), Staatsverschuldung und Verwaltungsreform in der Demokratie, Wiesbaden 2001

Harms, J./Reichard, C. (Hrsg., 2003), Die Ökonomisierung des öffentlichen Sektors. Instrumente und Trends, in: Schriftenreihe der Gesellschaft für öffentliche Wirtschaft, 50, Baden-Baden 2003

Jann, W./Bogumil, J./Bouckaert, G. u. a. (2004), Status-Report Verwaltungsreform. Eine Zwischenbilanz nach 10 Jahren, Ed. Sigma, Modernisierung des öffentlichen Sektors, 24, Berlin 2004

Kieser, A. (2005), Wissenschaft und Beratung, in: Schriften der Philosophisch-Historischen Klasse der Heidelberger Akademie der Wissenschaften, 27, Heidelberg 2005

Kleinewefers, H. (2000), Staatsversagen, Verwaltungsversagen und New Public Management, in: Schriften des Seminars für Wirtschafts- und Sozialpolitik der Universität Freiburg, 29, Freiburg/Schweiz 2000

Lüder, K. (2005), Eckpunkte für die Grundsätze ordnungsmäßiger Buchführung im öffentlichen Haushalts- und Rechnungswesen auf Basis der Integrierten Verbundrechnung, in: Die Wirtschaftsprüfung, 58, 2005, 16, S. 887–890

Lüder, K./Jones, R. (Hrsg., 2003), Reforming Governmental Accounting and Budgeting in Europe, Frankfurt/Main 2003

Lüder, K. (2001), Neues öffentliches Haushalts- und Rechnungswesen. Anforderungen, Konzepte, Perspektiven, Ed. Sigma, Modernisierung des öffentlichen Sektors, 18, Berlin 2001

Lüder, K. (1998), Konzeptionelle Grundlagen des Neuen Kommunalen Haushaltswesens, Stuttgart 1998

Lüder, K. (Hrsg., 1996), Recent Developments in Comparative International Governmental Accounting Research, Speyer 1996

Luder, K. (1994), Accounting for Change: Market Forces and Managerialism in the Public Sector, Speyer 1994

Meyer, D. (2003), Die Schuldenfalle. Staatsverschuldung von 1965–2025, Hannover 2003

Naschold, F. (1993), Modernisierung des Staates. Zur Ordnungs- und Innovationspolitik des öffentlichen Sektors, Ed. Sigma, Modernisierung des öffentlichen Sektors, 1, Berlin 1993

Reichard, C. (2002), Verwaltung als öffentliches Management, in: *König, K.* (Hrsg.), Deutsche Verwaltung an der Wende zum 21. Jahrhundert, Baden-Baden 2002, S. 255–277

Reichard, C. (1996), Umdenken im Rathaus, Neue Steuerungsmodelle in der deutschen Kommunalverwaltung, Ed. Sigma, Modernisierung des öffentlichen Sektors, 3, 5. Auflage, Berlin 1996

Schauer, R. (1999), 20 Jahre Wissenschaftliche Kommission »Öffentliche Unternehmen und Verwaltungen« im Verband der Hochschullehrer für Betriebswirtschaft e.V. – Ein Leistungsbericht, in: Zeitschrift für öffentliche und gemeinwirtschaftliche Unternehmen, 22, 1999, 3, S. 304–319

Stobbe, A. (2005), E-Government in Deutschland: viel erreicht – noch viel zu tun! in: Deutsche Bank Research, Economics, Digitale Ökonomie und struktureller Wandel, 22.04.2005, 51, S. 1–12

Controlling und Finanzen unter dem Druck der Haushaltskonsolidierung

Der Lösungsansatz in Nordrhein-Westfalen – ein Praxisbericht

Dr. Volker Oerter*

1 Ausgangslage
   1.1 Die Empfehlungen der Hartmann-Kommission und der entsprechende Beschluss der Landesregierung Rüttgers zur Umsetzung
   1.2 Die Koalitionsvereinbarung von CDU und FDP und ihre Aussagen zur Verwaltungsmodernisierung und Haushaltskonsolidierung

2 Der NRW-Weg zur Haushaltskonsolidierung und die Stufen der Verwaltungsmodernisierung

3 Aktueller Stand der Projekte in NRW

4 Lessons learned

Literatur

* Dr. Volker Oerter, Leiter der Abteilung Strukturförderung, Verwaltungsmodernisierung im Finanzministerium Nordrhein-Westfalen, Düsseldorf.

1   Ausgangslage

1.1   Die Empfehlungen der Hartmann-Kommission und der entsprechende Beschluss der Landesregierung Rüttgers zur Umsetzung

Die nordrhein-westfälische Haushaltslage ist seit Jahren extrem angespannt. Zur Lösung dieser Probleme bedarf es umfassender und weitreichender Konsolidierungsmaßnahmen. Vor diesem Hintergrund hat die neue Landesregierung im Juli 2005 eine zwölfköpfige Finanzkommission von hochrangigen Wirtschaftsvertretern unter Vorsitz von *Ulrich Hartmann* (Aufsichtsratvorsitzender der *E.ON AG*) gebeten, Status, Perspektive und Handlungsoptionen zur Sanierung des Landeshaushaltes in Nordrhein-Westfalen (NRW) zu analysieren. In ihren Sitzungen hat sich die Kommission ein umfassendes Bild zur Ausgangslage 2005, zu Prognosen und Szenarien bis 2010 sowie zu Sanierungsansätzen erarbeitet. Am 25.10.2005 hat die Expertenkommission ihren Abschlussbericht vorgelegt – inklusive ehrgeizigen Sanierungsvorschlägen. Demzufolge soll Nordrhein-Westfalen bis 2010 rund acht Milliarden Euro einsparen.

Die *zentralen Ergebnisse* lassen sich wie folgt zusammenfassen:

- Selbst unter keinesfalls pessimistischen Annahmen wird das jährliche Defizit ohne Gegenmaßnahmen bis 2010 auf rund 10 Mrd. EUR steigen. Das Land NRW ist an die Grenzen seiner finanziellen Leistungsfähigkeit gekommen.
- Eine solche Entwicklung ist für unser Gemeinwesen nicht durchzuhalten, weil die Lasten der Vergangenheit jede Zukunftschance blockieren. Es muss daher unmittelbar, umfassend und nachhaltig gegengesteuert werden. Zielsetzung kann nur der nachhaltige Ausgleich des Haushaltes sein.
- Die Kommission sieht derzeit Sanierungschancen von rund 8 Mrd. EUR, die in einer gemeinsamen Kraftanstrengung von Landtag und allen Ressorts der Regierung bis 2010 realisiert werden können. Für einen vollständigen Haushaltsausgleich muss deshalb in der Legislaturperiode nach 2010 unter den dann geltenden Bedingungen noch einmal nachgebessert werden, um zumindest bis zum Jahr 2012 die notwendigen 10 bis 11 Mrd. EUR tatsächlich zu erreichen.
- Die Kommission hält rund 2 Mrd. EUR Ausgabenkürzungen bei den Sachausgaben und Investitionen für möglich, z. B. durch verbesserte Beschaffung/Einkauf und reduzierte Mietkosten. Weitere 2,5 Mrd. EUR sind bei Zuweisungen und Zuschüssen einsparbar, etwa durch den Abbau von Subventionen und Kostenzuschüssen für Unternehmen. Im Bereich Personal sollte insbesondere durch eine Ausnutzung der natürlichen Fluktuation eine Ausgabensenkung um knapp 3 Mrd. EUR realisierbar sein. Bei Umsetzung dieser Ansätze ergeben sich aus den dann sinkenden Zinsausgaben weitere rund 0,7 Mrd. EUR Einspareffekte.
- Die Kommission empfiehlt dem Landtag und der Landesregierung, die dafür erforderlichen Voraussetzungen unmittelbar zu schaffen. Wesentliche Erfolgsvoraussetzungen sind eine funktionsfähige Programmorganisation und die zügige Einleitung gesetzgeberischer Maßnahmen.

Zur Umsetzung der Ergebnisse des Abschlussberichtes hat die Landesregierung am 08.11.2005 entschieden, ein Projektbüro für die Steuerung von Vorhaben zur Konsolidierung des Landeshaushalts sowie ein zentrales Personaleinsatzmanagement zu etablieren. Das Finanzministerium NRW hat dabei die Gesamtsteuerung des Umsetzungsprozesses übernommen. Bei der Konzeption des Aufbaus des Projektbüros sowie des zentralen Personaleinsatzmanagements soll externer Sachverstand hinzugezogen werden.

1.2 Die Koalitionsvereinbarung von CDU und FDP und ihre Aussagen zur Verwaltungsmodernisierung und Haushaltskonsolidierung

Die neue Landesregierung hat zur Verwaltungsmodernisierung eigene Schwerpunkte für die laufende Legislaturperiode gesetzt. In Stichworten geht es dabei u. a. um einen leistungsstarken, leistungsabhängigen, bürgerorientierten und flexiblen öffentlichen Dienst, eine Verwaltungsstrukturreform, ein doppisches Haushalts- und Rechnungswesen, um E-Government, Bürokratieabbau und Deregulierung. Im Rahmen der Regierungsneubildung hat Ministerpräsident *Jürgen Rüttgers* die Aufgaben des bisherigen Reformbeauftragten in der Staatskanzlei auf den Parlamentarischen Staatssekretär *Manfred Palmen* im Innenministerium übertragen.

Ziel ist es, zeitgemäße Strukturen zu schaffen und moderne Managementmethoden einzuführen, die eine Antwort auf die gewandelten Anforderungen öffentlicher Aufgabenerledigung darstellen. Die aktuelle Modernisierungsdiskussion in Nordrhein-Westfalen ist dabei eingebettet in eine nationale wie internationale Reformbewegung.

Einige Eckpunkte zur Modernisierung der Landesverwaltung im Koalitionsvertrag vom 16.06.2005:

• **Weniger Staat – mehr Selbstbestimmung (S. 9 ff.)**
»...Wir wollen einen starken Staat, der sich auf seine Kernaufgaben konzentriert und sie deshalb wieder wirksam wahrnehmen kann. Deshalb wollen wir weniger Staat. [...] Durch eine Neuorganisation und Modernisierung der öffentlichen Verwaltung, durch Wegfall von Aufgaben, durch die Stärkung der kommunalen Selbstverwaltung, durch die Privatisierung bisher vom Staat wahrgenommener Aufgaben, durch die Beseitigung von Doppel- und Mehrfachzuständigkeiten, durch den Abbau oder die Flexibilisierung von Standards und durch den Verzicht auf nicht notwendige Gesetze und Verordnungen wollen wir die wirtschaftliche und bürgerschaftliche Initiative und Selbstbestimmung der Menschen in unserem Land fördern und stärken. Zugleich wollen wir damit einen Beitrag dazu leisten, dass das Land seine finanzielle Handlungsfähigkeit zurückgewinnt. [...]

Die Koalition der Mitte hat sich auf folgende wesentliche Ziele und Maßnahmen zur Verringerung der Regelungsdichte und zum Bürokratieabbau verständigt:

Die in der ›Modellregion Ostwestfalen-Lippe‹ umgesetzten und noch umzusetzenden Vorschläge werden Grundlage eines Bürokratieabbauprogramms für ganz Nordrhein-Westfalen. Wir werden eine Verwaltungsstruktur-Reform einleiten. Ziel ist, die Verwaltung des Landes zu verschlanken, bisher unübersichtliche Kompetenzen zu entflechten, Transparenz und Ergebnisverantwortung im Verwaltungshandeln zu erhöhen.[...]

Konsequent werden wir überprüfen, welche Aufgaben der Staat weiterhin wahrnehmen muss, welche entfallen, welche privatisiert und vor allem welche Aufgaben unter Wahrung des Konnexitätsprinzips kommunalisiert werden können. [...]

Die erforderlichen Beschlüsse werden zügig gefasst. Ihre Umsetzung wird sich über einen mehrjährigen Zeitraum erstrecken und soll in der Mitte der nächsten Legislaturperiode abgeschlossen sein. Dann sollen die auf der mittleren Verwaltungsebene verbliebenen Aufgaben gemeinsam mit überörtlichen kommunalen Aufgaben von drei Regionalpräsidien für das Rheinland, das Ruhrgebiet und für Westfalen wahrgenommen werden. In einem ersten Schritt werden Sonderbehörden soweit als möglich aufgelöst, kommunalisiert bzw. in die allgemeine Verwaltung integriert. Das gilt u. a. für die Staatlichen Ämter für Arbeitsschutz, die Staatlichen Umweltämter und die Ämter für Agrarordnung. Bei Landesbetrieben, -anstalten, -instituten und -agenturen prüfen wir, ob ihr Bestand weiterhin erforderlich bzw. eine Privatisierung möglich ist. Das gilt beispielsweise für die *Landesanstalt für Ökologie, Bodenordnung und Forsten* oder die *Landesbetriebe Mess- und Eichwesen* und das *Materialprüfungsamt NRW*. [...]

Stellen in der Landesverwaltung, die als ›kw-Stellen‹ geführt werden, werden beschleunigt abgebaut. Sie können teilweise und vorübergehend in Bereiche verlagert werden, die einen besonderen Personalbedarf haben. Das gilt insbesondere für Schulen, wo Lehrpersonal von Verwaltungsaufgaben entlastet werden muss, für Hochschulen, die von Verwaltungsarbeit in Forschung und Lehre entlastet werden müssen, für die Polizei, die zu wenig Personal für den Vollzugsdienst hat und ebenfalls eine Entlastung von Verwaltungstätigkeiten braucht sowie für die Steuerverwaltung für die Erledigung von reinen Verwaltungsarbeiten. [...]«

• Haushalt und Finanzen (S. 13 ff.)

»Wir sind uns einig, dass das Land über einen strikten Konsolidierungskurs Handlungsspielraum zurückgewinnen muss.[...]

In der Landesverwaltung werden wir jährlich 1,5 % der Stellen abbauen. [...]

Wir wollen die tatsächliche Finanzsituation des Landes transparent machen und bis zum Jahr 2008 ein neues Rechnungswesen im Sinn einer integrierten Verbundrechnung, die auf der doppelten Buchführung beruht und mit der eine Kosten-Leistungs-Rechnung und eine Finanzrechnung verbunden ist, realisieren. [...]«

Im Übrigen hat sich die – in der 14. Legislaturperiode wieder neu gegründete – parlamentarische Arbeitsgruppe des Haushalts- und Finanzausschusses (»Haushaltsrecht und Haushaltsvollzug gemeinsam zukunftsorientiert gestalten«) fraktionsübergreifend und einstimmig für ein beschleunigtes und umfassendes Vorgehen hinsichtlich der Reform des Haushalts- und Rechnungswesens in der Landesverwaltung ausgesprochen.

• Hochschulen (S. 36 ff.)

»...Wir geben den Hochschulen mehr Freiheit und Autonomie. Wir übertragen ihnen im Rahmen eines Hochschulfreiheitsgesetzes Kompetenzen und Verantwortung auch für Finanz-, Personal- und Organisationsentscheidungen. [...]«

Dieses Programm soll im Laufe der Legislaturperiode Schritt für Schritt umgesetzt werden.

2 Der NRW-Weg zur Haushaltskonsolidierung und die Stufen der Verwaltungsmodernisierung

Reformen in Nordrhein-Westfalen

Bestehende und tradierte Verwaltungsstrukturen reflektieren an vielen Stellen erkennbar nicht die Lebenswirklichkeit und die Bedarfe der Bürger und Unternehmen und müssen auch vor dem Hintergrund der bedrohlichen Haushaltssituation, die der Staat zu bewältigen hat, in der Gesamtheit kritisch hinterfragt werden. Die Fülle und Komplexität der bisher öffentlich wahrgenommenen Aufgaben haben den Staat an die Grenzen seiner Leistungsfähigkeit gebracht. Es müssen Wege gefunden werden, um die hohe Regelungsdichte und bürokratischen Hemmnisse zu beseitigen. Bürokratieabbau betrifft alle staatlichen Ebenen. Die aktuellen Reformen in Nordrhein-Westfalen knüpfen an Schwerpunktsetzungen der letzten Jahre und Jahrzehnte an. Das Thema der vergangenen Legislaturperiode (2000 bis 2005) war die Binnenmodernisierung. In der vorletzten Legislaturperiode (1995 bis 2000) stand die letzte Verwaltungsstrukturreform im Mittelpunkt. Stichpunktartig sei an die in der Vergangenheit bereits realisierten Reformmaßnahmen erinnert:

- **Gebiets- und Funktionalreform bis 1985**
  Mit der Gebietsreform von 1975 wurden leistungsfähigere Gemeinden geschaffen und mit der Funktionalreform bis etwa 1985 wurden ihnen konsequent entsprechende Aufgaben übertragen.

- **Reform der Kommunalverfassung 1994**
  (Ausweitung der bürgerschaftlichen Beteiligungs-, Mitwirkungs- und Mitentscheidungsrechte und der kommunalen Handlungsspielräume)

- **Aufgabenkritische Untersuchungen des Arbeitsstabes Aufgabenkritik**
  (im Zeitraum von 1989 – 2001 mit Untersuchungen aller Behörden und Einrichtungen)
  Ergebnisse: Prozesse verschlankt und beschleunigt, Investitionsschub im Bereich IT (Beispiel IT gestütztes Risikomanagement in der Steuerverwaltung, dadurch Verkürzung der Zeit zwischen Abgabe der Steuererklärung und Erhalt des Bescheides um 25 %), Personaleinsparungen von rd. 21.400 Stellen. Nach Abbau entsprechend der Fluktuation ergibt sich ein Einsparvolumen von mehr als 1 Mrd. EUR jährlich.

- **Erstes Modernisierungsgesetz 1999**
  Wesentliche Inhalte waren die Novellierung der Gemeindehaushaltsverordnung, die Einführung neuer Steuerungsmodelle, die Erweiterung der Handlungsspielräume der kommunalen Unternehmen, die Stärkung des interkommunalen Wettbewerbs durch Flexibilisierung des Gebührenrechtes und die Vereinfachung und Beschleunigung von Genehmigungsverfahren.

- **Zweites Modernisierungsgesetz 2000**
  Wesentliche Elemente sind:
  - Neugliederung der Landesoberbehörden/Umwandlung in Landesbetriebe,
  - Straßenbau als staatliche Aufgabe,

– Stärkung der Regionalräte,
– stärkere Bündelung auf der staatlichen Mittelebene.
Die Umsetzung des Zweiten Modernisierungsgesetzes führte in Nordrhein-Westfalen unter anderem zur Umwandlung von über 40 Behörden mit mehr als 11.000 Mitarbeiterinnen und Mitarbeitern in weiterhin zur Landesverwaltung gehörende Landesbetriebe.

* **Erlassbereinigung 2003/2004**
  Von gut 3.300 Erlassen wurden etwa 1.700 aufgehoben.

* **Antibürokratie-Programm**
  Neue Gesetze und Verordnungen gelten nur noch befristet, alle bestehenden Gesetze und Verordnungen werden auf die Möglichkeit der Aufhebung oder nachträglichen Befristung überprüft.

* **Einführung neuer Steuerungsmethoden**
  Installation eines integrierten Verbundsystems des Haushalts- und Rechnungswesens, das auf Basis einer doppelten Buchführung arbeitet. Dieses System soll einerseits den neuen Produkthaushalt und die eingebundene Kosten- und Leistungsrechnung mit Informationen versorgen. Andererseits können gleichzeitig Daten für die Möglichkeit einer Bilanzaufstellung für das Land NRW vorgehalten werden (Erprobung in einer Modellphase ab 2006; flächendeckende Einführung ab 2008).

Weiterentwicklung der Lösungsansätze zur Haushaltskonsolidierung
Die zwingend notwendige Modernisierung von Binnenstrukturen und -prozessen innerhalb der Landesverwaltung bildet vor dem Hintergrund der extrem angespannten Haushaltslage den zentralen Fokus der Bemühungen, eine wirtschaftliche Verwendung der finanziellen und personellen Ressourcen sicherzustellen. Die zentrale Herausforderung für NRW liegt darin, ein differenziertes Staatsaufgabenkonzept zu entwickeln und umzusetzen. Die Konzentration auf Kernaufgaben ist eingeleitet und unumkehrbar, um den wirklichen Prioritäten besser gerecht zu werden. Bei hoheitlichen Aufgaben ist zunehmend die rein betriebswirtschaftliche Frage »make or buy« zu beantworten und zu entscheiden, welche Leistungselemente von öffentlichen und welche von nicht-öffentlichen Anbietern zu erbringen sind. Als Ergebnis steht für die verbleibenden Aufgaben an, eine Reorganisation und Optimierung der Prozesse und der Organisationsstrukturen mit dem Ziel einer deutlichen Steigerung der Effizienz und Effektivität zu erreichen.

Vor diesem Hintergrund hat die Landesregierung die bestehenden Lösungsansätze weiterentwickelt und ist mit dem Aufbau der Aufgabendatenbank NRW, der Einführung der Personalausgabenbudgetierung, der Etablierung der PPP-Task-Force, der Gründung von Landesbetrieben sowie des Bau- und Liegenschaftsbetriebes als Sondervermögen mit kaufmännischer Buchführung diesen Zielen ein deutliches Stück näher gerückt. In einem nächsten Schritt wird derzeit überprüft, wie die organisatorischen Strukturen dauerhaft zukunftsfähig gemacht werden können.

Aufbau Aufgabendatenbank NRW

NRW hat sich deshalb vor einiger Zeit entschieden, den Pfad klassischer Organisationsuntersuchungen und partieller Aufgabenkritik zu verlassen. Gegenstand der Untersuchung sollte nunmehr eine umfassende, funktionale, die Ressortgrenzen überschreitende Aufgabenerfassung und Analyse sein.

Hier setzt das Projekt der Aufgabendatenbank NRW an. Das Finanzministerium NRW hat im Jahre 2002 ein Beraterkonsortium beauftragt, einen fortschreibungsfähigen landesweiten Aufgabenkatalog auf der Grundlage einer behörden- und ressortübergreifenden Methodik zu erstellen. Die ca. 4000 Fachaufgaben des Landes NRW sowie die standardisierten Querschnittsaufgaben bilden den haushaltsmäßigen Personalbestand des gesamten Landes ab. Sie wurden in einem festen Raster strukturiert und beschrieben. Die Aufgabendatenbank NRW enthält u. a. Informationen über die Aufgabenstruktur, den Personaleinsatz, die Rechtsgrundlagen, Schnittstellen zu anderen Behörden und Einschätzung der Marktfähigkeit von Aufgaben. Die Informationen sind in einer webgestützten Datenbank hinterlegt und für alle Beteiligten in der Landesverwaltung erreichbar und fortschreibbar. Insofern bildet sie die erforderliche Grundlage für weitergehende – aufgabenkritische – Prüfungen.

Diese zweckkritische Aufgabenprüfung muss in NRW jetzt erfolgen. Diese Arbeit wird voraussichtlich in das zurzeit im Aufbau befindliche Projektbüro beim Finanzministerium integriert.

Personalausgabenbudgetierung

Mit rd. 39,9 v. H. (2005) der bereinigten Gesamtausgaben bilden die Personalausgaben den größten Ausgabenblock des Landeshaushaltes Nordrhein-Westfalens. Von den gesamten Personalausgaben entfallen insgesamt mehr als 95 v. H. auf die personalintensiven Bereiche Schule, Hochschule, Innere Sicherheit, Justiz- und Finanzverwaltung.

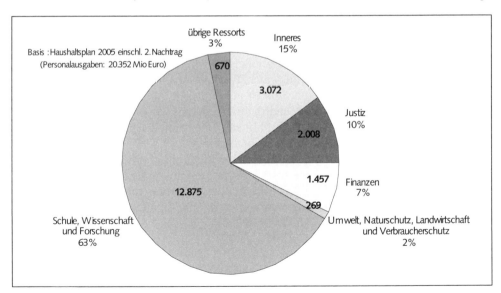

Abb. 1: Struktur der Personalausgaben nach Aufgabenbereichen

Der Begrenzung des Personalhaushaltes kommt wegen seiner Größe eine entscheidende Rolle bei der von der Landesregierung angestrebten kontinuierlichen Rückführung der Neuverschuldung zu.

Vor diesem Hintergrund wurde mit dem 1.1.2006 entsprechend der gesetzlichen Vorgabe in § 7a Abs. 1 HG 2004/2005 die zuvor im Modellversuch umfangreich erprobte Personalausgabenbudgetierung flächendeckend eingeführt. Die Landesregierung sieht in der Budgetierung einen wichtigen Beitrag zur Deregulierung und Dezentralisierung der Verantwortung. Das neue Steuerungsinstrument soll die Modernisierung der Verwaltung fördern, die Motivation auch auf den unteren Ebenen stärken und zur notwendigen Begrenzung der Ausgaben beitragen. Allein die Berücksichtigung einer Effizienzdividende i. H. v. 0,5 v. H. der Personalbudgets ergibt eine jährliche Einsparung i. H. v. rd. 35 Mio. EUR, wobei der Schulbereich von dieser Einsparung ausgenommen ist.

Gründung von Landesbetrieben, Bau- und Liegenschaftsbetrieb als Sondervermögen mit kaufmännischer Steuerung

Mit dem »Zweiten Modernisierungsgesetz« im Mai 2000 wurde die mittlere Verwaltungsebene des Landes neu aufgestellt.

Der Straßenbau und -unterhalt wurde völlig neu geordnet. Dazu ging die Straßenbauverwaltung von den beiden in NRW bestehenden kommunalen Landschaftsverbänden in die Regie des Landes über. Damit wurde die Trennung staatlicher und kommunaler Aufgaben konsequent weitergeführt. Die operativen Aufgaben des Straßenbaus sind auf den *Landesbetrieb Straßenbau NRW* übergegangen. Für die Liegenschaften des Landes wurde der *Bau- und Liegenschaftsbetrieb Nordrhein-Westfalen* (*BLB NRW*) in der Rechtsform eines Sondervermögens geschaffen. Auch die ehemaligen Landesoberbehörden »*Landesamt für Datenverarbeitung und Statistik*«, »*Landesvermessungsamt*«, »*Landeseichdirektion*« und »*Geologisches Landesamt*« werden als Landesbetriebe geführt. Das »*Materialprüfungsamt Nordrhein-Westfalen*« wurde bereits 1995 in einen Landesbetrieb umgewandelt.

Die Einrichtung nach kaufmännischen Grundsätzen geführter Landesbetriebe ist ein wesentlicher Eckpfeiler der Verwaltungsmodernisierung. Die Etablierung einer Kosten-Leistungs-Rechnung und die Schaffung einer Wettbewerbssituation haben dafür gesorgt, dass alle Beteiligten daran arbeiten, Kosten auf sinnvolle Art und Weise einzusparen und ihre Entscheidungen am wirtschaftlichen Ergebnis zu orientieren. Die Nutzer bzw. Kunden der Landesbetriebe prüfen kritisch, ob sie alle Leistungen, die sie bisher bezogen haben, auch in Zukunft wirklich brauchen.

Hier wird Bürokratie durch Anreize zum wirtschaftlichen Handeln und mehr Entscheidungsfreiheit ersetzt. Das bringt bessere Ergebnisse als bürokratische Regelwerke, Vorschriften und Verfahren. Mit Blick auf die Änderungen, die sich aufgrund der Ansätze der neuen Landesregierung ergeben, sei auf die Ausführungen zu Textziffer 3 »Aktueller Stand der Projekte in NRW« verwiesen.

Projekt EPOS.NRW

Nordrhein-Westfalen bereitet eine Reform des Haushalts- und Rechnungswesens vor und hat dazu das Projekt *EPOS.NRW* (*EPOS.NRW* steht für Einführung von Produkthaushalten zur outputorientierten Steuerung – neues Rechnungswesen) eingerichtet, das von allen im Landtag vertretenen Fraktionen unterstützt wird. Begleitet wird die Haushaltsrechtsreform durch eine eigene Arbeitsgruppe des Haushalts- und Finanzausschusses (»Haushaltsrecht und Haushaltsvollzug gemeinsam zukunftsorientiert gestalten«) – s.o. Mit diesem Projekt soll die Umstellung von der bisherigen Kameralistik auf eine integrierte Verbundrechnung, die die Komponenten des externen und internen betrieblichen Rechnungswesens vereinigt, erfolgen. Das mit der integrierten Verbundrechnung für Nordrhein-Westfalen ausgewählte System ist ein Rechenwerk, das die folgenden Bestandteile miteinander verbindet und ineinander integriert:

- doppelte Buchführung mit Vermögens- und Ergebnisrechnung,
- Kosten- und Leistungsrechnung,
- Finanzrechnung.

Bereits im Jahr 2000 wurde als Vorläufer von *EPOS.NRW* eine ressortübergreifende Arbeitsgruppe «Kosten- und Leistungsrechnung» eingerichtet. Darüber sollte versucht werden, die in zahlreichen Behörden und Einrichtungen des Landes NRW eingeführte Kosten- und Leistungsrechnung zu koordinieren. Es zeigte sich jedoch, dass die vornehmlich aus binnenorganisatorischen Gesichtspunkten gewählten Definitionen und Berechnungsmodalitäten nicht hinreichend einheitlich und für Haushaltszwecke aussagekräftig waren. Mit Grundsatzbeschluss der Landesregierung vom 18. März 2003 wurden daher die zur Aufstellung von Produkthaushalten und der damit verbundenen Budgetierung erforderlichen Weichen für ein landesweit einheitliches Rechnungswesen auf doppischer Basis mit Kosten- und Leistungsrechnung gestellt.

Aufbau der PPP-Task-Force
Mit der im Jahre 2001 begonnenen und von der neuen Landesregierung fortgesetzten Public-Private-Partnership-Initiative (PPP-Initiative) hat sich Nordrhein-Westfalen in den letzten Jahren bundesweit eine Vorreiterrolle auf diesem Gebiet erarbeitet, die weiter ausgebaut werden soll.

Von der reinen Privatisierung unterscheidet sich das PPP-Modell dadurch, dass die Steuerung und Gesamtverantwortung bei der öffentlichen Hand verbleibt. PPP ist also etwas anderes als Privatisierung oder reine private Vorfinanzierung. Private Vorfinanzierung greift zu kurz, da sie lediglich kurzzeitig Liquidität verschafft und finanzielle Lasten in die Zukunft verschiebt. Privatisierung geht in einigen Bereichen, z.B. im Bildungssektor, zu weit, da sie der öffentlichen Verwaltung die Möglichkeiten zur Einflussnahme nimmt.

PPP, wie wir es, aber auch der Bund und die anderen Kompetenzzentren in den Ländern, definieren, bedeutet eine langfristige, vertraglich geregelte Kooperation von öffentlicher Hand und privater Wirtschaft. Das schließt die Planung, Erstellung, Finanzierung, Betrieb und ggf. die Verwertung von bislang staatlich erbrachten öffentlichen Leistungen ein. Es umfasst neben der Investition noch baunahe, aber auch weitere Dienstleistungen (z.B. IT).

Das Thema PPP ist nicht nur verknüpft mit dem Ziel einer effizienteren Wahrnehmung öffentlicher Aufgaben, sondern auch mit einer aufgabenkritischen Betrachtung.

Staatliches Tun wird damit zwar auf seine Kernkompetenzen reduziert, ohne allerdings das, was nach meinem Verständnis Aufgabe der öffentlichen Hand ist, zu vernachlässigen oder gar aufzugeben.

PPP bietet in diesem Zusammenhang auch eine zusätzliche Chance, die Modernisierung der öffentlichen Verwaltung voranzutreiben. So haben die Mitarbeiter der Verwaltung die Möglichkeit, aber auch den Druck, durch die Zusammenarbeit und den Wettbewerb mit dem privaten Partner moderne und effektive Arbeits- und Managementmethoden kennen und anwenden zu lernen.

Zur Begleitung der PPP-Initiative hat das Land im Juli 2002 im Finanzministerium eine PPP-Task-Force eingerichtet, die sich vor allem den folgenden Fragen widmet:
- Welche Beispiele für funktionierende Modelle gibt es in Nordrhein-Westfalen, in Deutschland und im europäischen Ausland?
- Welche Bereiche der Verwaltung von Land und Kommunen kommen in Frage?
- Welche Kriterien für die erforderlichen Wirtschaftlichkeitsberechnungen sind anzulegen?
- Welche rechtlichen und praktischen Hindernisse bestehen und müssen ggf. ausgeräumt werden?

Um nicht bei jedem PPP das Rad neu erfinden zu müssen, bündelt die PPP-Task-Force entsprechende Erfahrungen mit bereits laufenden Pilotprojekten und gibt diese an alle Interessierten weiter. Sie soll dabei allerdings nicht die Berater in den jeweiligen Projekten ersetzen.

Die PPP-Task Force
- ist zentraler Ansprechpartner für den öffentlichen Sektor und die Marktteilnehmer,
- initiiert, begleitet und evaluiert Pilotprojekte,
- finanziert Beratungsleistungen aus einem speziellen Budget und
- entwickelt Leitlinien und Standards.

Empfehlungen der Bull-Kommission aus dem Jahr 2003, Umsetzung durch Reformbeauftragten beim Ministerpräsidenten in 14 Arbeitsgruppen

Die Binnenmodernisierung ist schon lange Zeit ein zentrales politisches Anliegen der Landesregierung in Nordrhein-Westfalen. Mit Beschluss vom 14.11.2000 hatte sie entschieden, die Regierungskommission »Zukunft des öffentlichen Dienstes – öffentlicher Dienst der Zukunft« einzusetzen. Der einstimmig verabschiedete Bericht dieser Kommission, in die 23 Persönlichkeiten aus Wirtschaft, Wissenschaft und Verwaltung unter Vorsitz von *Prof. Dr. Hans Peter Bull* (Professor emeritus für öffentliches Recht und Verwaltungslehre an der Universität Hamburg, vormals Bundesbeauftragter für den Datenschutz und Innenminister des Landes Schleswig-Holstein) berufen wurden, wurde der Landesregierung am 27. Januar 2003 vorgelegt. Darin wird – neben dem Vorschlag, ein einheitliches öffentliches Dienstrecht zu schaffen und ein stark leistungsorientiertes Bezahlungssystem einzuführen – insbesondere empfohlen, die Binnenmodernisierung der öffentlichen Verwaltung rasch und effektiv voranzutreiben. Zur Prüfung und Umsetzung der Kommissionsvorschläge bestellte im Mai 2003 der Ministerpräsident den bisherigen Staatssekretär des Innenministeriums Nordrhein-Westfalens, *Wolfgang Riotte*, als Beauftragten für die Reform des öffentlichen Dienstes. Seine Aufgabe war es, Impulse für eine Reform des öffentlichen Dienstrechts zu geben und die Verwaltungsmodernisierung in Nordrhein-Westfalen zu koordinieren. Grundlage war der Bericht der so genannten »Bull-Kommission« von

März 2003 »Zukunft des öffentlichen Dienstes – öffentlicher Dienst der Zukunft«. Aus dem Kommissionsbericht wurden 14 Reformfelder abgeleitet, für die Arbeitsgruppen in den Ministerien eingerichtet wurden. Jedes Ministerium hatte zumindest für ein Reformfeld die Geschäftsführung einer Arbeitsgruppe übernommen. Die Themen reichten von Zielvereinbarungen und Mitarbeitergesprächen bis hin zur Einführung von Kosten- und Leistungsrechnung und Produkthaushalten. Die Arbeitsgemeinschaften prüften die Ergebnisse des Kommissionsberichts, bewerten sie und erarbeiten Vorschläge für deren Umsetzung.

Bereits bei *Riottes* Amtsantritt im Mai 2003 stand aber fest, dass diese Tätigkeit nach zwei Jahren enden sollte. Heute ist der Fahrplan zur Verwaltungsmodernisierung in Teilen umgesetzt und auf einem guten Weg. Darüber hinaus ist die Diskussion um die Reform des öffentlichen Dienstrechts weit fortgeschritten. Zwar gibt es keinen bundeseinheitlichen Konsens zu einer weit reichenden Reform des öffentlichen Dienstrechts, wie sie von der Kommission vorgeschlagen wurde, aber mit dem im April 2005 vom Bundesinnenministerium vorgelegten Entwurf eines Gesetzes zur Reform der Strukturen des öffentlichen Dienstrechts (Strukturreformgesetz), das wesentliche Änderungen in den Bereichen des allgemeinen Beamtenrechts, des Besoldungsrechts, des Laufbahnrechts und des Versorgungsrechts vorsah, wurden auch Vorschläge der »*Bull-Kommission*« aufgegriffen.

In den Verhandlungen zur Bildung einer Großen Koalition im Herbst 2005 einigten sich *CDU/CSU* und *SPD* darauf, »auf der Grundlage der Vorarbeiten in der Föderalismusreform« zügig eine Modernisierung der bundesstaatlichen Ordnung in Deutschland zu beschließen. Sollte dies entsprechend umgesetzt werden, so werden die Kompetenzen für die Bereiche Besoldung, Versorgung und Dienstrecht der Beamten auf die einzelnen Bundesländer übergehen.

3 Aktueller Stand der Projekte in NRW

Die neue Landesregierung hat zur Verwaltungsmodernisierung eigene Schwerpunkte für die laufende Legislaturperiode gesetzt. Es geht dabei im Wesentlichen u. a. um

- einen leistungsstarken, bürgerorientierten und flexiblen öffentlichen Dienst (Verwaltungsstrukturreform),
- eine Strukturreform,
- E-Government und Bürokratieabbau und
- um ein doppisches Haushalts- und Rechnungswesen.

Im Rahmen der Regierungsneubildung sind die Aufgaben des Reformbeauftragten in der Staatskanzlei auf den Parlamentarischen Staatssekretär *Manfred Palmen* im Innenministerium übertragen.

Konsequent soll überprüft werden,

- welche Aufgaben der Staat weiterhin wahrnehmen muss,
- welche entfallen,

- welche privatisiert und
- vor allem welche Aufgaben unter Wahrung des Konnexitätsprinzips kommunalisiert werden können.

In einem ersten Schritt werden Sonderbehörden soweit als möglich aufgelöst, kommunalisiert bzw. in die allgemeine Verwaltung integriert. Das gilt u. a. für die Staatlichen Ämter für Arbeitsschutz, die Staatlichen Umweltämter und die Ämter für Agrarordnung.

Folgende hervorzuhebende Entscheidungen wurden bisher von der Landesregierung getroffen:

- **Privatisierung staatlicher Aufgaben**
  Nach dem Beschluss der Landesregierung vom 4. April 2006 werden die Ministerien intensiv prüfen, welche bislang vom Land wahrgenommenen Aufgaben entfallen bzw. auf Private übertragen werden können. Die Landesregierung geht davon aus, dass die Überprüfung bis Ende 2006 abgeschlossen ist. Das Innenministerium wird bis zum Ende des Jahres Vorschläge machen, welche Aufgaben der Bezirksregierungen ganz wegfallen, privatisiert oder kommunalisiert werden.
  Auf den Prüfstand kommen insbesondere die Betriebe, Behörden, Institute und Einrichtungen des Landes, die weniger hoheitliche Aufgaben wahrnehmen als vielmehr Serviceleistungen für die Bürger oder die Verwaltung selbst erbringen. Dazu gehören insbesondere der *Bau- und Liegenschaftsbetrieb*, der *Landesbetrieb Straßenbau*, das *Landesamt für Datenverarbeitung und Statistik* und die weiteren IT-Zentren im Geschäftsbereich des *Innen- und Finanzministeriums*, der *Geologische Dienst*, das *Landesvermessungsamt*, der *Landesbetrieb Mess- und Eichwesen*, das *Materialprüfungsamt* und der *Landesbetrieb Wald und Holz*.
  In einem nächsten Schritt wird derzeit überprüft, wie die organisatorischen Strukturen dauerhaft zukunftsfähig gemacht werden können. Dabei geht es auch um die Frage, wie die Marktfähigkeit von Landesbetrieben hergestellt werden kann.

- **Die Bezirksregierungen in der Verwaltungsstrukturreform**
  Zur Vorbereitung der geplanten Verwaltungsstrukturreform hat die Landesregierung beschlossen, den Aufgabenbestand der Bezirksregierungen kritisch zu überprüfen. Hintergrund ist die Vereinbarung der Koalition, die fünf Bezirksregierungen in drei Regionalverwaltungen zu überführen. Diese Konzentration der Bezirksregierungen ist umso leichter, je schlanker die Bezirksregierungen sind. Mit der Strukturreform werden Aufsichtsfunktionen der staatlichen Mittelinstanz entfallen und damit gegenstandslos werden. Gleichzeitig soll die Verwaltungskraft der Kommunen genutzt und ihre Eigenverantwortung durch die Übertragung von Aufgaben gestärkt werden. Ausschlaggebend ist, ob die Kommunen die Aufgabe effektiver, kostengünstiger und bürgernäher wahrnehmen könnten.

- **Ostwestfalen-Lippe: Modellregion für NRW**
  In der »Modellregion Ostwestfalen-Lippe« (OWL) sind zum Zwecke des Bürokratieabbaus Rechtsvorschriften (»Erste Welle« seit 03/2004 bzw. »Zweite Welle« seit 05/2005) befristet bis 04/2007 ausgesetzt bzw. modifiziert worden. Die Landesregierung hat am 4. April 2006 beschlossen, den bislang auf OWL beschränkten

Modellversuch im Rahmen des sog. «Bürokratieabbaugesetzes I» auf ganz NRW auszudehnen. Unter anderem ist vorgesehen, das Widerspruchsverfahren in den Bereichen Gaststättenrecht, Gewerberecht, Arbeitsschutz und Baurecht weitgehend abzuschaffen.

- **Widerspruchsverfahren in NRW**
  Die Landesregierung hat sich am 31.01.2006 auf Eckpunkte für eine weitreichende Reform des Widerspruchsverfahrens in Nordrhein-Westfalen verständigt. Soweit möglich und sinnvoll wird das verwaltungsrechtliche Widerspruchsverfahren – also das letzte behördliche Verfahren vor einer verwaltungsgerichtlichen Entscheidung – künftig ganz wegfallen. Bis zum Sommer wird ein Gesetzentwurf erarbeitet, auf dessen Basis über die Abschaffung von Widerspruchsverfahren entschieden wird.

Aufgabenkritik und Rückzug auf Kernaufgaben: Bürokratieabbau in NRW und anderen Ländern in Zusammenarbeit mit Bertelsmann

NRW hält die Einführung einer einheitlichen Methode zur Bewertung der durch Rechtsvorschriften bedingten Verwaltungskosten zur qualitativen Verbesserung der Rechtsetzung für erforderlich. In diesem Zusammenhang legt NRW ein besonderes Augenmerk auf das u. a. in den Niederlanden etablierte Standard-Kostenmodell (SKM).

Mit Hilfe des SKM gelang es den Niederländern erstmals, Transparenz über das Volumen und insbesondere die Verteilung der staatlich verursachten Bürokratiekosten bei Unternehmen und Bürgern zu schaffen und »Bürokratiekosten-Treiber« auszumachen. Die administrativen Belastungen für Unternehmen machen in den Niederlanden 16,4 Mrd. € oder 3,6 % des BIP aus. Die dortige Regierung hat sich das Ziel gesetzt, diese Belastungen bis 2007 um 25 % – also minus 4,1 Mrd. € pro Jahr – zu reduzieren.

Die niederländische Erfolg beruht auf einem einfachen methodischen Ansatz: Das Standard-Kostenmodell misst nur die Informations- und Berichtspflichten (Anträge, Formulare, Statistiken, Nachweise etc.), die sich aus einer staatlichen Anforderung ergeben. Der große Vorteil dieser Beschränkung ist, dass ein breiter Konsens für notwendige Kostensenkungen erzielt werden kann. Nicht das inhaltlich-politische Ziel einer staatlichen Maßnahme wird in Frage gestellt, sondern die überflüssigen Informationspflichten.

Das Potenzial eines solchen Ansatzes für Deutschland ist erheblich (Kostenentlastung von rd. 16 Mrd. EUR bei 25 % Einsparziel möglich). Die positive, entlastende Wirkung einer solchen Maßnahme auf Wachstum, Arbeitsplätze, Steuereinnahmen und nicht zuletzt den Personalaufwand des Staates ist hierbei gar nicht berücksichtigt.

Auch die neue Koalitionsregierung in Berlin hat das Potenzial des Standard-Kostenmessverfahrens erkannt und als Zielsetzung in den Koalitionsvertrag aufgenommen (Abschnitt B I Nr. 9 auf S. 62, 63 »Entlastung der Bürger und der Wirtschaft von Bürokratiekosten«). Das Thema wird im Kanzleramt verankert. Ein mit Fachleuten besetzter Kontrollrat soll kontinuierlich die Kosten von Bürokratie berechnen und so ermöglichen, Vorgaben für jährliche Kostensenkungen anordnen zu können.

Vor diesem Hintergrund sammelt das *Ministerium für Bauen und Verkehr NRW* seit Jahresbeginn erste Erfahrungen für den Bereich der Landesbauordnungen in einem gemeinsamen Projekt mehrerer Bundesländer mit der *Bertelsmann-Stiftung*. Vor einer breiten Einführung des – kostenintensiven – Standard-Kostenmodells muss allerdings geprüft werden, ob bzw. ggf. in welcher Form der größtmögliche Nutzen erzielt werden kann.

Daher sollen zunächst mit Hilfe des sog. Quick-Scan-Verfahrens (Schätzverfahren zur Ermittlung der Bürokratiekosten durch Informationspflichten) die Gesetze und Regelungen ermittelt werden, die als Kostentreiber anzusehen sind. Die so identifizierten besonders kostenintensiven Gesetze und Regelungen sollen dann – unter der Federführung des jeweiligen Fachressorts und unter Einbindung des Finanzministeriums zur Koordination des Gesamtvorhabens – einer umfassenden Untersuchung nach dem Standard-Kostenmodell unterzogen werden. Diese Vorgehensweise führt zu schnellen Ergebnissen und gewährleistet einen effektiven Ressourceneinsatz.

Die *Bertelsmann-Stiftung* hat zum Quick-Scan-Verfahren ein Pilotprojekt aufgesetzt. Derzeit haben die Länder Berlin, Bremen, Hessen, Niedersachen, Saarland, Sachsen und Sachsen-Anhalt ebenfalls ihr Interesse an einer Teilnahme signalisiert. Als Untersuchungsgegenstand des Projektes wurde das gesamte Landesrecht der teilnehmenden Bundesländer definiert. Mit dem Projekt soll aufgezeigt werden, welche

* Informationspflichten für Unternehmen durch Landesgesetze und Landesverordnungen bestehen,
* Belastungen durch diese Informationspflichten verursacht werden,
* Rangfolge die Landesgesetze/Landesverordnungen bezüglich der Kostenbelastung einnehmen,
* Vorgehensweisen bei der Messung der Informationspflichten auf Landesebene entwickelt werden müssen.

Die Projektleitung und die Auswertung werden durch die *Bertelsmann-Stiftung* wahrgenommen. Ebenfalls wird die *Bertelsmann-Stiftung* den teilnehmenden Ländern beratend zur Seite stehen. Der Projektstart ist von der *Bertelsmann-Stiftung* für Mai 2006 geplant.

Hochschulfreiheitsgesetz

Das Hochschulfreiheitsgesetz, das im März 2006 auf den Weg gebracht wurde, wird einen Paradigmenwechsel im Verhältnis zwischen Staat und Hochschule bewirken. Die Hochschulen werden als Körperschaften des öffentlichen Rechts selbstständig und erhalten neue, starke Leitungsstrukturen. Der Staat zieht sich aus der Detailsteuerung komplett zurück. Dies bedeutet ein Höchstmaß an Gestaltungs- und Entfaltungsfreiheit für die Hochschulen, mit dem sie strategisch planen, ein individuelles Profil ausbilden und ihre Stärken gezielt ausbauen können. Dieses Gesetz wird es auch ermöglichen, dass die Hochschulen unternehmerischer werden können. Sie können dann nämlich Vermögen bilden und eigene Einnahmen erwirtschaften. Zur Nutzung und wirtschaftlichen Verwertung wissenschaftlicher Ergebnisse sollen sie Unternehmen gründen und sich an Unternehmen beteiligen können. Im Umkehrzug soll es auch für innovative Unternehmen leichter werden, auf dem Campus der Hochschulen gemeinsam finanzierte Forschungseinrichtungen und Labore zu errichten. Die Hochschulen sollen zudem in eigener Verantwortung und ohne staatlichen Einfluss Vereinbarungen mit Unternehmen treffen können – über Ausrichtung, Zeit und Ziele sowie über Personal und Finanzierung gemeinsamer Vorhaben. Wichtig für die Beschäftigten ist hierbei, dass sich weder Pflichten noch Rechte durch diesen Statuswechsel verändern. Dies gilt ausdrücklich auch für das Risiko der Zahlungsunfähigkeit der Hochschule. In derartigen Fällen haftet das Land für die Forderungen der bereits an den Hochschulen Beschäftigten. Auch die Einrichtungen und Angebote des Landes können die Hochschulbeschäftigten weiterhin in gleichem Ausmaß nutzen wie bisher.

Gerade die Hochschulen in NRW haben vielversprechende Ansätze entwickelt, die immer auf zwei Dingen fußen: Kooperation gepaart mit dem Blick über den Tellerrand. «Con Ruhr» zum Beispiel, das gemeinsame Büro der drei Universitäten in New York. Oder die Ruhr Graduate School in Economics, gemeinsame Gründung der Universitäten mit dem *Rheinisch-Westfälischen Institut für Wirtschaftsforschung (RWI)*.

Staatlich verordnete Zwangsfusionen wie Essen-Duisburg wird das geplante neue Hochschulgesetz für die Zukunft ausschließen. Aber Hochschulen, die untereinander oder mit anderen Partnern kooperieren wollen, weil sie gemeinsam mehr erreichen können, werden das künftig kreativer, schneller, flexibler, auf gegenseitiger Augenhöhe und mit besserer Perspektive tun können. Nicht unter der Direktive, aber mit Beratung und Unterstützung des Ministeriums.

Projektbüro zur Haushaltskonsolidierung und Personaleinsatzmanagement beim Finanzministerium

Zur Umsetzung der Ergebnisse des Abschlussberichtes der »*Hartmann-Kommission*« hatte die Landesregierung am 08.11.2005 entschieden, ein Projektbüro für die Steuerung von Vorhaben zur Konsolidierung des Landeshaushalts sowie ein zentrales Personaleinsatzmanagement zu etablieren und die Gesamtsteuerung des Umsetzungsprozesses dem Finanzministerium zu übertragen.

Projektbüro

Mit Unterstützung durch ein externes Beratungsunternehmen soll das Projektbüro als internes Instrument zur Umsetzung der Vorschläge der »Kommission zur Situation und Perspektive des Landeshaushalts« konzipiert und aufgebaut werden. Das Projektbüro wird u. a. die Gesamtsteuerung der aus dem o. a. Bericht abzuleitenden Konsolidierungsprojekte sowie deren plangerechte Umsetzung durch den Einsatz entsprechender Controllinginstrumente sicherstellen.

Konzeption und Aufbau des Büros sollen innerhalb von drei Monaten abgeschlossen sein. Bei diesem Vorhaben handelt es sich um ein deutschlandweit einzigartiges und äußerst anspruchsvolles Projekt.

Zentrales Personaleinsatzmanagement

Der in der Landesverwaltung vorhandene Personalüberhang soll mit Hilfe eines zentralen Personaleinsatzmanagements zügig reduziert werden. Konzeption und Aufbau sollen mit Hilfe externen Sachverstandes zügig realisiert werden. Mit Hilfe des Personaleinsatzmanagements werden Einspareffekte in erheblichem Umfang angestrebt, die einen Beitrag zur Erhaltung finanzieller Gestaltungsspielräume des Landes leisten. Die wesentlichen Ziele und Aufgaben des zentralen Personaleinsatzmanagements können wie folgt umrissen werden:

- landesweite Transparenz verfügbarer Personalkapazitäten und offener Stellen bzw. Beschäftigungspositionen,
- Schaffung landesweiter, transparenter und zügiger Vermittlungsprozesse,
- Abschaffung der Diskrepanz von Personalüberhang bei gleichzeitiger Personalunterdeckung in einigen Verwaltungsbereichen und damit Entlastung betroffener Dienststellen,
- optimierte Personalentwicklung durch Beratung und Unterstützung in Qualifizierungsangelegenheiten.

Die Vergabeverfahren wurden europaweit ausgeschrieben; Zuschläge wurden nach dem Stand von Mitte Mai 2006 noch nicht erteilt.

Projekt EPOS.NRW

Die mit *EPOS.NRW* verbundenen Ziele der Reform des Haushalts- und Rechnungswesens sollen den gesamten Prozess der Verwaltungsmodernisierung in NRW maßgeblich unterstützen, da alle damit zusammenhängenden Modernisierungsansätze – Deregulierung und Entbürokratisierung, Aufgabenkritik, Verschlankung der Hierarchie, Outsourcing und Aufgabenverlagerungen – untrennbar mit monetären Einflüssen und Wirkungen, also mit der Etatgestaltung, verbunden sind. Zu den Zielen der Haushaltsreform zählen insbesondere:

- Steigerung von Effizienz und Effektivität des Verwaltungshandelns durch Dezentralisierung der Ressourcenverantwortung sowie Integration von Fach- und Finanzmanagement,
- Haushaltskonsolidierung durch Outputorientierung, Budgetierung und Controlling,
- Unterstützung der intergenerativen Gerechtigkeit durch Herstellung von Kostentransparenz und Bilanzierung.

Zur Erreichung der Reformziele bedarf es einer umfassenden modernen IT-Unterstützung, die einerseits aus einem ERP-System (Enterprise-Resources-Planning-System) besteht, das Personal- und Sachressourcen gleichermaßen einschließt, und andererseits aus verschiedenen Annex-Modulen, zu denen als wichtigste BI-Komponenten (Business-Intelligence-System mit Datawarehouse-Charakter zur Aufbereitung von der politischen Ebene abzurufender Informationen)und ein Dispositions-Tool gehören. Insbesondere das Dispositions-Tool ist aus Gründen von Arbeitskomfort und Akzeptanz zur Unterstützung der Bewirtschaftung «vor Ort» erforderlich, damit alle Dispositionsmöglichkeiten durch Simulations- und Hochrechnungsfunktionen ausgeschöpft werden können.

Ein Projekt dieser evolutionären Größenordnung kann nur gelingen, wenn die Beteiligten auf allen Ebenen mit den Grundsätzen und den Anwendungsfunktionalitäten eingehend vertraut gemacht werden. In diesem Sinne ist ein differenziertes Schulungskonzept erforderlich, das den geplanten Roll-Out-Staffeln bei der anwenderorientierten Umsetzung zeitgerecht dient.

Im Zusammenwirken mit auf diesem Gebiet namhaften Wissenschaftlern (Prof. Dr. *Wolfgang Berens*, Prof. Dr. Dr. h.c. *Dietrich Budäus*, Prof. Dr. *Ernst Buschor*, Prof. *Edmund Fischer*, Prof. Dr. Dr. h.c. *Klaus Lüder*, Prof. Dr. *Erhard Mundhenke*,

Prof. Dr. *Hannes Streim*)sind die Projekt-Meilensteine mit Unterstützung der *arf-GmbH* erarbeitet und methodisch abgesichert worden, wobei sich aus dem Kreis der Wissenschaftler ein Arbeitskreis «Integrierte Verbundrechnung» etabliert hat, der sog. Eckpunkte ordnungsmäßiger öffentlicher Buchführung (*GoöB – Wissenschaftlicher Arbeitskreis »IVR«* 2005, S. 887–890) entwickelt hat. In länderübergreifendem Zusammenwirken (Bund-/ Länder-Arbeitskreis «KLR/Doppik») sind Standards für die doppelte Buchführung im staatlichen Bereich zur Bewertung und Bilanzierung und zu weiteren einheitlich geltenden Beurteilungskriterien erarbeitet worden, die NRW positiv einschätzt. NRW hat darüber hinaus Buchungs- und Budgetierungsrichtlinien entwickelt, die derzeit in verschiedenen Modellprojekten erprobt werden.

Mit Interesse haben wir zur Kenntnis genommen, dass andere Länder, die ebenfalls die Einführung der Doppik betreiben, Rechtsanpassungen für erforderlich halten, um die für statistische Zwecke (Volkswirtschaftliche Gesamtrechnung, Finanzstatistik, Maastricht-Kriterien) gebotene Einheitlichkeit zu sichern. Diskutiert wird dabei eine Öffnungsklausel für diejenigen Gebietskörperschaften, die sich des doppischen Rechnungsstils bedienen wollen, zum anderen sollen innerhalb des Kreises dieser Gebietskörperschaften einheitliche Haushaltsgrundsätze entwickelt werden, die die Vergleichbarkeit des Datenmaterials und dessen Verwertbarkeit durch das *Statistische Bundesamt* sicherstellen. Mit Beschluss der Finanzministerkonferenz vom 26. Juni 2003 sind die Weichen dafür bereits durch einen einheitlichen Verwaltungskontenplan für alle doppisch buchenden Länder gestellt.

Eine Sonderstellung im Projekt *EPOS.NRW* nimmt die Rolle des Parlaments ein. Als Träger der Budgethoheit hat es entscheidenden Einfluss auf die fachlichen Inhalte der Projektarbeit. Deshalb werden die Grundzüge der Reform des Haushalts- und Rechnungswesens frühzeitig mit dem Parlament abgestimmt.

4   Lessons learned

Die Schritte der Vergangenheit sind jeweils aus sich heraus nachvollziehbar und durchaus wirksam und zeitgemäß gewesen. Aber auch auf Staatsebene – die Kommunen waren wie so oft Vorreiter – ist die Zeit für grundlegendes Umsteuern gekommen. Transparenz und somit Messbarkeit der Risiken und Chancen für staatliches Handeln sind gefordert.

Die Werkzeuge hierfür sind zu erarbeiten. Moderne Management-Methoden bieten sich als Vorbilder an. Mit den Methoden von *Stein* und *Hardenberg*, mit den klassischen Ressortpolitiken kann die Zukunft nicht angegangen werden. Konsolidieren der Haushalte und einschneidendes Umsteuern bedingen einander. Die politische Führung muss nicht nur erkennen, sondern für sich akzeptieren, dass sich die Aufgaben der Verwaltung und der Parlamente, die Beherrschung der Risiken mit den Techniken der traditionellen Verwaltung nicht mehr lösen lassen. Ressortinteressen müssen sich dabei gemeinsamen Zielen der politischen Führung unterordnen. Vor diesem Hintergrund ist der forcierte Einsatz von Kosten- und Leistungsrechnungssystemen zur Steuerung des Staatshaushaltes unabdingbar. Nur wer (Weit-)Sicht hat, kann steuern. Letztendlich schafft erst die KLR Kostentransparenz und Kostenbewusstsein. Nur mit der systematischen Erfassung des Vermögens und der Schulden in einer Bilanz wird eine verbesserte Berücksichtigung der Interessen nachfolgender Generationen erreicht werden können. Dies ist ein wichtiger Beitrag zur Stärkung der Nachhaltigkeit öffentlichen Handelns.

Der kamerale Haushalt ist hierzu nicht geeignet, er versagt hier – wie die vergangenen Jahrzehnte mit dem zu konstatierenden enormen Schuldenaufwuchs und Zutagetreten bislang kameral ignorierter Probleme, wie dem steten Aufwuchs der Pensionsverpflichtungen des Landes, dem riesigen Instandhaltungsbedarf landeseigener Immobilien, gezeigt haben – auf der ganzen Linie.

Ein Kernprojekt der Modernisierungsstrategie in NRW ist *EPOS.NRW*, die Einführung der integrierten Verbundrechung mit der Doppik als Grundrechnung. Den Einstieg in kaufmännisches Denken hat NRW bereits durch Gründung von Landesbetrieben nach LHO und Sondervermögen vollzogen: u.a. *Materialprüfungsamt, Bau- und Liegenschaftsbetrieb NRW* für die frühere Liegenschafts- und Bauverwaltung.

Aufgabenkritik und Verwaltungsstrukturreform werden konzentriert fortgesetzt:

* Projektbüro und Personaleinsatzmanagement beim Finanzministerium,
* Parlamentarischer Staatssekretär im Innenministeriium bringt die Verwaltungsstrukturreform voran.

»PPP in NRW« war ein Vorreiter, die Task Force wird es bleiben; sie ist immanenter Teil der Modernisierungsstrategie.

Literatur

Wissenschaftlicher Arbeitskreis »IVR« (2005), Eckpunkte für die Grundsätze ordnungsmäßiger Buchführung im öffentlichen Haushalts- und Rechnungswesen auf Basis der integrierten Verbundrechnung (IVR), in: Die Wirtschaftsprüfung (WPg), 58, 2005, 16, S. 887–890

Der integrative Ansatz des zentralen Controllings des DLR

An den Schnittstellen von Unternehmensführung und Finanzen

Manfred J. Senden*

1 Der integrative und ganzheitliche Ansatz des modernen Controllings

2 Anforderungen an das moderne Controlling im deutschsprachigen Raum
   2.1 Herausforderungen und Entwicklungstendenzen
   2.2 Gestaltungsspielräume
   2.3 Controlling in der Organisationsstruktur

3 Controlling in der Praxis am Beispiel des DLR
   3.1 Vorbemerkung
   3.2 Die Entwicklung des Controllings im DLR
   3.3 Die Prozesse Planung und Steuerung
      3.3.1 Einordnung der Prozesse Planung und Steuerung im DLR-Prozessmodell
      3.3.2 Funktionale Anpassung/Integration von Rechnungswesen und Controlling

4 Organisatorische Umsetzung

5 Zusammenfassung

Literatur

* Manfred J. Senden, Leiter Finanzen und Unternehmenscontrolling, Deutsches Zentrum für Luft- und Raumfahrt e.V. (DLR), Köln.

1 Der integrative und ganzheitliche Ansatz des modernen Controllings

Welche Entwicklung nimmt das Controlling? Wie kann die organisatorische Einordnung des Controllings das Schnittstellenmanagement verbessern? Zu diesen Themen wurde doch bereits vieles gesagt und geschrieben. So liegt dabei im wohlverstandenen Sinne das Zitat von *Eugen Roth* nahe: »Die Wissenschaft, sie ist und bleibt, was einer ab vom anderen schreibt. Und dennoch ist sie unbestritten immer weiter fortgeschritten.« So oder ähnlich lassen sich die Entwicklungstrends im Controlling beschreiben, die sich nach einschlägiger Literatur in einem wertorientierten Controlling fokussieren. Das Controlling wird daran gemessen, ob es in der Lage ist, den letztlich unterschiedlichen Sichten und Rollen in den Unternehmen gerecht zu werden und dies gerade und insbesondere bei öffentlichen Organisationen/öffentlichen Unternehmen.

Was ist also noch an Neuem zu berichten? Es sei denn, dass ich auf die Aufgabe (Was) und die Rolle (Wie) bezogen auf ein überwiegend öffentliches finanziertes Forschungsunternehmen wie dem *Deutschen Zentrum für Luft- und Raumfahrt e.V.* (*DLR*) eingehe und die Vorteile der Entwicklung zu einem integrierten Controlling an unserem Beispiel aufzeige. Hierbei möchte ich insbesondere auch auf die Schnittstellen von Unternehmensführung und Controlling einerseits sowie von Finanzen und Controlling andererseits abheben. Um den Gestaltungsanspruch dieses Entwicklungsprozesses im *DLR* einordnen zu können, erscheint es mir notwendig, die unter Kapitel 2 dargelegten Anforderungen an das Controlling aufzuzeigen. Von besonderem Interesse dürfte hierbei sein, dass es sich beim *DLR* um ein ingenieurwissenschaftliches Forschungsunternehmen handelt, das naturgemäß auch in der Lage sein muss, u. a. Daten für den wissenschaftlichen Projektaufwand (FuE) liefern zu können. Gerade hierbei, wie aber auch in der Steuerung von Forschungseinrichtungen, hat sich in den letzten Jahren, sicherlich auch – und nicht nur aufgrund der Anforderungen der öffentlichen Geldgeber – viel getan. Die Zeiten, in denen es Wissenschaftler nicht gewohnt waren, Stundenaufschreibungen oder Nachweise über Anlagennutzung zu führen, sind in unserem Hause längst vorbei.

2 Anforderungen an das moderne Controlling im deutschsprachigen Raum

2.1 Herausforderungen und Entwicklungstendenzen

»Der reine Lieferant von Kostendaten hat ausgedient«, resümiert *Jürgen Weber* (*Löwer* 2005). Controller verstehen sich heute mehr denn je als Motor des Wandels und hierbei gilt es nicht nur Kosten zu senken, Qualität zu steigern oder einen Planungsprozess in einem dynamischen Umfeld zu moderieren.

Vor allem ist Transparenz zu schaffen, um das Management darin zu unterstützen, die Übersicht zu bewahren. Es bleibt oberstes Gebot, dem Management beizeiten zu berichten, wie das Geschäft wirklich läuft, wo es hakt und warum. »Der Controller muss sicherstellen, dass Manager daraus die richtigen Schlüsse ziehen. Er baut die entscheidenden Brücken« (*Löwer* 2005), erklärt *Barbara E. Weißenberger*. Auf das Controlling kommt damit eine große Verantwortung zu (vgl. *Preißner* 2005, S. 21).

Spätestens seit der Balanced Scorecard (BSC) rücken Kunden-, Finanz-, Prozess- und Mitarbeiterperspektive (als Lern- und nach *Horváth* damit Innovationsperspektive) (vgl. *Horváth* 2003, S. 264) in das Objekt des Controllers. Hierbei wird seine Beteiligung am Strategieentwicklungsprozess ebenso erforderlich wie die verantwortliche Übernahme der daraus zu entwickelnden Messgrößen, deren Gewichtung und Darstellung in einer BSC.

So ist der Wandel vom Controller als Kontrolleur hin zu einer Lotsenfunktion deutlich festzumachen. »Er ist zwar nicht der Kapitän des Schiffs (Unternehmens), aber derjenige, der dem Kapitän sagt, wo es langgeht.« (*Preißner* 2005, S.1). Es geht also darum, dem Management Alternativen zur Steuerung des Unternehmens aufzuzeigen, damit man aufziehenden Stürmen begegnen kann, will man beim Beispiel der Seefahrt bleiben.

Voraussetzungen hierfür sind und bleiben: das Wissen und die Beherrschung der betriebswirtschaftlichen Methoden, Verfahren und Instrumente heute mehr denn je aus einer systemischen Sicht. Das allein reicht allerdings nicht mehr aus. Der Controller muss sich mit den Dingen, die er steuert, auskennen. Im Planungsprozess kann er zwar den strategischen Planungsprozess (über Organisationsgrenzen hinweg) moderieren; allerdings wäre es zu weit gegriffen, wollte er auch allein diesen beherrschen. Hier ist Teamarbeit mit den strategischen Planern gefragt und seine eigene Rolle verlagert sich auf die Moderation und die Harmonisierung dieser Prozesse. Der Controller sollte bester Nutzenanbieter für die Bereitstellung von Führungsinformationen bleiben. Dabei ist heute die Kenntnis über die Branche, deren Produkte wie aber auch der externen wie internen Kunden erforderlich, will man vom Management ernst genommen werden. Über diese Kompetenzen hinaus werden neben lösungsorientierten Ansätzen auch Fähigkeiten in Moderations- und Präsentationstechniken verlangt. Allerdings sollte man die Grenze des Leistbaren sehen und sich vor Vielfalt hüten, die letztlich nur zu Mittelmaß führen kann. Allein auf die richtige Dosierung kommt es an.

Folgt man der Controllerakademie, dann rücken Strategiefokussierung und damit die Rollen des Strategic Business Account, der Mittlerfunktion bei der Integration von internem und externem Rechnungswesen sowie eine ebenfalls auf Werteorientierung ausgerichtete Unternehmensführung und das Management der Stakeholder Relations in den Vordergrund.

2.2 Gestaltungsspielräume

Beim Controlling gibt es keinen unternehmensübergreifenden Standard außer dem, den sich das Unternehmen selbst setzen sollte.

Die Wissenschaft brachte eine Vielfalt von Definitionen des Controllings hervor, sei es nun bei *Horváth*, *Weber* oder *Reichmann*, um nur einige Meinungsgestalter zu nennen. Wir haben uns bei der Einordnung der Controllingaufgaben an die Definition von *Horváth* angelehnt.

»Controlling ist [...] dasjenige Subsystem der Führung, das Planung und Kontrolle sowie Informationsversorgung systembildend und systemkoppelnd ergebniszielorientiert koordiniert und so die Adaption und Koordination des Gesamtsystems unterstützt.« (*Horváth*, 2003, S. 151). Diesem Controlling-Begriff von *Horváth* folgend wird Controlling als eine dem Management untergeordnete Unterstützungsfunktion verstanden, mit dem Ziel, das Unternehmen ergebniszielorientiert an Umweltveränderungen anzupassen und die Koordination der operativen Systeme zu gewährleisten. Dabei spielen insbesondere die Schnittstellen zwischen den Systemen der Planung und Kontrolle und der IT eine Rolle, deren Koordination durch Systembildung (d.h. Schaffung und Planung von PuK- und IT-Systemen) und Systemkoppelung (Anpassungsaktivitäten innerhalb einer Systemstruktur) erfolgt (vgl. *Horváth* 2003, S. 125 f.).

Das Management muss allerdings vorgeben, wie viel Controlling und Unterstützung es haben und erlauben will. Dabei spielen nicht nur rationale Faktoren eine Rolle, sondern auch Gegebenheiten wie die Betriebsgröße, die Führungskultur und die Forderung nach einer höheren Transparenz. Hinzu kommen weitere Anforderungen an das Controlling wie die Ausweitung auf die bisher nicht angestammten Kompetenzfelder externes Rechnungswesen, mitunter auch Organisation und das Management von Projekten. Insbesondere bei den öffentlichen Verwaltungen kommen strukturbedingt weitere Anforderungen wie Wirtschaftspläne, Personalausgabenquoten, Evaluationen im Rahmen der Programmorientierten Förderung (POF) und ein Berichtswesen z.B. der Fortschrittsbericht der POF auf das Controlling zu.

Zumindest gefördert durch die BSC haben sich die Perspektiven vom reinen »Zahlenknecht« hin zu einem internen Berater entwickelt, der bei der zunehmenden Komplexität die Übersicht behalten soll.

Um all diesen Anforderungen zu genügen, wird sich die Typologie des Controllers an die Gegebenheiten des Unternehmens anpassen müssen. Hierbei möchte ich auf *Zünd* verweisen:

»In einer relativ stabilen Umwelt wirkt der Controller als Registrator, der als Buchhalter jene Berufsbezeichnung zu Unrecht trägt. In einer begrenzt dynamischen Umwelt tritt der Controller als Navigator auf, dessen wichtigstes Steuerungsinstrument die Integration von Planung und Kontrolle darstellt. In einer extrem dynamischen Umwelt schließlich erscheint der Controller als Innovator, der an Problemlösungsprozessen teilnimmt und für die Einrichtung von Frühwarnsystemen verantwortlich ist.« (*Zünd* 1985, S. 32).

2.3 Controlling in der Organisationsstruktur

Die Akzeptanz des Controllings in einem Unternehmen hängt im Wesentlichen davon ab, an welcher Stelle es in die Organisationsstruktur eingebunden ist. Unabhängig von der Unternehmensgröße ist allerdings zu beachten, dass auch in der Geschäftsverteilung, sofern es unterschiedliche Geschäftsbereiche gibt, das zentrale Controlling dem für Finanzen zuständigen Ressort zugewiesen werden sollte, um einerseits die Autorität zu erhöhen und andererseits die Verbindung z.B. zum externen Rechnungswesen sicherzustellen. Die Bewahrung der Unabhängigkeit des Controllings spricht allerdings dafür, keine Verantwortung in der Unternehmensleitung zu übernehmen, um sich eine gewisse Distanz zu Entscheidungen zu erhalten, die vom engen Führungskreis getroffen werden. Es bietet sich daher an, die Controllingfunktion in der zweiten, mindestens aber der dritten Führungsebene einzuordnen. Nun ist dies sicher eine verkürzte Darstellung und sie bezieht sich ausschließlich auf die Funktionen, die man einem zentralen Controlling (wie Moderation des Planungsprozesses, Führen des Berichtswesens, Entwicklung unternehmensweiter Verfahren und Ausrichtung der betriebswirtschaftlichen Datenverarbeitung, Beratung der Unternehmensleitung, Schulung, Weiterentwicklung sowie Beratung des dezentralen Controllings) zuweisen würde. Hierbei wird unterstellt, dass das operative Controlling in die einzelnen Verantwortungsbereiche, also dezentral integriert ist. Das zentrale Controlling bleibt allerdings verantwortlich für die Festlegung harmonisierter Berichtssysteme über alle relevanten Bereiche des Unternehmens hinweg.

Zur Veranschaulichung der unterschiedlichen Unterstellungsmöglichkeiten des dezentralen Controllings sei hier auf die nachfolgende Abbildung 1 verwiesen.

Wesentlich ist – wegen der zunehmenden Komplexität der Finanzsichten – mindestens eine funktionale Vernetzung mit den Finanzdisziplinen. Eine Integration von Finanzdisziplinen und Controlling ist immer dann sinnvoll, wenn eine ganzheitliche Sicht und damit ein gemeinsamer Kompetenzaufbau von der Leitung gewollt ist – schon um Reibungsverluste innerhalb der Disziplinen zu vermeiden und das Zusammenspiel zu fördern. Es liegt allerdings bei den Beteiligten selbst zu akzeptieren, dass nicht reines Finanzressortdenken die Controllingfunktionen überlagert. Allerdings überwiegen die Vorteile, da vom Controller erwartet wird, dass er die Zusammenhänge gesamtheitlich darlegen kann und dies nicht nur aufgrund des stärkeren Einbezuges des externen Rechnungswesens.

Als ein weiterer Trend wird in der einschlägigen Literatur die Integration der strategischen Planung in die Verantwortung des Controllings propagiert. Diesen Aspekt halte ich nicht für sinnvoll, weil sich die Funktion des Controllings ausschließlich auf die Mitwirkung an der Strategie beschränken sollte. Allein das Maß der dafür notwendigen geschäftsfeldspezifischen Spezialisierung des Controllings würde die »Marktführerschaft« des Controllings in der Führungs-Informationsversorgung des Managements durch die Vielfalt der Aufgaben relativieren. Die Kernprozesse (Kundenprozesse) sollen die ausschließliche Verantwortung für die Geschäftsfeldentwicklung tragen.

Bei den Aussagen in der Literatur möchte ich stellvertretend auf die folgenden Darlegungen verweisen:

»Im Zuge der Harmonisierung von externem und internem Rechnungswesen sind zwei Entwicklungsrichtungen denkbar: Entweder wird das gesamte Rechnungswesen aus Gründen einer einheitlichen Gestaltung und engen Verknüpfung zur Planungsfunktion dem Zentralcontrolling zugeordnet oder umgekehrt übernimmt das externe Rechnungswesen Aufgaben der internen Berichterstattung. Aufgrund der notwendigen Detailkenntnis operativer Geschäftsfälle und auch gesellschaftsrechtlicher Führung der Konzernunternehmen im Stammhauskonzern erscheint eine Integration des Rechnungswesens in das Konzerncontrolling hier eher sinnvoll als bei den anderen Führungskonzepten […] Ebenso umstritten ist die Einordnung der strategischen Planung oder deren Teile in den Controllerbereich.

Unterstellung Linieninstanz		Unterstellung Zentralcontroller		Dotted-line-Prinzip	
⊕	⊖	⊕	⊖	⊕	⊖
• Gute und vertrauensvolle Zusammenarbeit mit Linieninstanz • Hohe Akzeptanz in der Linie • Guter Zugang zu formellen und informeller Quellen • Möglichkeit, Linieninstanz bei Entscheidungen zu unterstützen • Starkes Eingehen auf Linienbedürfnisse	• Controlling-Gesamtkonzept wird vernachlässigt • Verstärkung des Partikularismus • Berichterstattung an Zentralcontroller wird vernachlässigt • Mangelnde Distanz und Objektivität zu Linienaktivitäten	• Einheitliche Durchführung des Controllingkonzeptes • Gegengewicht bei Beteiligung an Entscheidungen der Linieninstanz • starke Betonung des integrativen Koordinationsaspektes • Schnelle Durchsetzung neuer Konzepte • Unabhängigkeit gegenüber Linieninstanzen • Schnelle Information der Zentrale	• Spezialcontroller = Spion der Zentrale • Informationsblockade der Linie • Spezialcontroller wird isoliert • Geringe Akzeptanz • Wird nicht zur Entscheidungsunterstützung herangezogen • Linienspezifische Besonderheiten werden zu wenig beachtet	• Kompromiss zwischen zwei Extremen • Möglichkeit, Linienerfordernisse mit Controlling-notwendigkeiten zu verbinden • Flexible Einflussnahme auf Spezialcontroller	• Doppelunterstellung = Dauerkonflikt • Wird weder von der Linie noch vom Zentralcontrolling akzeptiert • Objektivität und Neutralität nicht gegeben

Abb. 1: Vor- und Nachteile unterschiedlicher Unterstellungsmöglichkeiten des dezentralen Controllings (Quelle: *Schüller* 1984, S. 210)

Vorteile[n] (Anmerk. d. Verf.) einer Eingliederung der strategischen Planung durch enge Kopplung an Planungs- und Kontrollerfahrung der Controller stehen Nachteile des evtl. fehlenden Know-hows der Controller im Rahmen innovativer Strategieentwicklungen entgegen.« (*Weber* 2004, S. 581 f.).

Nach *Preißner* kommt es auf die »Passigkeit« an. Grundsatz ist, eine effiziente und effektive Einbindung des Controllings zu gewährleisten, damit der Informationsfluss zeitgerecht wie vollständig und damit störungsfrei sichergestellt werden kann. Letztlich kommt es darauf an, dass das Controlling bester Nutzenanbieter in der Führungs-Informationsversorgung des Managements bleibt.

»Einerseits darf Controlling kein Anhängsel sein, das von allem zu spät erfährt und nicht ernst genommen wird, andererseits soll es nicht als alles dominierende ›Überfunktion‹ andere Bereiche einschüchtern und Widerstand hervorrufen.« (*Preißner* 2005, S. 10).

Es haben sich letztlich die folgenden Strukturen herausgebildet (vgl. Preißner 2005, S. 10 ff.):

- **Controlling als Stabsstelle bei der Geschäftsleitung.** Ist das Controlling als Stabsstelle organisiert, können zum einen die Erkenntnisse der Geschäftsleitung schnell realisiert werden, zum anderen kann der Controlling-Bereich auch Einfluss auf die Geschäftsleitung nehmen. Eine Verbindung zu den anderen Funktionsbereichen ist nur indirekt vorhanden (siehe Abb. 2).

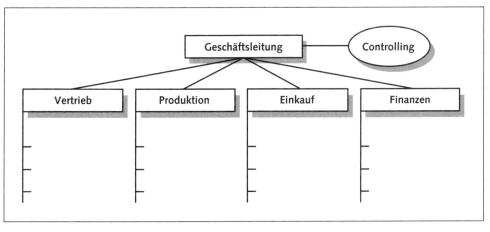

Abb. 2: Controlling als Stabsstelle (Quelle: *Preißner* 2005, S. 10)

- **Controlling als eigenständiger Funktionsbereich (Dotted-line-Prinzip).** Als besondere Form der Organisation ist das Dotted-line-Prinzip zu sehen. Das Controlling wird gänzlich autonom geführt und ist als eigenständiger Funktionsbereich zu sehen. Es besteht lediglich die Variante, dass aus anderen Bereichen spezialisierte Controlling-Bereiche fachlich zu dem zentralen Controlling und disziplinarisch zu den anderen Bereichen gehören. Abbildung 3 verdeutlicht diese Organisationsstruktur grafisch.

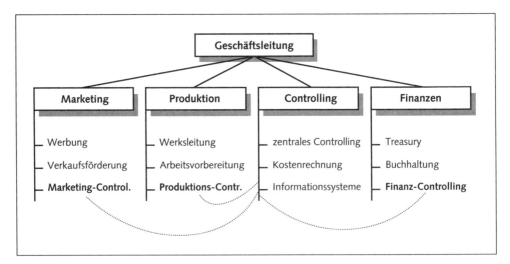

Abb. 3: Dotted-line-Prinzip (Quelle: *Preißner* 2005, S. 11)

- **Controlling als Linieninstanz innerhalb des Funktionsbereichs Finanz- und Rechnungswesen.** Am häufigsten ist das Controlling dem Finanzbereich unterstellt. Je nachdem wie die Ausrichtung des Unternehmens ist, wird dem Controlling eine mehr oder weniger dominante Position zuteil (siehe Abb. 4).

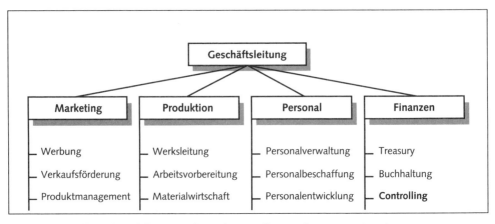

Abb. 4: Controlling als Teil des Finanzbereichs (Quelle: *Preißner* 2005, S. 12)

3   Controlling in der Praxis am Beispiel des DLR

3.1   Vorbemerkung

Mit einer hohen Diskontinuität sehen sich Forschungseinrichtungen konfrontiert, wenn es um die Gestaltung der Finanz- und Controllingdisziplinen bzw. um deren Prozesse geht. Triebfedern sind die Anforderungen der öffentlichen Geldgeber z.B. an eine Programmorientierte Förderung verbunden mit einem Als-ob-Wettbewerb unter den Forschungsthemen, wie aber auch durch die immer höheren Anteile der Drittmittel an der Gesamtfinanzierung. Andererseits sind die Spielregeln, nach denen die öffentlichen Haushalte steuern wollen (z.B. die Haushaltsordnungen des Bundes/BHO und der Länder/LHO, fehlende Überjährigkeit) zu beachten, die oftmals mit den Handlungsnotwendigkeiten in der Auftragsforschung und den dort geltenden Spielregeln der Wirtschaft nichts gemein haben. Hier werden Zahlungspläne an die Erfüllung der Meilensteine geknüpft, also an den Erfolg. Die Entgelte müssen sich nicht am Kostenverlauf orientieren. Anzahlungen führen zu mehr Liquidität und damit zu nicht gewollten Kassenbeständen, die beim Jahresabschluss einer überwiegend durch die öffentliche Hand finanzierten Einrichtung zur Anrechnung auf die Zuwendung des Folgejahres führen können. Andererseits stehen Doppik und Kameralistik, ebenso Vollkosten und Ausgaben wie Äpfel und Birnen zueinander.

3.2   Die Entwicklung des Controllings im DLR

Organisatorisch war das Controlling seit dem Jahr 1993 eigenständig als Stabsbereich »Unternehmenscontrolling« dem Finanzvorstand direkt zugeordnet. Klassisch folgte diesem Schritt auch die Leitidee.

Das Unternehmenscontrolling soll:
- das Steuerungsverfahren zur Umsetzung des *DLR*-Leitbildes durch Bereitstellung
  - der für den Gesamtvorstand und die Einzelvorstände relevanten Entscheidungsgrundlagen,
  - eines Frühwarnsystems für führungsrelevante Abweichungen von Vorstandsplanungen und Vorstandsentscheidungen sicherstellen;
- kostenwirtschaftlich einfach und transparent arbeiten;
- den Vorstand als ersten Kunden sehen.

Wichtig für diese Entscheidung war sicher, dass dem Unternehmenscontrolling durch die direkte Anbindung an den Vorstand eine hohe Autorität zugesprochen wurde. Zuvor war die Verantwortung für den Planungsprozess sowie für Teile des Berichtswesens organisatorisch vom internen und externen Rechungswesen getrennt.

So gut diese erste Phase für die Systembildung und die Durchsetzung im Unternehmen war, umso einschneidender war – aufgrund der Kürze des Umsetzungszeitraumes in der zweiten Phase – der Verlust an Akzeptanz. Dadurch trat der mehr führungsunterstützende Charakter immer mehr in den Hintergrund, weil es dem Controlling nicht gelungen ist, eine Passung im Forschungsunternehmen zu erreichen. Eine Harmonisierung der relevanten Prozesse – strategische und operative Planung –, dem internen Rechnungswesen und dem für unsere Einrichtung wichtigen externen Rechnungswesen ist nicht gelungen.

Dies führte zu einem Überdenken der Vorgehensweise, wobei besonderer Wert auf Passung und Akzeptanz gelegt wurde, neben einzelnen methodischen Veränderungsnotwendigkeiten, die bereits durch die Prozess-Evaluationsergebnisse 1999 sichtbar wurden. (Es gehört zu den Grundprinzipien der Managementverfahren im *DLR*, dass sich die Prozesse der administrativ technischen Infrastuktur alle 4–5 Jahre einer externen Evaluation unterziehen müssen).

Die weitere Entwicklung des Controllings im *DLR* oder besser des Planungs- und Steuerungsprozesses wurde maßgeblich geprägt durch zwei Projekte, die in den letzten Jahren umgesetzt wurden:

*   Planung und Steuerung 2001 +,
*   PACE P.

Das Planungs- und Steuerungsverfahren des *DLR* war bis zum Projekt »Planung und Steuerung 2001 +« durch zwei Steuerungssysteme gekennzeichnet, orientiert an den beiden Finanzierungsquellen des *DLR*. Die institutionelle Förderung, als eine der Finanzierungsquellen, wurde über Aufwands-Budgetierung von Personalmengen, Sachmitteln und Investitionen gesteuert. Die Drittmittelfinanzierung, also die zweite Finanzierungsquelle basierend auf der Kostenträgerstückrechnung und einer Vollkostenbetrachtung, wurde über das System der Ertragsvorgabe gesteuert. Die Ertragsvorgabe stellte sicher, dass der Aufwand, der über die Budgetierung hinaus anfiel, aus den Erträgen der Institute finanziert wurde. Diese parallele Steuerung war solange noch praktikabel, wie die institutionelle Förderung den überwiegenden Anteil an der Finanzierung des *DLR* ausmachte. In den vergangenen zehn Jahren nahm allerdings die Drittmittelfinanzierung stetig zu. Zurzeit beträgt das Verhältnis von Finanzierung aus Drittmitteln und institutioneller Förderung 1:1. Zudem erhalten die Zentren der *Helmholtz-Gemeinschaft Deutscher Forschungszentren* (*HGF*) seit dem Jahr 2003 im Rahmen der Umstellung auf die Programmorientierte Förderung eine Finanzierung ihrer Aktivitäten innerhalb der definierten Programme auf der Basis von Vollkosten.

Diese Entwicklungen veranlassten das *DLR*, sein bestehendes Planungs- und Steuerungsverfahren anzupassen. Die zentrale Maßnahme der Neugestaltung besteht darin, die Institute als wirtschaftliche Ergebniseinheit zu führen. In der Form eines modifizierten Kostenstellenberichtes wird eine Ergebnisgröße als Differenz von Ertrag abzüglich Aufwand definiert. Diese Ergebnisrechnung wird aus den Daten des betriebswirtschaftlichen DV-Systems (*SAP*) des *DLR* ermittelt und in *SAP* dargestellt. Für die Organisationseinheiten der administrativen und technischen Infrastruktur (ATI) liegt das Hauptaugenmerk auf der Einhaltung eines genehmigten Kostenrahmens und einer Wirtschaftlichkeitsbetrachtung, die sich aus der Verrechnung innerbetrieblicher Leistungen zu Planpreisen gegenüber den aufgelaufenen Kosten ergibt. Für die Forschungsinstitute wird das zu erzielende wirtschaftliche Ergebnis wie die Sachziele (z. B. Veröffentlichungen) im Zielvereinbarungsgespräch zwischen Vorstand und Institutsdirektor (Leiter eines Forschungsinstitutes als Ergebniseinheit) festgelegt. Parallel dazu erfolgt die Investitionsplanung. Das neue Planungssystem wurde unter Mitwirkung aller am Planungs- und Steuerungsprozess beteiligten Organisationseinheiten erarbeitet und ist mit allen Komponenten seit dem Jahr 2003 im Einsatz.

Angesichts der beschriebenen neuen Planungs- und Steuerungsverfahren wie auch der Auswirkungen der Programmorientierten Förderung durch die *HGF* stehen die Institute des *DLR* hinsichtlich Kostenoptimierung und Risikominimierung vor einer wachsenden Herausforderung.

Wegen der Forderung nach mehr Drittmitteln, als Ausweis der Anwendungsnähe sowie der verstärkten internen Ausrichtung auf Projekte in der Programmforschung wurde vom Vorstand Mitte 2001 die Rahmenrichtlinie für Projektmanagement (PACE P) in Kraft gesetzt. Sie regelt verbindlich die Anwendung von gemeinsam getragenen, einheitlichen Projektmanagementmethoden. Die Organisationseinheit Projektadministration und Projektcontrolling (Aufgabenwahrnehmung funktional im Sinne des dezentralen Controllings) wurde beauftragt, diese Rahmenrichtlinie durch Instrumente und Werkzeuge zu ergänzen. Vordringliches Ziel war es, Projektleitern und -mitarbeitern Bausteine eines erfolgreichen professionellen Projektmanagements vorzustellen und Methoden und Werkzeuge als konkrete Hilfe für dessen Umsetzung an die Hand zu geben. Mit dem Projektmanagement-Portal steht den Instituten und Einrichtungen seit dem Jahr 2004 das notwendige Handwerkszeug zur Verfügung.

3.3 Die Prozesse Planung und Steuerung

3.3.1 Einordnung der Prozesse Planung und Steuerung im DLR-Prozessmodell

Zum Gesamtverständnis des Controllings bzw. der Planungs- und Steuerungsfunktion ist es wichtig, sich die Einordnung am Prozessmodell des *DLR* zu vergegenwärtigen. Hierbei greifen die Funktionen der Planung und Steuerung sowohl als Führungs- aber auch als unterstützender Prozess ineinander. Dies soll als äußeres Bild dafür gelten, dass an den Schnittstellen zwischen den Führungs- und Unterstützungsprozessen eine Harmonisierung der Abläufe zwingend erzeugt, aber auch eine Vernetzung mit den Kernprozessen als unternehmensweite Vorgabe gesetzt wird. Dem daraus folgenden inhaltlichen Anspruch an ein entsprechendes Prozessmanagement soll über eine Evaluation der Prozesse sowie das anzuwendende Qualitätsmodell nach EFQM bestätigt werden. An dieser Stelle sei angemerkt, dass wir hinsichtlich des Reifegrades gerade in der Vernetzung zu den Kernprozessen unsere Ziele noch nicht erreicht haben. Durch die eindeutige Prozesseigentümerschaft erfolgt der Druck auf die Struktur sich anzupassen.

Bei den im Prozessmodell (vgl. Abb. 5) beschriebenen Prozessen wurde nunmehr besonderer Wert auf die Passung zwischen Strategie, Programm- und Fachplanung und dem internen Rechnungswesen, wie aber auch zu dem gerade bei öffentlichen Einrichtungen stärkeren Bezug zum externen Rechnungswesen gelegt.

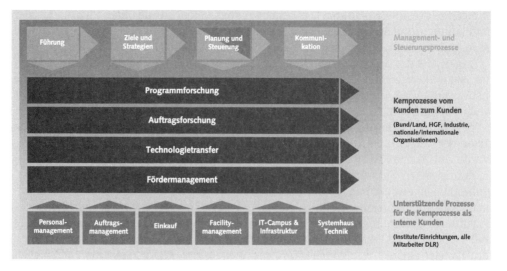

Abb. 5: Prozessmodell des *DLR* mit dem Prozess Planung und Steuerung

3.3.2 Funktionale Anpassung/Integration von Rechnungswesen und Controlling

Das *DLR* ist zwar (noch) kein börsennotiertes Unternehmen, dennoch nimmt auch hier der Einfluss der Außenwelt zu und erfordert Anpassungen im internen Planungs- und Steuerungsprozess und dem Berichtswesen. Aufgrund der Finanzierung durch die öffentliche Hand ist der Wirtschaftsplan mit seinen relevanten Größen (Betriebs- und Investitionshaushalt, früher auch der Stellenplan) schon seit Jahren ein bekannter Orientierungsrahmen. Seit dem Jahr 2003 ist mit der Programmorientierten Förderung ein differenzierter Planungsprozess und ein differenziertes Berichtswesen notwendig geworden. Diese Veränderungen haben dazu geführt, dass das *DLR* seinen Planungs- und Steuerungsprozess – und damit auch sein Berichtswesen – an diese neuen Gegebenheiten angepasst hat. Die Impulse von außen wurden durch das zentrale Controlling aufgenommen und entsprechend umgesetzt.

Berichte wurden neu geschaffen bzw. bestehende angepasst. Die Ausrichtung auf neue Kennzahlen bzw. die stärkere Fokussierung auf bestehende Kennzahlen hatte Einfluss auf die Transparenz und die Qualitätsanforderungen der Datenerzeugung. Auch die Termine, wie z. B. der Buchungsschluss, nehmen auf die neuen Anforderungen durch die Programmorientierte Förderung Einfluss.

Auf eine solche Entwicklung lässt sich schnell reagieren, wenn die Aufbauorganisation dies unterstützt. Die Zusammenführung der Verantwortung für das interne, externe Rechnungswesen und das Controlling in einer Organisationseinheit macht es möglich, auf sich ändernde Rahmenbedingungen schnell zu reagieren und Redundanzen zu vermeiden.

4   Organisatorische Umsetzung

Der Reifegrad des Controllings war in der beschriebenen Phase so, dass der Vorstand im führungsunterstützenden Charakter Vorteile für die Einbettung in die zweite Führungsebene unterhalb des Finanzvorstandes sah (siehe Abb. 6).

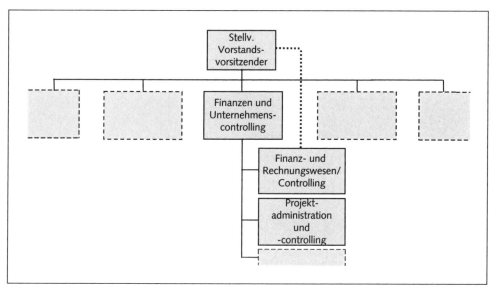

Abb. 6: Integration in die Linienorganisation, mit direktem Bezug zum stellv. Vorstandsvorsitzenden

Abbildung 7 verdeutlicht, wie durch das Dotted-line-Prinzip durchgängige und unabhängige Führungsinformationen, beginnend beim dezentralen Controlling, koordiniert durch das zentrale Controlling, gewährleistet werden können.

Controllingfunktionen werden in einem stark dezentral ausgerichteten Unternehmen wie dem *DLR* an vielen Stellen wahrgenommen. Dezentral werden Ergebnisse verantwortet, d. h. dezentral wird gesteuert und entschieden. Die Entscheider im Führungssystem, also das Management, werden in dieser Aufgabe durch die Controller unterstützt. Dies geschieht im operativen Controlling auf den Ebenen Projekt (Kostenträger), ergebnisverantwortliche Einheit (Kostenstelle) und schließlich auf der Ebene der Unternehmensleitung. Die dezentralen Controller sind dem zentralen Controlling nicht disziplinarisch zugeordnet.

Um sicherzustellen, dass bei diesen dislozierten Aktivitäten die Ziele des Unternehmens erreicht werden, bedarf es eines Prozesseigners mit Richtlinienkompetenz – Verfahren, Methoden, Berichtswesen – und dem Blick auf eine schlanke bewegliche Struktur.

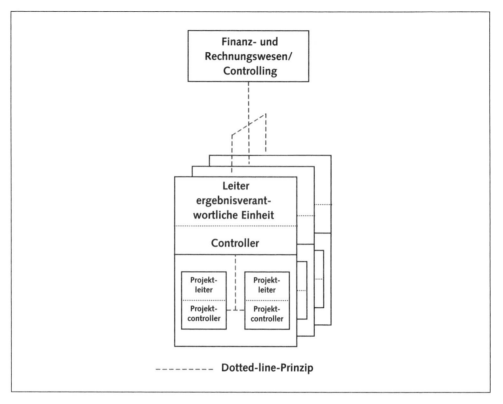

Abb. 7: Dotted-line-Prinzip zwischen zentralem und dezentralem Controlling

5   Zusammenfassung

Dieser Beitrag befasst sich mit den Entwicklungstendenzen des Controllings auf der Basis theoretischer und praxisrelevanter Grundlagen. Hinzu kommen äußere Rahmenbedingungen, die Einfluss auf die Aufgabe (Was) und die Rolle (Wie) des Controllings – insbesondere bei öffentlichen Einrichtungen – nehmen. Hierbei wird die Fragestellung der Schnittstellen zwischen dem Führungsprozess einerseits und Finanzen und Controlling andererseits herausgearbeitet.

Der Controller hat sich früher als Berater und Lotse primär dem internen Rechnungswesen zugewandt. Nun rücken das externe Rechnungswesen und die Harmonisierung der Informationen aus interner und externer Rechnungslegung in seinen Fokus, womit er sich verstärkt den Fragestellungen des »klassischen« externen Rechnungswesens (GuV, Bilanz) widmen muss. Werden die hieraus durch die Außenwelt abgeleiteten Informationen zur Bewertung des Unternehmens zunehmend wichtiger, muss das Berichtswesen im Unternehmen darauf reagieren. Es kann nicht sein, dass das Unternehmen intern mit anderen Größen steuert, als mit denjenigen, mit welchen es von außen konfrontiert wird. Somit ist es eine logische Konsequenz, dass der Controller sich auf diese steuerungsrelevanten Daten konzentriert. Der Controller muss in dem Planungs- und Steuerungsprozess im Unternehmen die relevanten Steuerungsgrößen integrieren und Sorge tragen, dass das Berichtswesen entsprechend aufgebaut wird.

Zusammenfassend lässt sich feststellen, dass sich dadurch nicht nur die Rolle des Controllers, sondern auch der Funktionsbereich »Controlling« im Laufe der Zeit gewandelt hat, wobei es keinen unternehmensweiten Standard gibt. Neben den bereits genannten funktionalen Einflussfaktoren bestimmen Aspekte wie z. B. Unternehmensgröße, Botschaft, Dimension und Führungskultur die Ausrichtung und Gestaltung des Controllings. Wichtig dabei ist, das Controlling organisatorisch und disziplinarisch unter dem zuständigen Geschäftsführer bzw. dem Vorstand für Finanzen (CFO) einzugliedern und für das Controlling eindeutige Rollen festzulegen. Hierbei ist einerseits darauf zu achten, dass Unabhängigkeit und Distanz von Unternehmensentscheidungen erhalten bleiben, damit die im zentralen Controlling erhobenen Daten und Handlungsalternativen objektiv der Strategieumsetzung und Entscheidungsfindung dienen, also dem gesamten Unternehmen, Vorstand und dem dezentralen Management von Nutzen sind. Dabei sind die obersten Ziele: optimierte und stabile Prozesse, darauf ausgerichtete schlanke und bewegliche Strukturen, der Abbau von Doppelkapazitäten zwischen Finanzen und Controlling sowie dem dezentralen Controlling in den Ergebniseinheiten und die Verringerung der Komplexität durch integrierte Berichtswege bei Planung und Steuerung.

Die organisatorische Zusammenführung von Finanzen und Controlling führt dazu Schnittstellen zu reduzieren, gemeinsame Kompetenzen und Bewertungsregeln aufzubauen sowie die Informationsbeziehung zwischen Management und Controlling auf eine integrierte Erfolgsmessung abzustimmen. Die Akzeptanz der Akteure stellt sicher, dass es nicht zu einer Überlagerung von Finanzressortdenken mit den Controllingfunktionen kommt. Das Dotted-line-Prinzip (siehe Abschnitt 3.3.3) stellt ausreichend die erforderliche Führungsinformation sicher und sorgt durch die Richtlinienkompetenz des zentralen Controllings für eine enge Einbindung des dezentralen Controllings.

Literatur

Horváth, P. (2003), Controlling, 9. Aufl., München 2003

Löwer, C. (2005), Aus Controllern werden Lotsen, veröffentlicht am 15.02.2005, in: Html-Dokument:http://www.handelsblatt.com/pshb/fn/relhbi/sfn/cn_artikel_drucken/strucid/200014/pageid/200812/docid/858344/SH/0/depot/0/index.html, abgerufen am 2.05.2006

Preißner, A. (2005), Praxiswissen Controlling – Grundlagen, Werkzeuge, Anwendungen, 4. Aufl., München u. a. 2005

Schüller, S. (1984), Organisation von Controllingsystemen in der Kreditwirtschaft, Dissertation, Münster 2004

Weber, J. (2004), Einführung in das Controlling, 10. Aufl., Stuttgart 2004

Zünd, A. (1985), Der Controller-Bereich (Controllership) – in Randbemerkungen zur Institutionalisierung der Controller-Funktion, in: *Gilbert, J./Probst, B./Schmitz-Dräger, R.* (Hrsg.): Controlling und Unternehmensführung, Bern 1985, S. 28–40

Neuorientierung des Konzerns ›Stadt Bielefeld‹
Finanzen und Controlling – ein Erfahrungsbericht

Bernd Landgraf*

1   Die Stadt und der Konzern Bielefeld

2   Bausteine einer Neuorientierung
    2.1   Ausgangssituation
    2.2   NKF – Das Fundament für einen Neubeginn im Finanzbereich
    2.3   Controlling- und Steuerungskonzept

3   Ausblick

*   Bernd Landgraf, Betriebsleiter, Informatik-Betrieb Bielefeld, Bielefeld.

1   Die Stadt und der Konzern Bielefeld

- Mit knapp 330.000 Einwohnern und einer Fläche von 258 qkm gehört Bielefeld als Oberzentrum Ostwestfalens zu den 20 größten Städten Deutschlands.
- Die Verwaltung ist aktuell in 7 Dezernate und noch 34 Ämter sowie weitere Stabsstellen, z. B. für Datenschutz, Gleichstellung etc. gegliedert. Der Verwaltungsvorstand mit dem seit 1994 direkt gewählten Oberbürgermeister an der Spitze wird von 5 weiteren hauptamtlichen durch den Rat gewählten Beigeordneten gebildet.
- Im Vermögenshaushalt wurden im laufenden Haushaltsjahr 63 Mio. € veranschlagt. Der Verwaltungshaushalt 2006 weist ein Volumen von ca. 750 Mio. € bei einer Unterdeckung von rund 40 Mio. € aus. Dies entspricht einem um innere Verrechnungen, Zuführungen zwischen Verwaltungs- und Vermögenshaushalt, Tilgungen, kalkulatorische Kosten und Altfehlbeträgen bereinigten Gesamtvolumen von 780 Mio. €.
- Das parallel verabschiedete Haushaltssicherungskonzept sieht eine erstmalige Wiederherstellung des Haushaltsausgleichs ab dem Jahr 2010 vor. Bis dahin werden sich in Bielefeld so genannte Altfehlbeträge von mehr als 350 Mio. € angesammelt haben.
- Die umfangreichen und vielfältigen öffentlichen Aufgaben der Stadt Bielefeld werden nicht mehr nur in der Kernverwaltung in Dezernaten und Ämtern wahrgenommen. Ein großer Teil kommunaler Aufgaben wurde
  - 4 größeren wirtschaftlich selbständigen Eigenbetrieben und eigenbetriebsähnlichen Einrichtungen und
  - mehr als 60 rechtlich und wirtschaftlich selbständigen Unternehmen und Gesellschaften übertragen, deren Gesellschaftsanteile entweder unmittelbar oder mittelbar (1. bis 3. Ebene) von der Stadt gehalten werden.

Die Gesellschaften werden spartenbezogen in allen wesentlichen kommunalen Aufgabenbereichen wie Wirtschafts-/Stadtentwicklung, Verkehr/Ver- und Entsorgung, Wohnungswesen, Kultur/Freizeit, Gesundheit/Soziales Aufgaben tätig oder erbringen interne Services.

Einschließlich Konzessionsabgabe werden 2006 ca. 34 Mio. € Gewinnabführung von wirtschaftlichen Unternehmungen der Stadt erwartet, gleichzeitig verrechnet der Haushalt ca. 114 Mio. € an diese Sondervermögen für erbrachte Dienstleistungen.

- Die Verknüpfung der Finanzbeziehungen zwischen dem kameralen städtischen Haushalt und den Wirtschaftsplänen der Betriebe und Gesellschaften wird seit vielen Jahren zentral in einem Beteiligungsbericht dargestellt.
- Zur Etablierung einer leistungsfähigen Steuerung wurde in der Kernverwaltung und in den Betrieben und Gesellschaften ein mehrstufiges dezentrales Controlling etabliert. Um die zentrale Konzernsicht besser darstellen zu können, wurde 2004 die Planung und Ausführung des städtischen Haushalts und das Controlling der Beteiligungen und Betriebe in einer Organisationseinheit zusammengeführt.
- Vor dem Hintergrund der andauernden Finanzkrise wurde eine Potenzialanalyse zur Optimierung der Beteiligungsverwaltung durchgeführt, u. a. wurde eine Beteiligungsgesellschaft als Finanzholding gegründet.

- Die flächendeckende Umstellung des Haushalts auf das Neue Kommunale Finanzmanagement ist zum 1.1.2009 vorgesehen.

2 Bausteine einer Neuorientierung

Mit Einführung neuer Steuerungsinstrumente in der Kernverwaltung hat die Stadt Bielefeld bereits seit vielen Jahren einen grundlegenden Wandel hin zu einer transparenten, dienstleistungsorientierten Organisation eingeleitet. Eine Neuorientierung im Bereich der öffentlichen Haushalte und Finanzen und damit auch die für die Entwicklung der Stadt Bielefeld notwendigen Implementierungsbausteine setzen instrumentell die Einführung von zwei wesentlichen Komponenten voraus:

- Kosten- und Leistungsrechnung und Controlling;

- Neues Kommunales Finanzmanagement (NKF).

Durch laufende und geplante Projekte wird die Einführung dieser Bausteine hin zu einem produktorientierten Haushalt unterstützt. Zu diesen Projekten gehören die Einführung der doppelten Buchführung, der flächendeckende Ausbau der Kosten-/Leistungsrechnung und Budgetierung sowie die Implementierung eines adressatenorientierten aussagefähigen Berichtswesens für die jeweiligen Entscheidungsträger. Begleitet wird dies von einem wirksamen mehrstufigen Controlling.

Mit der Einführung des NKF wird die Basis für einen leistungs- und produktorientierten Haushalt gelegt, der organisationsbezogene Haushaltsansätze ermöglicht und individuell zugeschnittene Budgetierungsmodelle zulässt. Die rein ausgabenorientierte und damit beschränkte Sichtweise des kameralen Systems wird damit endgültig überwunden.

Darauf aufbauend kann eine Kosten- und Leistungsrechnung sowie ein wirksames Controlling implementiert werden, welches eine noch wirksamere Steuerung des städtischen Haushalts ermöglicht. Dabei geht es im Wesentlichen um eine hohe Transparenz über den Ressourcenverbrauch einzelner Verwaltungsleistungen und -wirkungen, eine stärkere Verantwortlichkeit einzelner Verwaltungseinheiten und die effektivere Einbindung politischer Entscheidungsträger.

Die in nachstehender Übersicht dargestellten, vom Land NRW proklamierten Reform- und Umsetzungsziele konnten auch für die Stadt Bielefeld uneingeschränkt übernommen werden:

Reformziele:
- Darstellung des vollständigen Ressourcen-aufkommens und Ressourcenverbrauchs,
- Darstellung des vollständigen Vermögensbestands,
- Integration der Beteiligungen und Vereinheitlichung des Rechnungswesens im »Konzern Stadt«,
- outputorientierte Darstellung der Produkte,
- Steuerung durch Budgets ermöglichen,
- Unterstützung von Kosten- und Leistungsrechnung und Controlling.

Umsetzungsziele:
- praktikables und vollständiges Konzept mit leistbarem Aufwand,
- Berücksichtigung kommunaler Besonderheiten,
- betriebswirtschaftliche Standardsoftware nutzbar machen.

Abb. 1: Ziele des neuen kommunalen Finanzmanagements

2.1 Ausgangssituation

2.1.1 Bisherige Entwicklung

Die Stadt Bielefeld hat früh damit begonnen, wesentliche Teile des Anlagevermögens in Sondervermögen zu überführen. Beispiele hierfür sind:
- *ISB – Immobilien Betrieb Stadt Bielefeld* (zuständig für Hochbauten, Grundstücke),
- *UWB – Umweltbetriebe Stadt Bielefeld* (zuständig für Abfallsammlung, Friedhofs-wesen, Grünflächenunterhaltung/Forste, Straßenunterhaltung, Abwassersammlung und –beseitigung),
- *IBB –Informatik-Betrieb Bielefeld* (zentraler IT-Dienstleister),
- *Kulturbetrieb* – Museen, VHS, Bibliothek, Musikschule (mittlerweile wieder aufge-löst).

Diese Betriebe haben auch die operative Verantwortung für die Erbringung im Zusam-menhang stehender Dienstleistungen übernommen. Von den noch 4456 Planstellen der Verwaltung werden ca. 2000 in Eigenbetrieben geführt. Mit der Ausgründung dieser Sondervermögen war die Einführung des doppischen Rechnungswesen (auf der Basis von Standardsoftware *SAP/R3*) für diese Organisationen ohnehin verpflichtend.

Parallel hierzu wurden 2001 auch mit der Umstellung des kameralen Rechnungswe-sens entscheidende Schritte für die Neuausrichtung getan. Der städtische Haushalt wird jährlich in einem dezentralen Beteiligungsverfahren mit zentralen Vorgaben aufgestellt. Auf Basis der zugrunde liegenden Organisationsstruktur werden Budgetübersichten je Dezernat/Amt abgebildet, in denen der Zuschuss/Überschuss ausgewiesen wird. Die flächendeckende Einführung der Standardsoftware *SAP* sowohl in doppisch geführten Eigenbetrieben als auch in der kameralen Kernverwaltung stellt in sich einen wichtigen Schritt zur Konzentration auf das Wesentliche dar. Diesem Projekt lag auch schon der Konzerngedanke mit Erstellung einer Konzernbilanz und Konsolidierung der Rechnungsergebnisse der Stadtverwaltung sowie ihrer wesentlichen Beteiligungen zugrunde.

Gleichzeitig wurde die Einführung eines Systems der flächendeckenden internen Leistungsverrechnung beschlossen.

Auf dieser Basis wurden erste Steuerungssysteme in den gegründeten Betrieben und Diensten eingeführt. Für Eigenbetriebe war dabei der Aufbau eines dezentralen autonomen internen Rechnungswesens obligatorisch, für Ämter der Kernverwaltung wurde sukzessive eine KLR aufgebaut. Seit 2004 wurde damit begonnen, parallel geführte Produkthaushalte für ausgewählte Ämter zu führen. Hierbei war es naturgemäß so, dass diese Entwicklung am stärksten in den Eigenbetrieben vorangetrieben werden konnte. Schon bald konnten durch den eingeschlagenen Weg erste greifbare Erfolge verzeichnet werden: So hat z. B. der Bielefelder *ISB* heute bereits das gesamte städtische Immobilienvermögen bilanztechnisch bewertet und arbeitet kostendeckend.

Die Entwicklungen in Bielefeld, deren Schwerpunkt zunächst unter der Rubrik »Verwaltungsreform« verfolgt wurde und im Jahre 1999 einen ersten Abschluss erreichte, zeigte des Weiteren, dass neben den rein ›technischen‹ Faktoren die ›menschlichen‹ Faktoren eine mindestens ebenso große Beachtung finden müssen. Durch ein teilweise zu hohes Reformtempo mit massiven Eingriffen in die Verwaltungsorganisation konnten nicht immer alle Mitarbeiter zeitnah mitgenommen und für die Vorhaben in ausreichendem Maß motiviert werden.

Solche – wie hier beschrieben – grundlegenden Neuausrichtungen setzten jedoch motivierte und informierte Mitarbeiter voraus und dürfen nicht zu sich überfordert fühlenden Mitarbeitern führen. Obwohl in der Stadt Bielefeld der Ansatz als richtig und erfolgreich angesehen wurde, wurde das Tempo der Veränderungen dem ›Lernfortschritt‹ angepasst. Zudem verlagerte sich der Schwerpunkt immer stärker auf die auch in Bielefeld notwendigen Maßnahmen zur Haushaltskonsolidierung, die bei allen jetzt getroffenen Maßnahmen immer noch die dominierende Rolle spielt.

2.1.2 Vision und strategische Zielsetzung

Gegenwärtig werden die Budgets in der Kernverwaltung (noch) nach dem Zahlungsprinzip (Einnahmen und Ausgaben in kameraler Sicht) bewirtschaftet und durch ein Controlling der Einnahmen und Ausgaben analysiert. Künftig soll erreicht werden, dass eine Verteilung nach dem Werteverzehr und nach einem Verursachungsprinzip erfolgt sowie Leistungs- und Produktgesichtspunkte ausschlaggebend für das Controlling sind. Die nachstehende Abbildung gibt den Gesamtzusammenhang der Steuerung wider und somit den Ansatz, wie Vision und strategische Zielsetzung mit der operativen Steuerung verknüpft werden sollen:

Hierbei wird erkennbar, dass wesentliche Steuerungskomponenten noch nicht wie gewünscht implementiert werden konnten.
Ein künftiger Konzernbericht, der in ersten Schritten bereits durch Budgethaushalt, das quartalsweise erstellte Finanzberichtswesen für städtischen Haushalt/Eigenbetriebe so-

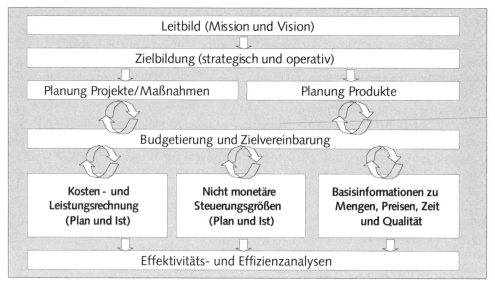

Abb. 2: Gesamtzusammenhang der Steuerung

wie den jährlich erstellten Beteiligungsbericht in der Stadt Bielefeld realisiert wurde, soll
alle für ein hinreichendes Controlling erforderlichen Informationen zusammenführen
und ermöglicht ggf. zusätzlich ein Benchmarking mit anderen Kommunen.

Abb. 3: Der Konzernbericht

2.2 NKF – Das Fundament für einen Neubeginn im Finanzbereich

Zur sinnvollen und adäquaten Verwaltungssteuerung ist grundsätzlich ein modernes Haushalts- und Rechnungswesen erforderlich, das auf Periodengerechtigkeit abstellt und die Haushaltslasten entsprechend ihrer wirtschaftlichen Zugehörigkeit perioden-basiert verteilt. Das Neue Kommunale Finanzwesen (NKF) ist daher Teil der gesamten Verwaltungserneuerung in der Stadt Bielefeld. Die nachstehende Abbildung zeigt den Aufbau und das Zusammenwirken der beschriebenen Komponenten:

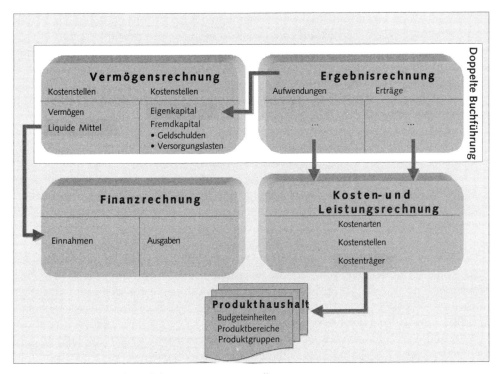

Abb. 4: Leistungs- und produktorientiertes Controlling

2.2.1 Wirkungsweise des Neuen Kommunalen Finanzmanagements (NKF)

Gegenwärtig werden die Haushaltsmittel über das kamerale System nach dem Zah-lungsprinzip verteilt. Der Mitteleinsatz spielt hierbei die tragende Rolle. Dies hat jedoch den Nachteil, dass die dahinter stehenden Verwaltungsleistungen und die erbrachten Produkte kaum bis gar nicht beachtet werden.

Für eine sinnvolle Steuerung des Konzerns ›Stadt Bielefeld‹ wird ein modernes Rechnungswesen benötigt, das die folgenden Möglichkeiten eröffnet:

- Budgetierung,
- Kosten- und Leistungsrechnung,
- wirksames Controlling.

Für einen zukünftig produktorientierten Haushaltsplan und für eine produktorientierte Rechnungslegung ist daher das NKF eine zwingende Voraussetzung. In diesem Zusammenhang ist dabei unter einem »Produkt« die Summe verschiedener Verwaltungsleistungen, die erbracht werden, zu verstehen.

2.2.2 NKF in der Stadt Bielefeld

Durch die o.g. Projekte hat die Stadt Bielefeld bereits wichtige Schritte zur Einführung des NKF in die Wege geleitet. In den Beteiligungsgesellschaften existieren bereits »NKF-kompatible« eigene Buchhaltungssysteme und eigene Kontenrahmen. Dies stellt schon einen wichtigen Schritt auf dem Weg zu mehr Dezentralisierung dar. In den Ämtern wird seit 2001 flächendeckend die Standardsoftware *SAP* für die kamerale Rechnungslegung eingesetzt, so dass die weitere Implementierung des NKF erleichtert bzw. systemtechnisch begünstigt wird.

Auf Ämterebene ist derzeit das vorrangig ausgabenorientierte Finanzberichtswesen implementiert, das sich wie folgt kennzeichnet:
- Es erfolgt die Durchführung eines vierteljährlichen Soll/Ist-Vergleiches, der auf Dezernatsebene konsolidiert und im zentralen Finanzbereich zusammengeführt wird.
- Es gibt jedoch keine Produkt- oder Leistungsebene. Vielmehr werden lediglich die Einnahmen/Ausgaben der qua Haushaltsplan zugewiesenen Budgets überwacht. Die parallelen Produkthaushalte einzelner Ämter wurden bisher nur partiell und ergänzend in das Finanzberichtswesen einbezogen.

Ein an Fakten orientiertes inhaltsorientiertes Controlling ist mit den Möglichkeiten des noch genutzten kameralen Systems nicht wie gewünscht durchführbar. Die in Betrieben flächendeckend und in Ämtern überwiegend eingeführte Kostenrechnung wird eher zur Bedienung des Finanzberichtswesens und weniger zu Steuerungszwecken genutzt, es fehlt die Abbildung der Leistungsseite.

Aufgrund einer nicht immer durchgängigen Zielkonsistenz kann es gerade in politischen Gremien zu Zielkonflikten kommen, die durch eine gemeinsame Strategie und vereinbarte Zielsetzungen verbessert werden könnten. Die Doppelrolle der verantwortlichen Politiker in verschiedenen Gremien kann zu Zielkonflikten führen, z.B. bei Mitgliedschaft im Betriebsausschuss eines Eigenbetriebes (Fokus: Betriebsergebnis) und im Stadtrat (Fokus: Gesamthaushalt). Typisches Beispiel ist die jährlich wiederkehrende Festlegung der Verrechnungspreise für interne Dienstleistungen. Eine eindeutige und konsensuale strategische Zielausrichtung über alle Gremien verteilt fehlt, wodurch eine konsequente Steuerung erschwert wird.

2.3 Controlling- und Steuerungskonzept

Auf der Basis des NKF unterliegt das von der Stadt Bielefeld perspektivisch angestrebte Controlling- und Steuerungskonzept folgenden Rahmenbedingungen:

- Controlling soll das System der Werkzeuge und Informationen liefern, das eine an Zielen und Ergebnissen ausgerichtete outputorientierte Planung und Steuerung der Verwaltung ermöglicht.
- Es gibt nicht das fertige Controllingsystem, welches für alle Organisationseinheiten in gleicher Weise optimal ist. Vielmehr muss ein Controllingsystem für jede Organisation auf der Basis der eingesetzten Standardsoftware maßgeschneidert werden.

Die nachstehende Grafik verdeutlicht den Regelkreis, der dem von der Stadt Bielefeld konzipierten Controllingsystem zu Grunde liegt:

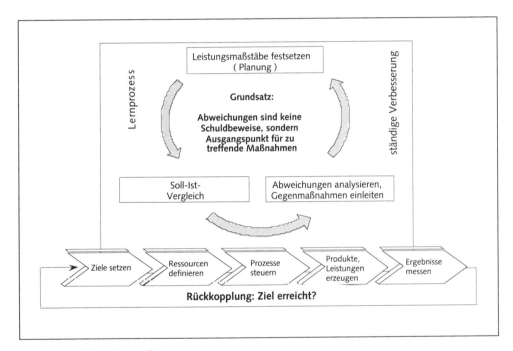

Abb. 5: Regelkreis Controllingsystem

2.3.1 Strategische Eckpunkte der Steuerungsphilosophie

Die Steuerung der Verwaltung wird sich in der Zukunft im stärkeren Maße über eine Kopplung der Leistungsseite mit den zugewiesenen Budgets vollziehen, die die Verwaltungseinheit eigenverantwortlich bewirtschaften kann. Die Grundlage für die Budgetierung bildet die dargestellte integrierte Verbundrechnung auf der Basis des NKF. Daraus ergeben sich die wesentlichen Rahmenbedingungen:

- Jede Verwaltungseinheit erhält ein eigenes klar definiertes Budget.
- Im Mittelpunkt der Betrachtung steht der Ressourcenverbrauch.
  - Ressourcenverbrauch geht vor Geldverbrauch!
- Der Ressourceneinsatz wird den erbringenden Leistungseinheiten (!) konkret in messbaren Werten gegenübergestellt.
  - Mitteleinsatz und Leitung gehören zusammen.
- Budgets und Leistungsziele erhöhen die Eigenverantwortung der Verwaltungseinheit.
  - Mehr Selbstständigkeit führt zu mehr Effizienz.

Die folgende Abbildung zeigt den Rahmen, den sich die Stadt Bielefeld zur Umsetzung der notwendigen Controllingmaßnahmen geschaffen hat:

Controlling-philosophie	Controllingaufgaben und -instrumente				Controlling-organisation
	Internes Rechnungswesen	Planung	Berichts-system	Wirtschaftlich-keitsanalyse	
• Transparenz • Ziel-und Ergebnis-orientierung • Wirtschaftliche Bedarfsdeckung • Planorientiertes Handeln • personifizierte Verantwortung • Reaktion auf Planab-weichungen • Schnittstellen-management	• Kostenarten-rechnung • Kostenstellen-rechnung • Leistungs-erfassungund -verrechnung • Produktkosten-rechnung/ -kalkulation • Mehrstufige Ergebnis-rechnung	• Strategie-planung • Mehrjahres-planung • Jahres-planung • Kosten-, Erlös-, Ergebnis-budgets	• Führungs-berichts-system • Berichts-hierarchie • Kennzahlen und Indikatoren	• Amorti-sations-rechnung • Kostenver-gleichsrech-nung • Kapitalwert-methode • interne Zinsfuß-rechnung • Kosten-/ Nutzenbe-trachtung	• Zentrales und dezentrales Controlling • Produkt-controlling • Projekt-controlling

Abb. 6: Rahmen Controllingsystem

Die mehrstufige Controllingorganisation der Bielefelder Verwaltung mit zentralen und hierachisch gegliederten dezentralen Funktionen (Dezernat/Amt) wird auch zukünftig Bestand haben. Allerdings werden die Rollen und Zuständigkeiten grundlegend neu zu beschreiben sein. Es darf nicht mehr – wie seit Einführung der Budgetierung und Dezentralisierung der Anordnungsbefugnis üblich – nur die ordnungsgemäße Bewirtschaftung des Budgets im Vordergrund stehen. Viele der o.g. Aspekte der Controlling-philosophie und Controllingaufgaben sind für Verwaltungsmitarbeiter und Politiker noch Neuland.

2.3.1 Das Steuerungskonzept der Stadt Bielefeld

Die bereits in den zurückliegenden Jahren mit Erfolg durchgeführten Projekte haben in Teilbereichen bereits erste Erfolge gezeigt, aber auch auf Problemfelder aufmerksam gemacht, die wichtige Hinweise für die erfolgreiche Realisierung weiterer notwendiger Maßnahmen geben.

Der Grundgedanke der Leistungsverrechnung ist in der Stadt Bielefeld in Teilbereichen auch schon realisiert:

- Interne Service Leistungen werden bereits verrechnet.
- Zentrale Steuerungsumlagen sind eingeführt
  - z. B. für OB-Büro, Rechnungsprüfung oder das Amt für Finanzen.
  - Die Umlage erfolgt zur Zeit nach der Mitarbeiterzahl der Org-Einheit.

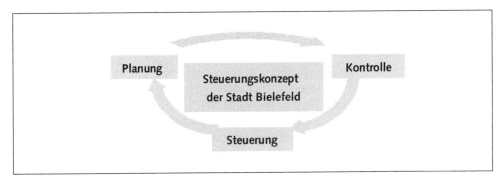

Abb. 7: Steuerungskonzept der Stadt Bielefeld

Das eingangs unter der Strategie schon detaillierter beschriebene Steuerungskonzept, das in der Abbildung noch einmal symbolisiert dargestellt ist, führt in der bestehenden Organisation jedoch auch zu Konflikten.

Die Neuausrichtung der Steuerungsziele erfordert ein Umdenken aller am Erbringen der Verwaltungsleistung Beteiligten. Darum wird es ein besonderer Schwerpunkt auf dem Wege zu einer neuen Verwaltungskultur sein, alle Beteiligten (s.u.) auf diesem Weg mitzunehmen und die Verwaltung und die Politik auf eine gemeinsame strategische Zielsetzung für die Stadt Bielefeld einzuschwören.

3 Ausblick

Welche Ziele hat sich der Konzern ›Stadt Bielefeld‹ in der nächsten Dekade gesetzt? Zur Bewältigung der Zukunftsaufgaben und zur Überwindung der Finanznot ist die vom Gesetzgeber verbindlich vorgeschriebene Neuorientierung im Bereich des kameralen Haushalts- und Rechnungswesens notwendig und richtig. Aus den gemachten Erfahrungen ist es wichtig, bei den Mitarbeitern von vorneherein ein Verständnis und Engagement für die neu zu schaffende Verwaltungskultur zu schaffen.

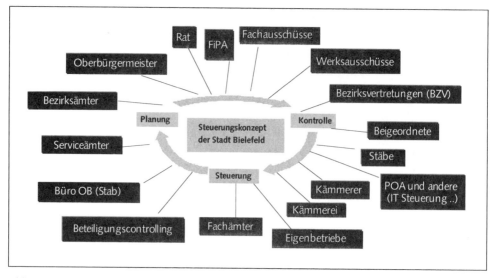

Abb. 8: Beteiligte des Steuerungskonzeptes der Stadt Bielefeld

- Durch die Einführung von Produkthaushalten wird eine neue Verwaltungskultur geschaffen.
- Das Controlling wird sich stark an den neuen Verwaltungsprozessen und den erbrachten Leistungen ausrichten.
- Die Mitarbeiter werden über ein Veränderungsmanagement eng in den Veränderungsprozess eingebunden.
- Über Zielvereinbarungen, die sich am Verhältnis von Input zu Output orientieren, werden Mitarbeiter beteiligt.

Es wird nicht mehr zentral vorgegeben, was wann und wie zu machen ist. Die Verwaltungsbereiche werden auf der Basis professioneller, standardisierter Anwendungssoftware im Rahmen der vorgegebenen gesetzlichen Bestimmungen in stärkerem Maße selbst bestimmen können, was wie zu machen ist.

Die Stadt Bielefeld setzt darauf, dass infolge des neuen Systems in der Verwaltung und bei ihren Mitarbeitern ein neues Selbstverständnis und Kostenbewusstsein entsteht. Dies kann dazu beitragen, dass stärker darüber nachgedacht wird, ob eine Leistung nicht kostengünstiger produziert oder ein Prozess zur Leistungserbringung nicht noch weiter optimiert werden kann. Unterstützt wird dies durch den neuen Freiraum, den eine dezentrale Budgetverantwortung mit sich bringt:

- Die Verwaltungseinheit entscheidet über die Verwendung des Budgets eigenständig.

Die bereits eingeleiteten Maßnahmen und die Projektierung der notwendigen weiteren Schritte sind die Basis zur Erreichung der gesteckten ehrgeizigen Ziele.

Strategische Steuerung bei der Bundesbank

Wilhelm Lipp*

1   Bedeutung der strategischen Steuerung bei der Bundesbank als Notenbank

2   Der strategische Rahmen
    2.1   Gesetzlicher Auftrag
    2.2   Leitbild, strategische Leitlinien und organisatorische Grundsätze des Euro-
          systems
    2.3   Ausrichtung der Bundesbank auf fünf Kerngeschäftsfelder

3   Strategieentwicklung bei der Bundesbank
    3.1   Strategiezyklus bis Ende 2007 »Strukturreform«
    3.2   Entwicklung der strategischen Ausrichtung der Bundesbank für den folgenden
          Planungszeitraum

4   Verzahnung von strategischer und operativer Steuerung

5   Fazit

Literatur

*   Wilhelm Lipp, Leiter des Zentralbereichs Controlling, Rechnungswesen, Organisation, Deutsche
    Bundesbank, Frankfurt am Main.

1   Bedeutung der strategischen Steuerung bei der Bundesbank als Notenbank

Die *Bundesbank* gehört als Zentralbank der Bundesrepublik Deutschland dem *Europäischen System der Zentralbanken (ESZB)* an. Die *Bundesbank* und die *Europäische Zentralbank (EZB)* sind – wie die anderen Notenbanken des Euro-Währungsgebiets – Teile des Eurosystems. Mit der Einführung des Euro hat sich die geld- und währungspolitische Verantwortung der *Bundesbank* von der Alleinverantwortung für Deutschland zur Mitverantwortung für den Euro-Währungsraum gewandelt.

Die *Bundesbank* beschäftigt derzeit noch rund 12.100 Mitarbeiterinnen und Mitarbeiter (Auszubildende nicht eingerechnet). In der Zentrale sind vor allem europäische und internationale Aufgaben, Grundsatzangelegenheiten sowie Forschungstätigkeiten angesiedelt, während die Hauptverwaltungen und Filialen operative Tätigkeiten durchführen. Die an jeweils einem Hauptverwaltungsstandort angesiedelten Servicezentren nehmen operative Aufgaben gebündelt für die Gesamtbank wahr.

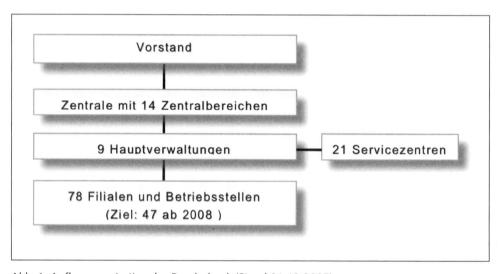

Abb. 1: Aufbauorganisation der *Bundesbank* (Stand 31.12.2005)

Für die *Deutsche Bundesbank* hat mit dem Eintritt in das Eurosystem die strategische Unternehmensführung an Bedeutung gewonnen. Zum einen weil sie ihre exponierte Stellung durch die Aufgabe der DM verloren hat und sie sich heute als gleichberechtigter Partner im Eurosystem positionieren muss. Zum anderen agiert die *Bundesbank* als öffentliche Institution innerhalb eines festen rechtlichen Rahmens, aufgrund dessen im operativen Geschäft Ressourcen nicht flexibel kurzfristig auf- und insbesondere abgebaut werden können. Für eine zielorientierte Ressourcensteuerung sind daher langfristige strategische Überlegungen von besonderer Bedeutung. Darüber hinaus wird mit der Festlegung einer strategischen Zielorientierung auch Transparenz gegenüber der Öffentlichkeit geschaffen.

Während private Unternehmen ein übergeordnetes Ziel, das Gewinnziel, verfolgen, steht bei öffentlichen Institutionen die Erfüllung der gesetzlichen Aufträge im Vordergrund. Bei der *Bundesbank* ist der ausgewiesene Gewinn weder Maßstab für die Erfüllung der Aufgaben noch für die Wirtschaftlichkeit des Handelns. Er ist im Wesentlichen eine Residualgröße aus den getätigten geldpolitischen Operationen. Die wichtigsten Quellen für den *Bundesbankgewinn* bilden die Zinserträge, die aus den geldpolitischen Geschäften zur Umsetzung der Geldpolitik des Eurosystems und aus der Anlage der Währungsreserven resultieren. Bei der Erfüllung des gesetzlichen Auftrags durch die *Bundesbank* ist das Gebot der Wirtschaftlichkeit eine wichtige »Nebenbedingung« der Unternehmensführung, dabei steht die Zielerreichung im Mittelpunkt und diese wollen wir kostengünstig umsetzen.

Wie auch für andere öffentliche Institutionen typisch (vgl. *Scherer* 2002, S. 10 ff.), werden von der *Bundesbank* als Notenbank vor dem Hintergrund der gesetzlichen Leistungsaufträge eine Vielzahl von Zielen verfolgt. Dabei handelt es sich nicht nur um quantitativ eindeutig messbare Ziele, sondern vor allem um qualitative Ziele, wie die Sicherung der Stabilität des Finanzsystems. Durch die Wahrnehmung verschiedener Aufgaben sind auch Zielkonflikte denkbar. Auch deshalb ist eine längerfristig zielorientierte Unternehmenssteuerung unverzichtbar. Nur so ist es möglich, die Kompetenzen und Ressourcen der eigenen Organisation zu bündeln und langfristig erfolgreich einzusetzen. Erst anhand von übergeordneten, langfristigen strategischen Festlegungen wird die Bewertung von Einzelmaßnahmen im fachlichen und zeitlichen Gesamtzusammenhang und somit das Treffen von zielorientierten Entscheidungen ermöglicht.

2 Der strategische Rahmen

2.1 Gesetzlicher Auftrag

Die *Bundesbank* erfüllt als Zentralbank der Bundesrepublik Deutschland und als integraler Bestandteil des Eurosystems einen gesetzlichen Auftrag. Als Teil des europäischen Systems ist sie Gemeinschaftsrecht unterworfen. Gleichzeitig bleibt sie nationale Institution mit eigenständigen Aufgaben nach deutschem Recht (z. B. wirkt sie in Zusammenarbeit mit der *Bundesanstalt für Finanzdienstleistungsaufsicht* an der nationalen Bankenaufsicht mit).

Die Vorschriften im EG-Vertrag und im *ESZB*-Statut bilden den übergeordneten Rechtsrahmen für ihre Aufgaben als Mitglied des *ESZB*. In Artikel 105 des EG-Vertrages werden die grundlegenden Aufgaben des *ESZB* genannt (Festlegung und Ausführung der Geldpolitik der Gemeinschaft, Durchführung von Devisengeschäften, Verwaltung der offiziellen Währungsreserven der Mitgliedstaaten, Förderung des reibungslosen Funktionierens der Zahlungssysteme). Darüber hinaus regelt Artikel 106 des EG-Vertrages die Ausgabe von Banknoten und Münzen.

Die Vereinbarungen des EG-Vertrages spiegeln sich wider im Gesetz über die *Deutsche Bundesbank* (BBankG). Gemäß §3 BBankG wirkt die *Bundesbank* als integraler Bestandteil des *ESZB* an der Erfüllung seiner Aufgaben mit dem vorrangigen Ziel der

Gewährleistung von Preisstabilität mit. Des Weiteren hält und verwaltet die *Deutsche Bundesbank* die Währungsreserven der Bundesrepublik Deutschland, sorgt für die bankmäßige Abwicklung des Zahlungsverkehrs im Inland und mit dem Ausland und trägt zur Stabilität der Zahlungs- und Verrechnungssysteme bei.

Darüber hinaus sind ihr durch das BBankG sowie andere Gesetze (z. B. Gesetz über das Kreditwesen) und Rechtsverordnungen (z. B. Außenwirtschaftsverordnung) weitere Aufgaben übertragen worden.

Durch die rechtlichen Vorgaben sind die Kerngeschäftsfelder vorgegeben, allerdings haben die Notenbanken des Eurosystems bei der Art und Weise, wie sie diese Kerngeschäftsfelder in ihren Ländern umsetzen, gewisse Spielräume und müssen sich – je nach Geschäftsfeld – auch grenzübergreifend privaten Wettbewerbern stellen. Vor diesem Hintergrund war es wichtig, dass sich die Mitglieder des Eurosystems auf ein gemeinsames Leitbild, strategische Leitlinien und organisatorische Grundsätze verständigt haben.

Innerhalb des gesetzlichen Rahmens stellt sich der Planungszusammenhang für die *Bundesbank* wie folgt dar:

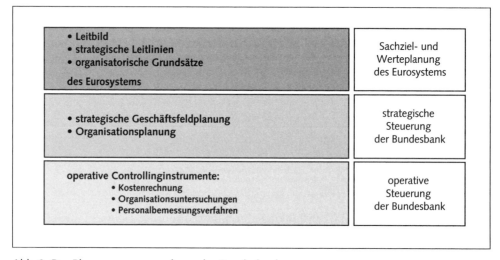

Abb. 2: Der Planungszusammenhang der *Bundesbank*

2.2 Leitbild, strategische Leitlinien und organisatorische Grundsätze des Eurosystems

Das Leitbild sowie die strategischen Leitlinien und organisatorischen Grundsätze des Eurosystems bilden für alle Notenbanken des Eurosystems sowie die *EZB* einen Orientierungsrahmen für die Erfüllung der gemeinsamen Aufgaben.

Im Leitbild sind die übergeordneten Ziele, Werte und Grundsätze des Eurosystems verankert. Grundlegende Ziele des Eurosystems stellen die Gewährung von Preisstabilität, die Stabilität des Finanzsystems und die Förderung der Finanzmarktintegration in Europa dar. Die tragenden Werte bei der Umsetzung der Ziele sind Glaubwürdigkeit,

Vertrauen, Transparenz und Rechenschaftspflicht. Es gilt der Grundsatz der Dezentralisierung, wobei die gemeinsame Identität eine besondere Rolle spielt. Das Eurosystem verpflichtet sich dem Prinzip der Good Governance und nimmt seine Aufgaben im Geist von Kooperation und Teamarbeit effektiv und wirtschaftlich wahr.

Mit den strategischen Leitlinien wurden grundlegende Leitlinien für das Handeln des Eurosystems aufgestellt und beschrieben (z. B. anerkannte Instanz in Währungs- und Finanzangelegenheiten, Stabilität des Finanzsystems und Finanzmarktintegration in Europa).

Die organisatorischen Grundsätze für die Erfüllung der Aufgaben des Eurosystems enthalten gemeinsame organisatorische Prinzipien wie Mitwirkung aller Mitglieder, Zusammenarbeit, Ressourcenaustausch, effektive und wirtschaftliche Entscheidungsfindung.

Die *Bundesbank* orientiert sich bei ihrer strategischen und operativen Steuerung an den im Leitbild des Eurosystems aufgezeigten übergeordneten Zielen und Werten sowie den strategischen Leitlinien und organisatorischen Grundsätzen des Eurosystems. Dabei entscheidet die *Bundesbank* im Rahmen der gesetzlichen Vorgaben über die Ausgestaltung ihrer Geschäftsfelder und ihres organisatorischen Aufbaus autonom.

2.3   Ausrichtung der Bundesbank auf fünf Kerngeschäftsfelder

Die Bundesbank richtet sich im Rahmen ihres Auftrags »Stabilität sichern« auf *fünf Kerngeschäftsfelder* aus:

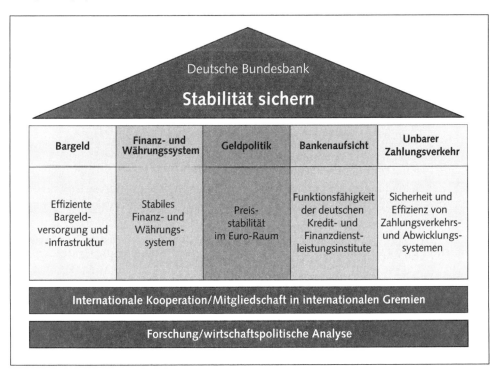

Abb. 3: Kerngeschäftsfelder der Bundesbank

- **Preisstabilität im Euro-Raum**

Unser vorrangiges Ziel ist die Bewahrung der Preisniveaustabilität.

Der Präsident der *Deutschen Bundesbank* ist Mitglied im Rat der Europäischen Zentralbank (*EZB*) und wirkt an den geldpolitischen Entscheidungen des Eurosystems mit. Zudem tragen wir mit wissenschaftlich fundierten Analysen der gesamtwirtschaftlichen Entwicklung und soliden Forschungsergebnissen zur Geldpolitik bei. Zu den Aufgaben der *Deutschen Bundesbank* gehört auch die Beratung der Bundesregierung.

Darüber hinaus stellen wir die Umsetzung der geldpolitischen Maßnahmen in der größten Volkswirtschaft der Europäischen Union sicher. Wir erläutern die einheitliche Geldpolitik des Eurosystems in Deutschland und fördern so das Stabilitätsbewusstsein.

- **Stabiles nationales und internationales Finanz- und Währungssystem**

Ein stabiles nationales und internationales Finanz- und Währungssystem ist wegen der engen Wechselbeziehung zur Geldwertstabilität unabdingbare Voraussetzung für die Erfüllung des Stabilitätsauftrages.

Der Präsident der *Deutschen Bundesbank* vertritt als Gouverneur im *Internationalen Währungsfonds* (*IWF*) die währungspolitischen Interessen der Bundesrepublik Deutschland. Die Mitgliedschaft der *Deutschen Bundesbank* bei der *Bank für Intenationalen Zahlungsausgleich* (*BIZ*) trägt zur Förderung der internationalen Zusammenarbeit im Währungs- und Finanzbereich bei. Darüber hinaus arbeiten wir bei der internationalen Kooperation der großen Industriestaaten (*G 7*, *G 10*), dem Dialog mit den Schwellenländern (*G 20*) sowie der Organisation für wirtschaftliche Zusammenarbeit (*OECD*) mit.

Durch unsere Arbeit im *Financial Stability Forum* (*FSF*), im *Committee on the Global Financial System* der *G10* Notenbanken (*CGFS*) sowie im *Financial Stability Table* des *EU-Wirtschafts- und Finanzausschusses* (*WFA*) leisten wir einen wichtigen Beitrag zur Sicherstellung eines stabilen Finanzsystems.

- **Funktionsfähigkeit der deutschen Kredit- und Finanzdienstleistungsinstitute**

Wir sind maßgeblich in die Bankenaufsicht in Deutschland eingebunden und tragen damit zur Stabilität des Finanzsystems und der Funktionsfähigkeit der Kredit- und Finanzdienstleistungsinstitute in Deutschland bei.

Wir sind verantwortlich für die laufende Überwachung der Institute sowie die bankgeschäftlichen Prüfungen und arbeiten bei der Weiterentwicklung der bankenaufsichtlichen Vorschriften mit, um stabilitätsorientierte regulatorische Rahmenbedingungen zu gewährleisten.

- **Sicherheit und Effizienz von Zahlungsverkehrs- und Abwicklungssystemen**

Das Großbetragszahlungssystem *TARGET* bildet das Rückgrat der europäischen Finanzinfrastruktur als Zahlungs- und Abwicklungssystem. Die Entwicklung und den Betrieb der neuen Gemeinschaftsplattform von *TARGET2* treiben wir gemeinsam mit zwei weiteren Zentralbanken des Eurosystems voran.

Wir unterstützen die Entwicklung neuer Verfahren und Instrumente, das Angebot von Dienstleistungen, die Überwachung der Zahlungssysteme sowie die Verwirklichung des einheitlichen europäischen Zahlungsverkehrsraums (*SEPA – Single European Payments Area*).

• **Effiziente Bargeldversorgung und –infrastruktur, einschließlich einer hohen Qualität und Fälschungssicherheit des Bargeldumlaufes**
Zur effizienten Bargeldversorgung einschließlich Notfallvorsorge, einer hohen Qualität des Bargeldumlaufes sowie zur Falschgeldprävention und –bekämpfung leisten wir wichtige Beiträge.

Unsere Verantwortung hierfür nehmen wir partnerschaftlich mit Kreditwirtschaft, Handel, Geld- und Wertdienstleistern wahr. Wir wirken aktiv am europäischen Handlungsrahmen mit, der auch eine private Bargeldbearbeitung ermöglicht.

3 Strategieentwicklung bei der Bundesbank

3.1 Strategiezyklus bis Ende 2007 »Strukturreform«

Der Vorstand der *Bundesbank* hat im Jahr 2002 vor dem Hintergrund der gewandelten Rolle der *Bundesbank* in Europa sowie der fortschreitenden Konzentration im Bankensektor und Automatisierung von Bankdienstleistungen eine umfassende Strukturreform in die Wege geleitet. Die Ziele dieser bis Ende 2007 andauernden Planungsperiode sind die Verbesserung der Wirtschaftlichkeit und die stärkere Ausrichtung der *Bundesbank* auf Europa.

Im Rahmen der Strukturreform wurden die Aufbauorganisation der Bank sowie die Entscheidungs- und Berichtswege umfassend gestrafft. Es wurden gut 50 % der Top-Führungspositionen in den Hauptverwaltungen und Filialen gestrichen. Eine klare Aufgabenteilung zwischen Zentrale, Hauptverwaltungen und Filialen wurde erreicht. Die in 2002 beschlossene Aufbauorganisation für die Zentrale und die Hauptverwaltungen wurde bis 2005 plangemäß vollständig umgesetzt.

Zudem hat die *Bundesbank* ihr Dienstleistungsangebot konsolidiert, insbesondere aus dem Münzgeldbereich hat sich die Bundesbank weitgehend zurückgezogen.

Weiterhin hat die *Bundesbank* eine Straffung ihres Filialnetzes beschlossen. Bis Ende 2005 hat sie ihre Filialen und Betriebsstellen bereits plangemäß um 39 % gegenüber Ende 2001 auf 78 Standorte reduziert. Bis Ende 2007 ist eine Rückführung auf 47 Filialen geplant.

Im Jahr 2005 konnte bereits eine Verringerung der Kosten für die betriebliche Leistungserstellung (ohne Notendruck) um 256 Mio. Euro bzw. rd. 20 % erreicht werden. Ab dem Jahr 2008 wird jährlich eine Reduzierung dieser Kosten um ca. 280 Mio. Euro erwartet.

Der Personalbestand der *Bundesbank* im Stammpersonal (ohne Auszubildende) wurde bis Ende 2005 um 3.343 Beschäftigte bzw. rd. 21 % gegenüber Ende 2001 zurückgeführt. Bis Ende 2007 wird eine weitere Reduzierung um rd. 1000 Beschäftigte auf rd. 11.300 prognostiziert.

3.2 Entwicklung der strategischen Ausrichtung der Bundesbank für den folgenden Planungszeitraum

Derzeit läuft der Prozess der Erarbeitung einer Strategie für die *Bundesbank* für den kommenden Planungszeitraum 2008–2012. Dabei bildet die bereits vorgegebene grundsätzliche Ausrichtung auf fünf Kerngeschäftsfelder die Basis für die zu erarbeitende strategische Positionierung. Ziel des Strategieprozesses ist es, im Rahmen der Geschäftsfeldplanung die künftige Ausgestaltung der fünf Kerngeschäftsfelder zu erarbeiten, also die fünf »Leuchttürme« zum Leuchten zu bringen und die dafür wichtigen Nebenbedingungen zu formulieren.

Zunächst wurden mit allen Zentralbereichen bilateral in Form von eintägigen Workshops unter Moderation durch *Horváth & Partners* SWOT-Analysen (SWOT: Strengths-Weaknesses-Opportunities-Threats) durchgeführt.

In Anlehnung an das Modell der Balanced Scorecard (BSC) (vgl. *Kaplan/Norton* 1999) wurden für die *Bundesbank* vier Perspektiven definiert. Die Adressatenperspektive beinhaltet für die *Bundesbank* die Frage, wie sie von ihren Adressaten wahrgenommen wird und wie sie auftreten sollte, um ihre Ziele zu erreichen. Als Adressaten wurden dabei das *ESZB*, das Eurosystem und die *EZB*, die breite Öffentlichkeit sowie die Fachöffentlichkeit, Wissenschaft, Politik, internationale Gremien, Kredit- und Finanzdienstleistungsinstitute, andere Zentralbanken und interne Kunden betrachtet. Innerhalb der Adressatenperspektive spielt bei der *Bundesbank* als öffentliche Institution der gesetzliche Leistungsauftrag eine besondere Rolle. Auf der Prozessebene geht es darum, wie die Bank ihre Leistungserstellung effizient und zielgerichtet gestalten kann. Die Finanzperspektive richtet sich bei der *Bundesbank* auf die Nebenbedingung der Wirtschaftlichkeit der Aufgabenerfüllung (z. B. Höhe der Plankosten, Investitionen). Auf der Potenzialebene verdienen – wie in allen Unternehmen – insbesondere die Mitarbeiter und Mitarbeiterinnen als Schlüsselressource sowie deren Lern- und Motivationspotenzial ein besonderes Augenmerk.

Diese vier Perspektiven wurden im Hinblick auf Stärken und Schwächen sowie Chancen und Risiken untersucht. Während bei der Stärken/Schwächen-Analyse die interne Organisation betrachtet wird, bezieht sich die Chancen/Risiken-Analyse auf die Entwicklungen der Umwelt (vgl. *Bea/Haas* 2001, S. 83 ff. sowie S. 106 ff.). Dabei war der Fokus sowohl auf die Ebene der Gesamtbank als auch ergänzend auf die einzelnen Zentralbereiche gerichtet.

Im nächsten Schritt wurde in den Workshops herausgefiltert, welche Punkte aus den SWOT-Analysen eine hohe strategische Relevanz und einen hohen strategischen Handlungsbedarf aufweisen (vgl. *Horváth & Partners* 2001, S. 154 ff.). Darauf aufbauend wurden von den Zentralbereichen jeweils bereits erste strategische Stoßrichtungen formuliert.

Die Ergebnisse der Workshops mit den einzelnen Zentralbereichen wurden vom Unternehmenscontrolling auf wesentliche Themenblöcke verdichtet, um daraus die strategischen Ziele für die *Bundesbank* als Ganzes abzuleiten. Diese wurden in Form eines Entwurfs einer »Strategielandkarte« mit den Beziehungen unter den Zielen dargestellt (vgl. *Kaplan/Norton* 2004, S. 48 ff. sowie S. 405 ff., vgl. *Horváth & Partner* 2001, S. 185 ff., vgl. *Currle/Schwertner* 2005, S. 36 ff.).

In dem sich anschließenden zweitägigen Strategieworkshop mit den Leitern der 14 Zentralbereiche wurde ein gemeinsames Verständnis über die strategischen Ziele und ihren Inhalt entwickelt. Für jedes strategische Ziel wurde ein »Steckbrief« erarbeitet, der neben einer konkreten Zielbeschreibung auch klare Unterziele in Form von Entwicklungszielen enthält. Die Formulierung dieser konkreten Entwicklungsziele für die kommenden 3 bis 5 Jahre ist ein wichtiger Schritt, um die spätere Umsetzung der Ziele zu ermöglichen und somit die oft bestehende »Mauer« zwischen Strategiewelt und operativer Welt zu verhindern.

Am Ende der Workshops stand als Ergebnis der Entwurf eines Strategiepapiers, das als Grundlage für eine Strategiediskussion im Vorstand diente.

4 Verzahnung von strategischer und operativer Steuerung

Entscheidend für die Verfolgung einer Strategie ist die Verzahnung zwischen strategischer und operativer Steuerung. Während die strategische Steuerung einen mittelfristigen Zeithorizont von 3–5 Jahren hat, bewegt sich die operative Steuerung auf der kurzfristigen Zeitschiene von einem Jahr und stellt mit verschiedenen operativen Controllinginstrumenten die Umsetzung der strategischen Festlegungen sicher.

Da die Strategieentwicklung auf Basis des Balanced-Scorecard-Ansatzes erfolgte, liegt es natürlich nahe, auch die Strategieumsetzung mit Hilfe der BSC zu verfolgen. Deshalb wurden im Rahmen eines Pilotprojektes für zwei Zentralbereiche (Zahlungsverkehr und Controlling) BSC-Prototypen auf Zentralbereichsebene entwickelt. Es hat sich gezeigt, dass es auch bei den spezifischen Aufgaben einer Notenbank mit Hilfe der BSC möglich ist, Zielaussagen zu konkretisieren und im Zusammenhang zu sehen. Um den Erreichungsgrad des jeweiligen strategischen Zieles messen zu können, wurden verschiedene Messgrößen definiert. Allerdings wurde deutlich, dass die Erhebung einzelner Kennzahlen – insbesondere für qualitative Zielgrößen – teilweise mit erheblichem Aufwand verbunden ist. Dies gilt für die *Bundesbank* in besonderem Maße, da vor dem Hintergrund des gesetzlichen Leistungsauftrages herkömmliche finanzielle Kennziffern alleine nicht aussagekräftig sind. Eine geeignete Alternative könnte die Zielbeurteilung durch die Vergabe von Ampelstati (rot, gelb oder grün) sein, verbunden mit einer kurzen verbalen Begründung durch die jeweils Verantwortlichen. Auf diese Weise würde eine Diskussion über den Grad der Zielerreichung geführt und gleichzeitig der Erfassungsaufwand für Messgrößen vermieden. Eine Balanced Scorecard im engeren Sinne ist bei der *Bundesbank* derzeit allerdings nicht im Einsatz. Die *Bundesbank* setzt aber seit langem anerkannte Controllinginstrumente ein (z. B. ein Kostenrechnungssystem oder analytische Personalbemessungsverfahren), die auch eine Verzahnung von strategischer und operativer Steuerung sicherstellen.

Die *Kostenrechnung* beinhaltet sowohl einen zukunftsbezogenen als auch einen vergangenheitsbezogenen Teil. Vor Beginn eines Geschäftsjahres stellt die *Bundesbank* eine *Plankostenrechnung* und einen Investitionsplan auf und steuert damit die Kosten und Investitionen des Folgejahres. Im Laufe des Geschäftsjahres werden die Planzahlen den tatsächlich angefallenen Kosten und Investitionen in einer *Plan/Ist-Analyse* gegenübergestellt und somit die tatsächlichen Entwicklungen in den Geschäftsfeldern der *Bundesbank* überwacht und ggf. Steuerungsvorschläge unterbreitet.

Im Planungszyklus der Kostenrechnung sind die strategische und operative Planung inhaltlich eng miteinander verknüpft. In den ersten Monaten des Geschäftsjahres wird im Zusammenhang mit der Durchführung der Plan/Ist-Analyse des Vorjahres auch die Erreichung der strategischen Ziele überprüft. Dazu treffen die Fachbereiche eine Selbsteinschätzung, inwieweit die Umsetzung der für das Geschäftsjahr zur Erreichung der strategischen Ziele geplanten operativen Maßnahmen gelungen ist. Je nach Stadium der Maßnahmen werden die Ampelstati grün (erfolgreich durchgeführt), gelb (nicht abgeschlossen), rot (nicht bzw. nicht erfolgreich durchgeführt) vergeben. Auf dieser Basis, und mit Blick auf den Planungsprozess für das folgende Geschäftsjahr, werden vom Controlling in Abstimmung mit den Fachbereichen Eckpunkte für die operative Steuerung erarbeitet und dem Vorstand zur Entscheidung vorgelegt. Diese leiten sich aus der Strategie ab und bilden den Rahmen für die detaillierte Planung.

Im laufenden Geschäftsjahr erfolgt die Realisierung der Maßnahmen eigenverantwortlich durch die zuständigen Stellen. Allerdings werden seitens des Controllings im Rahmen des Genehmigungsprozesses zu (betragsmäßig relevanten) kostenwirksamen Maßnahmen Stellungnahmen erstellt, die den jeweiligen Sachverhalt aus organisatorischer, wirtschaftlicher und strategischer Sicht beleuchten. Über den Verlauf wichtiger, unternehmenskritischer Maßnahmen (Projekte, Investitionen) wird quartalsweise Bericht erstattet.

Einen wichtigen Steuerungsbeitrag zur Ressourcensteuerung liefern die so genannten analytischen Personalbemessungsverfahren: Organisationsuntersuchungen und Standardverfahren. *Organisationsuntersuchungen* werden in größeren zeitlichen Abständen in allen Arbeitsbereichen durchgeführt. Ausgehend von der Beantwortung der beiden Fragen: »Machen wir die *richtigen* Dinge?« – basierend auf der so genannten Aufgabenkritik bzw. der Bewertung der Übereinstimmung der Aufgaben mit den strategischen Zielen und Prioritäten der Bank – und »Machen wir die Dinge *richtig*?« – hierfür bedarf es der Bewertung der Effizienz der Aufgabenerfüllung – setzt die Personalbedarfsermittlung auf. Ziel der Personalbedarfsuntersuchung ist, eine objektivierte Bemessungsgrundlage für die Personalausstattung zu gewinnen und letztlich eine angemessene Auslastung der Mitarbeiter und Mitarbeiterinnen bzw. eine angemessene Verteilung der personellen Ressourcen zu erreichen. Damit wird eine strategieadäquate Ressourcensteuerung und die Setzung von Schwerpunkten auf der Ressourcenebene ermöglicht. Die Ergebnisse der Untersuchungen werden genutzt, um gemeinsam mit den untersuchten Fachbereichen Vorschläge zur Verbesserung der Aufbau- und Ablauforganisation z. B. im Hinblick auf die Elimination von Doppelarbeiten und Schnittstellen zwischen Organisationseinheiten zu erarbeiten und die Effizienz und Effektivität der Betriebsabläufe zu steigern.

Die im Rahmen der Organisationsuntersuchungen festgestellten mittleren Bearbeitungszeiten für die jeweiligen Aufgaben fließen als Basisdaten in ein so genanntes Personalfortschreibungs- bzw. *Standardverfahren* zur Berechnung der betrieblich begründeten Personal-Sollstärke ein. Neben den Ergebnissen aus den Organisationsuntersuchungen dient die Betriebsstatistik als Datenbasis. Im Standardverfahren werden die in den Untersuchungen identifizierten Aufgaben und Arbeitsabläufe zu Standardpositionen zusammengefasst. Der Standard ermöglicht den Vergleich der ermittelten Personal-Soll-Werte mit dem tatsächlich eingesetzten Personal und liefert damit sowohl im Zeit- als auch im betrieblichen Quervergleich wichtige betriebliche und personelle Kennzahlen, insbesondere Personalüber-/-unterschüsse. Das Standardverfahren stellt ein Kontrollinstrument für die personelle Ausstattung von Dienststellen oder Arbeitseinheiten für vergangene Zeiträume und eine wichtige Orientierungsgröße für die zukünftige Personalausstattung dar. Zudem bietet es die Basis für Wirtschaftlichkeitsrechnungen und die Effizienzkontrolle organisatorischer Maßnahmen.

Wie in Abbildung 2 »Planungszusammenhang« dargestellt, bildet die strategische Steuerung den Rahmen für die operative Steuerung. Umgekehrt liefert aber auch der Einsatz der vorgenannten Controllinginstrumente wichtige Steuerungsinformationen. Für die erfolgreiche Umsetzung der Strategie ist daher die enge Verzahnung der verschiedenen Planungsebenen unabdingbar.

5   Fazit

Vor dem Hintergrund der strukturellen Entwicklungen in Europa und im Kreditgewerbe ist eine Gesamtbankstrategie als übergeordnetes Rahmenwerk für die *Bundesbank* als Ganzes von besonderer Wichtigkeit. Allein auf einzelne Geschäftsbereiche zugeschnittene Teilstrategien reichen für eine zielorientierte Unternehmensführung nicht aus. Dabei stellen sowohl die Strategieentwicklung als auch die Weiterentwicklung der operativen Controllinginstrumente einen ständig fortlaufenden Prozess dar. Dies ist eine notwendige Voraussetzung, um strategische Entscheidungen erfolgreich umzusetzen: Nur wer seine Ziele kennt, kann sie erreichen.

Auch andere Zentralbanken befinden sich in einer ähnlichen Situation, in der sie strategische Steuerungsysteme neu aufbauen bzw. erweitern. Im Rahmen des internationalen Central Bank Governance Network der *Bank für Internationalen Zahlungsausgleich (BIZ)* wurde daher eine Arbeitsgruppe gegründet, die sich mit Fragen der strategischen Steuerung sowie den Prinzipien der Good Governance auf Zentralbankebene befasst. Diese dienen der Sicherstellung einer guten Unternehmensführung und beinhalten Aspekte wie Rechenschaft und Transparenz des eigenen Handelns.

Literatur

Bea, F.X./Haas, J. (2001), Strategisches Management, 3. Auflage, Stuttgart 2001
Currle, M./Schwertner, K. (2005), Ausrichtung der Prozesse an der Unternehmensstrategie, in: Horváth & Partners (Hrsg.), Prozessmanagement umsetzen, Stuttgart 2005, S. 29–46
Horváth & Partner (Hrsg.) (2001), Balanced Scorecard umsetzen, 2. Auflage, Stuttgart 2001
Kaplan, R.S./Norton, D.P. (1999), The Balanced Scorecard: Translating Strategy into Action, Boston 1999

Kaplan, R.S./Norton, D.P. (2004), Strategy Maps: Der Weg von immateriellen Werten zum materiellen Erfolg, aus dem Amerikanischen übersetzt von *P. Horváth* und *B. Gaiser*, Stuttgart 2004

Scherer, A.G. (2002), Besonderheiten der strategischen Steuerung in Öffentlichen Institutionen und der Beitrag der Balanced Scorecard, in: *Scherer, A.G./Alt, J.M.* (Hrsg.): Balanced Scorecard in Verwaltung und Non-Profit-Organisationen, Stuttgart 2002, S. 3–25

Politische und betriebliche Steuerung mit dem Integrierten Aufgaben- und Finanzplan

Dr. Theo Haldemann*

1   Neue Mittelfristplanung in der Stadt Zürich
    1.1   Neues Planungsinstrument
    1.2   Datenbasis und Informationsgrundlagen
    1.3   Planungs- und Budgetierungsprozess
    1.4   Steuerung

2   Herausforderungen für Management und Controlling
    2.1   Public Management und Public Controlling
    2.2   Herausforderungen durch Staatsstruktur und Staatsorganisation
    2.3   Herausforderung durch Recht, Plan und Budget
    2.4   Schlussfolgerungen für Management und Controlling

3   Herausforderungen für Regierung und Parlament
    3.1   Politische und betriebliche Rationalität
    3.2   Herausforderung durch Ziele, Prognosen und Ergebnisse
    3.3   Herausforderung durch instrumentelle Reformen
    3.4   Herausforderungen durch organisatorische Reformen
    3.5   Schlussfolgerungen für Regierung und Parlament

4   Synchronisation politischer und betrieblicher Steuerung
    4.1   Steuerungsmodelle der wirkungsorientierten Verwaltungsführung
    4.2   Synchronisation von politischer und betrieblicher Steuerung
    4.3   Schlussfolgerungen für den Integrierten Aufgaben- und Finanzplan

5   Erste Erfahrungen und Anwendungen in der Schweiz
    5.1   Erste Erfahrungen in der Stadt Zürich
    5.2   Anwendungen in der Schweiz

6   Fazit: Generationswechsel in der politischen Steuerung

Literatur

---

*   Dr. oec. publ. Theo Haldemann, Departementscontroller im Finanzdepartement der Stadt Zürich und Dozent für Public Management und Public Controlling, Fachhochschule Nordwestschweiz, Olten. Der Autor vertritt hier seine persönliche Meinung und dankt Frau Susan Tanner, RA lic. iur. und Herrn Marcel Hochreutener, Exec. MBA und Eidg. dipl. Experte in Rechnungslegung und Controlling für die formale Verbesserung und die inhaltliche Kritik des Beitrages.

Wie können Regierungen (Exekutiven) und Parlamente (Legislativen) ziel- und ergeb-nisorientierter führen und steuern? Welche Herausforderungen ergeben sich dabei für das Management und Controlling öffentlicher Verwaltungen, welche für Regierung und Parlament selbst? Diese Fragen sind anhand des Konzeptes und der ersten Erfahrungen mit dem Integrierten Aufgaben- und Finanzplan (IAFP) in der Schweiz zu klären.

1   Neue Mittelfristplanung in der Stadt Zürich

1.1   Neues Planungsinstrument

Ende 2002 hat der Stadtrat von Zürich (Regierung) die Ablösung des bisherigen Fi-nanzplans durch den Integrierten Aufgaben- und Finanzplan Ende 2002 in Auftrag gegeben: Anstelle einer bloßen Finanzperspektive für die nächsten vier Jahre, welche im Nachgang zum Jahresbudget erstellt wurde, sollte ein brauchbares Steuerungsins-trument treten, welches dem Stadtrat mittelfristige Entscheidungen und größere Rich-tungsänderungen erlaubt, und zwar vor Erstellung des Jahresbudgets zu Händen des Gemeinderates von Zürich (Parlament). In der Folge wurden mit dem IAFP 2004–2007 und dem IAFP 2005–2008 zwei Prototypen als Schattenrechnungen erstellt, bevor die operative Inbetriebnahme mit dem IAFP 2006–2009 erfolgte.

Der Integrierte Aufgaben- und Finanzplan der Stadt Zürich verknüpft die Aufgaben und Finanzen für einen Zeitraum von acht Jahren, indem er die Entwicklungen in den kommenden vier Planjahren den Entwicklungen in den vergangenen drei Rech-nungsjahren und im laufenden Budgetjahr gegenüberstellt. Er wird im Jahresrhythmus komplett neu erstellt und im Trimesterrhythmus aktualisiert.

Der IAFP hat eine mittelfristige Prognose-, Korrektur- und Planungsfunktion:
1. Er gibt Auskunft über die prognostizierte Weiterentwicklung der Aufgaben und Finanzen, falls korrigierende Eingriffe unterbleiben sollten (Prognose).
2. Er zeigt das Ausmaß und den Ort der korrigierenden Eingriffe auf, die der Stadtrat vorgenommen hat (Korrektur).
3. Er weist die gewünschte Weiterentwicklung der Aufgaben und Finanzen sowohl für die zehn funktionalen Hauptaufgabenbereiche, als auch für die neun Departemente aus (Plan) (Stadtrat der Stadt Zürich 2005, S. 46).

Der Integrierte Aufgaben- und Finanzplan verbindet dabei die strategischen Projekte aus Legislaturschwerpunkten des Stadtrates, Leitbildern der Departemente oder Strategien der Ämter mit dem operativen Alltagsgeschäft der ganzen Stadtverwaltung.

1.2   Datenbasis und Informationsgrundlagen

Die Daten für den Integrierten Aufgaben- und Finanzplan stammen aus dem betrieblichen Rechnungswesen, d. h. aus den dezentralen Kostenträger-Rechnungen der Ämter: Flächendeckend definierte Produktgruppen werden zu Vollkosten dargestellt sowie mit übrigen Positionen ergänzt – wie z. B. Beiträge, Ordnungsbußen, Steuereinnahmen. Für die Finanzbuchhaltung werden sie mit den Abgrenzungen zwischen dem betrieblichen und dem finanziellen Rechnungswesen vervollständigt. Die Informationsgrundlagen des IAFP lassen sich wie folgt darstellen:

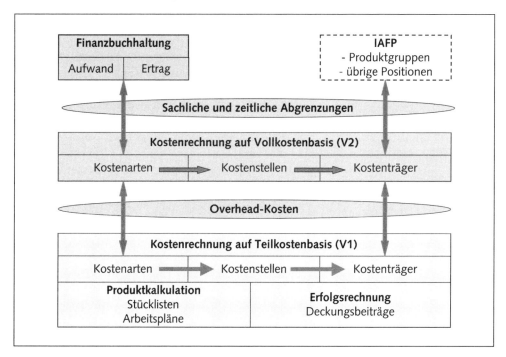

Abb. 1: Teilkosten- oder Vollkostenrechnungen als Informationsgrundlagen

Für die politische Steuerung werden die Vollkosten, für die betriebliche Steuerung die Teilkosten benötigt (*Flury* 2002, S. 67 ff., *Rieder* 2004, S. 135): Für »echte« Produkte mit schwankender Produktionsmenge lohnt sich die detaillierte Kalkulation mit einem Mengen- und Leistungsgerüst samt Arbeitsplan und Stückliste in der Teilkostenrechnung vom Typ flexible Plankostenrechnung (Variante V1). Sie ist für die politische Steuerung mit den Overhead-Kosten der Dienstabteilung zu vervollständigen. Für »unechte« Produkte oder ständige Aufgaben, welche mit gegebenen Ressourcen und Kapazitäten erledigt werden müssen, genügt hingegen eine grobe Vollkostenrechnung (Variante V2). Beide werden mit den sachlichen und zeitlichen Abgrenzungen wie z. B. veränderten Abschreibungen und Bewertungen ergänzt.

Auf dieser Grundlage wird der Finanzhaushalt der Stadt Zürich mittelfristig geplant und gesteuert:

a) die laufende Rechnung (Aufwand, Ertrag);
b) die Investitionsrechnung (Ausgaben, Einnahmen);
c) die Finanzierungsrechnung (Selbstfinanzierung, Fremdfinanzierung);
d) die Vermögensrechnung (Eigenkapital, Bilanzfehlbetrag).

Dieses finanzielle Gesamtergebnis bestimmt den Steuersatz in der Stadt Zürich.

1.3   Planungs- und Budgetierungsprozess

Mit der operativen Inbetriebnahme des Integrierten Aufgaben- und Finanzplans verlagerte sich die politische und betriebliche Schwerpunktsetzung des Stadtrates tendenziell weg vom Budgetprozess und hin zum Planungsprozess. Genau das war der Sinn und Zweck der Aufwertung und Verlängerung des Planungsprozesses in der Regierung auf Kosten des Budgetierungsprozesses in der Verwaltung. (Der Budgetprozess des Parlaments blieb unverändert). Der neue Planungs- und Budgetierungsprozess lässt sich wie folgt darstellen:

Die Planung der Regierung beginnt 1) mit den Planungsrichtlinien für die Departemente, welche diese für ihre Ämter ergänzen. Die Ämter liefern 2) ihre Prognosezahlen für die nächsten vier Planjahre ab, sofern 3) keine Korrekturen durch die Regierung

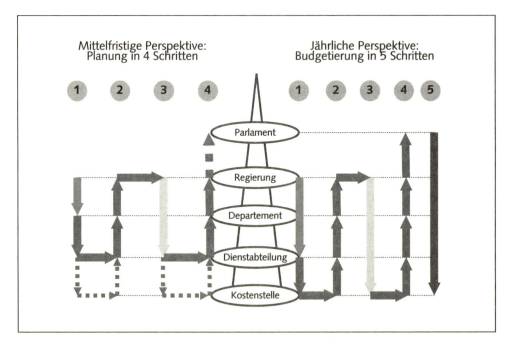

Abb. 2: Planungs- und Budgetierungsprozess

erfolgen, werden diese Prognosezahlen 4) zu Planzahlen der Regierung. Die Regierung behandelt die einzelnen (Haupt-)Aufgabenbereiche und korrigiert bei Bedarf auch einzelne Produktgruppen oder übrige Positionen. Sie beschließt die Korrekturvorgaben so, dass geklärt ist, welche Departemente bzw. Ämter in welchem Ausmaß zur Verbesserung beitragen sollen. Das Parlament erhält das fertige Planungsdokument der Regierung zur Kenntnisnahme oder zum Beschluss zugestellt.

Die Budgetierung der Regierung beginnt unmittelbar nach dem Beschluss des Planungsdokuments, denn die Planzahlen des ersten Planjahres beinhalten bereits 1) die Budgetplafonds der Ämter für das nächste Budgetjahr. Sie müssen noch nach den Aufwands- und Ertragsarten der städtischen Finanzbuchhaltung detailliert werden. Die Ämter liefern 2) ihre Budgeteingaben ab, sofern 3) keine Korrekturen durch die Regierung erfolgen, werden diese 4) unverändert mit dem Budgetentwurf der Regierung ans Parlament weitergeleitet. Mit den 5) Korrekturen des Parlaments wird das Budget beschlossen und somit rechtsgültig.

1.4 Steuerung

Der Integrierte Aufgaben- und Finanzplan ist als Steuerungsinstrument für die Regierung konzipiert, d. h. für ein Kollegialorgan, welches sich in der Stadt Zürich aus neun Vorsteherinnen bzw. Vorstehern eines Departements zusammensetzt. Mit dem IAFP werden die Gesamtinteressen der Regierung dargestellt und umgesetzt, die Departementalinteressen der Vorsteherinnen und Vorsteher haben hier zweite Priorität. Die Integration von 40 bis 60 Ämtern mit 100 bis 200 Produktgruppen bzw. 400 bis 600 Produkten samt übrigen Positionen und Investitionsvorhaben erfolgt deshalb nach den relevanten Politikfeldern oder funktionalen (Haupt-)Aufgabenbereichen[1] – nicht nach Departementen. Folgende Fragen zur Entwicklung und Verteilung des »Gesamtkuchens« stehen im Zentrum der IAFP-Steuerung:

- Entwicklung des Finanzhaushalts: Stimmt die prognostizierte Gesamtentwicklung mit der finanz- und steuerpolitischen Zielsetzung der Kollegialregierung überein? Kann damit die gesetzliche Pflicht erfüllt werden, die Rechnung über acht Jahre auszugleichen? Welche Korrekturen müssen insgesamt vorgenommen werden, um diese Zielsetzungen erreichen zu können?
- Verteilung nach Politikfeldern: Stimmen die prognostizierten Entwicklungen in jedem (Haupt-)Aufgabenbereich mit den politischen und inhaltlichen Zielsetzungen der Kollegialregierung überein? Bei welchen (Haupt-)Aufgabenbereichen bzw. Produktgruppen oder Investitionsvorhaben müssen welche Korrekturen vorgenommen werden, um diese Zielsetzungen erreichen zu können?

---

1 Die Integration der Produktgruppen erfolgt in 40 Aufgabenbereichen und 10 Hauptaufgabenbereichen: 0 = Politische Behörden und Gesamtverwaltung; 1 = Rechtsschutz und Sicherheit; 2 = Bildung; 3 = Kultur und Freizeit; 4 = Gesundheit; 5 = Soziale Wohlfahrt; 6 = Öffentlicher und privater Verkehr; 7 = Versorgung, Entsorgung, Umwelt und Raumordnung; 8 = Volkswirtschaft sowie 9 = Finanzen und Steuern.

Erst nach diesen Korrekturen der Kollegialregierung kann auf der Departements- und Amtsebene fertig geplant und anschließend budgetiert werden.

Bevor die Rolle und der Beitrag des IAFP in einem Steuerungsmodell für die öffentliche Verwaltung aufgezeigt werden kann, sind die Herausforderungen für Management und Controlling sowie für Regierung und Parlament zu diskutieren.

2   Herausforderungen für Management und Controlling

2.1   Public Management und Public Controlling

Zwischen Management-Beratung, -Forschung und -Praxis besteht Einigkeit, dass der Controlling-Regelkreis die gemeinsame Grundlage für die Führung und Steuerung der öffentlichen Verwaltungen und Werke darstellen soll (vgl. *Horvath & Partners* 2003).

Mit der Übertragung des Controlling-Konzeptes in die Welt von Staat und Politik beginnen die begrifflichen Schwierigkeiten und die praktischen Herausforderungen:

- Lassen sich Politik und Verwaltung in einem einzigen Controlling-Regelkreis abbilden? Wenn nein: Wie lassen sich diese Regelkreise miteinander koppeln?
- Aufgrund welcher Normen und Strategien formulieren Regierung und Parlament die Ziele und Umsetzungsmaßnahmen der Verwaltung? Wie passen diese politischen Normen und Strategien mit den betrieblichen Normen und Strategien der Departemente und Ämter zusammen?

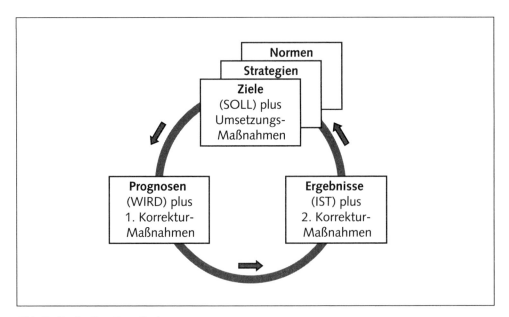

Abb. 3: Controlling-Regelkreis

- Welche prognostizierte oder tatsächliche Zielabweichung führt zu einer politischen Korrekturmaßnahme, welche zu einer betrieblichen Korrekturmaßnahme? Wie passen diese Korrekturmaßnahmen inhaltlich und zeitlich zusammen?
- Welche Instrumente benötigen Regierung und Parlament für die normative, die strategische und die operative Führung bzw. Steuerung? Was gehört zum strategischen, was zum operativen Controlling öffentlicher Verwaltungen?

Diese Fragen werden nun genauer ausgeführt.

2.2 Herausforderung durch Staatsstruktur und Staatsorganisation

Im Vergleich zur Privatwirtschaft ist die staatliche Aufgaben-, Kompetenz- und Verantwortungsverteilung im Spannungsfeld mit der Politik meist kompliziert und oft verwirrend: In einem föderalen Bundesstaat teilen sich Parlament (Legislative), Regierung (Exekutive) und Gerichte (Judikative) die oberste Gewalt im Staat; die Stimmbürgerinnen und Stimmbürger (Souverän) können die verfassungsmäßige Gewaltenteilung durch Volkswahlen (Regierung, Parlament) und durch Volksabstimmungen (Initiative, Referendum) beeinflussen.

Die drei Staatsebenen Bund, Kantone, Städte bzw. Gemeinden sind in der Regel subsidiär zuständig für die Aufgabenerledigung; einzelne Kompetenzen oder Verantwortungen für den Vollzug können nach unten, für die Finanzierung und die Kontrolle nach oben delegiert sein. Je nach Aufgabenbereich (Politikfeld) und Körperschaft (Verwaltungsorganisation) kommen noch materielle und institutionelle Besonderheiten dazu.

> Wenn die Stadt Zürich die bisherigen Rechnungslegungs-Standards des Harmonisierten Rechnungsmodells der Kantone, Städte und Gemeinden (HRM1) durch die neuen IPSAS-Standards ergänzen oder ersetzen möchte, benötigt sie die gesetzliche Ermächtigung des Kantons Zürich (Staat) sowie das finanzstatistische Einverständnis der Eidgenössischen Finanzverwaltung (Bund). Solange die Konferenz der Kantonalen Finanzdirektoren (FDK) das überarbeitete Harmonisierte Rechnungsmodell (HRM2) nicht verabschiedet bzw. der Bund und der Kanton Zürich IPSAS nicht selbst eingeführt haben, kann die Zürcher Stadtregierung die IPSAS-Einführung weder beschließen noch umsetzen.

Bsp. 1: Einführung der International Public Sector Accounting Standards (IPSAS)

Die Regierung führt und beaufsichtigt die öffentliche Verwaltung. Sie muss Parlament und Gerichten zwar finanzielle Entscheidungskompetenzen bzw. rechtliche Korrekturmöglichkeiten einräumen, die Parlamente und Gerichte werden aber nicht zu Mit- oder Oberregierungen gemacht. Die parlamentarische und die gerichtliche Oberaufsicht über die Regierung ist somit politische bzw. rechtliche Kontrolle im Sinne der »checks-and-balances« – nicht Management und Controlling. Die Regierung kann die politische Führungsarbeit also nicht dem Parlament überlassen, die

Departementsvorsteherin bzw. der -vorsteher kann die betriebliche Führungsarbeit auch nicht vollständig an die Amtsdirektorin bzw. den -direktor delegieren (vgl. *Buchmann* 2005, S. 112).

Die Herausforderung für das Management und Controlling besteht einerseits in einer höchst unübersichtlichen Staatsstruktur, die mit den Begriffen Holding und Konzern nicht mehr passend analysiert und beschrieben werden kann. Sie besteht andererseits in einer Organisation mit drei obersten Gewalten im Auftrag des Volkes, die sich mit den Begriffen von Verwaltungsrat und Geschäftsführung nicht fassen lassen. Welche Ziele, Prognosen und Ergebnisse für die Führung und Steuerung öffentlicher Verwaltungen wann und wo gelten, muss oft mühsam abgeklärt werden, bevor erste Umsetzungsmaßnahmen geplant werden können.

2.3 Herausforderung durch Recht, Plan und Budget

Die drei Steuerungsschienen Recht, Plan und Budget stehen Politik und Verwaltung in unterschiedlichem Ausmaß zur Verfügung (*Brühlmeier/Haldemann/Mastronardi/Schedler* 2001, S. 95; zusammengefasst in *Mastronardi* 2005, S. 116):

- Mit der Rechtsetzung formulieren Politik wie Verwaltung allgemeine und abstrakte Regeln, die statische Ordnungen schaffen. Volk und Parlament setzen langfristige oder dauerhafte Ziele für das staatliche Handeln; sie legen Aufgaben, Kompetenzen und Verantwortungen der staatlichen Akteure in Verfassung und Gesetzen fest. Die Regierung und Verwaltung ergänzen und konkretisieren die rechtlichen Normen mit geeigneten Vollzugsvorschriften.

- Mit der politischen Planung wird der rechtliche Rahmen durch zweckgerichtete Programme gefüllt, die dynamischen Charakter haben. Legislaturplan und Integrierter Aufgaben- und Finanzplan enthalten mittel- bis langfristig orientierte Ziele sowie strategische Projekte von Regierung und Departementen. Die Ämter versuchen sie mit dem Alltagsgeschäft abzustimmen.

- Mit der jährlichen Budgetierung wird der Vollzugsauftrag erarbeitet und beschlossen; im Budget werden Leistungsvorgaben bzw. Ressourcenausstattungen erhöht oder gekürzt. Ämter und Departemente bereiten den Vollzug mit Leistungs- und Zielvereinbarungen für die Alltagsgeschäfte sowie mit Jahresprogrammen für die Projektarbeiten vor. Regierung und Parlament arbeiten hier mit kurzfristigen Zielen; die Dynamik der Vollzugsvorbereitungen lässt sich notfalls politisch stoppen.

Politik und Verwaltung beinhalten nur im Kern dieselben Managementprozesse wie die privatwirtschaftlichen Unternehmungen: Die Rechtsetzung ermöglicht in erster Linie die normative Steuerung der Verwaltung; die normativen Orientierungsprozesse dienen der Reflexion und Klärung der ethischen und politischen Grundlagen staatlicher Tätigkeit. Die politische Planung beinhaltet die strategischen Steuerungs- und Entwicklungsprozesse, insbesondere die finanzielle Sicherung der ganzen Institution und den materiellen Wandel ihrer einzelnen Aufgaben in der Zukunft. Die jährliche Budgetierung bereitet die operative Steuerung vor, d. h. die unmittelbare Bewältigung des Alltagsgeschäftes und der Projektarbeiten (vgl. *Rüegg-Stürm* 2003, S. 71).

Die Herausforderung für das Management und Controlling besteht heute im historisch gewachsenen Gebrauch der drei Steuerungsschienen Recht, Plan und Budget, der sich nicht nur an normativen, strategischen und operativen Managementprozessen orientiert, sondern auch an politischen Opportunitäten und finanziellen Möglichkeiten.

Wenn das Bundesparlament die Lärmemissionen an den Quellen Bahn- und Straßenverkehr reduzieren möchte, kann es die Rechtsnormen für Bundes- und Privatbahnen, für Autobahnen und Hauptstraßen sowie für Personen- und Lastkraftwagen verschärfen. Wenn die Bundesregierung die dazu passenden Mehrjahresplanungen und Jahresbudgets vorlegt, kann das Parlament die fristgerechte Umsetzung seiner Rechtsnormen bei den Bundesbahnen und Nationalstraßen durch die Reduktion der finanziellen Mittel verzögern. Für die Kantone, Städte und Gemeinden bzw. für ihre Bahnen und Straßen sind die strengeren Rechtsnormen des Bundes zwar gültig – doch sie benötigen kantonale Einführungsgesetze und Finanzierungsvorschriften, bevor sie in kommunalen Mehrjahresplanungen und Jahresbudgets erstmals erscheinen.

Bsp. 2: Einführung von strengeren Lärmschutzmaßnahmen

2.4 Schlussfolgerungen für Management und Controlling

Staatliche Strukturen, politische Gewaltenteilung und zu wenig synchronisierte Steuerungsinstrumente erschweren das Management und Controlling öffentlicher Verwaltungen, insbesondere die ziel- und ergebnisorientierte Führung und Steuerung. Aber sie verunmöglichen Management und Controlling der einzelnen Ämter und Departemente nicht.

Schwieriger wird die Umsetzung von Management- und Controlling-Techniken in den Regierungen und Parlamenten – für sie sind nun die politischen Herausforderungen darzustellen.

3 Herausforderungen für Regierung und Parlament

3.1 Politische und betriebliche Rationalität

In der politikwissenschaftlichen Steuerungslehre werden die Phasen der Politikformulierung und der Politikumsetzung unterschieden. Die Struktur des zu lösenden Problems kann der Politik bereits so viele Schwierigkeiten bereiten, dass keine Zielformulierung mehr stattfinden kann: Grenzwerte für alle lassen sich vergleichsweise einfach definieren und später notfalls heraufsetzen; Umverteilungen und Wachstumsbeschränkungen sind bereits viel schwieriger zu beschließen. Die Struktur der Entscheidungsbeteiligten im föderalen Bundesstaat kommt meist erschwerend dazu: Nicht bloß Regierung und Parlament sind an der politischen Zielformulierung beteiligt, sondern oft auch Stimmbürgerinnen und Stimmbürger, über- oder untergeordnete Staatsebenen, umliegende

Körperschaften, beauftragte Nonprofit-Organisationen oder kooperierende Privatunternehmen. Bei dieser Ausgangslage ist Dissens und Politikblockierung zu erwarten – nicht Konsens und Zielformulierung! Politische Entscheidungen kommen dennoch zustande, weil es Regierung und Parlament gelingt, das politische Problem zu verkleinern und den Kreis der Beteiligten zu verringern (*Scharpf* 1988).

Politische Zielsetzungen und Maßnahmenkataloge werden nicht allein nach betriebswirtschaftlichen Kriterien zusammengestellt: Staatsrechtliche und staatspolitische Prinzipien, partei- und regionalpolitische Verteilungsinteressen sowie Medienberichte, Modetrends, Skandalbewältigungen oder Wahlversprechen bestimmen die politische Themenwahl und die Agendagestaltung. Einerseits können Ziele für die Aufgabenerledigung in der öffentlichen Verwaltung komplett fehlen, andererseits können allzu viele Ziele ohne politische Prioritätensetzung nebeneinander stehen. Oft sind die finanziellen Globalziele zur Höhe der Ausgaben, des Steuersatzes oder der Verschuldung ein allerletzter Ausweg bei der politischen Zielfindung.

In der betriebswirtschaftlichen Führungslehre werden einem Ziel meist mehrere Vollzugsmaßnahmen, einer Maßnahme meist mehrere Indikatoren zur Messung eines Zielerreichungsgrades zugeordnet. In der Koalitions- und Konkordanzpolitik ist es oft gerade umgekehrt: Damit eine Maßnahme die parteipolitische Zustimmung von links und rechts erhält, wird sie mit mehreren Zielen solange »aufgeladen«, bis sie mehrheitsfähig wird. Das macht oft die Definition eines messbaren Indikators und das Fixieren eines Zielwertes (Soll) unmöglich. Falls es dennoch gelingt, erfolgt die politische Beurteilung und Bewertung eines einzigen Indikators einer oder mehrerer Maßnahmen selbstverständlich auf den unterschiedlichsten Zieldimensionen.

3.2 Herausforderung durch Ziele, Prognosen und Ergebnisse

Mit dem Controlling-Ansatz fordern Amtsdirektor/-innen und Controller/-innen bei »ihren« Politiker/-innen heute a) eine hinreichende Klärung der politischen Zielsetzungen, b) ein verbessertes Aufzeigen von darin enthaltenen Widersprüchen sowie c) eine geeignete Reihenfolge oder Schwerpunktsetzung für die Umsetzungsmaßnahmen ein. Aus Management- und Controlling-Sicht werden Effizienz und Effektivität staatlicher Aufgabenerledigung erst auf dieser Grundlage möglich.

Dieser Wunschkatalog ist den Politiker/-innen in Regierung und Parlament hinreichend bekannt, bildet aber kein eigenständiges politisches Ziel, für das es sich einzusetzen oder zu kämpfen lohnt – ganz im Gegenteil:

- Wenn Regierungen verbindliche Zielvereinbarungen mit dem Parlament und mit der Verwaltung vermeiden, können sie u. U. ihren politischen und betrieblichen Handlungsspielraum gleichzeitig erhöhen.
- Wenn Regierungen erste Prognosen oder detaillierte Ergebnisse nach außen kommunizieren, verzichten sie auf »stille« politische Interventionen oder betriebliche Steuerungseingriffe. Und jede Zielabweichung könnte zum politischen Problem oder zum potenziellen Skandal anwachsen.

- Wenn Parlamente verbindliche Zielvereinbarungen mit der Regierung treffen, binden sie sich oft zu früh und fühlen sich nicht mehr frei bei späteren Entscheidungen.
- Wenn Parlamente erste Prognosen oder detaillierte Ergebnisse zur bloßen Kenntnisnahme erhalten, müssten sie zunächst auf öffentliche politische Diskussionen und auf politische Interventionen verzichten. Es fällt schwer, nur auf die Korrekturmaßnahmen von Regierung und Verwaltung zu vertrauen sowie auf die Ergebnisse zu warten.

Die verbesserte – manchmal überbordende – Versorgung der Politiker/-innen mit Soll-, Wird- und Ist-Informationen erfordert letztlich einen vertieften politischen und betriebswirtschaftlichen Dialog zwischen Parlament, Regierung und Verwaltung, der mit Politik- und Management-Informations-Systemen und Controlling-Berichten wohl angestoßen werden kann. Die Schnittstelle zwischen Politik und Betrieb ist jedoch aktiv zu gestalten, um auf folgende Fragen des »guten Regierens« (Corporate oder Public Governance) befriedigende Antworten zu finden:

- Wie kann der Ausgleich zwischen politischem Zulassen und betrieblichem Wollen gehalten werden?
- Wie kann vermieden werden, dass betriebliche Sachfragen ausschließlich nach politischen Kriterien entschieden werden?
- Wie kann der Ausgleich zwischen politischem Bereinigen des Nicht-Gewollten und betrieblichem Entwickeln des Gesamten geschaffen werden?
- Wie kann verhindert werden, dass langfristigere Entwicklungsfragen durch kurzfristigere Partei- oder Abstimmungsinteressen verdrängt werden?
- Wie kann der Ausgleich zwischen guter materieller Politik und finanziell gesundem Haushalt erreicht werden?
- Wie kann verhindert werden, dass betriebliche Einzelinteressen politische Gesamtinteressen überwiegen?

Damit dieser Dialog stattfindet, braucht es einige instrumentelle und organisatorische Reformen, welche die politische Diskussions- und Zusammenarbeitskultur verändern werden.

3.3 Herausforderung durch instrumentelle Reformen

Management und Controlling erfordern zunächst eine inhaltliche Neuausrichtung der Steuerungsschienen Recht, Plan und Budget (*Brühlmeier/Haldemann/Mastronardi/ Schedler* 2001, S. 126 ff.):

- Die finale Rechtsetzung gewinnt auf Parlamentsseite an Bedeutung und Steuerungskraft, wenn allzu detaillierte Verfahrensvorschriften auf Gesetzes- und Verordnungsstufe durch politische Wirkungsziele und geeignete Umsetzungsmaßnahmen auf Gesetzes- und Verfassungsstufe verbessert und z. T. ersetzt werden können.
- Die politische Planung wird mit dem Legislaturplan und dem Integrierten Aufgaben- und Finanzplan auf der Regierungsseite aufgewertet, weil die Legislaturschwerpunkte und das Alltagsgeschäft systematisch zusammengeführt werden.

- Die jährliche Budgetierung erfährt mit dem Produktgruppen-Globalbudget eine neue, funktionale Spezifizierung; die wichtigsten Wirkungsziele sind im Leistungsauftragsteil der neuen Budgetdarstellung für die Ämter ebenfalls enthalten.

Diese inhaltliche Neuausrichtung erfordert in der Regel auch ein neues Gleichgewicht der politischen Gewalten von Parlament und Regierung: Der parlamentarische Verzicht auf detaillierte Rechtsnormen und Verfahrensvorschriften sowie auf detaillierte Spezifikation des Budgets ist vielerorts nur durch eine stärkere Mitbeteiligung des Parlaments bei der politischen Planung der Regierung zu erhalten. Moderne Parlamente wollen den Planungsbericht der Regierung nicht mehr bloß zur Kenntnis nehmen, sondern wollen ihn diskutieren, beraten oder sogar beschließen. Ohne Anpassung der parlamentarischen Interventions- und Steuerungsinstrumente ist dies nicht zu schaffen. Umgekehrt gilt aus Regierungssicht: Je stärker das Parlament bei der politischen Planung der Regierung mitbestimmen möchte, desto »globaler« sollten im Sinne der Gewaltenteilung und der Checks-and-Balances seine Budgetbeschlüsse ausfallen.

3.4   Herausforderung durch organisatorische Reformen

Die ziel- und ergebnisorientierte Führung und Steuerung öffentlicher Verwaltungen ist heute Alltag auf Stufe Amt und auf Stufe Departement: Die Amtsdirektor/-innen können ihr Amt controllinggerecht führen und steuern, indem sie mit ihren Controller/-innen zusammenarbeiten – also nicht bloß die Berichte und Vorschläge zur Kenntnis nehmen. Die Departementsvorsteher/-innen können ihr Departement sowohl politisch als auch betrieblich führen und steuern – sie verfügen sowohl über politische als auch betriebswirtschaftliche Berater/-innen in ihrem Departementsstab.

Die große Herausforderung für die ziel- und ergebnisorientierte Führung und Steuerung öffentlicher Verwaltungen beginnt auf Stufe Regierung und auf Stufe Parlament, wo der betrieblichen Rationalität heute oft zu wenig Gewicht zugemessen wird:

- Kleine Regierungen mit wenigen Departementen teilen sich oft den Controllerdienst, so dass Controlling auf Stufe Departement und auf Stufe Regierung mit denselben Personen möglich wird. Große Regierungen mit vielen Departementen tun sich meist schwerer mit dem Aufbau eines zentralen Controllingdienstes, der ihnen bei der Planung und Steuerung mithilft. Weil der zentrale Controllingdienst der Regierung mit dem dezentralen Controllingdienst des Departements im Konfliktfall in Konkurrenz steht, wird auf seine Einrichtung oft ganz verzichtet oder keine fachliche Unterstellung der dezentralen Controllingdienste in Departementen und Ämtern vorgesehen.
- Viele Parlamente teilen sich die Finanzkontrolle, den Kanzlei- und den Rechtsdienst mit der Regierung. Im Zuge der Professionalisierung des Parlaments-Supports werden heute selbständige Parlamentsdienste eingerichtet und Aufträge an externe Revisionsstellen, Rechtsberater/-innen und Evaluationsbüros erteilt. Einige Entwicklungen deuten eher auf eine Loslösung des Parlaments als auf eine koordinierte Entwicklung von Parlament und Regierung im Gesamtinteresse der Körperschaft hin.

Diese Herausforderung der Regierung und des Parlament durch das Management und Controlling ist nicht neu (vgl. *Schedler* 1995, S. 97), aber vielerorts immer noch aktuell: Damit die Regierung besser planen und steuern kann, benötigt sie die Unterstützung durch einen eigenen Planungs- und Steuerungsdienst, der die Verbindung zwischen der politischen Planung mittels Legislaturplan und der strategischen Steuerung mittels IAFP kontinuierlich herstellen kann. Die Verbindung zwischen politischer und betrieblicher Rationalität kann so für die Regierung organisiert und sichergestellt werden. Das Parlament könnte die Analysen und Berichte dieses Planungs- und Steuerungsdienstes bestellen und für seine eigene Arbeit bzw. die Arbeit seines Parlamentsdienstes heranziehen. Mit diesen Informationen wird eine stärkere Mitbeteiligung des Parlaments bei der politischen Planung der Regierung konkret möglich. Sie stellt eine große Herausforderung für die Aufbau- und die Ablauforganisation der Regierung und auch des Parlaments dar. Für die Parlamente in den Städten und Gemeinden, welche kaum eigene Rechtsetzung kennen, dürfte dies sogar einen Quantensprung in der politischen Diskussion und Zusammenarbeit mit der Regierung bedeuten.

3.5 Schlussfolgerungen für Regierung und Parlament

Wie viel Management und Controlling benötigen Staat und Politik eigentlich? Die Erfahrungen von privatwirtschaftlichen Unternehmen und Nonprofit-Organisationen zeigen, dass Zielerreichung und Maßnahmenvollzug ohne ausreichendes Management und Controlling heute nicht mehr effektiv und effizient geleistet werden können. Wenn der Staat seine öffentlichen Aufgaben in Zukunft wirksamer und wirtschaftlicher erfüllen muss, werden Parlamente und Regierungen sogar in ihrem eigenen Interesse mehr Management und Controlling einsetzen. Damit ist keinesfalls gesagt, dass politische Diskussionen in Volk, Parlament und Regierung inhaltsleerer oder unspektakulärer ausfallen werden – ganz im Gegenteil.

Wie Management und Controlling für Politik und Verwaltung konzipiert werden können, zeigen die nachfolgenden Steuerungs- und Synchronisationsmodelle auf.

4   Synchronisation politischer und betrieblicher Steuerung

4.1 Steuerungsmodelle der wirkungsorientierten Verwaltungsführung

Die St. Galler Schule des New Public Management hat die Politik- und Verwaltungsreform in der Schweiz mit ihrem Modell der wirkungsorientierten Verwaltungsführung ausgelöst und geprägt. Der politisch-administrative Steuerungsprozess wurde im Modell von 1994/95 erstmals konzipiert und im Modell von 2001/02 neu gestaltet (*Schedler* 1995, S. 48, *Brühlmeier/Haldemann/Mastronardi/Schedler* 2001, S. 21).

a) Steuerungsmodell 1994/95

Das Modell von 1994/95 versteht den politisch-administrativen Steuerungsprozess allein aus der betriebswirtschaftlichen Management-Perspektive: Der gesamte Produktionsprozess der öffentlichen Verwaltung, d. h. Planungs- und Leistungsprozess können verbessert werden, wenn es gelingt, das strategische und das operative Management möglichst vollständig zu entflechten. Diese Trennung von Politik und Betrieb beinhaltet im Idealfall den Rückzug der Politik auf die Steuerung von Wirkungen und Nutzen der staatlichen Tätigkeiten; die Steuerung von Kosten und Leistungen wäre folglich eine rein betriebliche Aufgabe des Verwaltungs-Managements im eigenen Kompetenz- und Verantwortungsbereich. (Die normative Management-Dimension fehlt hier noch ganz.)

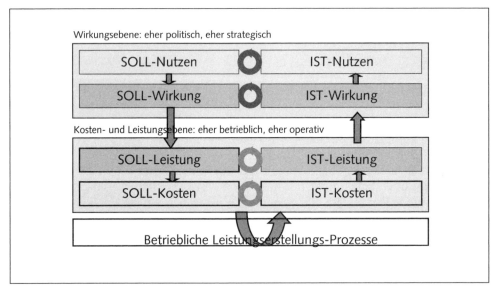

Abb. 4: Politisch-administrativer Steuerungsprozess im Modell von 1994/95 (in Anlehnung an *Schedler/Proeller* 2003)

Diese Trennung von Politik und Betrieb(-swirtschaft) setzt sich bei der Informationsversorgung fort: Die Politik benötigt zusätzliche Monitoring- und Evaluationsberichte, der Verwaltung genügen Controlling-Berichte. Die Synchronisation von Politik und Betrieb sollte im Rahmen der jährlichen Budgetdebatte über Globalkredite, Leistungsmengen und Steuerungsvorgaben erfolgen.

b) Steuerungsmodell 2000/01

Das Modell von 2000/01 versucht die betriebswirtschaftliche Management-Perspektive mit der politik- und rechtswissenschaftlichen Perspektive zu verknüpfen; die betriebliche wird durch die politische Rationalität ergänzt: »Die politische Rationalität behält den Primat, ist jedoch über Rückkoppelungsprozesse mit der Management-Rationalität verknüpft« (*Mastronardi* 2005, S. 115).

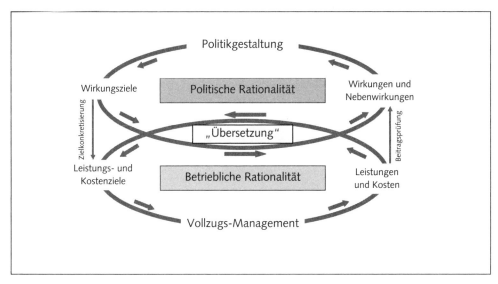

Abb. 5: Politisch-administrativer Steuerungsprozess im Modell von 2000/01 (in Anlehnung an *Schedler/Proeller* 2003)

Diese Konzeption des Steuerungsprozesses möchte die Politik durch Management und Controlling gleichzeitig wirksamer und wirtschaftlicher machen – und umgekehrt die Verwaltung durch die Politik auf das öffentliche Interesse ausrichten. Oder noch kürzer: »Die Demokratie lernt, die moderne Verwaltung zu steuern« (a. a. O., S. 115).

4.2   Synchronisation von politischer und betrieblicher Steuerung

Aus Management- und Controlling-Sicht kann das Steuerungsmodell von 2000/01 wie folgt erweitert und als ›Synchronisationsmodell‹ konkretisiert werden:
- Den Ausgangspunkt bilden der Controlling-Regelkreis und die Versorgung mit Soll-, Wird- und Ist-Informationen zur politischen und betrieblichen Steuerung (vgl. Abb. 3).
- Die drei Steuerungsschienen Recht, Plan und Budget werden der normativen, der strategischen bzw. der operativen Steuerungsebene des Managements zugeordnet; auf jeder Steuerungsschiene ist politische und betriebliche Steuerung möglich.
- Die normative Steuerung erfolgt vorzugsweise mit den Instrumenten der Rechtssetzung, d. h. mit Verfassung, Gesetzen, Verordnungen und Beschlüssen.
- Die strategische Steuerung erfolgt mit den Instrumenten der politischen Planung, d. h. mit dem Legislaturplan und dem Integrierten Aufgaben- und Finanzplan.
- Die operative Steuerung erfolgt mit den Instrumenten der Budgetierung und der Zielvereinbarung auf allen Organisationsebenen.

Die Kopplung des normativen, strategischen und operativen Steuerungskreislaufes durch Politik und Verwaltung gleicht einem manuellen Dreigang-Getriebe samt Kupplung eines Autos: Die politischen und betrieblichen Diskussionen über Ziele, Prognosen und Ergebnisse stellen die Kupplungsfedern dar; die politische Planung – Legislaturplan und IAFP zusammen – bilden den 2. Gang des Getriebes. Die Synchronisation zum Recht – dem 1. Gang – übernehmen die im Legislaturplan vorgesehenen Gesetzesänderungen, die Synchronisation zum Budget – dem 3. Gang – die im IAFP detailliert vorgegebenen Budgetplafonds.

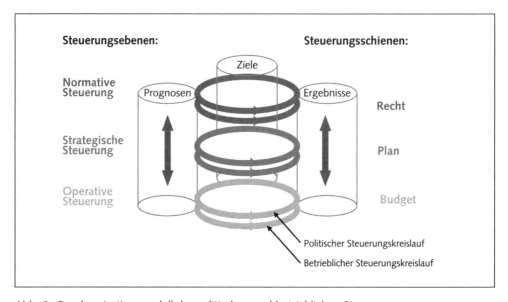

Abb. 6: Synchronisationsmodell der politischen und betrieblichen Steuerung

Das Synchronisationsmodell ermöglicht Analysen und Verbesserungen in zwei Modelldimensionen: In der vertikalen Dimension kann geprüft werden, wie konsistent die Ziele bzw. die Prognosen bzw. die Ergebnisse auf den drei Steuerungsebenen sind. Und in der horizontalen Dimension kann geprüft werden, ob der Regelkreislauf auf jeder Steuerungsebene von Politik und Verwaltung gemeinsam durchlaufen wird. Denn in diesem Steuerungsmodell gibt es keine getrennten Steuerungsebenen für Politik und Betrieb mehr – sondern nur graduell unterschiedliche Beteiligungsverhältnisse von Politik und Verwaltung auf den drei Steuerungsebenen.

4.3   Schlussfolgerung für den Integrierten Aufgaben- und Finanzplan

Mit dem Integrierten Aufgaben- und Finanzplan gelingt die Synchronisation der strategischen und operativen Steuerungsebene – aus mittelfristigen Planungsrichtlinien werden im IAFP kurzfristige Budgetplafonds der Departemente und Ämter erarbeitet.

Damit die Synchronisation der normativen und strategischen Steuerungsebene ebenfalls gelingt, sollten strategische Entscheidungen und Maßnahmen zu strategischen Projekten ausgearbeitet und ihr Ressourcenbedarf abgeschätzt werden, bevor sie umgesetzt werden. Hier hilft die Weiterentwicklung der politisch verbindlichen Legislaturschwerpunkte zu einem politisch und betrieblich verbindlichen Legislaturplan.

5   Erste Erfahrungen und Anwendungen in der Schweiz

5.1   Erste Erfahrungen in der Stadt Zürich

Erste Erfahrungen in der Stadt Zürich zeigen, dass die Regierung mit dem Integrierten Aufgaben- und Finanzplan erfolgreich starten kann, auch wenn die Ausgangsbedingungen für die politische Planung und strategische Steuerung nicht optimal sind:
- Die Finanzinformationen über die politischen Steuerungsgrößen Produktgruppe, übrige Position bzw. Investitionsprojekte waren ohne integriertes System im Finanz- und Rechnungswesen und mit dezentralen Kostenrechnungen auf Vollkostenbasis vollständig verfügbar; die Leistungsinformationen wurden noch nicht gebraucht.
- Der Stadtrat – die Stadtregierung – hat mit dem IAFP im ersten Jahr sowohl die Entwicklung des Gesamthaushaltes als auch die finanzielle Verteilung zwischen drei großen Hauptaufgabenbereichen politisch gesteuert, obwohl die funktionale Sicht auf die Prognose- und Planzahlen der Verwaltung noch ungebräuchlich war.
- Die Einrichtung und Ansiedlung eines zentralen Planungs- und Steuerungsdienstes ist vorläufig noch offen – ebenso die verstärkte Mitbeteiligung des Stadtparlaments.
- Die Synchronisation zwischen IAFP und Budget mithilfe der Budgetplafonds gelang auf Anhieb; die Verbindung mit dem Legislaturplan war noch lückenhaft, weil in der abgelaufenen Legislaturperiode 2002–2006 lediglich Schwerpunkte definiert wurden.

5.2   Anwendungen in der Schweiz

Folgende Kantone und Städte wenden heute den Integrierten Aufgaben- und Finanzplan als politisches Planungs- und strategisches Steuerungsinstrument an:
- Kanton Aargau: Aufgaben- und Finanzplan AFP (seit 2005),
- Kanton Basel-Stadt: Politikplan (seit 2001),
- Stadt Bern: Integrierter Aufgaben- und Finanzplan (seit 2005),
- Kanton Luzern: Integrierter Finanz- und Aufgabenplan (seit 2002),
- Kanton Obwalden: Integrierter Aufgaben- und Finanzplan (seit 2005),
- Kanton Solothurn: Integrierter Aufgaben- und Finanzplan (seit 2005),
- Kanton Zürich: Konsolidierter Entwicklungs- und Finanzplan KEF (seit 2000),
- Stadt Zürich: Integrierter Aufgaben- und Finanzplan (seit 2005).

Die Anwendungen unterscheiden sich beim unterschiedlichen Einbezug des Parlaments sowie bei der Durchgängigkeit der Führungsinformationen bzw. Anschlussfähigkeit der übrigen Führungs- und Steuerungsinstrumente in der Verwaltung: Während der IFAP im Kanton Luzern vom Parlament beraten und beschlossen wird, können die Parlamente der Kantone Aargau, Solothurn und Zürich den (I)AFP bzw. KEF der Regierung mit den parlamentarischen Aufträgen, Motionen oder Postulaten beeinflussen. Diese Anwendungsform des IAFP zwingt Regierung, Departemente und Ämter viel stärker zum Gebrauch von Leistungs- und Zielvereinbarungen, d. h. von anschlussfähigen Steuerungsinstrumenten und durchgängigen Führungsinformationen als die reine Kenntnisnahme des IAFP im Parlament. Der Kanton Luzern hat letztes Jahr einen Internationalen Speyerer Qualitätspreis für durchgängige Planungs-, Steuerungs- und Führungsinstrumente gewonnen, die von der Parlaments- bis zur Mitarbeiterebene reichen (siehe www.lu.ch/speyer_wettbewerb_2005.pdf oder www.hfv-speyer.de/qualitaetswettbewerb).

6   Fazit: Generationswechsel in der politischen Steuerung

In der Schweiz hat der Generationswechsel in der politischen Steuerung begonnen, und er wird in den nächsten Jahren weitergeführt werden: Rechtsetzung, politische Planung und jährliche Budgetierung werden künftig enger und reibungsloser miteinander synchronisiert und verkoppelt sein. Mit der wirkungsorientierten Verwaltungsführung hat bzw. wird eine neue Generation von Instrumenten zur politischen Planung und zur strategischen Steuerung in Kantonen und Städten Einzug halten, die es jetzt vollständig aufzubauen und organisatorisch abzusichern gilt auf dem Weg von der Public Finance zur Public Governance: Die Vorherrschaft der Budgetsteuerung wird aufgegeben, die politische Planung, die strategische Steuerung sowie das gute Regieren und Verwalten gesucht. Das Synchronisationsmodell der politischen und betrieblichen Steuerung zeigt, dass Politik und Verwaltung künftig auf allen drei Ebenen enger miteinander kooperieren werden: a) bei der Rechtsetzung (normative Steuerung), b) bei der politischen Planung (strategische Steuerung) sowie c) bei der jährlichen Budgetierung (operative Steuerung).

Modernes Management und Controlling stellen tatsächlich eine große Herausforderung für Regierung und Parlament dar – insbesondere bei der politischen Planung auf der strategischen Steuerungsebene. Der Integrierte Aufgaben- und Finanzplan ermöglicht es beiden, diese Herausforderung politisch und betrieblich anzunehmen.

Literatur

Buchmann, T. (2005), Politische Steuerung unter NPM. Die Angst von Politik und Verwaltung vor dem Controlling, in: *Lienhard, A./Ritz, A./Steiner R./Ladner, A.* (Hrsg. 2005), 10 Jahre New Public Management in der Schweiz. Bilanz, Irrtümer und Erfolgsfaktoren, Bern u. a. 2005, S. 121–130

Brühlmeier, D./Haldemann, T./Mastronardi, P./Schedler, K. (2001), Politische Planung. Mittelfristige Steuerung in der wirkungsorientierten Verwaltungsführung, Bern u. a. 2001

Brühlmeier, D./Haldemann, T./Mastronardi, P./Schedler, K. (2001), New Public Management für das Parlament: Ein Muster-Rahmenerlass WoV, in: Schweizerisches Zentralblatt für Staats- und Verwaltungsrecht, 99, 1998, 6, S. 297–316

Flury, R. (2002), Gestaltungsregeln für eine Kosten- und Leistungsrechnung der Kantone und Gemeinden, Bern u. a. 2002

Hablützel, P./Haldemann, T./Schedler, K./Schwaar, K. (Hrsg. 1995), Umbruch in Politik und Verwaltung. Ansichten und Erfahrungen zum New Public Management in der Schweiz, Bern u. a. 1995

Haldemann, T. (2004), Wirkungsorientierte Verwaltungsführung und Corporate Governance – Ergänzung oder Widerspruch?, in: *Voggensperger, R.C./Bienek, H.J./Schneider, J./Thaler G.O.* (Hrsg.), Gutes besser tun. Corporate Governance in Nonprofit-Organisationen, Bern u. a. 2004, S. 151–175

Haldemann, T. (2000), Evaluation von Politik- und Verwaltungsreformen. Erfolgs- und Wirkungskontrolle der neuen Steuerungsmodelle NPM und WOV, in: *Hill, H./Hof, H.* (Hrsg.), Wirkungsforschung zum Recht II. Verwaltung als Adressat und Akteur, Baden-Baden 2000, S. 455–462

Haldemann, T. (1998), Zur Konzeption wirkungsorientierter Planung und Budgetierung in Politik und Verwaltung, in: *Budäus, D./Conrad, P./Schreyögg, G.* (Hrsg.), Managementforschung 8: New Public Management, Berlin u. a. 1998, S. 191–215

Haldemann, T. (1995), New Public Management: Ein neues Konzept für die Verwaltungsführung des Bundes? In: Schriftenreihe des Eidgenössischen Personalamtes, Band 1, Bern 1995

Horvath & Partners (2003), Das Controllingkonzept. Der Weg zu einem wirkungsvollen Controllingsystem, 5. Auflage, München 2003

International Group of Controlling (Hrsg., 2005). Controller-Wörterbuch. Die zentralen Begriffe der Controllerarbeit mit ausführlichen Erläuterungen, 3. Auflage, Stuttgart 2005

Mastronardi, P. (2005), Konzeptionelle Erkenntnisse zur politischen Steuerung mit WoV, in: *Lienhard, A./Ritz, A./Steiner R./Ladner, A.* (Hrsg.), 10 Jahre New Public Management in der Schweiz. Bilanz, Irrtümer und Erfolgsfaktoren, Bern u. a. 2005, S. 113–119

Rieder, L. (2004), Kosten-/Leistungsrechnung für die Verwaltung, Bern u. a. 2004

Rüegg-Stürm, J. (2003), Das neue St. Galler Management-Modell. Grundkategorien einer integrierten Management-Lehre: Der HSG-Ansatz, 2. Auflage, Bern u. a. 2003

Scharpf, F.W. (1988), Politische Steuerung und politische Institutionen, in: *Hartwich, H.-H.* (Hrsg.), Macht und Ohnmacht politischer Institutionen, Opladen 1988, S. 17–29

Schedler, K. (1995), Ansätze einer wirkungsorientierten Verwaltungsführung. Von der Idee des New Public Managements (NPM) zum konkreten Gestaltungsmodell, Bern u. a. 1995

Stadtrat der Stadt Zürich (Hrsg.) (2005), Integrierter Aufgaben- und Finanzplan 2006–2009, Zürich 2005

Die Steuerung der Fusion der Berufsgenossenschaft der Bauwirtschaft

Herausforderung und Chancen der Post-Merger-Integration

Prof. Manfred Bandmann/Dr. Hilmar Schmidt*

1   Ausgangslage und Zielsetzung

2   Die Etappen des Fusionsprozesses
    2.1   Pre-Merger-Prozess
    2.2   Merger-Prozess
    2.3   Post-Merger-Prozess
    2.4   Die Rolle des Leitbildes während der verschiedenen Phasen

3   Marktplätze mit den Beschäftigten

*   Prof. Manfred Bandmann, Geschäftsführer, Berufsgenossenschaft der Bauwirtschaft (BG BAU), Berlin; Dr. Hilmar Schmidt, Principal, Horváth & Partners, Stuttgart.

1   Ausgangslage und Zielsetzung

Am 1. Mai 2006 feierte die *BG BAU* ihren ersten Geburtstag. Ein Jahr nach der Fusion der acht Berufsgenossenschaften der Bauwirtschaft zu einem einzigen Unfallversicherungsträger befindet sich die *BG BAU* mitten im Prozess der Post-Merger-Integration. Dieser Artikel skizziert den Fusionsprozess und beschäftigt sich schwerpunktmäßig mit der Phase nach dem offiziellen Fusionsdatum. Er zeigt auf, welche Möglichkeiten die Implementierung eines gemeinsamen Leitbildes für die Phase der Post-Merger-Integration bietet.

Den Hintergrund dieser Fusion stellt die spezielle Situation der Bauwirtschaft Anfang des neuen Jahrtausends dar: Sie sah und sieht sich einem überproportional starken Rückgang der Entgeltsummen bei konstanten Entschädigungsleistungen (unter anderem aufgrund hoher »alter« Rentenlasten, sogenannten Altlasten) gegenüber. Darüber hinaus verdeckte die Wiedervereinigung mit einem temporären Auftragszuwachs die grundsätzlichen konjunkturellen Schwierigkeiten in der Bauwirtschaft. Im Bereich der gesetzlichen Unfallversicherung sehen sich die Betriebe der Bauwirtschaft steigenden Beitragssätzen gegenüber, die die vorhandenen Defizite ausgleichen sollen. Unabhängig davon befinden sich die Beitragszahlungen wegen der Schwere der Unfälle in der Bauwirtschaft ohnehin schon auf vergleichsweise hohem Niveau.

Immer mehr geriet die Notwendigkeit eines Lastenausgleichs innerhalb der Zweige der gewerblichen Bauwirtschaft in den Mittelpunkt der Diskussion und daran anknüpfend die Frage, ob das Festhalten an acht eigenständigen Berufsgenossenschaften Sinn macht. Die Überlegungen zur Fusion hatten entsprechend die Nutzung von Synergieeffekten hinsichtlich Wirtschaftlichkeit, Kosteneinsparungen und der Verbesserung des Leistungsangebotes beziehungsweise gesteigerte Qualität der gesetzlichen Aufgabenerfüllung zum Ziel. Dazu sollte unter anderem die Aufbau- und Ablauforganisation vereinheitlicht werden.

Die Ausgangslage stellte sich diesbezüglich als außerordentlich komplex dar; folgende Gegebenheiten mussten im Zuge der Fusionsbemühungen beachtet werden:

Der im Jahr 2002 begonnene Fusionsprozess wurde formal am 1. Mai 2005 mit dem freiwilligen Zusammenschluss der bisherigen acht Berufsgenossenschaften der Bauwirtschaft und dem Start der neuen Organisation *BG BAU* beendet. Seitdem besteht die neue, gemeinsame Berufsgenossenschaft der Bauwirtschaft und steht vor der großen Aufgabe, die Fusionsbeschlüsse in die neue Organisation zu integrieren und eine gemeinsame Kultur zu formen.

Der Artikel skizziert im nächsten Kapitel die Phasen des Fusionsprozesses und beschreibt die Rolle und den Nutzen der Implementierung eines gemeinsamen Leitbildes bei der Integration der *BG BAU* und der Ausrichtung auf gemeinsame Ziele und gemeinsames Handeln.

Ausgangslage für die Fusion (Daten 2002)

- ❏ 8 Vertreterversammlungen und Vorstände
- ❏ 8 Hauptverwaltungen, ca. 74 weitere dezentrale Standorte
- ❏ 4685 Mitarbeiterinnen und Mitarbeiter
- ❏ 8 verschiedene Organisations-, Entscheidungs- und Führungskulturen
- ❏ 8 Internetauftritte, 3 Kundenzeitschriften (TIPPS, BAU BG aktuell, TIEFBAU)
- ❏ 431.402 Mitgliedsunternehmen, 3.197.691 Versicherte
- ❏ 321.040 Betriebsbesichtigungen 194.958 Meldepflichtige Arbeits- und Wegeunfälle 1,5 Mrd. Entschädigungs- davon 970 Mio. Rentenleistungen

Abb. 1: Ausgangslage für die Fusion

2 Die Etappen des Fusionsprozesses

2.1 Pre-Merger-Prozess

Der Pre-Merger-Prozess der acht Berufsgenossenschaften der Bauwirtschaft wurde im Wesentlichen von politischer Vorarbeit bestimmt, dabei fand zunächst eine Annäherung und Abstimmung der politischen Entscheidungsträger statt, bei der ein Übereinkommen über die Eckpunkte einer Fusionsvereinbarung erzielt wurde und grundsätzliche organisatorische Überlegungen geklärt wurden.

Es bestand die Erwartung, dass die Fusion verschiedener Organisationskulturen, die von unterschiedlichen Menschen getragen werden, von viel emotionaler Diskussion begleitet würde und seitens der Beteiligten einige innere Hürden zu überwinden seien; diese Problemstellung reichte beispielsweise bis zum Thema der Einigung auf ein gemeinsames Logo.

Das Ergebnis des Pre-Merger-Prozesses umfasste die Fixierung der politischen Grundsätze bezüglich der neu zu bildenden Organisation. Dazu gehörten der Entwurf des Vereinigungsvertrages und dessen Beschluss sowie die Aufstellung und Aufgabenteilung der Projektorganisation.

Außerdem fiel im Vorfeld die Entscheidung zur Schaffung einer neuen Hauptverwaltung in Berlin, dort konnten vorhandene Gebäuderessourcen von beteiligten Berufsgenossenschaften genutzt werden. Die ehemaligen acht Hauptverwaltungen wurden zu Bezirksverwaltungen innerhalb der neuen BG, die Präventionsdienste wurden sämtlich direkt an die Hauptverwaltung gebunden. Darüber hinaus wurde im Vorfeld die Entscheidung über die zukünftige Geschäftsführung getroffen.

Die wesentlichen Erfolgsfaktoren des Pre-Merger-Prozesses lassen sich wie folgt zusammenfassen:

- klare politische Steuerung und Legitimierung des Prozesses;
- deutliche Nutzenbotschaften für die »Stakeholder;
- Bildung eines gemeinsamen politischen Gremium;
- frühzeitige Vereinbarung zu wesentlichen Fragen wie Standortwahl und Führung;
- Controlling, kritische Beobachtung und unterstützende Begleitung des Fusionsprozesses.

2.2 Merger-Prozess

Der eigentliche Fusionsprozess begann im Juni 2004 und gliederte sich in drei Phasen: eine Voruntersuchung, die Hauptuntersuchung und eine Planungsphase für das Vorgehen nach dem formalen Start der neuen Organisation.

Die Voruntersuchung (zwei Monate) war im Wesentlichen von einer umfassenden, vergleichenden Bestandsaufnahme der Gegebenheiten in den acht Ausgangsorganisationen geprägt, womit der Handlungsrahmen identifiziert werden sollte. Daran anknüpfend wurde in einem Strategieworkshop der Projektgruppe die Bestandsaufnahme bewertet, Zukunftsszenarien durchgespielt und ein entsprechendes Zukunftsmodell entwickelt. Darüber hinaus wurde der Organisationsrahmen entwickelt und beschlossen.

Die Hauptuntersuchung (vier Monate) war insbesondere durch die Einrichtung zwölf themenspezifischer Arbeitsgruppen charakterisiert, die sich unter anderem mit Themen wie der Erstellung eines Leitbildes, Personal, Steuerung und Controlling sowie Aufbau- und Ablauforganisation befassten. Außerdem stand die Erarbeitung von zukünftigen Entwicklungspfaden im Mittelpunkt, um den Fusionsprozess kurz-, mittel- und langfristig sicherzustellen. Weiterhin wurden unter Gesichtspunkten der Wirtschaftlichkeit Ressourcenpotenziale identifiziert und daraus geschätzte Einsparvolumina ermittelt.

Für die Umsetzung der Fusionsentscheidungen wurde anschließend ein Maßnahmenplan (zwei Monate) erarbeitet, mit der Projektgruppe abgestimmt und in einem gemeinsamen Ausschuss beschlossen.

Die wesentlichen Erfolgsfaktoren des Merger-Prozesses lassen sich wie folgt zusammenfassen:

- eindeutige und sichtbare Führung des Fusionsprozesses;
- Vorbereitung der strategischen Entscheidungen für die Selbstverwaltung;
- Beschluss eines angemessenen Beteiligungskonzeptes;
- Errichtung einer wirksamen Arbeitsprojektorganisation;
- klare und gemeinsam vereinbarte Kommunikation positiver Botschaften;
- Detaillierung des Organisationsrahmens unter fachlichen Gesichtspunkten;
- Identifikation und Beschreibung von »Guter Praxis«;
- Erarbeitung von Entwicklungsmodellen für die weitere Umsetzung;
- Bemessung von Ressourcenpotenzialen;
- Wahrnehmung einer aktiven Multiplikatorenfunktion der Mitarbeiterschaft.

Das Ergebnis der Bemühungen war eine vereinheitlichte Aufbauorganisation, die nach der Prämisse aufgestellt wurde, so dezentral wie möglich und so zentral wie nötig zu sein (flache Hierarchien).

2.3   Post-Merger-Prozess

Trotz der vorhergegangenen Bemühungen steht die Fusion der acht Berufsgenossenschaften der Bauwirtschaft noch am Anfang: Denn obwohl eine einheitliche Form existiert, müssen die Ausgangsorganisationen auch in der operativen Arbeit zusammenwachsen. Dazu muss die neue Verwaltungsstruktur und deren Steuerung institutionalisiert und die Umsetzung der neuen Ordnung sichergestellt werden (Zielvereinbarungen mit der Linie, Einrichtung von Projekten, Umsetzungscontrolling). Wichtig für die Angleichung der Arbeitsabläufe bleibt weiterhin die Integration von Best-Practice-Beispielen der alten BGen, dabei ist es von Bedeutung, einen gemeinsamen Maßstab zu entwickeln, der die Stärken aller ehemaligen BGen der Bauwirtschaft vereinen kann.

Die Sicherung der Qualität der Leistungserbringung für den Kunden wird in den Bereichen Revision und Controlling bereits mittels eines Qualitätsmanagementsystems umgesetzt.

2.4   Die Rolle des Leitbildes während der verschiedenen Phasen

Im Rahmen der Hauptuntersuchung im Merger-Prozess wurde eine Befragung aller Beschäftigten durchgeführt um die Differenzen der Kulturen zu analysieren und Handlungsfelder für die weitere Fusionsarbeit zu erhalten. Die Befragung der Beschäftigten wurde als Basis für die Entwicklung eines gemeinsamen Leitbildes genutzt. Im Post-Merger-Prozess spielt die Implementierung des Leitbildes eine entscheidende Rolle.

Das Leitbild ist eine gemeinsame Zielvorstellung, die formuliert, wohin die *BG BAU* ihre Kultur entwickeln möchte. Das Leitbild kann so eine Richtung vorgeben, wenn es in der Organisation zum Leben erweckt wird.

Das Leitbild der *BG BAU* hat somit folgende Funktionen:
- Ausrichtung der *BG BAU* auf gemeinsame Ziele;
- Bildung einer Basis für eine gemeinsame Kultur;
- Orientierung für die Beschäftigten um Unsicherheiten und Ängste zu vermeiden.

2.4.1 Die Erarbeitung des Leitbildes in der Merger-Phase

Das Leitbild der *BG BAU* wurde von einer Arbeitsgruppe (AG) im Rahmen der Fusionsorganisation erarbeitet. An der AG waren alle ehemaligen Berufsgenossenschaften der *BG BAU* beteiligt. Die AG hat in einem ersten Schritt die im Rahmen der Kulturanalyse durchgeführte Beschäftigtenbefragung aufgearbeitet, um Handlungsfelder für die Leit-

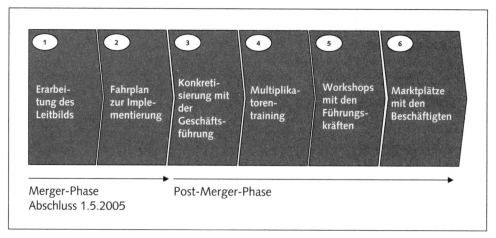

1	2	3	4	5	6
Erarbeitung des Leitbilds	Fahrplan zur Implementierung	Konkretisierung mit der Geschäftsführung	Multiplikatorentraining	Workshops mit den Führungskräften	Marktplätze mit den Beschäftigten

Merger-Phase
Abschluss 1.5.2005

Post-Merger-Phase

Abb. 2: Das Leitbild der *BG BAU*

bildimplementierung zu generieren und um die Beschäftigten der *BG BAU* frühzeitig in den Prozess der Leitbilderarbeitung zu integrieren. Diese Handlungsfelder waren die Folgenden:

- Auftrag und Kunde;
- Wirtschaftlichkeit und Qualität;
- Organisation und Zusammenarbeit;
- Führung und Mitarbeiter.

Die Arbeitsgruppe hat auf dieser thematischen Grundlage einen Entwurf für das Leitbild vorbereitet, der dann gemeinsam mit dem Ehrenamt und der Geschäftsführung vollendet und verabschiedet wurde. Da das Leitbild den Beschäftigten eine gemeinsame Orientierung geben sollte, wurde es anhand von Zielvorstellungen formuliert. Vorgeschaltet ist eine Prämisse mit den wesentlichen Grundlagen der Arbeit der *BG BAU*.

Leitbild der BG BAU
Die *BG BAU* ist die gesetzliche Unfallversicherung für die Bauwirtschaft und baunahe Dienstleistungen in Deutschland. Wir sind, wie die Kranken- und Rentenversicherung, eine Säule im deutschen Sozialversicherungssystem und werden wie diese selbst verwaltet. Gewählte Vertreter der Unternehmer und Versicherten garantieren durch ihre Arbeit in Vertreterversammlung und Vorstand die Wahrnehmung der branchenbezogenen Interessen.

Wir fördern Arbeitssicherheit und Gesundheitsschutz im Betrieb und am Arbeitsplatz. Damit vermeiden wir Arbeitsunfälle und Berufskrankheiten. Nach Eintritt eines Arbeitsunfalls oder einer Berufskrankheit bieten wir umfassende Betreuung und stellen die Leistungsfähigkeit mit allen geeigneten Mitteln wieder her bzw. leisten finanzielle Entschädigung. Für unsere Leistungen gilt: Alles aus einer Hand.

Die gesetzliche Unfallversicherung wird durch die Unternehmer finanziert, sie werden dadurch von ihrer Haftpflicht gegenüber ihren Beschäftigten befreit.

- Unsere Unternehmer, Versicherte und private Bauherren betrachten wir als Kunden. Bei uns steht der Mensch im Mittelpunkt.
- Kundenorientiertes und freundliches Verhalten ist für uns selbstverständlich. Durch dezentrale Standorte arbeiten wir kundennah.
- Wir steigern konsequent die Qualität unserer Arbeit und reagieren flexibel auf sich verändernde Rahmenbedingungen.
- Durch wirtschaftliches, verantwortungsbewusstes und zielorientiertes Handeln senken wir die Kosten.
- Kompetente Mitarbeiter treffen schnelle, richtige und verständliche Entscheidungen.
- Wir fördern Eigeninitiative und Übernahme von Verantwortung durch Delegation und gezielte Personalentwicklung. Leistung wird anerkannt.
- Wir arbeiten auf allen Ebenen vertrauensvoll zusammen und leben einen kooperativen Führungsstil. Führungskräfte und Mitarbeiter informieren sich gegenseitig.
- Unsere Zusammenarbeit ist geprägt von Respekt, Fairness und Kollegialität. Durch Vereinbarung von Zielen und konstruktiver Rückmeldung fördern wir die Motivation und das Engagement aller Mitarbeiter.
- Ein gutes Arbeitsklima und die Zufriedenheit unserer Mitarbeiter sichern die Leistungsfähigkeit gegenüber unseren Kunden. Alle Führungskräfte tragen hierfür eine besondere Verantwortung und haben eine Vorbildfunktion.

Die Erarbeitung des Leitbildes in der Pre-Merger-Phase hatte den wichtigen Effekt, zentrale Erfolgsbedingungen und Ziele gemeinsam und speziell für den fusionierten Träger zu formulieren.

Das Leitbild der *BG BAU* entfaltet seine Wirkung erst dann, wenn die Beschäftigten beginnen ihr Handeln am Leitbild zu orientieren. Aus diesem Grund muss das Leitbild den Beschäftigten erläutert werden und es muss eine Möglichkeit geben, die Beschäftigten an der Implementierung zu beteiligen. Die Arbeitsgruppe Leitbildentwicklung hat hierfür ein Kommunikationskonzept entwickelt.

2.4.2 Die Implementierung des Leitbildes in der Post-Merger-Phase

Das Kommunikationskonzept basiert auf dem Multiplikatorenprinzip: Beschäftigte der *BG BAU* stellen ihren Kolleginnen und Kollegen das Leitbild vor, diskutieren dies und erarbeiten gemeinsam Maßnahmen, um die im Leitbild formulierten Ziele zu erreichen. Es wurde festgelegt ein zweistufiges Verfahren durchzuführen. Im ersten Schritt sollten 15 Multiplikatoren aus der Leitbildarbeitsgruppe mit den circa 580 Führungskräften der *BG BAU* in Diskussion treten. In den Workshops mit den Führungskräften sollte das Leitbild der *BG BAU* diskutiert werden und Maßnahmen zur Zielerreichung erarbeitet werden. Zudem sollten die Führungskräfte der *BG BAU* so informiert werden, dass sie in der Lage sind, ihrerseits Informationsveranstaltungen mit und für ihre eigenen Mitarbeiterinnen und Mitarbeiter – in Summe ohne die Führungskräfte circa

4000 – durchzuführen. Dieser zweite Schritt sollte dann in sogenannten Marktplätzen stattfinden.

Das von der Geschäftsführung und der Fusionsarbeitsgruppe favorisierte Multiplikatorenkonzept basiert auf den folgenden Vermutungen:

- Das Leitbild wird dann ein Erfolg, wenn es direkt kommuniziert wird und nicht nur per Mail, Mitarbeiterzeitschrift oder anderen indirekten Kommunikationsmitteln transportiert wird.
- Eigene Multiplikatoren haben eine höhere Glaubwürdigkeit als externe.
- Wenn *alle* Führungskräfte der *BG BAU* am Implementierungsprozess intensiv beteiligt werden, besteht eine höhere Chance, dass sie das Leitbild auch vorleben werden.
- Um alle Führungskräfte der *BG BAU* – circa 580 – zu erreichen, müssen mehrere Multiplikatoren ausgebildet werden.
- Um die weiteren circa 4.000 Beschäftigten zu erreichen, müssen die Führungskräfte selbst als Multiplikatoren tätig werden.
- Wenn die Führungskräfte und die Beschäftigten eigene Maßnahmen zur Erreichung der im Leitbild formulierten Ziele erarbeiten, ist die Chance höher, dass die Maßnahmen auch umgesetzt werden.

Das Multiplikatorenkonzept zur Leitbildimplementierung sieht folgende Schritte vor:

1. Konkretisierung des Leitbildes durch die Geschäftsführung und Ergänzung der Leitbildkommentierung

Dieser Schritt sollte dazu dienen, mit der Geschäftsführung der *BG BAU* eine gemeinsame Interpretation des Leitbildes zu erarbeiten. Dies ist sinnvoll, um eine gemeinsame und einheitliche Kommunikation der wesentlichen Inhalte des Leitbildes sicherzustellen. Gerade in der Neuformierung der Geschäftsführung und der Ausbildung neuer Rollen der Führungskräfte ist eine einheitliche Kommunikation in der fusionierten *BG BAU* entscheidend.

2. Multiplikatorentraining

In zwei Veranstaltungen wurde die Struktur der Workshops mit den Führungskräften und die Arbeitsmittel für die Workshops erarbeitet. Zudem wurden verschiedene Trainingssequenzen durchlaufen, um die Multiplikatoren auf ihre Rolle als Moderator in den Workshops vorzubereiten. Die Trainings sind auch deshalb notwendig, um eine einheitliche Durchführung und Dokumentation der Workshops mit den Führungskräften zu gewährleisten.

3. Workshops mit den Führungskräften

In zehn eintägigen Veranstaltungen wurden Workshops mit allen Führungskräften der *BG BAU* durchgeführt. Die Veranstaltungen wurden mit einer Plenumsveranstaltung eröffnet und dann in fünf parallel stattfindenden Workshops durchgeführt. Jeder dieser Workshops wurde von zwei Multiplikatoren moderiert. Die Leitbildsätze wurden diskutiert und im Anschluss wurden Maßnahmen erarbeitet, um die Ziele, die im Leitbild formuliert sind, zu erreichen. Eine erste Ergebnisübersicht aus allen parallelen Workshops wurde zum Abschluss des Tages wiederum im Plenum vorgestellt. Aus allen

Veranstaltungen mit den Führungskräften wurde ein Maßnahmenportfolio erarbeitet und der Geschäftsführung übergeben.

3 Marktplätze mit den Beschäftigten

In allen Dienststellen der *BG BAU* wurde im Anschluss an die Workshops mit den Führungskräften ein Marktplatz eingerichtet. Diese Räume werden von den Führungskräften genutzt, um mit ihren Beschäftigten das Leitbild zu diskutieren, Nachfragen zu beantworten und dann im Anschluss Maßnahmen zu erarbeiten, wie der eigene Arbeitsbereich einen Beitrag zur Erreichung des Leitbildes leisten kann. Die Marktplätze wurden zentral und homogen ausgestattet. Dies ist neben der Ausstattung der Führungskräfte mit vorgegebenen Kommentierungen wiederum eine Maßnahme, um eine einheitliche Kommunikation zu ermöglichen. Diese Maßnahmen führen zu einem einheitlichen Verständnis des Leitbildes als wesentlichen Baustein einer gemeinsamen Kultur der *BG BAU*.

Nach Abschluss der Marktplätze werden alle Maßnahmenvorschläge konsolidiert und auf die Übertragbarkeit auf weitere Organisationsbereiche der *BG BAU* hin überprüft.

Die Steuerung der Umsetzung der Maßnahmen und die weitere Betreuung des Prozesses bedingt eine Organisation. Zu diesem Zweck wurden eine Projektgruppe und ein Projektleiter bestimmt, die weitere Koordination zu übernehmen. Der Projektleiter berichtet direkt an die Geschäftsführung.

Im Ergebnis liegt bei allen Beschäftigten der *BG BAU* ein relativ homogenes Verständnis vom Leitbild und damit von den wesentlichen strategischen Ausrichtungen vor, die in den Leitbildsätzen formuliert wurden. Dieses einheitliche Verständnis ist eine ausgezeichnete Basis für das weitere Zusammenwachsen der *BG BAU*. Die im Rahmen des Implementierungsprozesses erarbeiteten Maßnahmen geben den Führungskräften die Chance, einen von der Basis weiterentwickelten Veränderungsprozess zu gestalten.

Die Implementierung des Leitbildes ist jedoch nur ein, wenngleich wichtiger, Baustein der Post-Merger-Integration. Auf der Basis einer gemeinsamen Interpretation wesentlicher Ziele und Erfolgsfaktoren müssen nun die weiteren Arbeiten angegangen werden.

Autorenverzeichnis

Prof. Manfred Bandmann
Geschäftsführer
Berufsgenossenschaft der Bauwirtschaft
(BG BAU)
Berlin

Dr. Thorsten Broecker
Leiter Financial Controlling
Commerzbank
Frankfurt am Main

Prof. Dr. Dr. h.c. Dietrich Budäus
Leiter des Arbeitsbereichs Public
Management
Fakultät Wirtschafts- und Sozialwissen-
schaften/Universität Hamburg
Hamburg

André Coners
Senior Project Manager
Horváth & Partners
Düsseldorf

**Univ.-Prof. Dr.
Carl-Christian Freidank**
Inhaber des Lehrstuhls für Revisions-
und Treuhandwesen
Geschäftsführender Direktor
des Instituts für Wirtschaftsprüfung
und Steuerwesen
Universität Hamburg
Hamburg

Dr. Bernd Gaiser
Sprecher des Vorstands
Horváth AG
Holding von Horváth & Partners
Management Consultants
Stuttgart

Dr. Andreas Guldin
Stellvertretender Geschäftsführer
Finanzen
Tengelmann Warenhandelsgesellschaft
KG
Mülheim a.d.R.

Dr. oec. publ. Theo Haldemann
Departementscontroller
Finanzdepartement Stadt Zürich
Dozent für Public Management
und Public Controlling
Fachhochschule Nordwestschweiz
Olten

Dr. Christian Hebeler
Leiter Financial Controlling
Henkel KGaA
Düsseldorf

Markus Jost
CFO
National Versicherung
Basel

Bernd Landgraf
Betriebsleiter
Informatik-Betrieb Bielefeld
Bielefeld

Prof. Dr. Ulrich Lehner
Vorsitzender der Geschäftsführung
Henkel KgaA
Düsseldorf

Wilhelm Lipp
Leiter des Zentralbereichs Controlling,
Rechnungswesen, Organisation
Deutsche Bundesbank
Frankfurt am Main

Manuel Loos
Bereichsdirektor Engineering & Capacity
Management
Citibank Privatkunden AG & Co. KgaA
Düsseldorf

Dr. Uwe Michel
Partner und Leiter des Competence
Centers Controlling
Horváth & Partners
Stuttgart

Dr. Volker Oerter
Leiter der Abteilung Strukturförderung,
Verwaltungsmodernisierung
Finanzministerium Nordrhein-Westfalen
Düsseldorf

Dr. Gerhard Roiss
Generaldirektor Stellvertreter
OMV AG
Wien

Lothar Schauer
Bereichsleiter Unternehmenssteuerung
FIDUCIA IT AG
Karlsruhe

Dr. Hilmar Schmidt
Principal
Horváth & Partners
Stuttgart

Manfred J. Senden
Leiter Finanzen und Unternehmens-
controlling
Deutsches Zentrum für Luft-
und Raumfahrt e.V. (DLR)
Köln

Paul A. Sharman
President/CEO
Institute of Management Accountants
Inc. (IMA®)
Montrale, NJ

Erwin Staudt
Präsident
VfB Stuttgart 1893 e.V.
Stuttgart

Christian van Wickeren
Manager Competence Center Financial
Intelligence
SAS Deutschland
Heidelberg

Dr. Randolf von Estorff
Mitglied der Vorstände
KarstadtQuelle Versicherungen
Fürth

Jürgen Vormann
Vorsitzender der Geschäftsführung
Infraserv GmbH & Co. Höchst KG
Frankfurt am Main

Univ.-Prof. Dr. Barbara E. Weißenberger
Inhaberin der Professur BWL IV,
Schwerpunkt Industrielles Management
und Controlling
Justus-Liebig-Universität Gießen
Gießen

Dr. Peter Zattler
Mitglied der Geschäftsführung und CFO
Giesecke & Devrient GmbH
München

Rudolf Zipf
Mitglied des Vorstands
Landesbank Baden-Württemberg
Stuttgart